증보판

한국 근·현대 문학사

尹柄魯 著

明文堂

책머리에

저자가 대학강단에서「현대문학사」의 강의를 담당한 지도 벌써 20여 년, 그동안 강의 자료로 백철의『신문학 사조사』(1968), 조연현의『한국현대문학사』(1969)와 김윤식·김현의『한국문학사』(1979) 등이 중요한 참고서가 되었다.

그러나 이들 문학사들은 89년 '7·19 월북작가작품 허용조치'로 복권된 많은 우리의 작가 작품들이 탈락된 것으로서 오늘의 문학여건이나 분단문학의 극복을 위해서 속히 보완되어야 한다는 여망이 절실하다. 이 점을 통감한 저자로서 하나의 통합된 우리문학사를 마련해야겠다는 의욕으로「한국 근·현대문학사」를 기획한 지 3년여의 작업 끝에 햇빛을 보게 된 셈이지만 여러 가지 불비한 점을 아쉽게 생각한다.

더욱이 이 책의 체계나 부피로 봐서 우리의 1세기여에 걸친 방대한 문학사를 기술했다고 보기보다, 압권의『문학사 개설』이란 제명이 적절할지 모르지만 뒷날의 보완을 위해서『한국 근·현대문학사』라 표제를 내세웠다.

그런 점에서 이책은 우리 문학의 흐름 가운데 거론하지 않을 수 없는 큰 줄기를 개관한 셈이다. 가능한 한 문학 자체의 맥락과 작품 상호간의 유기적 관련, 그리고 문학의 사회적 맥락까지를 함께 염두에 두고 우리 문학사의 성과

를 풍부하게 담아내려 하였다. 또한 비평사까지도 아울러 문단의 전체적 흐름과 창작상의 경향을 조화롭게 결합시킨 점이 이책의 특징이라면 특징일 것이다.

그리고 저자가 이 문학사의 작업을 통해서 될수록 객관적 입장을 견지하면서 다양한 서술을 시도했지만 탈고 뒤의 불만은 여전히 남는다. 우리 문학연구자들의 따뜻한 질책을 기대해 마지않는다.

이 책이 출간되기까지 많은 자료정리와 교정을 도와준 대학원 박사과정의 후학들과 출판을 흔쾌히 맡아준, 명문당 김동구 사장에게 감사를 드리며 우리 문학 연구가들에게 일조가 되기를 바란다.

1991년 6월

尹 柄 魯 識

증보판을 내면서

    저자가 『한국근・현대문학사』를 내놓은 지 어언 10년의 세월이 흘러 새 세기 서막이 열렸다. 이 책을 출간하면서 『한국근・현대문학사』란 거창한 표제에 비해서 그 체모가 몹시 미흡하다는 생각을 떨칠 수 없었다. 그러나 다행히 이 책은 학계와 독자의 각별한 관심으로 지금까지 3판을 중판하면서 절판되기까지 했다.
    저자가 초판의 책머리 글에서 후일 보완을 기약했지만 좀처럼 기회를 얻지 못하고 차일피일 오늘에 이르러 증보판을 기획・간행케 되었다. 초판에서 개화기시대부터 8.15직후의 문학까지에 한정되었던 것을 50년대 전후문학에서부터 4.19를 전환점으로 한 60년대 문학에까지 확대해서 기술하게 되었다.
    두루 아다시피 현재 학계와 문단에서는 현대문학사와 관련해서 50년대와 60년대 문학에 대한 논저가 활발히 출산되고 있는 점이 감안되었다. 동시에 70년대 이후 문학에 대해서는 문학사 기술의 대상으로 삼기에는 아직도 시간적으로 미숙하다는 인식에서 유보키로 했다.
    앞으로 우리 근・현대문학사를 보다 적극적으로 연구・기술하기 위해서 남북의 통합문학사가 절실히 요청되는 바 이 졸서가 그 준비작업에 조그마한 보탬이 되었으면 하는 소망이다.

이 책이 오래도록 중판을 지속하게 성원해 준 독자 여러분과 증보판을 독려해 준 명문당에게 진심으로 사의를 표한다.

2000년 2월

저 자

한국 근·현대 문학사 / 차례

■ 서설 : 문학사 기술의 시각 ·· 15

제1부 초기의 신문학 : 개화기시대의 문학

1. 신문학 태동의 역사적 배경 ·· 19
   - 근대에의 지향
   - 갑오경장(甲午更張)과 정신사적 흐름
   - 근대문학 기점문제
2. 개화기 시가와 사회사적 성격 ·· 25
   - 독립·애국가류와 개화가사
   - 창가(唱歌)의 성행
   - 개화기 시가의 문학사적 의의와 한계
3. 애국·계몽적 서사문학의 양상 ·· 33
   - 역사·전기문학
   - 토론체 단편소설
   - 번역소설
   - 애국·계몽적 서사문학의 위상
4. 개화문학으로서의 신소설(新小說) ······································ 40
     신소설의 문학사적 의의
   - 신소설의 대표작가와 작품
   - 신소설의 주제와 사상
   - 신소설의 구성과 문체

제2부 근대문학의 태동 : 1910년대 문학

1. 근대문학의 성격과 특징··51
   - 근대문학의 일반적 성격
   - 한국문학사에서의 특징
2. 신체시(新體詩)의 등장과 그 특징···58
   - 신체시의 등장
   - 신체시의 문학사적 의의
3. 1910년대와 이광수(李光洙)···60
   - 이광수의 작가적 면모
   - 이상주의적 계몽소설로서의 『무정』
   - 이광수의 문학사적 위치와 평가
4. 새로운 시양식의 등장―김억(金億)과 주요한(朱耀翰)············75
   - 새로운 시 담당층의 성격과 활동
   - 김억의 초기시와 시적 지향
   - 주요한의 초기시와 시적 지향
   - 근대 자유시의 초기적 특징과 시사적 의의

제3부 근대문학의 성장 : 20년대 전반기 문학

1. 3·1운동과 근대문학사··95
   - 3·1운동의 민족사적 성격

- 언론·출판의 양상
- 3·1운동과 문학사적 변모
2. 동인지 시대의 개막과 문학운동······················· 102
   - 주요 동인지의 양상
   - 동인지 문학의 기본성격
3. 20년대의 시적 기류와 민족적 정조의 시················ 107
   - 낭만적 성향의 분출-초기 문예동인지의 시와 시인들
   - 전통적 정서의 심화와 확대-김소월(金素月)
   - 시적 인식과 민족의식-한용운(韓龍雲)
4. 새로운 소설미학의 추구·······························129
   - 김동인(金東仁)의 소설적 지향
   - 염상섭(廉想涉)의 현실감각
   - 나도향(羅稻香)·현진건(玄鎭健)의 개성
   - 최서해(崔曙海)의 빈궁소설
5. 민족적 현실의 소설적 형상화·························148
   - 토착적 삶과 민족적 정서의 추구
   - 일상적 현실의 조건과 생활상
   - 역사적 소재의 문학적 변용
6. 희곡문학의 초기적 정착·······························163
   - 신파극(新派劇)의 등장과 지속
   - 근대적 희곡의 태동
   - 근대희곡의 초기적 정착

제4부 성숙기의 근대문학 : 프로문학과 민족주의문학

1. 초기프로문학운동의 양상 ·· 171
   (1) 신경향파 시기의 프로문학의 양상 / 171
      • 신경향파문학의 어의
      • 신경향파문학의 형성과 성격
   (2) 카프(KAPF)의 결성과 내용·형식논쟁 / 175
      • 카프의 결성
      • 내용·형식논쟁
   (3) 목적의식론의 제창과 1차 방향전환 / 178
      • 제1차 방향전환론
      • 제2기 작품논쟁(김기진과 조중곤의 「낙동강」 논쟁)
   (4) 초기 프로문학 작품의 경향 / 184
      • 초기 신경향파소설의 두 경향
      • 본격적 프로소설의 태동
      • 초기 신경향파시의 성격
      • 목적의식기의 선동시
2. 볼셰비키기 프로문학 ·· 194
   (1) 무산자파(無產者派)의 등장과 볼셰비키화 / 194
      • 대중화논쟁―볼셰비키화의 서곡
      • 볼셰비키화와 조직개편
   (2) 볼셰비키화 제창 이후의 전개양상 / 205

- 조직 및 출판활동
- 농민문학론을 둘러싼 논의
- 유물변증법적 창작방법의 제창
  (3) 창작계의 실상 / 210
- 공장소설(工場小說)의 출현
- 농민소설의 활성화
- 시분야에서의 성과
3. 카프 해산기 프로문학 …………………………………… 216
  (1) 카프 해산의 경위 / 216
- 해산 직전의 카프
- 카프 해산까지의 경위
  (2) 사회주의 리얼리즘을 둘러싼 창작방법 논쟁 / 220
  (3) 해산기 전후의 창작 성과 / 224
- 이기영(李箕永)의 『고향』
- 강경애(姜敬愛)의 『인간문제』
4. 민족주의 문학운동 ……………………………………… 228
  (1) 민족주의 문학론의 주요 이론 / 229
- 국민문학론
- 절충주의 문학론
  (2) 민족주의 문학의 창작상의 성과 / 233
- 시조(時調)의 부흥
- 장편 역사소설의 등장

제5부 근대문학의 성숙과 현대문학의 태동 : 30년대 후반기 문학

1. 30년대 후반의 문단조감 ·· 236
2. 전형기 비평의 양상 ··· 239
   (1) 모더니즘 계열의 비평양상 / 239
      • 〈구인회(九人會)〉 중심의 모더니즘론
      • 주지주의 문학론의 정착—최재서(崔載瑞)
      • 김환태(金煥泰)·김문집(金文輯)의 인상주의 비평론
   (2) 구(舊) 카프 계열의 비평적 동향 / 244
      • 백철(白鐵)의 전향과 인간묘사·휴머니즘론
      • 김남천(金南天)의 고발문학론과 관찰문학론
      • 장편소설론
3. 순문학의 융성과 리얼리즘문학의 퇴조 ······················· 249
   (1) 『시문학파』와 순수시 / 249
      • 김영랑(金永郎)
      • 박용철(朴龍喆)
      • 신석정(辛夕汀)
   (2) 구인회(九人會)와 모더니즘 문학 / 254
      • 박태원(朴泰遠)
      • 이태준(李泰俊)
      • 이 상(李 箱)

- 김기림(金起林)
- 정지용(鄭芝溶)
- 이효석(李孝石)
- 오장환(吳章煥)

(3) 「시인부락(詩人部落)」 등의 동인지와 신진작가들 / 264
(4) 구 카프 계열의 작가와 작품 / 266
　　－김남천(金南天), 채만식(蔡萬植) 등
(5) 30년대 후반의 농촌소설과 역사소설 / 272
- 다양한 농촌소설
- 박종화(朴鍾和)의 역사소설

제6부　일제말 암흑기의 문학

1. 일제말 암흑기 문단의 동향 ································· 277
- 암흑기 문단을 지킨 『문장(文章)』과 『인문평론(人文評論)』
- 세대·순수논쟁
- 고전론과 신체제론
2. 일제말 암흑기의 문학계 ································· 281
- 순수문학의 자기심화
- 암흑기의 별, 이육사(李陸史)와 윤동주(尹東柱)
- 기타 경향과 주요 작품들
3. 일제말 친일문학(親日文學)의 양상 ················· ············ 289

제7부 8·15 직후 좌·우 갈등과 문학계의 재편

1. 대립과 갈등의 문학계 ··· 292
   - 〈문건(文建)〉과 〈프로문맹〉의 대립
   - 문학가동맹의 결성과 활동
   - 〈전문협(全文協)〉과 〈청문협(靑文協)〉
   - 전국문화단체총연합회의 결성과 활동
2. 좌우의 문학대결 – 순수문학논쟁과 『응향(凝香)』사건 ············ 302
   - 순수문학 논쟁
   - 시집 『응향(凝香)』사건
3. 8·15 직후의 창작계의 상황 ·· 306
   - 문학가동맹 진영의 소설계
   - 문학가동맹 진영의 시분야
   - 민족진영의 소설계
   - 민족진영의 시분야
4. 문단의 재편성 ··· 315
   - 월북작가와 월남작가
   - 문단 재편

제 8 부 한국전쟁의 충격과 전후문학의 전개

1. 1950년대 문단의 동향 ·· 317
   - 한국전쟁기의 전시문단
   - 전후문학의 창작계
   - 전후문학의 비평계
2. 한국전쟁에 대한 소설적 형상화 ·· 323
   - 구세대 작가군에 의한 전쟁의 형상화
   - 전후 신세대 작가군의 출현
3. 한국전쟁의 충격에 따른 시적 대응 ·· 328
   - 전통적 서정시 계열
   - 〈후반기〉 동인을 비롯한 모더니즘적 계열
4. 전후 신세대 비평가의 출현 ··· 337

제 9 부 4.19의 문학적 전환과 전후문학의 극복

1. 4.19로 촉발된 문학적 파장 ·· 341
   - 최인훈의 「광장」—분단문학의 새로운 지평 모색
   - 김수영과 신동엽—민족현실에 대한 참여문학
2. 1950년대 문학의 극복과 4.19 이후 문단 ·································· 346
   - 새 세대의 충격과 60년대 소설

- 다양하게 분환된 시 지평
- 4.19세대 비평가의 새로운 비평적 인식
3. 1960년대 순수·참여문학 논쟁 355
    (1) 1960년대 전반기—순수와 참여의 대립
    (2) 1960년대 후반기
        - '앙가주' 논쟁—〈작가와 사회〉심포지움 논쟁
        - '불온성' 논쟁—이어령과 김수영의 논쟁

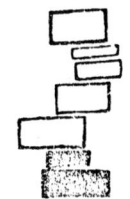

서설-문학사 기술의 시각

 우리의 문학적 유산을 공시적인 측면에서 면밀히 검토하면서 동시에 통시적으로 체계화하여 구명·서술하기란 어려운 일이다. 이렇게 어려운 일을 감당해 내야 하는 데에 문학사 기술의 의의가 있다. 문학사란 문학적 유산의 단순한 연대기적 나열이나 사건·사조들의 현상적 전개가 아니라, 그것들이 일정한 시각에 의해 체계적으로 정리되고 객관적인 측면에서 보편타당한 의미를 부여받는 차원에서 기술된, 하나의 문학적 총체라 할 수 있기 때문이다.
 문학사를 올바로 기술하기 위해서는 무엇보다도 문학에 대한 이해와 역사를 보는 안목의 깊이가 전제되어야 한다. 주지하는 바와 같이 문학사란 문학과 역사의 복합체로서, 이들 상호간의 긴밀한 연계에 의한 유기적 조직체로 존재하기 때문이다. 이는 문학이 지닌 심미적 질서와 가치체계가 인간 행위의 시간적 누적이며 동시에 그 주체들에 의해 방향성이 희구되는 역사와 접맥되는 데서 성립·전개된다는 말이기도 하다. 따라서 오늘날 우리가 접하고 있는 문학유산 가운데 어느 양상이 보다 주된 흐름으로 전개되어 왔으며, 또 어떤 문학적 사상(事象)들이 어떤 측면에서 주목되어야 하는가에 따르는 인식과 방법의 문제가 중요하게 대두된다. 이 문학유산에 대한 인식과 방법의 문제가 진지하게 검토되고, 그 자체가 과거와 오늘의 삶에 대한 적극적 이해를 동반하게 될 때, 하나의 문학사는 비로소 생명을 얻게 될 것이다.

이 점은 우선 하나의 문학행위와 그 결과로서의 작품을 대하는 태도에서 비롯될 수 있다. 우리의 모든 행위가 다 그렇지만 문학은 특히 삶의 문제를 떠나서 이야기될 수 없다. 또 일반적으로 삶과 동떨어진 가치란 존재하기 어렵다. 그런 면에서 간략히 정의한다면 문학은 '살아가는 이야기'라고 할 수 있다. 하나의 문학행위가 이루어지고 있는 당대적 시간과 공간을 배경으로 여러가지 일상적 삶의 모습들이 제시되고, 그 속에서 야기되는 복잡다단한 문제들이 작가의 미적 태도에 의해 보다 의미있는 것으로 부각됨으로써 문학작품은 당대의 현실적 삶과 가치, 사회구조와 문화적 세부를 수렴하기 때문이다. 그렇다고 해서 모든 문학적 행위의 형태가 당대적 삶의 모습과 문제들을 하나하나 거론하여 그 각각에 대해 해결의 실마리를 제시하고 있는 것은 물론 아니다. 그것은 때로 시대가 요구하는 방향과 어긋난 형태로 존재하기도 하고, 시대를 앞질러서 새로운 삶의 각성을 촉구하는 것으로 존재하기도 한다. 그만큼 다층적이고 복합적인 양상으로 존재하는 데에 문학의 속성이 내재해 있다는 말이 될 것이다.

따라서 문학사가는 어떤 작가, 어떤 작품이 당대적 삶의 모습을 진지하게 반영하여 예술적으로 형상화시키고 있는가를 주목하여야 할 것이다. 훌륭한 문학은 시대를 초월하여 존재하는 것이지만, 그 문학이 뿌리를 내리고 있는 토양은 다름 아닌 당대의 현실임을 간과할 수 없기 때문이다. 이 문제는 필연적으로 문학사가에게 있어서 기술 대상의 취사선택 문제로 귀결될 것이다.

다음으로, 문학사를 기술하는 일이 오늘의 작가적 현실과 문학유산을 추구해 나가는 작업과 무관하게 진행될 수는 없기 때문에, 그 인식과 방법에 대한 이해의 지평을 넓힐 수 있다. 오늘의 문학이 과거의 문학적 유산들과 아무런 연계를 맺고 있지 존재할 수는 없는 것이어서, 보다 풍요롭고 알찬 오늘의 문학을 위해서는 과거 문학유산에 대한 진지한 탐구가 병행되어야 하는 것이다. 이를 위해서는 수집 가능한 자료들을 낱낱이 수집하고 그것을 체계적으로 정리하는 기초작업이 이루어져야 할 것이다. 그리하여 그 자료와 사실들을 깊이 있게 다루고, 다양한 이해의 시각을 넓혀감으로써, 우리 문학의 전통과 현재적 위상을 점검하는 계기로 삼아야 할 것이다. 과거의 문학적 유산에 대한 구명을 통해 오늘의 문학과 삶에 대한 적극적 이해가 확충됨으로써, 문학사는 하나의 살아 있는 실체로서의 의의를 지닐 수 있다.

그렇기 때문에 문학사 기술에 있어서 자료의 선택과 체계적 정리는 그 자체가 지극히 어려운 과정을 내포하고 있다. 이 경우 가장 중요하게 생각되는 것은 과거의 문학적 실상에 대한 객관적 인식과 기술 태도이다. 그것은 문학사에 편입되어 서술되는 그 자체가 이미 가치판단을 내포하고 있기 때문이다. 따라서 하나의 문학사는 거시적 체계에 있어서 통일성이 유지되어야 하는 한편, 그것의 세부를 객관적으로 기술하는 문학사가의 태도가 절실히 요청되는 것이다. 이를 위해서는 문학 자체의 맥락과 작품 상호간의 유기적 연계관계를 주목해야 하며, 나아가 문학이 존재하는 대사회적 성격과 문화적 의미까지를 아울러 밝혀내야 할 것으로 생각된다. 그렇게 함으로써 문학의 실상에 대한 어느 정도의 객관적 인식이 이루어질 수 있을 것이다.

한편, 오늘의 문학적 현실에 비추어 볼 때 우리의 현대문학사는 비교적 오랜 역사를 지니고 있지 않으면서도 매우 다채로운 양상을 띠고 전개되어 왔다고 할 수 있다. 현대문학이 태동하여 오늘에 이르기까지의 기간에 이루어진 우리의 문학적 유산들은, 자료의 면에서나 여러 갈래의 경향에 있어서 상당한 양과 깊이 있는 흐름을 지니고 있다. 이들 모두를 대상으로 깊이 있는 논의를 전개하고, 또 그 전체를 체계적으로 정리하여 기술하기란 어려운 일일 것이다. 설령 그렇게 한다 하더라도 자칫 연대기적 자료기술이나 사실 위주의 문화사적 기술에 그치기 쉬운 허점이 내재해 있다. 그래서 하나의 문학사는 어차피 그 흐름 가운데 거론하지 않을 수 없는 큰 줄기들을 중심으로 엮어나갈 수밖에 없다.

더욱이 이 책은 이러한 문학사 기술에서 한걸음 더 나아가, 그 흐름의 뼈대를 이루고 있는 문학적 사상(事象)들을 다시 가려내어, 하나의 체계 속에서 함축적으로 구명·서술함으로써, 우리의 현대문학사를 개관해 보고자 하는 데 궁극적 목적이 있다. 그런 의미에서 '문학사개설'이라는 제명이 보다 적절하리라 생각되었다.

이와 같은 견지에서 문학사를 기술함에 있어, 이 책은 다음과 같은 몇 가지 사실들을 전제로 하고 있다.

먼저 책의 표제에 보이는 '근·현대'라는 말은 개화 이후 우리 신문학이 태동하는 시기로부터 근대를 거쳐 오늘에 이르기까지의 시기를 두루 포괄하는 차원에서 사용된 용어임을 밝혀둔다. 다소 무리가 따르기는 하지만 보다 적절한 용어를 떠올리기가 쉽지 않다.

다음으로 본문을 서술함에 있어 몇 개의 시기로 나누어 간략한 특징들을 항목화시킨 것은 기술의 편의를 도모하기 위한 것일 따름이며, 그 자체가 큰 의미를 지니는 것은 아니다. 엄밀한 의미에서는 하나의 체제적 통일성이 이루어져야 하겠지만, 그 통일을 가능케하는 고리가 또한 쉽게 만들어지지 않는다.

이와 함께 이 책에서 개화 이후 1900년대를 새로운 문학의 태동기로 삼아 그 이후 문학적 실상의 흐름들을 살피고자 한 것은, 이 시기에 이르러 비로소 본격적 의미에서의 언문일치(言文一致) 문장과 문학작품이 등장하게 되고, 또 현실생활에 바탕을 둔 문제의식과 그 속에서의 삶에 대한 자각적 인식이 두드러지며, 작자 또한 스스로가 문학인으로서 활동하고 있음을 내세우고 있다는 점에서이다. 그리하여 이러한 면모들은 그 이전 시기의 문학적 실상들과는 그 인식과 방법에 있어 상당히 큰 전환이 이루어지고 있다고 볼 수 있기 때문이다.

요컨대 문학사는 다양한 시각에서 기술되어야 하리라 생각된다. 여기에는 의당 방법론적 각성이 뒤따라야 하겠지만, 그것이 다채롭게 기술되는 만큼 문학에 대한 이해의 폭과 현실을 재구성하는 깊이의 문제가 다시금 새롭게 조명되어야 할 것이다. 그런 면에서 문학사를 기술하는 일은 삶에 대한 자각적 인식을 필요로 한다. 그것은 결국 문학사 기술에 따르는 시각의 문제로 귀결되겠지만, 문학이 지닌 다층적이고 복합적인 속성은 그 같은 과정을 통해 보다 절실하게 우리를 고양시키게 될 것이다. 문학사 혹은 문학사개설을 기술하는 행위가 의의를 지닌다면 바로 이러한 점에서가 아닐까 생각된다.

제1부 초기의 신문학 : 개화기시대의 문학

1. 신문학 태동의 역사적 배경

역사적 흐름의 연계선상에서 볼 때 우리의 문학이 어느 시기에 이르러 새롭게 변모되어 나타났는가 하는 문제는 각 시대의 상황과 시각에 따라 달라질 수 있다. 물론 어느 경우든 여기에는 보편타당한 근거의 제시나 객관성의 확보가 전제되어야 한다. 다소 의견을 달리할 수는 있겠지만 이 문제는 결국 각 시대 문학인들의 문학에 대한 인식과 태도, 작품에 표출된 세계관과 미의식, 문학 향유계층의 가치 지향 등이 어느 시기를 분기점으로 하여 그 이전 시기와는 다른 경향을 띠고 문학사의 표면 위에 등장하였는가를 살피는 작업이 될 것이다.

거시적 차원에서 볼 때 우리 문학은 적어도 두 차례의 분기점을 통해 새롭게 변모된 모습으로 전개되어 온 것으로 보인다. 그 하나는 훈민정음의 창제에 의한 자국문자의 소유이고, 다른 하나는 개항 이후 비록 외래적 요인의 힘이 컸지만 새로운 근대사회와 사상의 도래이다.

주지하다시피 훈민정음의 창제는 우리 민족이 자국어에 의한 정서표출과 사상 표현의 계기를 마련하였다는 점에서, 이른바 진정한 의미의 국문학이 태동하게 된 시발점이 되었다. 그리하여 이후 우리의 문학은 보다 다양한 형식과 내용, 더욱 확장된 계층적 참여를 통해 문학사를 수놓아 왔다. 그러다가 조선조 후기에 이르러 역사적 대전환의 시기를 맞게 되고, 이는 결국 19세기 말엽에 이르자 그동안 누적되어온 변화의 조짐이 사회·문화적으로 표면화되기에 이른다. 이 시기는 말하자면 우리의 문학사에 있어서 '근대'를 준비하는 과정에 놓여 있던 시기라고 할 수 있다. 이 '근대'를 위한 예비기를 거쳐 우리 문학은 또 한번 새롭게 변모된 모습으로 태어나게 되는데 모든 문학현상뿐만 아니라 문화현상들이 그것이 기초로 하고 있는 역사·사회현실과 분리되어 이해될 수 없다는 사실을 감안할 때, 이른바 신문학 태동기에 해당하는 이 시기의 역사현실과 문화현상에 대한 고찰은 자못 의의가 큰 것이라 할 수 있다.

한편 이 시기의 역사·사회현실과 문화현상, 그리고 문학상황에 대해 주목하는 또다른 이유는, 그것이 본격 근대문학의 태동을 위한 준비기로서의 중요성뿐만이 아니라, 우리 문학의 연속성 문제와 전통의 문제, 근대문학의 기점 문제 등 문학사 서술에 직접적 관련을 맺는 사실들이 전제되기 때문이기도 하다.

근대에의 지향

새로운 문화현상은 당대의 사회현실과 밀접한 관련을 맺고 있다. 문학 역시 새로운 모습을 갖추기까지는 많은 사회변화와 가치질서의 변모를 자체 내에 수용하고 있다.

우리 역사에 있어서 조선조 후기는 동요와 변화의 시기였다. 중세적 질서가 흔들리면서 그 재편의 기치를 드높이는 한편 그것을 거부하려는 움직임 또한 다각도로 일어나 심각한 갈등의 계기를 맞게 되었다. 조선조 7년 전쟁인 임진왜란과 뒤이은 정유·병자호란을 겪으면서 점차 주자학적(朱子學的) 세계관의 토대 위에 성립된 봉건지배질서가 그 체제적 모순을 드러내기 시작했고, 실사구시(實事求是)의 학풍을 바탕으로 한 실학(實學)이 새로운 지배이념으로 대두되기에 이르렀다. 이러한 사회변동은 영·정조시대(英·正祖時代)인 18세기에 두드러진 형태를 갖추고 나타났고, 기존 지배질서와 이념에 위협적인 존재로 부각되었다. 이 시기의 새로운 사회변화는 특히 봉건적 신분질서의 동요와 화폐경제의 발달로 인한 상업자본의 축적 및 새로운 계층의 대두, 새로운 질서를 갈망하는 민중기질의 고양 등으로 특징지울 수 있다.

이러한 봉건체제 내부에 움트고 있던 근대적 맹아(萌芽)와 관련하여 문학에 있어서도 새로운 조짐들이 엿보이기 시작했다. 산문정신의 발로로 일컬어지는 거대한 흐름 속에서 사설시조가 본격화된 모습으로 창작·향유되고 장편가사가 쏟아지는 한편, 연암소설(燕巖小說)과 위항문학(委巷文學) 그리고 판소리계 소설들을 통해서 당대의 새로운 세태를 적극적으로 수용한 가치지향의 변모를 형상화해 내기에 이르렀다.

단적으로 말하여 18세기 이후 한국사회는 근대를 향한 움직임이 사회전반에 움트기 시작했고, 문학 역시 그 같은 움직임을 적극 수용하여 작품에 반영하려고 한 모색기였다고 할 수 있다. 그러나 이러한 모색이 곧 근대문학의 성격을 띤 것이었다고 보기는 곤란하다. 말하자면 이 시기는 근대문학으로의 이행기(移行期)에 해당한다 하겠다. 우리의 근대문학은 다음 시기인 19세기 후반에 와서야 좀더 구체적인 모습으로 문학사의 표면에 등장하기 때문이다.

갑오경장(甲午更張)과 정신사적 흐름

전근대적(前近代的)인 봉건체제의 모순들이 사회 전반에 걸쳐 드러나 갈등을 야기하는 대내적 상황과 함께, 쇄국(鎖國)과 개화(開化)의 갈림길에서 대외적 위기를 맞게 된 것이 19세기의 조선사회였다. 1860년대와 1870년대 초기에는 구미열강(歐美列强)이 중국과 일본을 개항시켜 동아시아에 강력한 거점을 확보하였고, 오랫동안 한정된 출입 외에 대외접촉이 막혀 있었던 쇄국 조선도 서세동점(西勢東漸)의 세계사적 조류 속에서 구미 자본주의 국가의 본격적인 도전에 직면하게 된 것이다.

결국 강력한 쇄국정책에도 불구하고 어쩔 수 없는 구미열강과 일본의 압력으로 개국(開國)하게 된 1876년의 개항을 출발점으로, 이땅에 개화의 물결은 거세게 밀어닥쳤다. 그 결과 조선은 새로운 세계관으로 무장하지 않으면 안 되었고, 신·구 문물의 교체적 상황과 함께 필연적인 갈등이 수반되었다. 문학 역시 이러한 시기적 변화에 민감한 반응을 보이지 않을 수 없었고, 개화사상의 형성과 함께 커다란 변화의 싹을 배태(胚胎)하게 되었다.

쇄국을 뒷받침한 것이 위정척사사상(衛正斥邪思想)이었다면, 개항을 추진하고 새로운 세계관의 도래를 적극 수용하려 한 것이 개화사상(開化思想)이었다. 이 두 사상은 신·구의 대립이라는 면에서 상호 배타적인 것이었지만, 그 출발에 있어서는 모두 애국의식을 바탕으로 한 것이었다. 단지 위정척사사상이 민족 혹은 주체를 보전하려는 의식이 강한 나머지 보수·배타성을 갖고 있는 데 비해서, 개화사상은 새로운 상황에 적응하려는 이른바 진보적인 성격을 띤 것이었다.

새로운 문학적 전환의 밑바탕이 된 개화사상은 1860년대 이후 외세의 침략을 받으면서 형성되었다. 그런데 여기서 잊어서는 안 될 것은 이 사상이 18세기 영·정조시대에 전성을 이루었던 실학을 토대로 하여 형성되었다는 사실이다. 그러니까 그 밑바닥에는 근대지향적이고 현실적인 학풍, 실학을 바탕으로 하여 나타났던 것이다. 그것은 개화사상을 주창한 선구자들, 이를테면 박규수(朴珪壽)·오경석(吳慶錫) 같은 이들이 본시는 실학자였다는 것과, 사상 내용에서 유사한 점이 많았다는 것으로 봐서도 그렇게 말할 수 있다. 그러므로 개화사상을 가리켜 전통의 부정에서 나온 것이라든지 단순히 서양화(西洋化)라고 말할 수는 없을 것이다. 그것은 전통의 내부에서 근대화로 이어가는 주체적인 자기 전개였던 것이다. 물론 개화사상을 형성케 하는 데에 외국 사상의 영향이 컸다는 점도 간과할 수는 없다.

이러한 개화사상의 조류와 함께 19세기의 조선사회는 점차 증대되는 일본 세력의 한반도 침투야욕을 막지 못한 채 임오군란·갑신정변·동학농민전쟁·의병투쟁·독립협회운동·애국계몽운동 등 갖가지 갈등과 의지적 충돌을 표면화시켰다. 이같은 근대지향적 움직임들은 모두 새로운 시대를 열고자 하는 민족적 몸부림의 결과이거나 위기에 처한 민족을 구원하려는 노력의 소산이다. 특히 갑신정변(1884)과 같은 이른바 '아래'로부터의 기반을 다지지 못한 '위'로부터의 개혁운동이 실패한 이후, 근대를 향한 민족의 정신사적 흐름은 흔히 '아래'로부터의 개혁운동으로 일컬어지는 동학농민전쟁(1894)·의병투쟁(1895~1914)·독립협회활동(1896~1898) 등을 통해 변화되어 갔지만,

마침내는 더욱 노골화된 일본 제국주의의 침략과 그것에 동조하는 봉건세력의 탄압으로 움츠러들고 말았다. 그후 이러한 근대지향적 움직임과 정신사적 맥락은 민족적 저항을 심화시키는 방향에서 애국계몽운동으로 나아가게 되었고, 결국 일본과의 합방(合邦·1910)이란 치욕을 씻어내고자 하는 가장 큰 항쟁인 3·1운동의 정신적 기반을 이룩한다.

이와 같은 역사적 흐름의 중간적 분기점에 위치하는 갑오경장(甲午更張·1894)은 전통적인 봉건 조선사회로부터 자율적인 개혁의 기점이 되고 있다. 원래 민란(民亂)이 지속적으로 일어나고 있던 19세기에 있어서 개혁의 기도는 조선왕조에 있어서도 주체적인 의지가 강조되었고 또한 실제 개혁이 계속 시도되고 있었으나 지배층의 파쟁(派爭)으로 실천될 기회가 없었다. 한편 유교주의적 관료 학자들이 현실의 불합리한 제도를 합리적으로 개혁하려 하였고, 또한 그들의 주장에는 근대지향적인 정신이 싹트고 있기도 했으나, 역시 관변(官邊) 자체의 개혁안과 같이 실천의 기회가 거부되었다. 이러한 조류 속에서 단행된 갑오경장은 조선으로 보아서 근대적 개혁으로 지향된 것으로서 후일 이 사회의 제도·의식면에서 개혁 의지에 뿌리를 박은 일면이 있으나, 일본측에서는 끝까지 그것을 침략적인 데 이용하였다. 말하자면 갑오경장은 일본의 조선 침략에 있어 식민지화의 예비안(豫備案)이었다. 그리하여 갑오경장은 일본측의 주도하에 그들의 한반도 침략기반을 굳건히 하려는 동기에서 시도되었고, 결과적으로 일본의 한국 식민지화를 촉진하여 한국민족사의 주체적인 발전을 저해하였다는 점을 부인할 수는 없을 것이다. 그러나 갑오경장의 내용 중에서 우리 민족의 현실개혁 의지, 특히 개항 이후 일련의 개화정책이나 최초의 근대 정치개혁으로 보는 갑신정변과, 밑으로부터의 사회개혁운동으로 보는 동학농민전쟁 과정에서 표방한 개혁 의지가 상당히 반영되고 있다는 점에서, 갑오경장이 한국근대사 발전면에서 가지는 긍정적인 의미도 간과할 수 없을 것이다. 이러한 점은 독립과 자유의 실현을 이상으로 하고 있는 독립협회원들도 갑오경장을 기정사실로 인정하고, 그것의 실현을 위한 계몽운동을 벌이고 있었다는 점에서 더욱 명확해지는 것이다.

이와 같은 갑오경장의 역사적 성격과 그것을 전후로 한 정신사적 흐름에 주목해 볼 때, 우리의 문학은 이러한 시대현실과 밀접한 관련 속에서 개화의 의지와 새로운 시대이념 및 가치관의 변화를 담은 작품을 비로소 산출하게 되는 전기(轉機)를 맞게 되었고, 따라서 문학 담당층의 교체와 함께 새롭게 변모된 모습으로 나타나게 된 것으로 보인다. 이 문제는 다음의 근대문학 기점(起点) 문제와 관련하여 보다 긴밀히 추구되어야 할 것이다.

  ＊국사편찬위원회 편『한국사』17권 참조.

근대문학 기점문제

 우리 문학사에서 근대문학의 기점을 어디로부터 어떻게 설정하여야 하는가에 대한 논의는 문학 연구가 시작된 이래 줄기차게 지속되어 온 매우 중요한 문제이다. 설정기준이나 이론적 배경 또는 귀결점이 반드시 일치되어야 하는 것은 아니지만, 적어도 납득할 만한 객관적 근거는 제시되어야 마땅하다.
 이 문제는 무엇보다도 '근대'란 무엇이며, 그 이전의 사회와 어떤 면에서 근본적인 구별이 가능한가 하는 데서 그 실마리를 찾을 수 있다. 대체로 '근대'라는 개념은 중세적 주종관계가 무너지고 신분제가 철폐된 점, 시민의식의 성장, 자본주의적 경제질서의 확립, 새로운 문물제도에 의한 세계관의 변환이라는 특징적 국면들을 통해 규정되는 것이 일반적이다. 그러나 우리의 역사를 통해 볼 때 그 맹아의 성립을 구체적으로 어디에서 찾느냐 하는 인식과 방법의 실제에 있어서는 입장에 따라 극히 다양하게 주장되고 있는 실정이다. 마찬가지로 우리의 문학사에 있어서도 '근대'의 참다운 개념규정이 극히 추상적인 해명으로 통용되고 있음을 부인할 수 없다. 그런 면에서 문학사에 있어서의 '근대'는 작품의 실상을 보다 치밀하게 규명하는 작업을 통해 논의되는 것이 바람직하리라 생각된다.

 지금까지 분분하게 거론된 근대문학의 기점논의는 다음의 두 경우로 집약될 수 있다.
  ① 18세기 영·정조시대로부터 비롯되었다는 견해(김태준·김일근·김윤식·김현 등)

② 갑오경장으로부터 비롯되었다는 견해(김사엽·조윤제·백철·조연현·김우종 등)

또한 이밖에도 1860년(전규태), 1901년(박영희), 1908(구인환·김동리), 3·1운동 이후(조동일), 8·15이후(임헌영) 등의 견해가 있으나, 다수의 지지를 얻지는 못하고 있는 실정이다.

위 두 경우에 있어서, ①의 18세기 영·정조시대로부터 비롯되었다는 견해는 근대의식의 근거를 실학사상에 두고 그 맹아를 찾은 것으로서 나름대로의 논리와 체제를 갖춘 것이라고 할 수 있겠으나, 영·정조시대의 전성기문학은 흡사 서구의 르네상스처럼 근세가 낳은 유산일 뿐, 근대적 성격의 문학으로서는 많은 손색이 있다고 본다. 적어도 민족정신을 근간으로 한 근대의식은 갑오경장을 전후하여 우리 생활전반에 광범위한 영향을 끼친 것이 아닌가 생각된다. 더욱이 근대의식이 하나의 사회운동으로 확산되어 전개되었다는 점을 감안해 볼 때, 한국의 근대적 성격의 문학은 ②의 갑오경장 이후의 개화기에서 비롯되었다고 하겠고, 갑오경장 이후의 개화란 서구문명을 수용하는 서구화를 의미하는 면이 강하지만, 그것이 한국의 역사 자체에서 성숙된 근대의식의 일면을 지님과 동시에 한국을 무대로 한 주변열강들의 역학관계에서 민족의 자주독립을 고취하려는 의지를 근간으로 하고 있었다는 점은 주목할 만한 일이다.

요컨대 갑오경장을 전후하여 전통적 세계관과 가치관에 대변혁이 이루어졌으며, 외래사조 및 문물의 이입(移入)으로 인한 근대적 성격변화를 경험하게 된 사실들로 비추어, 갑오경장 이전을 근대로의 이행을 위한 과도기로 보아 그 이후를 근대문학으로 봄이 타당하리라 생각된다.

2. 개화기 시가와 사회사적 성격

19세기 후반, 특히 갑오경장을 계기로 한 우리의 근대적 맹아는 그 개혁의 진행과 함께 많은 시련을 겪게 되었다. 일본의 제국주의적 침략이 본격화되면서 우리의 주권을 제약하고 독립 의지를 말살시키려는 정치적 책동이 사회

곳곳에서 자행되면서 개화와 수구(守舊)의 갈등은 더욱 심화되어 갔다. 더욱이 개항 이래 밀려드는 서구 문화의 유입과 새로운 세계관의 도래는 필연적으로 신·구의 갈등적 상황을 초래하였다.

이러한 시대현실은 문화의 면에서도 큰 변혁을 이루어 새로운 시대에 대응하는 문화적 풍토를 조성케 하였다. 무엇보다도 종래의 한문식 표현에서 벗어나 일상어를 바탕으로 한 언어표현에 주목하게 되었는데, 최초로 국한문 혼용의 언문일치체(言文一致體) 문장을 구사한 유길준(兪吉濬)의 「서유견문(西遊見聞·1895)」은 이 방면의 선구적 업적에 속한다. 뿐만 아니라 고조되는 외래사조·문물에 대한 관심과 새로운 근대문화에의 각성을 바탕으로 많은 교육기관이 설립되고 신문·잡지 등의 출간이 잇따라 이루어짐으로써 이 땅의 문화적 환경은 일대 전환의 시기를 맞게 된 것이다. 그 가운데서도 「소학교령(小學校令·1895)」이 공포되어 전국에 국민학교가 생겨난 것과, 미국인 선교사들에 의한 여러 '학당(學堂)'의 설립, 그리고 우리나라 최초의 근대적 신문인 『독닙신문』(1896)이 창간된 것 등은 이 시기의 문화적 풍토를 대변하는 것들이다.

이와 같은 갑오경장 이후의 급속한 사회변화는 그 문화적 환경의 대변혁과 함께 새로운 문학적 대응물로서의 작품들을 탄생시켰는데, 이른바 개화기 시가는 이러한 상황에서 형성되었다. 개화기 시가의 범위를 일단 갑오경장을 전후한 19세기 후반에서 본격적인 근대문학이 전개되는 20세기 초, 3·1운동을 전후한 시기 이전으로 잡아볼 때, 이 시기의 시가형태와 개념적 정의에 대한 다양한 논의가 거듭되어 왔음을 확인할 수 있다. 논자에 따라서는 이 시기의 시가를 '창가(唱歌)→신체시(新體詩·新詩)' 순의 전개를 주장하여 신체시 이전의 모든 시가를 창가라는 개념으로 묶어 이를 개화기 시가를 총칭하는 개념으로 사용하기도 하고(임화, 백철, 조연현, 조윤제, 김동욱, 문덕수 등), 창가 이전에 개화가사를 두어 '개화가사→창가→신체시' 순의 전개를 주장함으로써 전통가사 형식을 답습한 개화가사와 다소 새로운 가요인 창가를 구분지어 사용하기도 하며(조지훈), 개화가사를 다시 개화시와 개화가사로 구분하여 '개화시→개화가사→창가→신체시' 순의 전개를 주장하는(송민호) 등 견해를 달리하고 있는 실정이다.

그러나 이 시기의 시가에 대한 포괄적 개념설정이나 세분화된 갈래구분은 이 시기의 시가를 보다 잘 이해하고 체계화된 설명을 가능케 하는 차원에서 논의되는 것이라면 모두 다 타당할 것으로 생각된다. 그런 면에서 이 시기의 시가가 전통시가와는 다소 다른 면모를 보이고 있다는 사실에 주목하여 그 내용과 형식의 측면을 특징적으로 살펴보고, 성격에 따라 몇가지 유형을 두어 체계화하는 것이 바람직하리라 여겨진다.

실제로 이 시기의 시가는 『독닙신문』의 독립·애국가류를 비롯하여 가사(개화가사)·시조·한시 등 전통적 시가형태와 창가·신체시 등으로 불리어지는 다소 새로운 시가형태들이 다양한 모습으로 당대 간행되었던 신문·잡지들을 통해 발표되었다. 이 개화기 시가들은 특히 새로운 시대적 상황에 대처하여 개화사상이나 자주독립사상을 고취시키려는 의지를 강하게 표출하고 있는 것이 지배적인데, 시속에 편승하여 매국(賣國)하려는 자들을 징계하고자 하는 강한 외침과 일제의 침략에 강렬히 저항하는 의지를 담은 것들도 하나의 보편적 경향을 이루고 있다.

그런데 여기서 '신체시'까지를 개화기 시가의 범주에 넣어 살피는 것이 과연 타당한 것인가에 대한 의문이 제기될 수 있다. 그러나 이 문제는 신체시가 흔히 우리 시문학사에서 최초의 근대시적 특징을 지닌 문학형태로 일컬어질 수 있다 하더라도, 그것은 실제에 있어 단순한 몇가지의 형태적 변형에서일 뿐, 개화기적 특징을 두루 담고 있다는 역사적 성격과 내용적 사실 이외에도 개성적 차원에서 개인의 정서적 반응을 노래한 근대적 서정시로 보기에는 무리가 있어, 그 과도기적 혹은 이행기적 특징을 보이고 있는 것으로 파악함이 옳을 듯하다. 따라서 신체시 역시 개화기 시가의 말미에서 새로운 시의 태동을 예비하는 단계에 놓여 있는 문학으로 이해해야 하리라 본다.

이상에서 논의한 사실들을 바탕으로 개화기 시가를 다음의 몇 갈래로 나누어 살펴보겠다.

독립·애국가류와 개화가사

개화기 시가는 특히 초기에 있어 '독립가' 혹은 '애국가'라는 모습을 띠고 있었다. 『독닙신문』을 중심으로하여 발표된 「독립가」「이국가」 및 「동심가」 「이민가」「성결송축가」「성몽가」 등이 이에 해당된다. 같은 형태의 비슷한 내용들을 담은 시가가 이후 계속 발표되었는데, 특히 『대한매일신보(大韓每日申報·1905)』에 이르러 이른바 '개화가사'로 불리어지는 수백편의 가사체 시가가 시대의식과 현실의지를 반영하여 활발히 창작되었다.

  이들 독립 애국가류와 개화가사는 전통적 율조인 4·4조 리듬을 취하고 있다는 데 큰 공통점이 있다. 말하자면 세차게 밀려드는 외래사조와 문물제도들에 대한 반응을 새로운 형식적 장치를 구비하여 새로운 감수성의 차원으로 노래하기 보다는, 우리에게 익숙해져 있는 형식적 율조를 통해 보편적인 정서 반응으로 노래하고 있다는 데 그 특징이 있다. 그 보편적 정서 반응은 작품 속에서 개화의지를 강조하거나 일제와 외세에 침탈되어가는 국권수호를 위해 독립의식을 고취시키려는 모습으로 드러나 있다. 뿐만 아니라 개화가사에 이르러서는 시대현실을 직시하고 일제의 식민정책과 그 추종세력에 대항하는 강렬한 저항정신 및 고발정신을 형상화한 것들이 많으며 신·구문화의 갈등양상을 드러내고 있는 작품들도 상당수 발견된다.

    대죠션국건양원년 ᄌ쥬독닙깃버ᄒ세
    텬디간에사ᄅᆷ되야 진츙보국뎨일이니
    님군의츙셩ᄒ고 졍부를보호ᄒ세
    인민들을ᄉ랑ᄒ고 나라긔롤놉히달셰
    나라도을싱각으로 시죵여일동심ᄒ세
    부녀경디ᄌ식교휵 사ᄅᆷ마다ᄒᆯ거시라
    집을각기흥ᄒ랴면 나라몬져보젼ᄒ셰
    우리나라보젼ᄒ기 자나ᄭᅢ나싱각ᄒ세
    나라위히죽ᄂᆫ죽엄 영광이제원한업네
    국태평가안락은 ᄉᆞᆼ공샹힘을쓰세
    우리나라흥ᄒ기를 비ᄂᆞ이다하ᄂᆞ님끠
    문명지화열닌셰샹 말과일과ᄀᆺ게ᄒ세
    아모것도몰은사ᄅᆷ 감히일언ᄒᅟᅩᆸ내다

  현전 최초의 애국가로 알려진 이 작품은 『독닙신문』 3호, 1896년 4월 11일자에 「서울순청골 최돈성의글」이란 제목으로 발표된 것이다. 대한제국(大韓帝國)을 선포하고 연호를 사용하면서 오랜 기간 대륙의 지배에서 벗어나 자주독립을 성취한 기쁨을 노래하면서, 이 작품은 당대 시대현실이 요구하는 '보국안민' '문명개화' '신교육'등의 이념을 고취시키는 데 그 지향을 두고 있다. 이런 독립·애국가류는 이후에도 『황성신문』 『대한매일신보』 『경향신문』 등을 통해 많이 발표되었는데, 그 내용에 있어서는 대동소이하다. 그러나 이러한 내용들을 통해 볼 수 있는 현실의식과 문학적 지향은 이전 시기의 것들과는 판이하게 다른 성격을 띠었다고 하겠다.

한편 이와 같은 형태를 취하는 것이면서도 『대한매일신보』에 게재된 개화가사는 특히 '사회등(社會燈)'란을 중심으로 강력한 사회비판 의식을 담은 노래들을 표출하였다.

    內部大臣宋秉畯은 趨走하던 小卒이라
    聞見敎訓없었으니 事君之道 모를리라
    犯分蔑紀하는것을 不足掛齒하려니와
    總理大臣李完用은 그行爲를 擧論컨데
    豚犬不若可痛일세 ……………………

매국정권에 대해 날카로운 규탄을 하면서도 그것을 다소간의 풍자적 수법을 동원하여 전개시키고 있는 이 개화가사는, 이 시기의 어떤 모습으로 시대현실을 수용하고 그 급박한 숨소리를 어떻게 드러내었는가를 여실히 보여준다. 이 『대한매일신보』에 게재된 개화가사는 또한 연을 나누어 전개하는 수법이 동원되기도 하였는데, 각 연의 말미에 반복구를 두는 등의 새로운 수법을 가미하여, 전통가사와는 다른 차원에서 당대 시대상황의 변화에 따른 저항정신을 보다 심화된 갈등구조로 형상화해 낸 특징을 띠었다. 이와 같은 개화가사들은 독립·애국가류보다 그 주제의식과 내용의 면에서 훨씬 다양한 모습을 보여주었다. 개화가사는 비단 『대한매일신보』에 실린 600여편 뿐만 아니라, 당대 뜻있는 항일구국투사들의 개인문집 속에서도 '창의사(倡義詞)'의 이름으로 널리 전해져 오기도 한다. 그런 까닭에 이 시기 『대한매일신보』의 '사회등'란을 중심으로 발표된 개화가사를 일컬어, 운문형식을 띤 애국계몽문학이라 이름하기도 한다.

창가(唱歌)의 성행

창가란 주로 7·5조, 8·5조, 6·5조 등의 형태적 특징을 보이며 서양식 악곡에 얹혀 불린 개화기 시가를 말한다. 가창의 여부가 필수적이었는지에 대해서는 쉽게 단정을 내리기 어려우나, 4·4조의 독립·애국가류 및 개화가사와는 그 형태의 면에서 다소 다른 면모를 보여준다.

그 첫 작품은 종래의 통설에 의하면 최남선(崔南善)의 「경부텰도노래」(1908)로 알려져 왔으나, 실제 이보다 훨씬 앞선 1896년 11월 21일 독립문 정초식을 거행할 때 배재학당(培材學堂)의 학생들이 윤치호(尹致昊)가 지은 「애국가」를 불렀다는 기록이 있어 주목된다.

```
성주신손오빅년은 우리황실이요
산슈고려동반도   우리본국일세
(후렴) 무궁화 천리 화려강산
       죠션사람죠션으로 기리보존 세
```

위 노래는 전에 보지 못한 8·6조의 형태적 특징을 지닌 것으로, 『독닙신문』의 애국가류와 맥이 닿아 있으면서도 그 형태에 있어서는 상당히 다른 모습을 보여주어, 이후 비슷한 형태의 시가들의 선구적 위치에 서 있는 것으로 생각된다.

개화기 시가는 최남선에 이르러 그 형태면에서 큰 변화를 보이거니와, 창가 역시 그에 의하여 본격적인 출발이 이루어졌다. 최남선은 당대의 선각 지식인으로서, 새로운 이념과 세계관 및 개화의지를 이 창가 형식을 통해 전파·고취함이 효과적임을 착안하여, 그가 간행한 『소년(少年)』(1908), 『청춘(靑春)』(1914) 등의 계몽적 잡지를 통해 활발히 발표하였다. 다음과 같은 「경부텰도노래」는 근대문명의 이기(利器)인 철도 개통을 찬양한 것으로, 그가 추구한 이상의 면모들이 장편의 노랫말을 통해 하나씩 드러나고 있다. 그 서두부분을 보면 다음과 같다.

우렁탸게토하난 긔뎍소리에
남대문을등디고 떠나가셔
빨니부난바람의 형세갓흐니
날개가딘새라도 못짜르겟네
늙은이와졃은이 셕겨안젓고
우리네와외국인 갓티탓스나
내외틴소다갓티 익히디내니
됴고마한짠세샹 덜노일웟네

이를 시발점으로 최남선은 단형·장형의 창가들을 통해 대중계몽의 의지를 확장시켰다. 「소년대한(少年大韓)」, 「태백산가(太白山歌)」, 「어린이 꿈」, 「가을 쯧」, 「세계일주가(世界一週歌)」 등은 그의 대표적 작품들에 해당한다.

최남선의 개척적 업적을 바탕으로 본격화된 창가는 이후 1900년대에 이르기까지 놀라운 숫자로 늘어난 학교들을 통해 광범위하게 확산되었는데, 이들 학교창가는 특히 교육적 이념보다는 민족정신의 배양과 신문화 보급의 목적성을 지향하는 것들이 대부분이었다. 또한 그 곡조 역시 학교설립자들이 선교사인 경우 찬송가풍의 곡조에 얹혀 부르는 것이 대부분이었다. 학교에서 교과목으로 창가를 가르치게 된 것이 계기가 되어 창가는 이후 급속도로 확산되어갔던 것이다.

그러나 창가는 일제에 의해 조종되던 매국정부에 의해 금압을 받게 되는데, 그것은 이 형태의 시가가 생활 전반의 문제들을 들추어 내기도 하고, 더욱이 학교창가의 확산과 함께 항일의지를 담은 모습들로 구체화되기도 하자, 이를 금지시키고 관변(官邊)의 차원에서 현실에 순응하는 창가로 대치시키기도 하였다. 이후 창가는 제도적 차원에서 일본식 가요의 이식에 이용되기도 하고, 국내에서 계속되지 못한 항일의지의 창가들은 해외에서 투쟁하는 독립군의 군가로 그 맥을 잇기도 하였다.

이렇게 볼 때 창가는 그 이전의 시가와는 다소 다른 형태적 특징을 지니면서, 개화인의 생활감정을 표현하는 다양한 내용들을 통해 그 공감대를 확장하려는 계몽적 의지를 담았고, 상당한 기간 동안 지속되었던 개화기 시가의 중심장르였다 하겠다. 아울러 창가가 단순한 계몽성에만 그치지 않고, 그 자체적 구조 속에서 어느 정도 문학적 정취를 드러내고자 고심했던 점 역시 간과해서는 안될 것이다.

개화기 시가의 문학사적 의의와 한계

우리 문학사에 있어서 개화기 시가가 차지하는 비중은 그리 크지 않다. 그러나 좀더 생각해보면 이 시기만큼 주체적인 민족의식을 가지고 현실을 직시한 문학작품도 흔하지 않다. 다양한 장르를 통해 시대현실을 담아내고, 행동적 양태를 통해 생동하는 삶의 현실을 그려낸 이 시기의 시가들은, 따라서 좀더 신중한 접근을 필요로 한다.

그 형태와 내용의 면에서 여러가지 지적될 점이 없지 않으나, 그 적극적 의지와 현실대처 정신은 높이 평가되어야 할 것이다. 뿐만 아니라 이 시기의 시가들은 개화와 수구라는 신·구의 대립적 갈등관계 속에서, 때로 전통시가의 형식을 빌어 새로운 민족적 정신을 노래하기도 하고, 세련되거나 투철한 문학 의식으로 새로운 시를 모색한 것은 아니었지만 실험정신을 앞세워 창작에 임하는 모습을 보여줌으로써, 문학이 시대현실 속에서 어떻게 기능할 수 있는가를 보여주기도 했다. 개화기 시가가 특히 외세에 항거하는 의지를 적극적으로 드러내고 다양한 계층적 참여를 통해 이를 확산시켜 간 것은, 후일 3·1운동이라는 민족적 역량의 대 분출을 위한 예비적 과정을 마련하는 것으로서의 의의를 지니기도 한다. 이러한 면모들로 하여 우리의 근대적 각성은 가속화되었고, 일제의 침탈 밑에서도 민족정신을 온전히 보전할 수 있는 기틀을 마련하였던 것이다.

반면 이 시기의 문학적 한계는 다소 분명하게 드러나기도 한다. 우선 이 시기의 시가들은 새로운 문명에 대한 관심과 민중에 대한 계몽을 노래하는 데 집중함으로써, 민족의 주체적 역량을 일깨우고 축적시켜가는 데 단결된 의지력을 보여주지 못하였고, 시의 미학적 측면을 돌볼 여유를 갖지 못하였다 하더라도 그 전달 위주의 목적성에만 치중하여 개인의 정서적 반응을 소홀히 하였다.

그러나 이러한 모든 문학적 특징들은 개화기 시가가 전통적 형식을 바탕으로 하면서 점차 새로운 문학의 시기를 향해 서서히 변모해가는 과정을 담고 있다는 측면에서 새로운 시대의 자생적 토양이 되었고, 그 점에서 본격적인 근대문학을 모색하는 이행기적 성격을 여실히 보여준, 하나의 의의있는 시사적(詩史的) 특징을 지니고 있다 하겠다.

3. 애국・계몽적 서사문학의 양상

개화기의 시대정신을 구현한 문학형태들 가운데 서사양식을 취한 것으로서 신소설류와는 다른 면모를 보이고 있는 일군의 작품이 있다. 흔히 애국・계몽문학으로 불리어지는 이들 작품은 그리 오랜 기간에 걸쳐 존속되지는 않았지만 이 시기 문학의 한 특징을 여실히 보여주고 있어 주목을 요한다.

정확한 연대를 고정시키기는 어렵겠지만 애국・계몽문학은 대체로 1900년을 전후한 시기로부터 1910년 무렵까지에 걸쳐있다. 말하자면 이 시기에 등장했던 우리의 과거 역사적 사실과 인물을 제재로 한 역사전기문학과, 시사적 성격을 띤 단편 토론체문학, 그리고 외국의 역사서 및 전기의 번역 등이 모두 여기에 속한다고 할 수 있다. 이들은 모두 당대의 사회 역사적 배경을 토대로 애국・계몽이라는 주제지향을 강렬히 표출한 점에서 공통점을 지니는데, 개화나 혁신의 측면을 도외시한 것은 아니었지만 전통고수와 민족적 주체성의 발견 및 확립을 보다 강조한 측면에 서 있다고 할 수 있다. 그리고 이 점에 있어서 거시적으로는 당대에 활발하게 전개되었던 애국・계몽운동과 맥이 닿아 있음을 알 수 있다.

이 시기의 애국・계몽운동은 한편으로 의병전쟁과 때를 같이하면서, 언론・출판・집회 등을 통하여 민주주의와 입헌정치의 중요성을 역설하고, 주체적이고 자주적인 경제사상의 보급을 위해 힘쓰는 한편, 역사・문학・국어를 통한 자주적 전통의 고취, 주체성을 잃은 반민족적 정치에 반대하여 대중을 동원하는 정치집회를 여는 등 다양한 활동을 통해 적극적으로 추진된 것이었다. 말하자면 이 시기의 애국・계몽문학 역시 이러한 시대적 움직임의 일환에서 전개된 것으로 볼 수 있는 것이다. 1898년의 만민공동회(萬民共同會) 개최라든가, 같은 해에 『황성신문(皇城新聞)』・『제국신문(帝國新聞)』이 발간되어 대중의 정치적 자각 및 민족문화 계몽에 앞장을 서는가 하면, 1905년에는 『대한매일신보(大韓每日申報)』가 간행되어 일본 제국주의적 침략야욕에 맞서 애국적 필봉(筆鋒)의 기치를 높이 세우는 한편, 뒤이어 『조양보(朝陽報)』・『대한민보(大韓民報)』 등의 신문과 『자강월보(自疆月報)』・『서우(西友)』・『한반도(韓半島)』・『야뢰(夜雷)』 등의 잡지가 간행되어 애국・계몽운동이 확산되어 가고, 국어국문운동(國語國文運動)과 국채보상운동(國債報償運動) 등이 다양한 형태로 전개되어 간 것은 그 대표적인 예에 속한다고 하겠다.

우리는 이러한 애국・계몽운동의 실상을 통해 그것이 19세기 후반으로부터 본격화되기 시작한 개화사상의 새로운 대중적 차원으로의 전개・확산임을 다시금 확인할 수 있으며, 전통성의 고수와 반봉건적 의식개화 및 반일(反日)・애국의 민족적 주체성 확립이라는 성격적 특징을 추출해 낼 수 있으리라 본다. 이제 그 같은 거시적 흐름 속에서 가장 큰 역할을 담당했던 문화・교육 면에서의 애국・계몽적 서사문학의 양상을 다음의 몇 갈래로 구분지어 간략히 살펴보겠다.

역사・전기문학

단순한 허구(fiction) 만을 작품의 제재로 삼아 줄거리를 엮어가는 서사체와는 달리, 서사문학의 한 유형에 속하면서 객관적 사실이나 역사상 실재했던 인물들을 작품에 도입하여 전기체(傳記體) 형식으로 엮어나가는 서사양식을 역사・전기문학이라 할 수 있다. 따라서 역사・전기문학에는 역사에 대한 진지한 이해와 안목, 그리고 객관적 사실과 인물의 행적을 통해 정서적 반응을 유도해 내는 문학적 형상화의 깊이가 요구된다고 할 수 있다. 이러한 역사성과 문학성의 공존 위에서 역사・전기문학은 한 시대가 갖는 의미를 밝혀내고, 그 이념적 토대 위에서 현실적 삶의 여건과 체험을 보다 구체화된 형태로 재인식할 수 있는 기틀을 마련해주기도 한다.

우리의 초기 신문학에 있어서 이러한 성격을 지닌 작품들이 상당수 쏟아져 나왔음을 주목하지 않을 수 없다.

먼저 1907~1908년 사이에 『서우학회월보(西友學會月報)』에 연재된 박은식(朴殷植)의 「인물고(人物考)」는 종래의 전(傳) 양식을 빌어 역사상 위대한 행적을 남긴 인물들의 구국충정(救國忠情)과 국난 극복의 탁월한 사실들을 문헌 기록들을 바탕으로 다시 새롭게 엮은 국한문 혼용체의 작품이다. 박은식은 또 한문으로 「김유신전(金庾信傳)」・「이순신전(李舜臣傳)」 등을 발표하기도 하였는데, 모두 비슷한 양식의 위인・충신에 관한 일대기들이라고 할 수 있다.

비슷한 시기에 장지연(張志淵)은 「이국부인젼」(1907)을 지어 보다 넓은 시야를 열어보이기도 했다. 이 작품은 프랑스 백년전쟁 당시의 민족적 영웅으로 일컬어진 잔 다르크의 행적을 그린 것으로, 우리와는 시간적, 공간적으로 그 상황을 달리하는 인물이긴 하지만, 그 행적을 통해 애국심 넘치는 민족적 저항의지와 철저한 투쟁정신을 고양시키려 한 것으로 보인다.

이러한 시대적 조류 속에서 애국・계몽적 역사・전기문학은 신채호(申采浩)에 이르러 보다 뚜렷한 성격의 작품을 산출해 내기에 이른 것으로 보인다. 그는 종래의 통속적 영웅소설을 비판하고 시대적 사명감을 바탕으로 한 영웅소설의 문학적 의의를 역설하는 가운데 「을지문덕(乙支文德)」(1908)과 「이순신전」(1908)・「최도통전(崔道統傳)」(1909~1910) 등을 국한문 혹은 순국문으로 발표・연재하였다. 우리에게 익히 알려진 민족적 영웅의 일대기를 철저한 역사인식을 바탕으로 새로운 시각에서 조명하고 민족적인 각성을 촉구하는 강렬한 어조로 엮어간 점은, 이 시기 역사・전기문학 작품들 가운데서도 탁월한 위치를 차지하고 있는 것으로 보인다. 특히 『대한매일신보』에 연재된 「이순신전」과 「최도통전」은 일제에 대한 항거와 사대적인 사고의 청산을 의도하는 시대적 계몽의지를, 이순신과 최영이라는 두 영웅을 통해 강렬히 표출해 낸 것으로 보인다.

이밖에도 우기선(愚基善)의 「강감찬전(姜邯贊傳)」(1908) 등이 이 시기의 역사・전기문학 형태의 작품으로 일컬어질 수 있을 것이다.

이러한 역사・전기문학은 이후 한일합방이라는 민족적 대수치와 함께 우리 문학사에서 자취를 감추게 되는데, 이는 시대적 여건의 문제였기에 국외망명지에서 다시 모습을 드러내기도 하고 야담형식의 서사체를 통해 윤색된 형태로 간간이 그 모습을 드러내기도 하였다.

요컨대 이 시기의 역사·전기문학은 위기에 처한 민족의 자존심을 일깨우고, 역사상 위대한 인물들의 행적과 국난 극복의지를 통해 현실을 새롭게 인식하는 교화성을 표방함으로써, 시대적 사명감에 투철한 문학의 한 모습을 여실히 보여준 것으로 이해될 수 있다. 더욱 중요한 것은, 이들 역사·전기문학에 등장하는 인물과 그들의 행적, 그리고 그들이 활동했던 당시의 역사적 상황에 대한 작자의 안목이 단순한 교화성의 목적의식에만 머무르고 있는 것이 아니라, 새로운 역사인식의 태도에서 비롯되는 주체적 사건해석과 민족적 이념의 제시에 보다 적극적으로 기여하고 있다는 점이다. 그런 면에서 이 시기의 역사·전기문학은 애국·계몽적 서사문학을 대표하는 의의있는 성과로 일컬어 질 수 있을 것이다. 당대의 보편적이고 현실적인 문제가 보다 객관화된 형태로 역사 속에서 구체화될 수 있을 것이기 때문이다.

토론체 단편소설

어떤 역사적 시기에 있어서의 문학이 당대적 사회상의 모방이거나 반영의 재현에만 그친다면, 문학과 현실의 긴밀한 관계는 너무도 단순한 형태로만 작품에 도입되는 결과에 이르게 될 것이다. 그러나 문학은 현실을 바탕으로 한 실천적인 행위의 몫을 지니기도 한다. 그래서 실천적 속성을 지닌 문화운동의 한 측면을 문학이 담당할 때, 그것은 시대이념을 이끌어가는 하나의 중요한 역할을 한 것으로 이해될 수 있다.

애국·계몽문학이 전개된 시기에 있어 단편토론체의 형태를 띠고 나타난 문학작품들이 바로 이러한 실천적 행위로서의 성격을 잘 반영하고 있는 것으로 보인다. 일찍이 『독닙신문』이나 『황성신문』에도 시사적 성격의 토론문이 실린 바 있으나, 특히 『대한매일신보』에 이르러 문학작품으로 평가될 수 있는 것들이 등장하게 되었고, 때로 잡지들을 통해서도 단편토론체 작품들이 모습을 나타내고 있다. 『대한매일신보』에 연재된 단편토론체문학으로서는 「향긱담화」(1905)·「소경과 안즘방이 문답」(1905)·「鄕響老노訪방問문醫의生

싱이라」(1905~1906)·「車거夫부誤오解히」(1906)·「時시事사問문答답」(1906) 등을 들 수 있고, 『태극학보(太極學報)』에 게재된「항설(巷說)」(1908), 『서북학회월보(西北學會月報)』에 실린 1909~1910년 사이의「담총(談叢)」·「가담(街談)」이라는 것들도 모두 여기에 속한다고 할 수 있다.

이들 단편토론체문학은 흔히 '토론체 소설'로도 불리어지나, 서사형식을 취하고 있다는 점 이외에 짤막한 이야기체의 대화들이라는 점에서 소설로 보기에는 다소 무리가 있으리라 보아, 단편토론체의 서사양식으로 봄이 무난하리라 생각된다. 대개 이름을 밝히고 있지 않아 그 작자층에 대해서는 구체적으로 언급하기 어려우나, 대부분 당대 지식인 계층에 속하는 애국·계몽론자들로 보이며, 이러한 익명성은 당대 일제의 언론탄압의 면모를 보여준 것으로 생각된다.

작품의 줄거리는 대부분의 경우 당대를 살아가는 범상한 인물들이 시사적인 문제를 중심으로 '토론'을 하는 단순한 구성으로 이루어져 있으며, 인물 상호간의 갈등을 통한 성격창조나 구체적 행위 내지 사건전개 등은 이루어지지 않고 있지만, 그 나름의 문학적 묘미는 대부분 갖추고 있는 것으로 보인다. 예컨대 최하층의 서민이라고 할 수 있는 점쟁이 소경과 망건일을 하는 앉은뱅이를 등장시켜 두 인물의 시국 전반에 관한 대담형식으로 이야기를 전개시켜가고 있는「소경과 안즘방이 문답」의 경우, 그들 대담에 등장하는 풍부한 반어적 표현과 풍자·골계적 기법들이 이야기 진행에 탄력성을 불어 넣고 강한 설득력을 발휘하는 효과를 자아낸다. 그리하여 서사적 측면에서의 논리적 짜임새나 새로운 성격창조에는 이르지 못했다 할지라도, 그 자체로서 뛰어난 표현기법을 통해 서사적 긴장을 유도하는 문학적 수완을 보여주고 있다. 이러한 문학성으로 인해 독자들은 쉽게 공감대를 형성할 수 있었다.

단편토론체 형식의 서사문학 역시 그 내용에 있어서는 동시대의 애국·계몽적 성격을 띤 문화운동들과 궤를 같이한다. 새로운 문명과 가치관에 의한 문명개화 의지가 내용의 주류를 이루고 있으며, 부패한 관료 및 봉건적 구습을 타파하려는 반봉건의지, 그리고 자주적 실력배양을 도모하고자 하는 자강론 등이 그 주된 지향점이라고 할 수 있다. 따라서 시대정신을 작품화하고 그것을 설득력있는 어조를 통해 계몽하려는 주제 지향이 매우 분명하게 드러나고 있어, 미학적인 측면에서 본다면 만족할 만한 수준에 이르렀다고는 할 수 없겠으나, 민족적 각성을 의도한 시대적 사명의식에는 어떤 문학형태들보다도 뚜렷한 모습을 보여주고 있다는 점에서 일정한 의의를 지니고 있는 것으로 보인다.

말하자면 토론체 형식을 취한 것 자체부터가 국권상실을 눈앞에 둔 시기에 있어서의 사회현실을 보다 직접적으로 반영하고 있으며, 근대적인 의식전환을 위한 현실적 문제들의 생동감 있는 표출과 효과적인 표현기법들을 동원한 민족적 의지의 확장 등에 있어서, 애국·계몽적 문학으로서의 한 역할을 충분히 수행했다는 평가를 받을 수 있는 것이다.

번역소설

유길준의「서유견문」이 간행되어 새로운 시대의 도래에 따른 개화의지가 점차 확산되어갈 즈음 무엇보다도 필요한 것 중의 하나는 외국의 문물과 역사에 관한 구체적 사실들의 이해였다. 그 이해를 가능케 하기는 그리 쉬운 일이 아니었고, 따라서 세계 각국에 관한 관심은 문호개방과 함께 증대되었으나 현실적으로 벽에 부딪히게 되었다. 이러한 일련의 사태에 심각히 대처하면서 개화·계몽의식을 고취하기 위한 노력의 소산으로 이땅에 외국의 역사와 인물을 소개한 번역문학이 등장하게 되었다.

이들 번역문학은 크게 두 갈래로 그 성격이 나뉘어 지는데, 외국의 역사를 번역한 것과 독립을 이룩한 과정 및 독립에 결정적인 기여를 한 인물들의 전기를 번역한 것이 그것이다. 비교적 일찍 출간된「태서신사(泰西新史)」(1897)·「아국략사(俄國略史)」(1898)·「중일략사(中日略史)」(1898) 등은 서양의 여러 나라와 러시아 및 같은 동아시아권의 나라에 대한 역사의 간략한 기술이며,「파란말년전사(波蘭末年戰史)」(1899)·「애급근세사(埃及近世史)」(1905)·「세계식민사(世界植民史)」(1908)·「월남망국사(越南亡國史)」(1906 이후 계속 간행) 등은 역사적 기술이면서도 외국에 있어서 식민지적 침탈과 국가의 몰락과정을 기록한 번역서들이다. 특히「월남망국사」는 당대 민족적 위기에 봉착해 있던 우리나라와 중국에서 큰 반향을 일으켰던 책이다.

이와 함께 이 시기의 번역서들 가운데 특히 관심을 두었던 것들로「미국독립사(美國獨立史)」(1899)・「법국혁신전사(法國革新戰史)」(1900)・「의태리독립사(意太利獨立史)」(1907) 등이 있는데, 각기 미국과 프랑스・이태리가 독립국가로서의 면모를 갖추게 된 과정을 밝히고 있는 내용들이다. 뿐만 아니라 「나파륜(拿破崙)」・「피득대제(彼得大帝)」・「비사맥(比斯麥)」 등의 위인전기물과, 「이태리건국삼걸전(伊太利建國三傑傳)」・「서사건국지(瑞士建國誌)」 등에 보이는 독립투사들의 일대기적 행적 기술은, 이른바 애국・계몽적 성격을 강하게 풍기는 의도적 번역물들로 보인다.

이렇듯 개항 이후 고조된 외국에 대한 관심과 지식의 필요성에 의해 번역된 역사서 및 위인전기・독립사 등은, 그것을 번역한 당대 지도층 계몽운동가들에 의해 애국・계몽문학의 성격적 특성을 띤 채 전개된 것이라 할 수 있다. 이러한 번역문학은 민족적 주체성과 시대적 사명감을 자체 내에서 공고히 다져가는 한편, 시야를 확대하여 국외적 사실들에 주목할 기회를 마련해줌으로써, 이 시기 애국・계몽운동의 터전을 더욱 튼튼히 한 결과를 낳았던 것으로 생각될 수 있겠다.

애국・계몽적 서사문학의 위상

우리의 초기 신문학을 이야기하는 경우, 서사문학에 있어서는 흔히 신소설만을 거론할 뿐만 아니라 그 문학사적 의의와 중요성에 경도되어 여타의 다른 서사형태들에 대해서는 깊은 관심을 두지 않는 것이 예사이다. 그러나 비슷한 시기에 민족적 차원에서 전개된 애국・계몽운동과, 그 일환으로서의 애국・계몽적 성격을 띤 서사체 문학들은 신소설만큼이나 중요한 의의를 지닐 수 있는 것으로 보인다.

앞에서 간략히 살펴보았듯이 이 시기의 애국・계몽적 서사체문학은 민족이 위기에 직면해 있을 때 그것을 타개하기 위한 적극적 움직임으로서 시작되었고, 다양한 양식들을 동원하여 시대적 사명과 현실적인 의지를 구체화하는 방향에서 추진된 것이었다. 따라서 투철한 역사인식과 국난 극복의 의지가 전제되지 않고서는 이 시기 문학현상들에 대한 온당한 이해와 작품활동이 이루어질 수 없었을 것이며, 그 점에 있어서 다소 문학성의 면에서 뒤떨어진다 할지라도 조심스럽게 평가되어야 할 필요성이 제기된다. 문학이 현실과 유리되어 존재할 수 없고, 또 효용적 측면에 있어서 정서적 등가물로서의 가치만이 아니라 실천적 행위로서의 몫을 지니고 있음에 유의할 때, 이 시기의 애국·계몽적 서사문학이 표방한 교화성은 시대적 삶의 여건을 충실히 작품화하고자 한 뚜렷한 지향을 보였다는 점에서 그 가치가 인정되어야 마땅하리라 본다.

물론 역사·전기문학이나 단편토론체문학 그리고 번역문학들이 모두 지도층 인사에 속하는 계몽론자들에 의해 주도되었고, 몇몇 작품을 제외하고는 순국문이 아닌 난해한 국한문혼용체거나 한문으로 간행되었다는 점에서 독자층이 제한될 수 있다는 문제가 제기될 수 있다. 하지만 그들이 지향했던 애국적 의지와 저항정신은 그러한 한계에도 불구하고 값진 것이며, 어떤 면에서는 전통적 형식과 기법을 동원하여 새로운 시대의 경험을 형상화하고자 한 주체적 의지의 면모를 확인할 수도 있는 것이 아닌가 생각된다.

어떻든 이 시기의 애국·계몽적 서사문학을 실제 이상으로 평가하려는 태도 역시 경계되어야 하겠지만, 그 문학사적 위상을 정당히 확립하여주는 작업 또한 적극적으로 추진되어야 하리라 본다. 그렇게 함으로써 문학사의 실상이 객관적으로 인식되고 올바른 방향에서 정리될 수 있기 때문이다. 신소설과의 대비나 다른 문학형태들과의 상관성도 이러한 작업의 결과를 통해서만 제대로 이루어질 수 있을 것이다.

4. 개화문학으로서의 신소설(新小說)

개항과 함께 이땅에 새로운 변화의 조짐이 엿보이던 19세기 말엽의 대전환을 거치면서, 우리의 문학은 새로운 국면에 접어들게 된 것이 사실이다. 새로운 시대와 세계관의 변혁, 그리고 거기에 부응하는 문학양식과 문학담당층의 형성은 문학사에서 필연적인 것인지도 모른다.

이러한 19세기 말엽의 대전환이 차츰 시대를 내려오면서 사회·문화적으로 표면화되고, 다양한 문학 장르를 통해 구현되는 가운데 그 실체가 드러나는 20세기 초의 문학 상황에 있어서, 전술한 개화기 시가나 애국·계몽적 서사문학과 함께 특히 주목해야 할 문학 장르로 '신소설'(新小說)이 있다. 개화기의 시대정신을 구현한 다양한 문학 장르들 가운데서도 특히 신소설은 이 시기를 대표할 만한 여러 사실들을 함축하고 있기 때문에, 그 구체적 면모들을 살피는 작업은 그만큼 중요한 의의를 지닌 것이라 할 수 있다.

신소설이란 우선 우리의 '고대소설'과 대립적 위치에 서있는 명칭이다. 1906년(光武10년) 2월 1일자 『대한매일신보』의 광고란에 공식적으로 등장하게 되었고, 다시 『만세보(萬歲報)』 1907년 4월 3일자의 광고란에서 이인직(李人稙)의 『혈의 누(血의 淚)』를 지칭·선전한 데서 확인되는 바이지만, 전통적으로 전해 내려오던 소설양식의 작품들과는 달리 참신한 내용과 흥미를 갖춘 새로운 시대적 전환기의 소산임을 밝히는 의미가 강하게 풍기는 명칭임에 틀림없다. 따라서 신소설이라는 역사적 실체로서의 장르는, 우리의 봉건적인 중세 전통사회가 새로운 역사 전환기를 맞아 변모하면서 근대로의 이행을 지향하던 시기에 이루어진 하나의 문학형태로서의 소설을 지칭한다고 할 수 있다. 그런 면에서 신소설은 개화문학으로서의 성격을 두드러지게 반영하고 있는 것이다. 말하자면 전통적인 가치관과 질서가 새로운 역사 전환기의 시점에서 어떻게 변모·수렴되는가를 여실히 드러내주며, 어떠한 관점에서 또 새롭게 혁신되는가를 보여주는 하나의 현실적 경험공간인 것이다. 그래서 신소설을, "밖으로부터 밀어닥치는 일본 제국주의의 침략과 이에 대응하는 민족자주정신의 확립이 긴요하면서도 또 한편으로는 전근대적인 사회체제를 혁신시켜 가야 했던 두 개의 착잡하고 거창한 과제를 안고 있었던 시대의 문학이다. 이 점에서 이른바 포용적인 근대화와 응결적인 민족주의가 함께 문제되던 시대를 토대로 하고 있으며, 민란과 전쟁 그리고 식민지화 등의 사회적 재난과 정치적 혼란을 또한 그 생성의 사회배경으로 하고 있다"(이재선, 「한국현대소설 약사」)라고 말하기도 한다.

이러한 개화기 문학으로서의 신소설이 흔히 지적하듯 고대소설과 이광수(李光洙) 이후의 소설들과의 중간 단계에 위치하는 과도기적 문학형태이며, 때로 한국문학사만이 가지고 있는 독특한 문학양식상의 명칭으로 이해됨직도 하다는 김윤식·김현(『한국문학사』, 민음사, 1973)의 견해가 근거를 얻기 위해서는, 무엇보다도 작품 자체의 치밀한 분석과 고찰이 선행되어야 할 것으로 생각된다. 그리하여 신소설이 지닌 문학적 성격이 객관적으로 인식되고 거기에 타당한 의미가 부여될 때 그 실체가 온전히 드러나리라 보인다.

신소설의 문학적 성격을 구명하기 위해서는 적어도 신소설이 우리 문학사 혹은 소설사에서 차지하고 있는 위치를 밝혀야 할 것이며, 작가와 작품들에 대한 이해 및 공통적 분모로서의 특징들을 구명하는 작업이 뒤따라야 할 것이다. 이 점에 유의하여 다음 몇 항목을 중심으로 신소설의 문학적 성격을 살펴보겠다.

신소설의 문학사적 의의

1906년 이인직의 『혈의 누』가 『만세보』에 연재되면서 이땅 개화문학의 새로운 양식이 선을 보이기 시작한 이래, 신소설은 우리 서사문학의 새로운 장을 열었다고 할 수 있다. 신소설은 시기적으로 1906년에서 출발하여 이광수의 〈무정〉이 발표되었던 1917년 무렵까지의 기간에 존속되었기 때문에 일종의 과도기적 성격을 지닌 것으로 이해된다. 따라서 신소설의 새로운 면모를 살피기 위해서는 필연적으로 그 이전의 소설들과의 차이점들을 밝혀나가야 할 것이며, 문학사적 흐름 속에서의 정당한 위치나 평가 및 한계점들에 대한 탐구 역시 작품 내·외적 사실들을 충분히 검토한 다음 이루어져야 할 것으로 보인다.

신소설의 형성에 작용한 사회·문학적 요인으로는, 우선 개항 이후 외부 세계의 근대문물이 유입되고 전통적 가치의식이 뒤흔들림으로써 새로운 삶의 방식에 대한 관심이 고조된 점을 들 수 있다. 아울러 조선 후기 이래 꾸준히 성장해 온 국문 해독층과 독서 대중이 19세기 말 이래의 계몽적 격동기를 거치면서 급격하게 확대되고, 기업적 성격을 지닌 근대적 출판사가 나타남으로써 새로운 소설을 수용할 만한 여건이 갖추어졌다는 점도 중요하다. 1900년대부터 다수 출현한 민간신문들은 이러한 상황에서 독자들을 확보하는 방안의 하나로 당대적 문제와 생활을 다루는 소설을 게재하기 시작하였고, 이를 담당하는 직업적 작가들이 고전소설 작가층으로부터 나오거나 새로이 출현하게 되었다.

　이러한 배경 속에서 초기의 몇몇 작품들이 현실적 삶의 여건과 새로운 이야기 전개방식들을 동원하여 대중적 관심을 불러 일으키자 이후 여러 작가들에 의해 본격적인 작품활동이 이루어졌고, 전통적 가치관과 새로운 시대적 조류로서의 개화의식이 소설문학의 표현방식들을 통해 때로 충돌하고 때로 타협하면서 다양하게 전개되었다.

　신소설의 특징적 면모는, 우선 그 형식적인 면에서 묘사가 치밀하고, 새로운 가치질서와 시대의식을 주제화하려고 했으며, 구어체를 바탕으로 한 문체의 산문화 및 현실적 소재와 배경을 작품에 도입하는 등의 진보적 측면을 보여준다는 점에 있다. 그러나 주제 형상화나 인물의 성격창조 등 내용적 사실에 있어서는 미숙한 점들이 많이 드러나고 있어, 그 새로운 문학으로서의 한계가 곧바로 드러나기도 한다. 즉 시대적 요청에 부응하는 다양한 주제들을 작품에 도입하되, 그것의 미적 형상화보다는 전달적 측면에서의 목적의식이 선행하여 계몽적 차원에 떨어지고 마는 가장 큰 문제점과 함께 인물의 성격창조에 있어서도 선·악의 대립적 구도에 의해 개화인은 선, 전통적 수구인은 악이라는 전형성을 탈피하지 못한 점 등에서 뚜렷한 한계를 보여주고 있는 것이다. 이러한 면모들은 사실 그 대표적인 경우에 해당되는 것들이다. 비판의식의 결여라든가, 근대적 인간형을 제시하지 못한 점, 그리고 소설 구성상 우리의 고대소설적 패턴을 답습하고 있다는 사실 등은 널리 지적된 바이기도 하다. 물론 이러한 한계를 너무도 확대 해석한 나머지 신소설에는 주제나 소재, 표현기법의 측면에 있어서 새로운 면모를 찾아볼 수 없다는 식으로 이해하는 것은 곤란하다. 새로움과 함께 고대소설적 면모와 상통하는 점 내지 근대적 성격을 지니는 데 따르는 한계들이 복합적으로 내재해 있는 것으로 이해해야 마땅하기 때문이다.

　그래서 신소설을 가리켜 다음에 나올 현대소설에 다리를 놓아주는 일종의 과도기적 소설(조윤제), 혹은 고대소설과 현대소설 사이에 가로 놓인 커다란 공간적인 공백을 메우고 길게 연장될지 모르는 시간적인 거리를 단축시킨 잠정적이며 과도적인 소설형태(조연현)라고 한 것은, 이러한 신소설의 복합적 성격에 주목한 결과로 이해된다.

요컨대 신소설은 이른바 '이야기책'으로 불리어지던 고대소설의 퇴진과 새로운 시대적 전환기에 의한 근대소설의 성립이라는 역사적 측면에서의 과도기적 성격을 지닌 문학형식으로서 의의를 지니고 있다. 따라서 새로운 구성과 주제의식의 이면에는 다소 고대소설적 수법이 남아있기도 하는 복합적 성격을 지니고 있다. 그럼에도 불구하고 신소설에 의해 우리의 서사문학이 새로운 문학사적 전환을 맞게 된 사실은, 그 내용에 있어 새로운 역사 전환기의 삶의 양식을 작품으로 형상화하려는 작자의 의도와, 그것이 출판문화의 활발한 진전과 함께 일간신문에 연재됨으로써 이른바 독자를 전제로 한 상업적 성격을 띠었다는 점에서 특히 뚜렷한 차이를 보여주었기 때문이다. 신소설에 등장하는 다양한 주제와 시대의식은 흔히 상업적 성격을 지닌 통속소설 내지 개화를 긍정적으로 받아들여 그 계몽적 교화를 의도하는 목적성의 문학으로 일컬어지기도 하지만, 신소설이라는 문학이 존재한 것으로부터 우리의 본격적인 근대문학의 출발 거점이 마련되었다는 점에서 결코 경시할 수 없는 중요성을 지녔다고 할 것이다.

신소설의 대표작가와 작품

작가로서의 면모와 작품활동을 통해 볼 때, 신소설의 대표적 작가로는 이인직(李人稙), 이해조(李海朝), 최찬식(崔瓚植), 안국선(安國善) 등을 들 수 있다. 이들 작가와 작품들에 대해 간략히 살펴봄으로써 신소설에 대한 개괄적 이해를 도모하고자 한다.

먼저 이인직(1862~1916)은 당대 언론에서도 널리 일컬었는 바 신소설 작가로서의 대명사적 존재이다. 국초(菊初)라는 호를 가진 그는 일본 유학 후 귀국하여 주로 언론계에 종사하면서 많은 작품을 발표하였다. 그의 작품으로는 『혈의 누』를 위시하여 『모란봉(牧丹峰)』 『귀의 성(鬼의 聲)』 『치악산(雉岳山)』 『은세계(銀世界)』 등이 있다. 그의 작품들은 대체로 장편에 속하는 것들이 많은데, 근대소설의 성격에 다소 접근한 면모들을 보여주는 한편, 작품의 구성과 등장인물들의 성격묘사 그리고 현실적 제재에 의한 사실적(寫實的)

묘사수법 등에서 개척자적 공로를 인정받고 있다. 그러나 그의 작품은 자신의 친일의식(親日意識)과 세태에 대한 작가로서의 안목이 투철하지 못한 점 등으로 하여 많은 논란을 야기시키고 있기도 하다. 한편 그는 개화기 신극운동(新劇運動)에도 크게 관여하였는데, 그의 작품『은세계』를 1908년에 무대에 올려 상연하기도 하였으며 신소설『설중매(雪中梅)』를 각색하기도 하였다.

신소설 작가 중 가장 많은 작품을 발표한 이는 이해조(1869~1927)이다. 그는 동농(東濃)·열재(悅齋)등의 호를 비롯하여 많은 필명을 가지고 있었는데, 작품으로는『자유종(自由鍾)』『구마검(驅魔劍)』『화의 혈(花의 血)』『모란병(牧丹屛)』『고목화(枯木花)』등을 비롯하여 거의 30여편에 달한다. 그는 언론계에 관계하는 한편 새로운 시대에 즈음한 새로운 시대인식을 특히 강조하여 구습(舊習)의 타파와 신교육의 필요성 및 이에 의한 가치관의 확립을 강력히 표방하였다. 이같은 의식적 지향이 그의 대표작으로 일컬어지는『자유종』에 잘 나타나 있다.『자유종』은 신소설 가운데서도 현실참여적인 성격이 강한 정치성을 띠고 있으며, 당대의 개화사상에서 표출되었던 계몽적 주제의식을 집대성한 작품으로서, 이를 토론체 소설이라는 당대 특유의 형식을 통해 논리적이고 구체적으로 표현해 냈다. 이밖에도 그는 우리의 고전소설을 개작하여『춘향전』을『옥중화(獄中花)』로,『심청전』을『강상련(江上蓮)』으로,『흥부전』을『연의 각(燕의 脚)』으로 각각 신소설화하여 발표하기도 하였다.

다음으로 최찬식(1881~1951)은 호를 해동초인(海東樵人) 또는 동초(東樵)라 하였는데, 1907년 중국에서 발행한 소설집『설부총서(說部叢書)』를 번역하여 신소설 분야에 뛰어든 이래, 1912년에 발표한『추월색(秋月色)』을 비롯하여『안의 성(雁의 聲)』『금강문(金剛門)』『강상촌(江上村)』『능라도(綾羅島)』『춘몽(春夢)』등을 발표한, 신문학 초창기의 개척자적 인물의 한사람으로 평가되고 있다. 그의 작품들은 당시 독자들에게 매우 인기가 있었다고 전해지는데, 대부분의 작품들이 새로운 세태의 단면을 젊은이들의 애정관계에 초점을 맞추어 전개한 데서, 인기와 함께 통속성의 요인을 지니고 있었음을 지적할 수 있다. 그의 대표작으로 꼽히는『추월색』은 봉건적인 유습을 타파하고 서양문명을 소개하여 새로운 윤리와 신교육사상을 고취시키고자 한 작품으로, 시대의식의 반영과 함께 장면의 묘사가 뛰어난 점, 애정의 기구한 전개

등에서 많이 읽혀진 소설의 하나였다.

한편 안국선(1854~1928)은 호를 천강(天江)이라 하였는데, 일본 유학 후 귀국하여 정계, 관계, 실업계 등 여러 방면에서 활동하였으나 대부분 실패하였으며, 한때 교단생활도 하다가 만년에는 낙향하여 전원생활을 하였다. 그의 작품으로는 대표작으로 일컬어지는 「금수회의록(禽獸會議錄)」을 비롯하여 단편소설집 『공진회(共進會)』 등이 있다. 「금수회의록」은 1908년에 간행된 작품으로 신소설로서는 특이한 우화체(寓話體) 소설양식을 취하였는 바, 동물들을 등장시켜 인간사회를 풍자한 주제의식이 강한 작품이다. 현실비판적 요소를 강하게 드러낸 점에서 주목을 요하기도 하였는데, 판금처분을 받았던 최초의 작품으로도 일컬어진다. 『공진회』에는 「인력거꾼(人力車軍)」, 「시골노인 이야기」, 「기생(妓生)」 등 3편의 단편이 실려있다. 그의 작품경향이 지닌 두드러진 특징은 현실비판적인 요소의 표출과 함께, 시대에 대처해 나가는 방법적 사실들을 우회적 수법을 통해 표출하고 있다는 점에 있다 할 것이다.

이밖에도 신소설 작가와 작품들로는 김교제(金敎濟)의 『모란화(牧丹花)』, 『현미경(顯微鏡)』, 구연학(具然學)의 『설중매(雪中梅)』, 조일제(趙一齊)의 『장한몽(長恨夢)』, 이상협(李相協)의 『눈물』, 박영운(朴永運)의 『금산월(金山月)』, 『옥련당(玉蓮堂)』 등 창작과 번안의 형태를 띤 다수의 작가에 의한 작품들이 있다.

하동호(「신소설연구초」)에 따르면 이 시기 신소설은 47명의 작가에 의한 126종의 작품이 조사될 수 있다고 한다. 이렇듯 상당한 수에 이르는 작가와 작품의 정리작업을 통해 신소설의 총체적 성격이 밝혀질 것으로 보이며, 이러한 과정 없이 신소설의 작가와 작품을 논의하는 일은 지양되어야 할 것으로 보인다.

신소설의 주제와 사상

예외적인 몇몇 작품들을 제외한다면 신소설은 대부분 비슷한 주제적 지향과 사상적 성향을 지닌 것으로 이해될 수 있다. 이러한 면모는 특히 신소설

작가들이 새로운 시대의 도래를 냉철한 안목과 비판적 의식으로 일관한 공통분모적 성격에 기인한다기보다는 계몽적 의지를 고취시키고자 하는 강한 목적의식의 발로가 시대이념의 제시와 전달에 급급한 나머지 그것을 당연한 과제로서 부과하려는 측면에서 너나없이 나열해 놓은 결과라고 할 수 있다. 따라서 신소설은 개화문학의 연장선상에 서 있다고 할 수 있고, 이 점에 있어서 주제와 사상이 지닌 특징적 면모가 밝혀질 수 있는 것이기도 하다.

초기 단계의 신소설은 민간신문에 연재된 뒤 다시 출판사에 의해 단행본으로 발간되었기 때문에 자주독립, 문명개화, 풍속개량, 신교육예찬, 구습타파 등으로 대변되는 계몽적 주제의식과 함께 대중적 흥미에 영합하려는 상업주의적 성격도 짙게 띠었다. 현실적 삶의 여건과 이에 대한 의미있는 비전 제시에 작가의식을 투영시키기보다는, 막연한 개화의식과 신문명 도입에 의한 소박한 낙관주의에 기울어져 있었던 것이다. 곧, 새로운 풍습과 지식·문물은 곧 아름다운 미래에의 약속이며, 그러한 것들의 원천인 바깥세계는 동경과 선망의 대상이 된다. 주인공들은 위기상황에서 흔히 일본인·서양인의 도움을 받으며, 무한한 기대를 품고 외국으로 유학을 떠난다. 이인직의『혈의 누』나『은세계』가 그렇고, 최찬식의『추월색』이 이러한 면모를 또한 대변해 주고 있다. 이와 같은 안이한 낙관주의로 인해 신소설은 새로운 삶의 가능성에 대한 적극적 관심에도 불구하고 대체로 천박한 개화주의에로 전락하였다는 평가를 듣게 되며, 이인직 등의 작품에서는 당대의 역사적 정황을 몰각한 친일적 환상을 띠기까지 하였다고 지적되기도 한다. 이러한 점들은 같은 시대의 역사·전기류가 대외적 자존(自存)의 문제에 민감한 의식을 지녔던 사실과 대조적인 현상으로 일컬어진다. (이에 대해서는 김홍규,「한국문학의 이해」, 민음사, 1986을 참조할 것)

그런데 이렇듯 신소설이 담고 있는 주제와 사상들이 제대로 형상화되지 못하고 현실적 삶의 실상과 괴리현상을 빚어내고 있는 것은 어떤 이유 때문인가. 간략히 말해 이러한 이유의 근원적 출발점은 개화 내지 신문명에 의한 근대화의 수용 자체가 우리의 전통적 맥락 위에서 자생적으로 형성·전개된 것이 아니라, 외부적인 추세에 따른 피상적 수용의 결과라고 할 수 있기 때문이다. 그리하여 외래사조를 흠모하고 찬미하는 일부 지식인들에 의해 주도된 개화가 전통적 가치관과 심각한 충돌을 빚게 되었고, 혼란된 의식의 모습들이 형상화되지 않은 상태로 작품에 투영되었던 것으로 보인다.

결국 신소설의 주제와 사상을 통해 알 수 있는 사실은 합리적이고 과학적인 삶의 인식이나 전통적 가치관의 토대 위에서 새로운 문물과 사조를 받아들이는 비판적 정신보다는, 계몽적 인간상을 중심으로 대개 관념적 차원의 의미전달이나 설명적 이해를 의도하는 작가의식으로 인해, 생경한 구호의 나열에 머무르고 만 점을 지적하지 않을 수 없다. 그러나 신소설이 내세운 주제적 면모나 사상적 성향들은 그것이 현실을 바탕으로 한 시대적 요구에서 출발하였다는 사실과 전대의 소설에서 시도되지 않았던 구체적 현실성의 확보에 어떤 식으로든 깊게 관여하고 있다는 점 등에서, 그 긍정적 측면까지도 모두 도외시하는 잘못은 지양되어야 하리라 생각된다. 이러한 긍정적 측면들이 바탕이 되어 후대의 문학에서 비판적으로 극복되는 토대가 마련되었을 것이기 때문이다. 문학적 형상화에 대한 지나친 기대는 때로 당대의 문학적 역량과 풍토를 제대로 파악하지 못한 데에 말미암은 것일 수도 있으며, 문학적 실상에 대한 객관적 인식을 그르치는 결과를 초래할 수도 있기 때문이다. 신소설의 주제와 사상에 대한 정당한 평가는 이러한 두 측면의 적절한 상호보완을 통해 객관적으로 추구되어야 할 것이다.

신소설의 구성과 문체

작품의 실상을 논의하는 데 있어서 작품 자체가 지닌 면모를 분석·이해하는 일은 매우 중요하다. 신소설이 고대소설과는 다른 문학적 특성들을 지니고 있기에 그렇게 일컬어지는 것이라면, 그 구체적 면모를 밝혀보는 작업 역시 빼놓을 수 없는 부분이다. 또 신소설이 고대소설과 근대소설의 중간적 위치에 놓여있다는 사실을 객관적으로 입증하기 위해서도, 작품 자체가 지닌 소설적 특징은 세부적으로 구명될 필요가 있다. 신소설의 구성과 문체의 특징을 살펴봄으로써 이러한 문제들에 접근하고자 한다.

이인직의 『혈의 누』를 예로 들어 살펴보면, 주인공 옥련은 개화된 집안의 재능있는 소녀이고, 청일전쟁(淸日戰爭)으로 집안이 풍지박산이 되어 일본

군의관의 구원을 받아 일본식 교육을 받는다. 그런 다음에 군의관은 죽고 그 부인도 개가할 뜻이 있으므로 옥련은 버려지게 된다. 이때 방황하는 옥련이는 요행히 구완서를 만나 미국유학을 하게 되고, 학업에서의 그녀의 뛰어난 재질이 널리 알려지게 되면서 그 아버지 김일관과 해후하게 된다. 이어 고국에 있는 어머니와도 소식을 전할 수 있게 된다. 그러한 생애의 중요한 사건을 겪으면서 근대의 문명국의 과학, 교육, 평등사상, 연애와 사랑에 의한 새로운 혼인풍속의 소개 등이 다루어지고, 옥련과 구완서가 약혼하는 데까지 이야기가 진행된다. 이러한 개요에서 보아 이 작품은 일생담을 모두 기록하여 고전소설의 '전(傳)'문학의 구조적 형태를 모두 온전하게 수용한 것은 아니지만, 신소설의 당시대적 과제를 문제화하는데 필요한 만큼은 '전'문학의 성격을 이어받고 있다고 할 수 있다.

이러한 분석을 통해 알 수 있는 사실은 신소설이 우리의 고대소설로부터 여러 유산을 이어받았으며, 특히 논자에 따라서는 이러한 이야기 구성과 전개는 이른바 영웅소설과 관련성을 뚜렷이 지닌 것으로 이해되기도 한다는 사실이다.(이에 대한 자세한 논의는 趙東一,『新小說의 文學史的 性格』(서울대학교 한국문화연구소, 1973)을 참조할 것.)

그러나 신소설은 위의『혈의 누』에서도 확인할 수 있다시피 고대소설과는 다른 이질적인 면모도 많이 지니고 있음을 확인할 수 있다. 먼저 신소설은 당대 사회의 현실을 토대로 이야기를 전개시키고 있다. 그리고 이를 중시하는 차원에서 어떤 문제의 발생으로부터 해결에 이르는 과정을 다루는, 문제중심적 구성을 취하고 있는 것이다. 단순한 선후관계에 따라 사건을 서술하지 않고, 시간적인 역전(逆轉)을 구사하여 회상의 시점을 도입하기도 하며, 발단부분의 사건도입을 신속하게 처리하는 점도 주목할 만한 변화이다. 이밖에도 과장된 묘사를 지양한다든가, 생활언어에 가까운 문체를 사용하는 점, 그리고 당대의 문제와 경험에 대한 적극적 관심 등을 특히 두드러진 면모들로 간추릴 수 있다.

한편 이와같은 변화에도 불구하고 신소설에는 비현실적인 계기로서의 꿈이 설정되어 여전히 이야기의 줄거리를 암시하는 기능을 하게 되고, 또 빈번히 사건전개에 우연성이 개입되는 등 고대소설과 크게 차이나지 않는 면모들도 보여준다. 이러한 점들은 특히 소설문학에 있어서 그 구성과 이야기 전개방식에 관한 미학적 측면을 규정짓는 중요한 기준이 될 수 있다.

이렇듯 신소설은 고대소설의 성격적 특징과 새로운 소설로서의 면모를 복합적으로 지니고 있다. 이러한 특성들로부터 우리는 신소설이 우리 소설사에서 어느 위치에 놓여 있는가를 실증적으로 밝힐 수 있으며, 작품분석을 하지 않은 상태에서 범하기 쉬운 선입관을 배제할 수 있으리라 생각된다.

신소설이 지닌 고대소설적 특성들은 아마도 일부 소수의 성숙된 독자를 제외한 대부분의 독자들이 고소설의 이야기 전통에 숙달된 관습에 젖어 있었으므로, 우여곡절이 많은 상업적 흥미의 이야기나 도덕적 기준을 쉽게 판별할 수 있는 이야기를 저항 없이 수용했을 것이고, 그러한 수용현상의 영향은 신소설 작가들에게도 정도의 차이는 있었을 것이지만 어느 정도는 작용했을 것으로 생각된다. 신소설이 지닌 고대소설적 면모들에 대한 객관적 이해 역시 중요하리라 본다.

요컨대 신소설의 구성과 문체적 특성들을 통해, 우리는 신소설이 새로운 시대의 요구를 근간으로 하여 나름대로의 변모된 모습을 보여주었지만, 한편으로는 우리의 고대소설적 패턴에서 완전히 벗어날 수 없었던 한계를 여실히 보여주고 있다는 사실도 동시에 아우르고 있음을 알 수 있다. 이러한 문학적 연계성을 보다 치밀하게 구명하는 데서 오늘의 문학이 있기까지의 전통이 차츰 분명하게 드러나리라 생각된다.

제 2 부 근대문학의 태동 : 1910년대 문학

1. 근대문학의 성격과 특징

　개화기와 애국계몽의 시기로 알려진 19세기 말엽에서 20세기 초에 이르는 우리의 근대는 1910년대에 이르러 그 본격적인 모습을 드러내는 것으로 보인다. 말하자면 근대적 맹아(萌芽)가 사회 전반에 걸쳐 확산되고 문학적으로도 침투해 들어간 시기를 거치는 동안 우리의 근대는 비로소 발아(發芽)의 시기를 맞게 된다.
　그러나 이러한 시기가 곧 1910년대라는 사실은 우리 역사에서 몹시 신중한 이해를 필요로 한다. 그것은 1910년대를 시작하는 첫해가 바로 우리의 역사에서 가장 치욕스런 사태를 안겨준 경술국치(庚戌國恥)의 해라는 사실에서이다. 일제의 강점에 의한 한반도 병합으로 그리하여 우리의 근대가 파생적 성격을 띠게 된 근본요인으로 작용하게 되었고, 점진적으로 형성된 민족적 역량이 자연스러운 발전과정을 통해 발휘되는 통로를 차단당한 채 험난한 가시밭길을 헤쳐나가게 만들었다.
　이 시기를 산 우리 민족의 다양한 삶의 모습들은 여러 기록물과 연구 및 보고들을 통해 널리 확인되는 바이지만, 그 가운데서도 특히 일반 민중계층은 일제의 가혹한 식민지 수탈정책으로 인하여 삶의 뿌리조차 흔들리게 되는 결과에 이르렀고, 이른바 지식인 계층에 속하는 이들도 그들의 삶의 지향에 따라 상황에 순응하거나 방관적 태도, 혹은 비판적 태도에 의한 현실 반항의 면모를 보이는 등 다양한 형태로 현실에 대응하였다.

문학사적 측면에 있어서도 이러한 점들은 공인된다. 새로운 역사적 전환에 채 익숙해지기도 전에 일제의 식민지화 책략이 자행됨으로써, 한편으로 근대화의 시대적 사명을 완수해야 하는 막중한 임무와 함께, 외세의 침략에서 벗어나 자주독립을 쟁취해야 하는 현실적 당면과제에 부딪힘으로써, 이러한 면모들을 작품에 반영하여 형상화 해내는 데 따르는 이중적 부담을 안게 되었던 것이다. 실제로 이 시기에 창작되었던 문학 작품들은 이러한 복합적 성격을 띠고 있으며, 작가의 문학적 지향이나 현실 대응방식에 따라 그 양상이 몇 갈래로 나누어지기도 한다.

이와 같은 사실들을 전제로 할 때, 문학사에서 이들 근대적 맹아가 본격적으로 발아한 모습들을 확인하는 데에는, 이른바 근대문학으로서의 성격과 특징에 대한 이해가 먼저 이루어져야 타당하리라 생각된다. 우리 문학사에서 초기의 신문학이 보다 발전된 면모를 보이며 다시 한단계 높은 수준의 질적 변화를 보인 시기가 1910년대라면, 이에 대한 판단기준이나 이해의 지침이 마련되어야 하기 때문이다. 따라서 근대문학의 성격과 특징에 대한 일반적 이해로부터 우리 문학사에서의 특징을 간략히 서술하는 작업이 뒷받침됨으로써, 전술한 근대문학의 기점 논의와 함께 문학사를 서술해가는 올바른 순서로 여겨진다.

근대문학의 일반적 성격

하나의 문학장르가 문학사 위에 뚜렷이 모습을 드러내기 위해서는 몇가지 요건을 구비하여야 한다. 흔히 일컬어지듯 문학담당층이 형성되어야 할 것이고, 그들의 세계관과 미의식을 일정한 형식을 통해 표출해 낼 수 있는 역사적 실체로서의 장르가 마련되어야 함은 물론, 그들이 지향하는 문학적 경향이나 세계관이 일정한 공유분모를 이루고 있어야 한다는 점 등이다.

이른바 근대문학이란 그 이전의 시기인 중세문학과 차이를 갖는다는 의미에서 지칭되는 개념이다. 따라서 근대문학이 그 나름대로의 특성을 지니는 경우란 중세문학에서 드러났던 위의 세가지 면모들이 새로운 시각에서 재편되고 때로 중세문학에서는 볼 수 없었던 이질적인 면모들을 창출·확립하는 데에 있다고 할 수 있겠다.

 이와 같은 측면에서 볼 때 근대문학의 성격은 크게 작품 외적 사실의 면과 작품 내적 사실의 두 면을 통해 이해 될 수 있을 것이다. 먼저 작품 외적 사실들로는 표현언어의 면에서 중세문학이 지향했던 보편적 문어(文語)가 폐기되고 자국어(自國語)에 의해 문학작품이 이루어진다는 점이다. 서구 유럽에 있어서 라틴어가 지양되고 각국의 개별언어에 의해 문학행위가 이루어지는 것이라든지, 동아시아에 있어서의 보편적 문어였던 한자가 지양되고 역시 개별적 자국어에 의한 문학행위가 이루어지는 것들이 그 예에 속한다. 뿐만 아니라 문학담당층의 면에서는 중세문학이 대체로 귀족계층과 서민계층의 이원적 문학형태를 견지해 온 것과는 달리 새로운 시민계층의 형성으로 그들에 의해 문학이 주도된다는 사실이다. 나라마다 이 시민계층의 형성에 관한 논의가 다를 수는 있으나, 기본적으로는 공통적 속성이 내재해 있는 것으로 파악될 수 있기 때문이다.

 다음으로 작품 내적인 사실들로서는 널리 알려진 바와 같이 새로운 형식적 틀을 통해 새로운 면모들을 형상화시켜 나간 점들을 들 수 있는데, 새로운 시형태의 개발과 산문적 성향의 대두에 의한 소설장르의 확립을 그 특징으로 지적할 수 있다. 그 가운데서도 소설장르의 확립은 중세적 세계관에서 탈피하여 새로운 시대의식과 문학적 지향을 형상화해 낸 것으로 공인되는데, 특히 의식의 측면에 있어서의 자아각성과, 형식적 측면에 있어서의 문장의 산문성·소재의 현실성, 그리고 방법적 측면에 있어서의 심리묘사와 성격장조 등을 지적하는 것이 일반적이다. 이러한 사실들은, 말하자면 새로운 문학장르와 의식의 동질성이라는 공통분모의 바탕 위에서 이루어진 것인데, 중세적 운문 위주의 영역에서 크게 탈피하여 근대적 산문 위주의 영역을 지향하는 문학적 경향으로 대변된다 하겠다.

 한편 중세적 성격의 문학을 청산하는 것이 곧 근대문학의 형성을 의미하는가에 대한 논의가 분분하게 거론되기도 한다. 그러나 이 문제는 단지 '청산'

이라는 차원에만 집착하여 해결을 고집할 경우, 문학 혹은 문학사에서 중요시하는 전통의 문제나 그밖에 문학이 현실과 유리되어 존재할 수 없다는 측면에서의 문학적 풍토·형성배경 등에 관한 논의를 심화시키기 어려울 것이다. 문제는, 근대문학의 성격을 중세의 청산이라는 차원에서 뿐만 아니라, 객관적 검증을 통한 사실규명의 차원에서, 그 자체적 특징을 추출해 내는 데 있다. 우리가 근대문학의 성격을 논하고 그 양상을 몇가지로 나누어 정리하는 데 있어서도, 이와 같은 다면적 접근이 바람직하다는 사실을 항상 염두에 두어야 할 것으로 보인다.

결국 근대문학의 성격은, 그 같은 '근대'에 이르기까지의 과정에서 드러난 면모들을 신중히 검토하고, 새로운 경향으로 일컬어질 수 있는 사실들을 일정한 기준에 의해 검증해내는 과정을 통해 확립될 수 있을 것이다. 그리하여 그 이전의 시기와는 문학에 대한 인식방법과 표현방법의 면에 있어서 어떻게 다른 면모들을 드러내며 전개되었는가 하는 사실규명에 귀착되어야 할 것으로 보인다. 위에서 논의한 일반적 성격의 몇 측면도 이러한 관점을 전제로 한 것이라고 할 수 있다.

한국문학사에서의 특징

주지하는 바와 같이 한국의 근대문학은 1910년대에 이르러 서서히 개화(開花)한다. 이 시기의 특징과 문학적 경향들은 일제에 의한 주권상실과 외래사조의 유입이라는 틈바구니 속에서 파행적으로 이루어지긴 하지만, 근대의식이 지니는 중요한 특징인 인간의 존엄성·인권·자유·평등 등을 중심으로 이루어져 있는 만큼, 당대 시대의식도 자연 여기에 귀착될 수밖에 없었으며, 그 기초작업이 되는 계몽성 또한 필연적으로 수반되지 않을 수 없었다. 이러한 사실들로부터 출발한 우리의 근대문학은 이후 다양한 사조적 특징과 의식적 지향을 보여주며 전개되었는데, 식민지적 현실이라는 역사적 배경과 사회·문학적 풍토 속에서 차츰 그 위상을 정립해 간 것으로 보인다.

먼저 문학담당층의 측면에서 볼 때 한문학적 소양을 바탕으로 한 구시대의 중세적 문학인들이 문학사의 표면에서 서서히 물러나고, 새로운 시대정신과 이념으로 무장한 신교육 세대가 등장하게 된다. 이들 문학인들이 대부분 지식인 계층이라는 한계는 있지만, 이들의 등장과 함께 우리의 문학이 새로워진 것은 사실이며, 다수 대중과의 공감대를 어느만큼 형성시키고 있었는가 하는 점은 지속적으로 연구되어야 할 문제이다. 이들은 처음에 계몽주의를 표방하였으나, 점차 문학 자체의 속성들을 중시하고 그러한 방향으로 작품활동을 전개해 나간다.

다음으로 새로운 문학장르의 출현에 관심을 기울이지 않을 수 없는데, 이는 이미 개화기 때부터 점진적 변화의 조짐을 보이던 새로운 시형태와 산문형식의 확립이, 이 시기에 이르러 비로소 근대적 성격으로 발전했다고 보는 편이 적절하리라 생각된다. 이른바 김억·주요한에 의해 근대적 성격의 시가 등장하게 되는 것이라든지, 이광수에 의해 본격 근대소설이 태동하게 되는 것 등은, 그 발단적 면모들을 발전적으로 계승시킨 것이었다고 할 수 있기 때문이다. 이러한 새로운 문학양식들 역시 시대를 내려오면서 차츰 뚜렷한 장르적 성격을 확립해 간 것으로 보인다.

동시에 새로운 문학담당층의 등장과 형성 그리고 새로운 문학양식의 정립 이면에는, 필수적으로 그들이 지향했던 의식과 세계관의 동질성이 확보되었을 터인데, 이 문제는 특히 식민지하의 현실인식과 작품 내적 반영양상에 따라 갈래를 지어 살펴볼 성격의 것이다. 식민지시대는 주지하다시피 일제에 의한 주권의 상실과 정치적 부자유, 경제적 궁핍, 그리고 한말에서부터 물려받은 봉건적 잔재의 상존 등으로 특징지어지는 시대이다. 이런 상황 내지 당시 사회집단의 정신적 구조에 대응하거나 연관되는 작품들의 세계관은, 대체로 다음 세 시기로 나누어 설명된다. 그 첫째가 일정 초기의 무단정치시대로서, 이 시기의 문학작품에 나타난 세계관은 일제의 식민지 통치를 기정사실로 인정하여 그 현실에 순응해야 한다는 견해와, 그 통치에 반항하여 민족의 주권을 회복해야 한다는 견해가 있다. 둘째는 중기의 이른바 문화정치시대로서 이 무렵에는 현실에 대한 객관적 비판과 계급의식적 해석, 그리고 비현실적 유미세계에의 지향 등이 그 대표적 세계관들이다. 셋째는 전시체제가 지속되던 일정말기로서 이 시기에는 현실사회로부터 서정세계로 비껴서거나, 신변적인 현실세태를 풍자·냉소하거나, 농촌문제를 고민하고 그 현실을 증언하거나, 한국 민중의 강인한 삶을 역사소설로 비유하거나, 혹은 식민지체제에 협력하고 마는 등의 다양한 세계관이 제시되어 있다.

이와 같은 근대문학적 성격과 특징들을 특히 이 시기의 대표적 문학장르로 일컬어질 수 있는 소설을 통해 살펴보면 다음과 같다.

> 朝鮮의 소설은 원래 이야기책에서 출발했다. 그러한 內容과 形式은 兩班社會의 遺物이었다. 甲午開化를 중심으로 양반 대신에 이 땅도 市民의 사회가 되었다. 市民은 異樣의 문학을 요구하였다. 그러므로 외래의 소설을 수입하여 '이야기책'을 개혁해서 현대적 의의의 소설을 쓰게 된 것인데, 중간에 과도적으로 '新小說時代'를 지났다. 신소설은 이야기책의 전통에서 나오고, 春園 이후의 현 소설은 신소설에서 舊皮를 버리고 나온 것이다. 과연 春園 때엔 言文一致의 소설을 썼다. 작품 『無情』은 신소설과 근대소설 (현대소설이라 해두자)의 경계를 이루었다. (金台俊, 『增補朝鮮小說史』, 학예사, 1944, pp.268~269)

위의 김태준이 지적하듯이 '이야기책'에서 '신소설'을 거쳐 본격적인 '근대소설'의 경계를 그은 것이 춘원의 『무정』이었다는 것은 후세의 문학연구가들에 의해 흔히 그대로 시인되고 평가되어 왔다. 물론 전통적 면모를 새로운 차원에서 얼마만큼 변개시키고 창조적으로 수용하였는지는 신중히 검토되어야 할 문제이다. 그러나 춘원의 『무정』에 이르러 우리의 근대문학적 성격을 지닌 소설이 비로소 문학사에 등장했다는 사실 지적만큼이나 중요한 것은, 춘원의 소설을 포함한 이후 우리의 근대문학 작품들이 그와 같은 근대적 성격을 얼마만큼 여실히 반영하고 있는가에 대한 객관적 검증이다. 이를테면 출발기에 있어서는 적어도 우리의 근대문학이 자아각성이나 산문성 및 현실성, 그리고 심리묘사나 성격창조에 있어서 제대로의 면모를 갖추지 못한 채 파행적인 모습을 띠고 있었다는 지적이 있을 수 있는 것이다. 작품에 따라 혹은 사조나 작가적 지향에 따라 다소 달라질 수는 있어도, 우리의 근대문학, 그 가운데서도 이와 같은 소설의 경우 출발기로부터 여러가지 미숙성을 내포하고 있기 때문이다. 문제는 이러한 미숙성이 이후 어느 단계에 이르러 극복되고 어떤 작가에 의해 작품으로 실증되었는가에 관한 체계적 고찰이다. 이러한 과정을 통해서만 우리의 근대문학 내지 근대소설의 특징적 성격이 올바로 파악될 수 있기 때문이다. 실제로 이러한 문제점들은 소설의 경우 1920년에 이르러 거의 극복되었던 것으로 이해된다. 말하자면 근대문학적 성격에 관련된 새로운 문학담당층의 형성과 문학장르 및 의식의 동질성 등이 이 시기에 이르러 확연한 모습을 띠고 활발히 추진되었던 것으로 보이는 것이다. 따라서 우리가 근대문학적 성격과 특징을 논할 때, 획일적 판단기준이나 몇몇 특징적 사실들을 방법적 자각 없이 확대 해석하는 것을 지양하고, 그 성격적 차등과 전개양상에 관한 세부적 특징들을 신중히 검토해야 할 것으로 생각된다.

한편, 이상과 같은 한국문학사에서의 근대문학적 성격과 특징 논의는, 긍정적 측면에서의 새로움을 검토하는 것이 바람직하리라 생각된다. 흔히 우리의 근대문학은 숙명적으로 여러가지 취약점을 내포함으로써 특수한 문학사를 기록했다고 지적되기도 하기 때문이다.

우리 근대문학의 특수성에 대한 대표적 견해로, 먼저 백철은 ① 연대가 늦었다는 사실, ② 자기 전통이 아니라는 사실, ③ 근대적 문학과 그 환경의 미비, ④ 문예사조의 혼류, ⑤ 신문학의 반항성과 그 비애, ⑥ 사상성 결핍 등을 내세우고 있고, 조연현은 ① 시각적 후진성, ② 시대적 미숙성, ③ 근대와 현대의 혼류성, ④ 정치적 암흑성과 국토양단을 들고 있음을 본다.

물론 이 가운데 전통과의 연계성에 관한 문제나 문학적 풍토 및 신문학적 성격문제는 치밀하게 재검토되어야 할 것이며, 긍정적 측면보다는 부정적 측면에서의 취약점 지적이 대부분이라는 사실에 대해 그 기준이 어디에 있는가를 살펴보아야 할 것이다. 그러나 대체적으로 우리의 근대문학사가 ① 극히 후진적인 것, ② 전통성의 빈곤, ③ 서구 문예사조의 혼류성, ④ 사상성의 결핍, ⑤ 국토분단에 따른 비극성 등을 가지고 있다는 점은 공인된 것으로 받아들여진다. 이러한 특징적 성격이 긍정적 측면에서 비판됨으로써, 객관적 실상을 드러내는 데 보다 가까이 갈 수 있을 것이며, 바로 이 점이 문학사를 올바로 인식하는 하나의 방법이기도 하다.

요컨대 한국문학사에서의 근대적 성격과 특징 논의는, 일반적 성격의 측면에서 검토됨으로써 보편성을 확보할 수 있고, 다시 개별적 성격의 측면에서 고찰됨으로써 특수성을 인정받을 수 있으리라 생각된다. 말하자면 이러한 보편성의 측면과 특수성의 측면을 병행한 다면적 접근에서 구체적 실상이 드러날 수 있기 때문이다. 때로 서구문학적 기준이나 내용으로 우리의 문학을 저울질하거나 편협한 국수주의적 태도로 끌어당기는 안이함에서 문학의 실상이 왜곡되는 것이다.

2. 신체시(新體詩)의 등장과 그 특징

신체시의 등장

개화기 시가 가운데 가장 두드러진 특징을 보이는 장르가 바로 신체시 혹은 신시로 일컬어지는 일군의 작품들이다. 신체시는 그 명칭에서 보듯 그 이전의 시가들과는 상당히 다른 면모를 지녔던 것임을 스스로 표방하고 있다. 널리 알려져 있다시피 '신체시'란 명칭은 일본 명치(明治) 연간 초에 동경대학 교수들을 중심으로 편찬한 『신체시초(新體詩抄)』에서 명치시가 명칭의 하나로 사용되었던 용어를 그대로 옮겨 온 것이다. 그런데 우리나라의 경우 이 명칭은 전통적으로 지속되어왔던 시가와는 다른, 이른바 근대적 성격의 새로운 시 개념으로 통용되는 게 일반적이었다. 그러나 앞에서 논의하였듯이 신체시는 보다 새로운 시 형태를 추구하고자 한 의식적 노력의 산물인 까닭에, 본격적 근대시로서의 성격보다는 거기에 이르기 위한 전단계적 이행기 문학의 성격을 보다 많이 지닌, 개화기 시가의 한 양상으로 이해함이 옳을 듯하다.

신체시에 해당하는 작품으로는 널리 알려진 최남선의 「해(海)에게서 소년(少年)에게」(1908)와 이듬해인 1909년에 발표되었지만 작가 자신이 1907년에 지은 것으로 밝힌 「구작삼편(舊作三篇)」 및 「꼿두고」(1909)를 위시하여, 이후 『태서문예신보(泰西文藝新報)』(1918)에 발표된 김억(金億)과 황석우(黃錫禹)의 몇몇 시작품, 그리고 주요한(朱耀翰)의 「불노리」(1919)가 발표되기 이전에 창작되었던 최남선과 이광수(李光洙)등의 일련의 시편들을 포함시키는 것이 일반적이다.

이들 시작품에 나타난 일반적인 특징은 당대 개화기의 시대정신을 그대로 반영한 것으로서, 전통과 인습의 타파를 주장하고 서구문화의 문물을 수용하여 근대적 각성을 이룩하자는 내용적 사실의 면에서는 다른 개화기 시가들과 크게 다를 바가 없지만, 그것을 새로운 시 형식을 통해 어떻게 형상화하고 있는가의 면에서는 분명 새로운 모습을 보여준 것이었다.

텨—ㄹ 썩 텨—ㄹ 썩 쏴—아
짜린다 부슨다 문허바린다
泰山갓흔 놉흔뫼 딥태갓흔 바위ㅅ돌이나
요것이 무어야 요게 무어야
나의 큰힘 아나냐 모르나냐 호통까지 하면서
짜린다 부슨다 문허버린다
텨—ㄹ 썩 텨—ㄹ 썩 텩 튜르릉 꽉
——「海에게서 少年에게」일부

나는 꼿을 질겨 맛노라,
그러나 그의 아리따운 태도를 보고 눈이 얼이며
그의 향긔로운 냄새를 맛고 코가 반하야
精神업이 그를 질겨 마짐 아니라,
다만 칼날 갓흔 北風을 더운 긔운으로써
人情업난 殺氣를 깁흔 사랑으로써
代身하야 밧구어
뼈가 저린 어름 밋헤 눌니고 피도 어릴 눈구덩에 파무처 잇던
億萬 목숨을 건지고 집어내여 다시 살니난
봄바람을 表章함으로
나는 그를 질겨 맛노라.
——「꼿두고」일부

신체시의 문학사적 의의

신체시의 대표적 작품으로 일컬어지는 위의 두 작품에서 볼 때, 우선 두드러지게 나타나는 특징은 전통시가와는 판이한 형식의 자율성이다. 다분히 산

문적이며, 전통시가가 가창(歌唱)을 전제로 하여 성립된 것임에 비추어 그것에서 벗어난 면모를 보여준다. 뿐만 아니라 정형시적 음수율이나 반복적 리듬을 통한 운문성에서 벗어나 상당히 자유로운 시형(詩型)의 모습을 보여주고 있다는 사실이다.

그러나 이러한 신체시 역시 자세히 살펴보면 연(聯)이 거듭되면서 행(行)을 단위로 한 반복이 아닌 매 연의 행 배열에 있어 정형을 지향하고 있다는 점이라든지, 거기에 따라 계몽적 의지를 담은 내용이 개성적 정서의 반응으로서 형상화되기보다는 전달 위주의 목적성에 급급하여 고형화(固型化)된 형태로 나열되는 등의 전근대적 모습을 띠고 있다는 점을 간과해 낼 수 있다.

따라서 신체시라 하더라도 그 본질적 측면에 있어서는 근대적 서정시와는 상당한 거리에 놓여있음을 알 수 있다.

그럼에도 불구하고 신체시를 여타 개화기 시가들과는 다소 다르게 파악하는 것은, 그 이전의 전통시가와는 다른 이질적 요소들을 보다 많이 지니고 있기 때문이며, 그 점에 있어 본격적인 근대시를 탄생시키기 위한 잠재적 요소들을 그 자체에 함유하고 있기 때문이다. 말하자면 신체시는 일종의 계몽적 서정시로 불리어질 수 있는 개화기 시가이다.

3. 1910년대와 이광수(李光洙)

우리의 현대문학사에 있어서 1910년대는 흔히 '2인 문단시대'로 불리워져 왔다. 이러한 명명이 바람직한 것인지에 대한 논의는 재삼 검토를 요하는 것이기는 하지만, 그 주인공에 해당되는 최남선과 이광수의 활동은 극히 주목할 만한 것이었다고 할 수 있다.

널리 알려져 있다시피 최남선은 20세기의 도래와 함께 전개된 새로운 문학적 전환의 시기에 있어서『소년』·『청춘』등의 잡지를 통해 언문일치(言文一致)의 신문장 확립을 위해 노력하였고, 새로운 형태의 시를 창작하였는가 하면, 조선주의의 정신 아래 시조부흥운동의 기치를 들기도 하였다. 그의 이러한 선구적 공적은 물론 높게 평가되어야 하며, 문학적인 면에서 결코 소홀히 다루어질 수 없는 것임은 공인되고 있다. 그러나 엄격한 의미에 있어서 그는 한 사람의 문인이라기보다 새로운 역사전환기에 있어서 다양한 활동을 전개한 문화사적 인물임을 더욱 중시하여야 할 것이다.

그가 남긴 여러 저작들 가운데 특히 많은 부분들이 우리의 문화적 전통에 관한 깊이 있는 이해를 위해 할애되었다는 점은 이를 실증적으로 대변한다.

이 시기의 문학을 대표하는 작가는 어떤 전제를 내세우든 간에 역시 이광수임을 부인하기 어렵다. 이 경우 '어떤 전제'란, 보는 이의 시각에 따라 평가가 달라질 수 있음을 의미하는 것이기는 하지만, 그 경우에 있어서도 긍정적이든 부정적이든 그가 우리 근대문학사 초기에 있어서 끼친 개척자적 공과(功過)는 남다른 바가 있음을 인정치 않을 수 없는 것이다. 이재선(『한국현대소설사』)이 이야기하였듯이 그는 한 사람의 작가라기보다는 근대의 지평에 놓인 거대한 하나의 '기념비적인 문사'일 수 있기 때문이다.

이광수는 사실 일제의 한반도 식민지화 작업이 진행되던 시기와 본격 식민지 체제에 접어든 시기에 있어서 소설보다도 더 많은 논설문을 썼던 문사로서, 그리고 그의 초기 민족주의적 노선이 점차 민족개조론의 입장으로 흐른 사상적 변모와, 종래 친일적 행각으로 전환된 삶의 궤적으로 인하여 다양한 평가를 받을 수밖에 없는 위치에 놓이게 되었다. 문학이 어떤 식으로든 현실적 삶의 양태를 수렴해 내는 것임을 전제로 하지 않더라도, 한 작가에 대한 정당한 평가는 작품의 실상을 통해 규명되는 것이 바람직한 것임을 재삼 강조할 필요가 있다.

그런 면에서 이른바 이광수의 계몽주의와 민족주의 그리고 친일행각에 따른 후대의 비판은 그 구체적 실상을 통한 접근에서만이 정당한 이해를 가능케 할 것이다.

1910년대에 이루어진 이광수의 문필활동은 시·소설·수필 등의 순문예적 활동뿐만 아니라, 논설·평론 등의 주변활동에 더 많은 시간과 노력이 경주되었다는 사실에서 그의 사상적 출발점이 계몽주의였음을 확인할 수 있다. 그는 새로운 역사적 전환기를 맞아 일종의 소명의식을 가지고 시대 앞에 섰던 것으로 보이며, 이러한 그의 선각자적 지향의 면모가 자연 일반대중에 대한 계몽적 색채를 띠게 된 것으로 보인다. 그가 우리의 역사를 어떻게 인식하고 있었으며, 또 그 이전에 우리 역사에 대한 일정한 인식의 틀을 갖추고 있었는가 하는 문제는, 오늘날 많은 논객들에 의해 점차 구체화된 형태로 드러나고 있다. 이 같은 문제는 문화적 측면과도 필연적 연관성을 맺고 있는 까닭에, 그의 문학을 논의하는 경우에 있어서도 매우 중요한 변수의 하나로 생각된다. 그의 모든 문필활동에 두루 잠재되어 있는 계몽주의적 색채가 다름 아닌 역사 혹은 현실에 대한 이해의 안목에서 비롯된 것일 수 있기 때문이다.

한편 이광수에 대한 기존의 평가는 몇가지 공통적 사실이 수반되면서도 비교적 다양하게 전개되어 온 편이다. 대체로 신문학의 개척자이며 계몽주의적 성격을 지닌 작가로 일컬어지는 점에 있어서는 큰 이견(異見)이 없는 듯하다. 그러나 그의 사상적 기반이 민족주의 내지 인도주의라는 관점과, 뚜렷한 역사인식이 결여된 반민족적 시각형(視覺型) 지식인에 가깝다는 등의 관점은 상호 매우 심각한 차이를 보여주고 있으며, 또 신문학기 최고의 작가라는 평가를 받는가 하면, 그의 문학은 설교문학이며 위선의 문학·통속문학이라는 등의 평가를 동시에 받기도 한다.

문제는 그의 문학에 대한 이해와 평가작업이 개인적 삶의 궤적이나 어떤 선입관에 사로잡혀 논의되기 쉬운 편향성에서 벗어나, 논리적 연계관계와 작품의 실상으로부터 도출된 일정한 이해와 평가의 틀, 다시 말해 정당한 방법적 기준을 확립한 상태에서 체계화해야 할 필요성에 있다고 생각된다. 그렇게 함으로써 객관적 이해와 평가가 이루어질 수 있을 것이며, 이러한 차원에서 작가와 작품에 대한 의미부여가 이루어지는 것이 바람직하기 때문이다. 그의 작가적 면모에서 기대될 수 있는 세계관과 가치지향이 실제 작품 속에 어떠한 모습으로 형상화되어 있으며 그것을 어떻게 이해하고 평가해야 하는가에 따르는 문제들이 문학과 문학행위의 관점에서 논의될 때, 어떤 구체적 성과에 이를 수 있을 것이다.

이광수의 작가적 면모

적어도 한 시기를 대표할 만한 작가로 평가 받기 위해서는 그의 거기에 상응하는 현실인식과 문학적 각성이 전제되어야 한다. 이러한 현실인식과 문화적 각성은 결국 역사의식으로 귀결되는 셈인데, 이 역사의식의 실체가 곧 작가적 태도의 중요한 부분을 이룬다고 할 수 있다.

이광수에게 있어서의 역사의식은 당대 신문학에 관심을 둔 조선 청년들이 흔히 그랬듯이 일본유학이라는 가치지향으로부터 비롯된다.

> 나는 어려서부터 文章은 餘技라는 敎訓 속에 자랐으므로 文士가 되리라는 생각은 없었다. 처음 東京에 留學을 갈 때에는 世界에 이름난 사람이 되리라는 漠然한 생각밖에 없었다.…… 나는 처음에는 總理大臣이 된다고 揚言하였다. [이광수, 「다난한 반생의 途程」]

이러한 발언을 통해 알 수 있는 것은 그 자신 일본유학을 하게 되면 어떻든 자기발전과 이상실현이 보장되리라는 낙관적 희망론에 사로잡혀 있었고, 그 결과 불확실한 미래에 대한 막연한 의지만을 앞세운 채 현실로 뛰어들게 된다. 이 낙관적 희망론과 막연한 의지의 복합이 이광수가 견지한 역사의식의 출발점이었기 때문에, 그는 굳이 한 사람의 문사로서보다는 더 위대한 사상가나 정치가로서의 포부를 담고 있었던 것이다.

그러나 그에게 직면한 현실은 그의 이러한 희망과 의지에 새로운 각성을 종용했고, 그 결과 방향을 수정치 않을 수 없게 되었다. 시대현실을 보는 안목이나 미래에의 의지가 근본적으로 변한 것은 아니었지만, 그의 자아실현 방향은 일단의 변모를 거쳐 나름대로의 틀을 세우게 되었으니, 다음과 같은 그의 발언에서 그 핵심적 면모를 살필 수 있다.

> 그러나 내가 東京에 가서 一年이 못 되어서…… 一進會의 合邦宣言書를 보고, 그런지 얼마 아니하여 保護條約(乙巳條約이라는 것)이 성립되고 東京의 韓國公使館이 없어지매 우리의 야심은 방향을 변할 수밖에 없어서 매우 陰鬱하고 潛行的인 野心을 가지게 되었으니 그것이 곧 文章과 敎育으로 同胞를 깨우치자는 것이었다.……
> 두번째 東京에 가서 早稻田大學 哲學科에 든 것도 思想家, 敎育家가 되겠다는 野心에서였다. 문장을 한 무기로 하려고는 하였지마는 詩나 小說을 지으려는 생각은 조금도 없었다. 정직하게 말하면 詩나 小說은 내가 그리 존경하는 바가 아니었고 글을 쓰면 당당한 論文을 쓸 것이라고 자인한 것이었다. 이 생각은 지금도 마찬가지이다. 지금은 小說을 할 수 없어서 쓰는 副技, 餘技라고밖에 생각하고 싶지 않은

것이 나의 心情이다. 〔이광수, 앞의 글〕

『무정』을 쓴 지 20년이 지난 1936년에 씌어진 이 고백적 성격의 글을 통해, 우리는 그의 역사의식의 실체와 사상적 핵심, 그리고 가치지향의 기본적인 틀을 조감할 수 있는 것으로 보인다. 말하자면 그의 현실인식이 애초의 막연한 의지에서 벗어나 새로운 역사변환에 적응하려는 쪽으로 변모되었고, 나름대로의 태도를 가다듬은 결과 '매우 음울하고 잠행적(潛行的)인 야심'으로 정립되기에 이르렀다는 것이다. 그의 이 '야심(野心)'은 구체적 실현방법에 있어 '사상가·교육가'가 되어 '문장과 교육으로 동포를 깨우치자는 것'을 골격으로 하고 있는데, 그러자면 자연 '부기(副技)·여기(餘技)'로서의 문학작품보다는 '논문'에 심혈을 기울여야 하는 것으로 표명되었다.

이러한 이광수의 기본적 인식의 틀을 통해 추출해 낼 수 있는 것은 계몽주의적 자세와 공리주의적 성격이다. 그의 이러한 사상적 기반과 가치지향은 물론 당대의 민족적 현실에 대한 나름대로의 인식과 각성에서 말미암은 것이지만, 그것을 추구하는데 따르는 공개적이고 설득적인 목소리는 그가 왜 '문사(文士)'이기 보다는 '논객(論客)'이기를 원했는가에 대한 구체적 이해의 실마리를 제공해 준다. 결국 그는 이 계몽주의적·공리주의적 현실인식을 바탕으로 시대에 대한 일종의 사명의식을 스스로에게 고취시켰고, 이를 보다 확산시켜 민족주의의 이름 아래 널리 구현코자 하였던 것이다. 따라서 그의 민족주의는 특히 현실개조 또는 민족개조와 같은 전통적 질서의 부정과 새로운 가치체계로의 재편으로 나타나게 된다.

이와 같은 이광수의 특징적 면모들이 문학작품을 통해 표출된 데에 그의 문학의식과 작가적 태도가 잠재해 있다. 그는 오히려 그의 이상을 보다 잘 성취할 수 있는 구체적 실현의 장으로서의 문학·문학행위를, 매우 소극적인 행동양식으로 생각하였다. 이 점은 앞에서 보아온 그의 발언들에서도 확인되는 바이다. 뿐만 아니라 그의 이 소극적 행동양식으로서의 문학인식은, 종내 문학이 하나의 '여기'에 불과하다는 사실을 강조하기에 이르는데, 이는 그가 문학의 본질적 속성을 간과한 것으로 이해하기보다는, 그에 있어서 문학이란 사회교화의 수단임을 천명한 작가적 태도에 기인한 것으로 이해함이 옳을 듯하다. 1931년에 발표된 다음과 같은 그의 글을 보면 이 점을 분명하게 확인할 수 있을 것이다.

> 나는 일찍 文士로 自處하기를 즐거한 일이 없었다. 내가 『無情』·『開拓者』를 쓴 것이나 『再生』·『革命家의 아내』를 쓴 것이나 文學的 作品을 쓴다는 意識으로 썼다는 것보다는 대개가 論文 代身으로 내가 보는 當時 朝鮮의 中心階級의 實狀──그의 思想과 現實의 乖離, 그의 모든 弱點을 如實하게 그려 내어서 讀者의 鑑戒나 感奮의 材料를 삼을 兼 朝鮮語文의 發達에 一刺戟을 주고 될 수 있으면 靑年의 文學慾에 不健치 아니한 讀物을 提供하자. ──이를테면 이 政治 아래서 自由로 同胞에게 通情할 수 없는 心懷의 一部分을 말하는 方便으로 小說의 붓을 든 것이다. 그러므로 小說을 쓰는 것은 나의 一餘技다. 나는 只今도 文士는 아니다. (이광수, 「余의 作家的 態度」)

그는 여기에 덧붙여 그의 창작동기를 이루는 중요한 부분의 하나가 '실로 몇푼 안되는, 원고료' 때문이었다고 밝히고 있거니와, 이러한 그의 발언 이면에는 '문사'로서보다는 '위대한 사상가'로 인정받고 싶어하는 욕구가 내재해 있다고 하겠다. 그는 이러한 자신의 꿈을 버리지 못하였음에도 불구하고 '당시 조선의 중심계급의 실상'을 '여실하게' 그려내 보이려고 하였다거나, '조선어문의 발달에 하나의 자극을 주고자 하였다는 등의 발언을 통해 실로 실낱같은 문학에의 의식을 견지하였던 것으로 이해된다.

그러나 그 자신 '문사'이기를 원하지 않았음에도, 실제로 그가 문학작품을 통해 보여준 것은 사실과는 좀 다르다고 할 수 있다. 왜냐하면 그는 결국 여러 논설들을 썼던 것 이외에 그가 추구하는 모든 것들을 문학작품을 통해 표출해 냈기 때문이다. 그 자신도 얼만큼 예견하였겠지만, 문학은 그의 사상적 기반과 가치지향을 구상화시켜 드러낼 수 있는 성공적 수단이었고, 따라서 그의 작가적 면모도 여기에 귀결될 수밖에 없는 성격적 특징을 보인다. 따라서 그가 또다른 지면을 통해 '정(情)의 문학'이나 '상적(常的) 문학'과 같은 문학 본래의 면모를 거론하였던 것도 그가 한 사람의 작가로서 어차피 부딪히게 될 문학적 각성의 한 편린일 수 있는 것이다.

이렇게 볼 때 이광수는 그가 견지한 시대적 사명의식을 현실개조와 민족개조라는 도덕적 관념으로 재무장하고, 이를 민족주의의 노선을 통해 실현하려는 지향을 보였던 것으로 생각된다. 이러한 그의 태도가 계몽적·공리적 성격을 띠게 된 것은 극히 당연한 것이기도 하다. 그가 희구했던 역사의 방향이 과연 바람직한 것이었는가는 차치하고라도, 문학을 통해 보여준 그의 이러한 면모들의 구체적 실상은, 그의 작가적 면모를 살피는 과정을 통해 이끌어 낼 수 있는 최소한의 것임을 전제로 해야 할 것이다.

이상주의적 계몽소설로서의 『무정』

이광수는 1910년부터 발표하여 상당기간의 습작기를 가졌던 것으로 알려져 있다. 그러나 그의 초기 습작들, 예컨대 구시대의 혼인풍속에 내재한 봉건적 인습의 문제를 다룬 「소년의 비애」나 민족의식을 주제화하고자 한 「어린 희생」 등의 단편은 아직 그 형상적 기교의 미숙이 두드러져 본격 근대소설로 평가키 어렵다. 이광수의 초기 작품의 결산이며 근대소설다운 면모를 갖춘 것으로 공인되는 것은 『무정』에 이르러서이다. 말하자면 『무정』은 그 정점에 서 있는 작품이다.

『무정』은 1917년 『매일신보』에 연재된 이광수의 첫 장편소설이다. 이광수 문학에서 이 작품은 '그의 전작품과 정신적 연대성을 지닌 대표작'(김우종)이요, 바로 '작가의 자서전'(김윤식)으로까지 언급될 만큼 중요한 의미를 부여받고 있다. 뿐만 아니라 우리문학사에 있어서도 '한국 최초의 근대소설'(조연현)이요, 초창기의 신문학을 결산해 놓은 '시대적인 거작(巨作)'(백철)으로 평가되고 있다. 물론 『무정』에는 아직 '신소설에 불과'하다는 일부 견해(송민호)가 나올 만큼 구투(舊套)도 없지 않지만, 대체로 근대문학 형성기의 신소설을 극복하고 다음 시기 근대소설의 길을 개척하는 새로운 모습을 더 보여주고 있다.

『무정』에는 이른바 '졸렬(拙劣)한 시대'의 인간군(人間群), 작가의 관점에서 본다면 서구문명의 세례를 받아 깨어가는 자와 깨어야 할 자들이 다수 등장하여 과도기적 현실의 한 모습을 보여준다. 고아출신으로 일찍이 신학문에 눈 떠 교사를 하는 다분히 작가의 분신적 요소를 지닌 인물 이형식과, 선각자로 자처하는 김장로, 그리고 그의 딸이며 과도기적 신여성을 대표하는 선형, 형식과 어릴 때 정혼한 구여성이나 점차 신여성으로 바뀌어가는 박영채, 신문기자를 하며 당대의 '악의없는 현실주의자'로 그려진 신우선, 또한 죽음을 택하는 영채를 구해주고 정신적인 감화를 주어 일본으로 음악공부를 하러 가게하는 당대 전형적 신여성으로 그려진 김병욱 등이 등장하는 것이 그것이다. 그리하여『무정』의 주요한 이야기는 신학문을 통해 계몽적 선각자로 내세워진 주인공 이형식이 은인의 딸인 영채에 대한 의리와 연민, 부호의 딸인 선형에 대한 현실적 이익과 선망 사이에서 갈등을 일으키는 것이 핵심을 이루고, 결국 그가 의리를 저버리고 선형과의 미국유학을 택하면서, 그 외국유학을 통해 민족에 보은하리라는 막연한 이상을 토로하는 것으로 마무리되는 것이다. 물론 이러한 이야기의 전개과정 속에서 작가는 등장인물의 언행들을 통해 '깨뜨려야 할' 봉건적 잔재들과, '깨우쳐야 할' 새로운 사고·문물 등을 소리높여 외치기도 한다.

아무튼『무정』의 주인공에 해당하는 인물들은 역사 격변기의 와중에 끼어 정신적 지주 없이 방황하고 회오(悔悟)하며, 다만 외세지향·미래지향에의 이상과 집착으로 위안을 삼는 과도기적 인물들이요, 나약한 지식인의 당대적 전형에 가깝다고 할 것이다.

한편『무정』의 구성상의 미비점으로 가장 두드러진 것은 작가의 일정한 관념이 작중 현실조건보다 앞선다는 점이다.(천이두,『한국현대소설론』, 형설출판사, 1975. p.79 참조) 즉 작가의 강렬한 주제의식이 작품 내적 질서를 무시하고 구성상의 통일을 깨뜨렸다는 것이다. 이는 작가의 계몽적 의식이 넘쳐난 나머지 적절한 과정을 밟아나가기에 앞서 도착점에 미리 가 있는 것과 흡사하다.

그밖에 '기차상의 기연(奇緣)'같은 신소설적 우연성이 큰 흠으로 지적되기도 한다. 그러나 이에 대해서는 당대 신문명을 지향하는 젊은이들의 만남의 장소로서 신문명의 위력을 상징하는 기차 외에 더 효과적인 것이 없다고 본 작가 나름의 필연을 인정해 줄 수도 있다. 그리고 작품의 끝부분에 당시 우리 민족의 처지를 상징하는 삼랑진 수해현장을 끌어들인 것은, 서로 대립된 네 젊은이들을 민족애와 사회적 자아의 자각으로써 통합시켜 대단원에 이르고자 하는 작가의 의도가 강하게 작용한 결과로 보여진다. 물론 이 대목을 두고 네 인물의 화합을 위한 작위적인 돌발 사건으로 지적하는 경우도 있다. 그러나 처음부터 6, 7월 장마기를 배경으로 택했고, 일관성 있게 더위와 뙤약볕, 모기장, 땀에 찬 모시베잠방이 및 빨갛게 단 기왓장 등을 묘사하고 있으며, 형식·선형·영채·병욱 일행이 한 기차에 타게 되는 서두부터 비가 뿌려지는 심상찮은 날씨를 배경으로 깔고 있는 점 등은, 이 대단원의 우연성을 배제하기 위한 작가 나름의 치밀한 계산을 엿보게도 한다. 구성상의 이런 면모들을 감안할 때 우리는 『무정』을 '편집자적 전지성'(editorial omniscience)의 오류로 일관된 작품으로만 치부할 수 없게 하는 그 나름의 근대소설적 요소도 간과할 수 없을 것이다.

『무정』의 문체를 얘기할 때 흔히 '봉건성의 잔재'로 지적되는 것은 '되었음이라'투의 종결어미와 '춘산을 그리고'·'옥으로 깎은 듯'·'추소같은 밝은 눈' 등 추상적이고 상투적인 직유의 남발 등이다. 그러나 이 점에 있어서는 좀 시각을 달리해 볼 필요가 있는데, 실제로 작품을 통해 드러나는 사례는 그리 많지 않으며, 그보다는 오히려 당대로서는 참신하다고 할만한 표현들이 훨씬 두드러지게 나타난다. 이 점에 있어서는 그의 개척자적 공로가 인정되어야 하리라 생각된다.

아울러 『무정』에 있어서 무엇보다도 중요한 것 가운데 하나는 작가가 '무엇'을 형상화시키고자 하였는가 하는 문제일 것이다. 이러한 문제와 함께 작품의 창작동기 및 전반적 성격에 대해 작가는 다음과 같이 말한 바 있다.

> 내가 『無情』을 쓸 때에 意圖한 것은 그 時代의 朝鮮靑年의 進路에 한 種의 民族主義·自由主義의 이데올로기를 가지고 쓴 것이다. 그 자유주의란 속에서는 淸敎徒的 純潔에 대한 憧을 나 自身이 가지고 있기 때문에 그 순결도 多分으로 고조되었고 또 民族主義라 하지마는 基督敎의 博愛思想도 들어갔다고 믿는다. 그리고 내가 意識하는 한에서는, 또 내 力量이 미치는 限에서는 리얼리즘으로 하느라고 하였고, 또 심리묘사에도 힘을 써 보느라고 하였다. 그러나 때로 作者가 나서서 幼稚한 理論을 하는 것은 지금 보면 苦笑를 금치 못하거니와 제간에 계몽적 직무를 한다는 열성에서라고 생각하였고, 그때에 있어서는 그 유치한 설교의 部分이 도리어 이 유치한 作者에게는 소중한 자랑거리였던 것도 자백한다. [이광수, 「다난한 반

생의 途程」]

우리는 앞에서 살펴본 그의 「여(余)의 작가적 태도」란 글에서 이미 '독자의 감계(鑑戒)나 감분(感奮)의 재료'로 소설을 썼다고 한 말을 들었거니와, 이 글을 통해서도 분명히 확인할 수 있는 것은 그 자신이 언명하고 있듯이 '계몽적 직무'를 위해 『무정』을 썼다는 사실이다. 여기에는 또한 그의 사상적 지향과 문예학적 기법에 관한 몇가지 세부들이 언급되어 있기도 하다. 뿐만 아니라 스스로가 그 계몽적 색채의 지나침에 대해 '유치한' 것이었다고 인정하면서도 일종의 자부심을 배제하지 않고 있다.

이와 같은 사실들과 작품의 실상을 토대로 하여 볼 때, 대체로 『무정』은 이상주의적 계몽소설의 특징을 지니고 있다. 그리고 이 특징에서 작품의 주제도 찾아볼 수 있다. 곧 『무정』에서 추구된 계몽의 내용은 그 허실이 어떠한 것으로 판명되어야 할 것인지의 문제를 잠정적으로 보류한다면 '민족주의 이념'과 '자유연애사상'이 그 골자를 이루고 있는데, 이것들이 바로 작품의 주제를 이루는 두 기둥이 된다고 하겠다.

먼저 이광수가 지향한 '민족주의 이념'은 「어린 희생」·「헌신자」 등의 초기 단편들에서 싹터, 『무정』에 이르러 구체화되었다. 즉 신문명의 선구자로 자처하는 형식과 그의 은사인 박진사의 활동 및 대단원에서 보여준 구호활동과 열띤 토론을 벌이는 행적 등에서 분명히 드러난다. 특히 박진사의 비참한 몰락상은 민족을 위한 선구자의 자기희생적 생애를 부각시킨 것으로서, 영채의 비극과 더불어 당대의 '신성한 그 무엇'이 능욕당한 것에 대한 한의 절규(김윤식)로 까지 해석될 수 있다. 아무튼 이러한 헌신적인 선구자의 이상을 표방한 박진사와 사제관계 내지 정신적인 부자관계로까지 깊은 인연을 맺은 형식이 『무정』의 주인공이 되기에 『무정』은 단순한 연애소설을 뛰어넘는 것으로도 볼 수 있다.

그러면 『무정』에서 구현된 '민족주의 이념'의 구체적 내용은 무엇인가? 그것은 당대 식민지하 민족의 수난상을 상징하는 삼랑진 수해현장에서 형식 일행이 벌인 구조활동과 문답식 토론과정에 집약적으로 나타나 있다. 곧, 첫째는 구조활동을 통해 부각되는 것으로 고통에 빠진 동족에 대한 강렬한 유대의식과 박애정신을 갖자는 것이요, 둘째는 토론내용의 핵심이 되는 것으로 조선사람에게 봉건적 폐습과 퇴폐적 풍조를 일소하고 신문명의 과학지식을 가르쳐 '생활하여 갈 힘'을 갖도록 하자는 문명수용론적인 내용이 그것이다.

전자에 대해서는 시각적인 지식인의 치졸한 인도주의 내지 시혜적(施惠的) 태도라고 비판받을 여지가 있다(김동인, 김붕구). 후자의 경우는 구국의 길을 서구문명에만 의존한다는 자체가 너무 안이하고 단순한 도피요 허황된 낙관주의로 비판받을 수 있다(김현). 그러나 또 한편 생각해 보면 이러한 흠은 역사의식이 빈곤하다는 등의 작가 개인의 문제이기도 하겠지만, 그에 앞서 당대의 식민지 치하의 부자유한 정치적 상황과 근대화를 지향하는 과도기적 혼란의 양상이 지닌 한계에 더 관련이 있다고도 할 수 있다.

다음으로 『무정』의 또 하나의 주제인 '자유연애사상'에 관해서이다. 구체적으로 말하자면 '자유연애사상'은 봉건적 결혼관이나 연애관의 질곡에서 벗어나 개인의 자유와 행복에 토대한 자녀중심의 결혼제도를 마련하자는 생각이다. 이 주제는 본래 신소설류에서 관념적으로 제기된 것을 계승하여, 1910년대의 대표적 논설인 「자녀중심론」과 초기 단편들을 통해 보다 체계적이고 구체적인 것으로 다듬어 온 것이다. 그리하여 이 '자유연애사상'이 『무정』에 이르러서는 구식결혼의 폐단을 더욱 구체화시켜 드러내면서, 성년기의 남녀가 결혼을 하기 위해서는 자아각성의 바탕 위에서 서로 충분히 사랑하고 이해할 수 있어야 한다는 것에 핵심을 두기에 이른다.

실제로 이러한 사실들은 작품의 여러 부분에서 직접·간접적으로 드러나고 있고, 이른바 애정의 삼각관계를 통해 작가 나름의 자각과 반성을 유도해 내고 있다는 점 등에서 본 주제의 비중을 실감하게 된다. 그래서 『무정』은 민족주의 이념보다 애정문제를 주로 다룬 연애소설이라는 견해(김우종)까지 나올 정도며, 일면 타당한 것으로 생각된다.

이 주제에 대해서는 아직 추상적인 가치에 그쳐 가족제도의 모순을 극복할 수 있는 상태로까지 나아가지 못했다는 일부의 비판(김윤식, 김현)도 있지만, 대체로 신소설에서 비롯된 새로운 윤리관의 모색으로서의 개인주의의 확장을 결혼제도의 비판과 자유연애를 통해서 성공적으로 계승·완성하고 있다는 지적(이재선)에서도 알 수 있듯이 긍정적인 요소를 더 많이 보이고 있다고 할 수 있다. 다만 이 자유연애사상을 민족주의 이념과 얼마나 서로 조화를 이루며 전개시켜 왔느냐에는 다소 문제가 있다. 예컨대 형식·영채·선형간의 애정의 삼각관계에서 빚어진 갈등이 그 자체의 해결이 유보된 채 삼랑진에서의 구호활동과 토론으로 부각된 민족주의 이념을 통해 해소된다는 전말은, 사랑을 제대로 성숙시키지 못한 채 민족주의의 이념으로의 도피적 전이를 하고 말았다(윤홍로)는 인상을 준다.

이상에서『무정』의 문학적 성격과 그 특징적 국면들을 살펴보았거니와, 이상주의적 계몽소설로 집약될 수 있는 기본적 속성들에 대해서는 관점에 따라 그 평가가 달라질 수도 있으리라 생각된다. 요컨대『무정』이 지닌 복합적 성격들을 총괄하여 그 문학적 성과에 따른 문학사적 의의를 추출하면 다음과 같다.

첫째,『무정』은 여러 유형의 과도기적 인물들을 설정하여 상호갈등을 전개시킴으로써, 역사 전환기의 시대상과 가치관을 집약적으로 반영한 점에서 근대적 리얼리즘 작품의 효시를 이루었다는 것이다.

둘째, 기법면에서 볼 때 작중 현실조건보다 작가의 의도가 앞서는 무리한 전개 내지 극적 필연성의 미흡과 문체상의 구투가 산견되는 반면, 이를 극복한 참신한 문체와 치밀한 구성의 부분도 병존한다는 점에서 신소설을 발전적으로 계승하여 근대소설의 새로운 장을 열었다는 것이다.

셋째,『무정』의 주제를 이루는 두 기둥인 민족주의 이념과 자유연애사상은 그후 이광수 소설에서 계속 반복되는 정신적 연대성을 갖고 있으며, 특히 '자유연애'는 당대 사회의 풍속에서 뿐 아니라 후대에도 큰 영향을 미쳤고 그 여파로 이후 후배작가들의 상당수의 소설의 주제를 이루어왔다는 것이다.

결국『무정』은 어떤 분명한 소설적 전망을 제시한 것은 아니었으나 한국 근대소설의 시발점이요, 1910년대의 과도기적 시대상과 이데올로기를 작가 나름의 시각에서 구현한 고전적 가치를 지닌다고 하겠다.

이광수의 문학사적 위치와 평가

앞에서도 언급한 바와 같이 이광수는 일제의 한반도 식민지화 작업이 진행되던 시기로부터 본격 식민지체제에 접어든 시기와 이후 해방에 이르기까지의 시대공간에서 문필활동을 전개한 작가이다. 오늘날 그가 우리 문학사에서 다양한 시각과 논리적 근거를 바탕으로 평가되고 있는 것은 그만큼 다양한 성격의 문필활동을 하였던 것에 기인한다고 할 수 있다.

　실제로 그는 문학방면에 있어서 최남선과 같이 신체시로 출발하여 『3인시가집(三人詩歌集)』으로 집약되는 시라든가, 「오도답파여행(五道踏破旅行)」을 비롯하여 「금강산유기(金剛山遊記)」・「인생의 향기」・「돌베개」 등과 같은 수필, 그리고 「문학의 가치」에서 출발하여 「여(余)의 작가적 태도」에 이르는 비평, 또한 무엇보다도 35편의 장편과 28편의 단편이 말해주는 소설 등에 있어서 남다른 문학사적 의미를 지니고 있다.(구인환, 『이광수 소설연구』, 삼영사, 1983. p.18 참조)

　그러나 이러한 모든 것에도 불구하고 그가 우리 문학사에서 특히 주목을 받는 것은 1910년대에 이루어 놓은 문학적 성과에 있다. 물론 그 성과라는 것의 실상이 긍정과 부정의 두 측면을 동시에 지닌 것임은 주지하는 바와 같다. 문제는 이 1910년대가 지니는 시대상황적 의미와 이광수 자신의 문학활동 양상이 어떻게 접합될 수 있고, 또 그것이 어떻게 평가되어질 수 있느냐 하는 것이다.

　민족사의 격변기에 있어서 지식인이 취할 수 있는 태도는 매우 한정되어 있다. 그러나 이 경우 공통적으로 요구되는 바람직한 태도는 '분명함'이다. 이 점에 있어서 이광수는 스스로가 선각적 지식인으로 자처했고 또 나름대로 분명한 태도를 표방했기 때문에 일정한 위치를 부여받을 수 있다. 중요한 것은 그 내용과 성격이다. 그는 일제의 식민지 현실이 가져다주는 질곡과 동포의 비참한 생활상을 직시했다기보다는 주어진 현실을 일단 받아들인 상태에서 새로운 무엇을 확충코자 하였다. 그래서 당대의 현실이 왜 그러한지에 대한 근본적인 반성에 앞서 앞으로의 현실은 어떠해야 하는가에 보다 역점을 두었던 것이다. 현실극복의 중요한 관건이 민족주의에 있다는 것을 알기는 하였지만, 그 민족주의가 어떤 노선을 통해 전개되어야 하는가에 대해서는 구체적 대안을 마련치 못했고, 따라서 계몽주의의 기치 아래 각성을 촉구하면서도 자립・자존의 의식보다는 외세의존적 개화에 더욱 의미를 부여했던 것이다. '민족개조론'은 이 같은 의지의 산물이며, 과거부정적 시각에서 모든 전통적 잔재를 모름지기 타파해야 할 인습으로 돌려버린 것도 같은 선상에 놓인다.

이러한 의식적 면모가 잠재된 형태로 표출된 것이 그의 문학작품이다. 우리가 보아온 바『무정』은 그것을 집약하고 있으며, 보다 넓은 의미에 있어서 '전통단절'과 '현실긍정' 그리고 '미래지향'이라는 세 차원에서 그 소설적 형상화 작업에 힘을 기울인 것으로 보인다. 따라서 이것이 1910년대의 이광수 문학의 실상이라면, 그 성과와 한계를 적절히 지적하고 문학사의 거시적 흐름 속에서 그 위치를 부여하는 것이 객관성을 확보하는 온당한 과정이라 생각된다.

이광수가 우리의 현대문학사에 이루어 놓은 업적에 대한 평가와 그에 따른 위치부여는, 사실 실제보다 확대되어 있거나 그 반대의 측면에서 부정되고 있는 것이 대체적 경향이다. 우선 '확대'되어 있는 경우는 본격 근대소설이 등장하지 않은 신소설적 풍토 속에서『무정』을 발표하여 문학사에 하나의 분기점을 이루었다는 것에 중점을 두어 높이 평가한 것을 말하며, 반면 '부정'되고 있는 경우는 그 실체가 사실은 당대 현실 속에서 추구되어야 할 바람직한 방향에서가 아니라 그릇된 역사인식의 결과에서 빚어진 설교적·통속적 성향의 문예물이라는 점을 부각시킨 것을 말한다.

그러나 이러한 대립적 견해는 지양될 필요가 있고, 또 지양되는 것이 정당한 평가를 가능케 할 수 있다. 더욱이 그가 본격 활동을 시작한 1910년대 후반은 역사 격변기의 혼란된 가치관의 병존 시기이며, 그 자신 20대 청년으로서 당대 현실의 실상을 제대로 포착하기에는 아직 미숙한 단계에 놓여있었을 것이 자명한 사실이기 때문이다. 그럼에도 불구하고 그에게 너무 크고 무거운 것을 요구하는 관점이나 필요 이상의 의미부여는 오늘의 관점만을 고집하는 그릇된 이해일 수 있는 것이다.

그런 면에서 볼 때 이광수의 역사인식이나 가치성향은 일정한 한계와 미숙성을 드러내고 있다. 그가 의도한 개화나 계몽사상은 식민지 현실의 실상을 제대로 이해하지 못한 상태에서 의도된 것이었기 때문에 문학작품 속에서도 다만 이념형의 그것으로 제시되고 실제 실행능력은 미약한 것으로 드러난다.

그 자신 민족주의자요 인도주의자로 자처했지만 그에 합당한 실천적 행위의 몫으로서의 작품을 형상화시켜내지 못하였던 것이다. 하지만 그가 우리의 근대문학적 위상 속에서 개척자적 공로를 인정받을 수 있는 것은 그것이 비록 한계를 지닌 민족주의·인도주의라 할지라도 문학의 사회적 기능을 인식한 상태에서 당대의 이데올로기를 바탕으로 작품활동을 하였다는 사실에 있을 것이다. 당대 시소설적 풍토에서나 그 이전의 어느 시기에 있어서도 이러한 면모를 본격적이며 구체적 형태로 표출해 낸 작품은 찾아내기 어렵기 때문이다. 한국 근대소설의 출발점에 놓여있는 『무정』이 이를 대변해 준다.

또한 그는 『무정』 이외에도 이 시기를 전후하여 「어린희생」·「소년의 비애」·「어린 벗에게」·「윤광호」 등 많은 단편을 발표하여 우리의 근대적 단편소설의 형성에 일정한 기여를 했음을 간과할 수 없다. 물론 문학성의 문제를 따진다면 아직 설익은 상태의 것들이 대부분이다. 그러나 이러한 그의 문학활동은 그 내용적 핵심이 계몽성에 가 있는 사실과 함께 다음 시기의 작가들에게 그 '목적성'의 극복과 새로운 내용적 사실의 형상화를 의도하는데 하나의 기틀이 되었다는 점에서 의의를 지닐 수 있는 것이다. 그리고 그가 『무정』을 통해 보여준 작중인물의 심리묘사나 작가 나름의 구성적 배려는 근대적 성격의 문학을 당대의 문학적 풍토 속에 제시하였다는 점에서도 이후 작가들의 기법적 자각을 일깨우는 데 상당한 기여를 했으리라 본다. 김동인의 이광수에 대한 평가와 작품들을 보면 이러한 점들은 좀더 분명해진다.

이렇게 볼 때 이광수는 '개화기 시대를 문학적으로 완성하면서 다음 세대에 새로운 형태의 문학적 도전을 가능케 해준' 작가로 일컬어질 수 있다(김윤식, 김현). 그가 우리 근대문학사에서 하나의 '기념비적 문사'일 수 있는 것도 바로 이러한 점들 때문일 것이며, 긍정과 부정의 복합적 성격을 지닌 작가로 논의되는 것도 이상에서 살펴본 바 격변의 시기에 문학활동을 한 전환기적 성향 때문일 것이다.

4. 새로운 시양식의 등장—김억(金億)과 주요한(朱耀翰)

　전통적으로 지속・전개되어 온 우리의 서정장르에 있어서 신체시의 출현은 새로운 문학사적 전환의 계기를 마련해준 것이었다. 그러나 앞에서도 살펴보았듯이 본격 근대시로서의 성격에는 아직 이르지 못한 일종의 '계몽적 서정시'의 단계에 머물러 있었다고 할 수 있다. 계몽적 목적성을 바탕으로 새로운 형태적 모색과 시대적 의지를 형상화하고자 했던 이러한 신체시는 1910년대의 중・후반에 이르러 다시 새로운 시적 각성을 앞세운 세대들에 의해 보다 발전적 면모를 띤 형태로 변모・극복되고, 따라서 본격 근대시로서의 성격을 확립하게 되는 것으로 보인다.
　물론 이러한 시사적(詩史的) 연관이 문학사의 흐름 속에 놓고 볼 때 신체시에서 이른바 본격 근대시로 곧바로 계승・발전되었다는 진화론적 발상을 의미하는 것은 아니다. 여기에서 말하는 신체시라 하더라도 '그 이전의 시 혹은 시가와는 그 구조와 시적 지향의 면을 크게 달리하는 전혀 새로운 시'라는 개념적 차원의 장르개념으로서 뿐만 아니라, '일정한 역사적 시・공 속에 존재하였던 구체적 문학작품으로서의 새로운 시'라는 역사적 실체로서의 장르개념을 동시에 지니고 있기에, 이러한 사실은 그 다음 단계에 모습을 보인 근대적 서정시로서의 작품들이 이 같은 신체시의 특질을 어떤 식으로든 반영하고 있고 또 이와는 다른 새로운 면모들을 지니고 우리 문학사에 등장하였다는 것을 의미하는 차원에서 이해될 수 있는 성질의 것이다.
　말하자면 집단적 의지나 계몽적 목적성을 앞세우기보다는, 같은 근대적 성격을 다소 공유하였다 하더라도 새로운 형식적 틀을 통해 개성적 차원에서 개인의 정서적 반응을 노래한 서정시로서의 특징을 지닌 시가 이 시기에 새롭게 등장하였다는 것이고, 이러한 시는 신체시와는 다른 면모를 보여주었다는 사실이 우리 문학사에서 부각된다는 점이다. 이렇듯 개인의 감수성을 노래하는 차원에서 일정한 미적 의식과 가치개념을 형상화한 근대적 서정시를 우리가 본격 근대시라고 한다면, 이 역시 주목할 만한 문학적 성격과 의의를 지닌 것임을 간과할 수 없으리라 생각된다.

한편 본격 근대시를 가능케 한 새로운 시적 각성은 우선 1910년대의 중・후반에서부터 문학활동을 펴나가기 시작한 새로운 문학지망생들의 등장과 그들의 문학에 대한 시각에서 일단 비롯된 것이라고 할 수 있다. 물론 이들은 당대 다양한 방면에 걸쳐 활동을 한 최남선・이광수 등과 시대를 공유하고 있었으나, 그들과는 다른 문학적 지향을 지녔기 때문에 새로운 실험정신과 그 결과로서의 작품 생산에 남다른 관심을 기울였던 것으로 보인다. 이들 새로운 문학지망생들은 그들 나름대로의 활동을 구체화하기 위해 잡지를 간행하기도 하였으며, 새로운 서구 문예사조에 관심을 두고 이를 수용하려는 방법적 태도를 견지하기도 하였는가 하면, 변모된 역사적 기후 속에서 혼란된 가치관과 식민지적 현실의 어두운 상황을 적극적으로 타개하지 못한 채 방향잡기에 급급한 면모를 드러내기도 한 다양한 모습들을 보여준다.

김억・황석우・주요한 등은 이러한 시적 성향과 활동을 대표할 수 있는 문학지망생들이었다. 그들은 새로운 문학적 풍토를 조성하고 새로운 시적 질서를 확립하기 위해 나름대로의 인식을 앞세워 시 작품과 시론을 펴기도 했으며, 이 시기 한국 근대 자유시 정립에 일정한 기여를 했던 인물들로 평가되어 오고 있다. 그 가운데에서도 특히 주목해야 할 인물은 김억과 주요한일 것이다. 김억과 주요한은 이 시기의 시가 보여주는 근대적 면모와 시적 지향의 구체적 실상을 가장 집약적으로 보여주고 있다는 사실과 함께, 이후 우리의 현대문학사가 전개되면서 추구되어 온 시사적 맥락 속에서 그들 자신이 주요 멤버의 하나가 되어 다음 시기의 시와 직접 연계를 맺고 있는 위치에 서 있다는 사실 때문이다. 이 점은 1910년대 말에 본격적으로 전개된 동인지문학활동과 이후의 문학사적 흐름 속에서 구체적으로 이해될 수 있을 것이다.

또한 여기서 한가지 분명하게 밝혀둘 필요가 있는 것은 이른바 새로운 문학적 전환과 성격적 특징을 논의하는 가운데 등장하는 '근대시의 효시작품'에 관한 문제이다. 이 문제는 사실 길게 논의할 필요가 없는 성격의 것이다. 어느 한 작품에 의해 문학사가 새롭게 변모하는 것이 아닐 뿐만 아니라, 그것을 밝히고자 하는 노력만큼 의의있는 성과를 기대하기 어렵기 때문이다. 중요한 것은 그 새로운 성격의 작품을 생산하게 된 주변상황과 비슷한 유형의 작품들이 공존하고 있는 상태의 문학사적 의미부여일 것이다. 새로운 문학적 성격을 공유한 일군의 작품이 어느 시기에 일정한 위치를 점유하고 등장할 때 비로소 그 새로움이 의의있는 것으로 수렴될 수 있기 때문이다. 이 시기에 근거를 두고 전개된 '근대시의 효시 작품'에 관한 논의는 따라서 단선적이고 도식적인 이해의 틀을 벗어나 보다 포괄적이고 의의있는 이해의 선상에서 이루어져야 할 것이다. 그런 면에서 1910년대의 중·후기에 이루어진 새로운 시적 면모와 성격적 특징들을 담은 작품들은, 그들 자체가 일정한 공유분모를 지닌 일군의 새로운 근대시로 이해되어야 하리라 본다.

새로운 시 담당층의 성격과 활동

우리의 신문학이 태동한 이후 시는 특히 개화를 추진하고 거기에 따르는 의식적 각성을 일깨우는 측면에서 많이 활용된 특징을 지녔다. 개화가사나 창가가 그렇고 새로운 시형식을 통해 표출된 신체시 역시 그 사상적 맥락은 개화의지와 상통해 있다. 또 이들 초기 신문학의 특징을 담고 있는 시들은 우선 그 형태면에서 전통적 율격을 거의 답습한 것들이 대부분이었고, 신체시처럼 새로운 시형을 모색하여 창작한 경우에 있어서도 형식적 제약에서 완전히 자유로웠던 것은 아니어서, 신문학기의 시가 지향해야할 형식과 내용의 새로움을 추구하는 데에 일정한 한계를 보여준 것이었다고 할 수 있다.

실제로 이러한 신문학기의 시를 대표할 수 있는 최남선의 경우 실로 형태면에서 갖가지의 시형태를 시도했으며(이른바 창가체·신시체·자유시체·산문시체 등으로 분류될 수 있는 여러 시도들을 들 수 있다. 자세한 내용은 정한모, 『한국현대시문학사』(일지사, 1974), pp.152~242를 참조.), 그의 시에서 근대적 차원의 시의식과 미학적 질서를 찾기 어려운 반면, 개척자적 공로의 측면에서 우리의 전통시가관에 일대 변혁을 불러 일으키고 시대정신을 형상화하려는 노력을 보여준 점에서 선구적인 것이었다고 할 수 있다. 하지만 최남선의 시적 지향이 다음 단계로 연계될 수 없음은 당연한 일이었고, 다시 새로운 근대적 시의식을 바탕으로 그 기초를 마련할 수밖에 없는 시적 상황이 1910년대 중·후반으로부터 움트기 시작했다.

그리하여 이 시기를 중심으로 하여 등장한 일군의 동시대적 문학지망생들에게 부과된 사명은 당연히 전단계적 문학들이 보여준 계몽적 목적의식의 탈피와 자유로운 정서표출을 위한 자유시 형태의 개발이었다. 그렇게 함으로써 전단계의 시가 지닌 문학적 결함을 극복하고 예술성을 확보하는 한편 새로운 형식적 틀을 통해 본격 근대시로서의 시적 자각을 형상화해 낼 수 있었을 것이기 때문이다.

김억・황석우・주요한 등은 이러한 국면에서 문학인의 길을 걸은 대표적 인물들이었으며, 일본 유학을 통해 새로운 학문의 세계와 접하고 과학적 사고를 익힌 이른바 당대의 문학청년들이었다. 그들은 전단계의 시가 보여준 '이념형'으로서의 문학성을 탈피하고자 일본을 통해 수용한 서구의 근대문예사조를 관심있게 바라보고, 실제 우리나라에 소개하고자 하는 데에 많은 노력을 기울였다. 이들은 특히 그 의식적 지향의 공유분모를 '서양 및 서양화한 일본의 신문명을 받아들여서 새로운 문화 건설을 이룩하겠다는 구상'(김홍규)에 두고 있었기 때문에, 우리의 전통적 가치질서의 체계 위에서 이를 발전적으로 수용하기보다는 외래사조의 유입과 전통성의 부정이라는 측면에서 '예술성의 확보'에만 경도된 모습을 보여주었다. 이러한 새로운 문학담당층의 성격적 특징은 다음과 같은 발언을 통해서 구체적으로 확인될 수 있다.

> 본보는 태셔의 유명한 쇼셜 시됴 산문 가곡 음악 미술 각본 등 일체 문예에 관한 기사를 문학대가의 붓으로 즉접 본문으로붓터 충실하게 번역하야 발힝할 목적이온바 다년 경영흐든바이 오날에 데일호 발간을 보게 되엿삽니다(『泰西文藝新報』 창간사설, 1918. 9).

> 과거에 과연 조선말의 미를 표현한 조선 노래가 잇서나. 업섯다 함이 가할 것이오, 잇섯다 하면 극히 적다 함이 가하겟습니다. 약간의 시로 말하면 한문구조에 너머 로예가 되여 조선말의 근본미를 일헛다 할 것이 태반입니다. 민요나 동요에 니르러서는 시됴보다 근본성으로 낫다 하겟으나 단조하고 유치한 관념을 면치 못합니다(주요한, 「노래를 지으시려는 이에게 3」, 『朝鮮文壇』 3호, 1924. 12, p. 43).

먼저 든 자료는 널리 알려진 『태서문예신보』 창간사의 앞부분이다. 그들이 생각하는 문학적 불모지의 조선에 선구적인 서양의 근대적 '일체 문예에 관한 기사'를 소개하겠다는 의욕적 일면을 여실히 보여주고 있으며, 이러한 편집 내용과 성격의 이면에는, 앞선 서구문화에 대한 상대적 열등의식을 담고 있는 것으로 보인다.

그리하여 상당한 시간이 경과한 시기에 이르러서도 다음으로 든 자료에서 보듯 우리의 문학적 유산에 대한 깊이 있는 이해나 올바른 시각이 결여된 채, 다만 과거부정에서 비롯된 '전통부재의 현실'만을 소리높이 외치고 있는 것이다. 이러한 문학적 불모의식은 이 시기 문학담당층이 지닌 치명적인 결함 중의 하나이다. 이러한 의식적 단면의 이면에는 물론 그들 자신이 아직 미숙한 문학청년의 단계를 벗어나지 못한 상태에 놓여 있었다는 점과, 식민지적 현실이 주는 혼란스러운 사회상, 그리고 국권상실 이후에 자행된 일제의 민족문화 왜곡·부정 정책 등으로 말미암아 뚜렷한 가치관을 형성시키지 못한 점들이 근본적 요인으로 작용하고 있었음이 사실이다. 그리하여 이들은 새로운 문학적 자각을 건설적인 방향에서 도모하지 못하고 일본을 통해 받아들인 서구시나 서구풍의 일본시를 배경으로 하여 파행적으로 전개시키게 되었다. 그 가운데서도 특히 그들의 눈길을 끈 것은 프랑스의 상징주의 시풍이었는데, 이때 들어온 프랑스 상징주의 시 작품들은 세기말적 징후들을 농후하게 드러내고 있는 한편, 형식적인 측면에서 리듬의식을 강조한 경향을 띠고 있어, 당대 새로움을 지향하는 문학 청년들에게 있어 식민지적 현실의 암담한 상황과 정서적으로 연관되는 면이 강하게 작용했고 또 자유로운 정서표출을 지향하는 그들의 의지와도 상통하는 면을 찾을 수 있어 여기에 경도된 것으로 보인다.

그러나 이 시기의 문학이 전혀 새로운 자각과 의지로 우리의 문학적 전통을 부정하여 서구화된 성격의 것을 추구하게 되었다 할지라도, 그들 역시 우리의 전통적 맥락에서 완전히 벗어날 수는 없는 것이었다. 이 점은 사실 당연한 것이기조차 하다. 앞에서도 언급한 바 있지만 언어의 차이는 사고와 정서의 차이를 가져오는 것일 뿐만 아니라, 문학에 있어서 이 언어성의 문제와 정서적 특질의 면은 문학 본래적 속성이기 때문이다. 모국어가 지닌 시적 감수성의 세계를 특히 운율미의 측면에서 표출하고자 한 각성이 이 시기 시 담당층에 의해 강조된 '민요적 취향'으로 부각된 것은 어쩌면 당연한 귀결이었는지도 모른다.

어쨌든 이 시기의 새로운 시 담당층은 이와 같은 특징적 면모들의 맥락 위에서 작품활동을 하였는데, 또하나 주목할 점은 일본 유학시절을 중심으로 『학지광』(1914.4)・『태서문예신보』(1918.9)・『학우』(1919.1)・『창조』(1919.2) 등의 문예지를 통해 새로운 시작(詩作)들을 이루어 냈다는 점이다. 이 중 『태서문예신보』는 특히 외국 문학작품 소개에 큰 비중을 둔 것이었지만, 대부분의 경우 이 시기의 문학지망생이 근거하고 있는 실험적 작품들의 온상이 되었다는 사실에 보다 중요한 의미를 부여해야 할 것으로 보인다. 여기에 실린 대다수의 작품들이 실상 문학이라 이름 붙이기에도 미흡한 것이 사실이나, 그 가운데 몇몇 작품들, 예컨대 김억이나 황석우, 주요한 등의 시작(詩作)들 중에는 이 시기의 시를 특징 짓는 대표적 예들을 발견할 수 있어 자못 의의가 깊은 것으로 간주된다.

요컨대 1910년대 중・후반에 전개된 우리의 근대시적 자각과 그 중심 담당층의 성격 및 활동들을 통해 우리가 추출해 낼 수 있는 것은, 긍정적 측면보다는 비판적으로 이해될 부분이 많다는 사실이다. 이 시기의 시 전반을 지배한 부정적 면모라 하더라도, 이들에 의해 추구된 근대문학적 각성과 그 구체적 성과는 객관적 관점에서 의미부여가 이루어져야 할 것으로 생각된다. 다시 말해 그들이 추구한 새로움의 의지가 우리의 역사적 현실을 매개하여 전통을 새롭게 모색하는 방법적 측면보다는 서구화에 경도된 파행성을 보여주는 것이긴 하지만, 그들 나름의 의식세계와 문학적 지향의 실상은 거시적인 시사의 흐름 속에서 적절히 위치지워져야 할 것으로 보이는 것이다. 이 점은 김억과 주요한의 경우를 살펴봄으로써 이해의 시각을 확보할 수 있으리라 본다.

김억의 초기시와 시적 지향

안서(岸曙) 김억은 일본 유학시절 동경유학생 기관지 『학지광』에 작품을 발표하면서 문학활동을 본격화하였다. 그는 이 기관지 1915년 5월호에 「야반

(夜牛)」,「밤과 나」,「나의 작은 새야」라는 시 세편을 실어 이미 전단계적인 신체시의 결함을 극복하고 개인적 서정의 세계를 새로운 시형으로 노래하였으며, 다시 그가 중심역할을 맡았던 1918년 9월 창간의 『태서문예신보』에서는 모두 12편의 시 작품뿐만 아니라 새로운 근대적 각성을 보이는 시론을 발표하였고, 또 이 『태서문예신보』가 표방한 서구 문예의 소개와 번역에도 주도적 역할을 담당했기에 우리의 초기 근대시사에서 매우 중요한 역할을 한 인물로 평가될 수 있다.

먼저 『학지광』에 발표한 시 가운데 「야반(夜牛)」이라는 작품을 들어보면 다음과 같다.

  沈默의 支配를 쌀아
   고요히 나는 혼자 있노라
  夜牛의 울림鍾소리에
   내가슴은 울니며反響나도다.

  내의 靈이여!
   너는 무엇을 바래느냐?
  내의 肉이여!
   너는 무엇을 바래느냐?

  平和여라!
   쌴란데(生命물) 한잔에
  즐겁음이여라!
   곱게웃는한소리에.

  무겁고 좁은 조각 너울에
   幻影의 생각은 잠잠하다
  내靈이여! 내肉이여!
   엇드랴는 너의바램이 永遠한잠안에.

이 작품을 보면 우선 눈에 띠는 점이 행 배분의 의도적 배려와 일정한 율격적 질서를 바탕으로 작품을 구성하고 있다는 사실이다. 그 점은 특히 띄어쓰기의 면이나 한 덩어리로 묶어쓰는 시구가 내포한 호흡의 규칙성에서 잘 드러난다. 밤에 느끼는 시적 자아의 애상적 고독이 정제된 형식을 통해 차분한 목소리로 노래됨으로써, 개인이 처한 상황적 사실이 어느 정도 절제된 모습으로 표출된 효과를 거두고 있는 것이다. 다소 단조롭고 빈번한 감탄사를 사용한 점이나 관념어가 되풀이 된 것은 이 시가 지닌 결함으로 지적될 수 있으나, 이러한 작품적 질서가 내포한 시적 요소들은 그 형식과 내용의 면에서 전 단계적인 신체시와는 상당히 다른 면모를 보여주고 있다는 사실이 더 강조되어야 할 것으로 보인다.

이러한 근대시적 모습은 『태서문예신보』에 와서 더욱 두드러지게 나타난다. 이 문예지의 9호(1918. 11. 30)에 실린 「봄」「봄은 간다」의 시편은 그의 초기시를 대표할만한 것으로 평가될 수 있는데, 이 작품들에서 그는 어떤 구체적 삶의 자각을 문학적으로 형상화해 내지는 못하고 있지만, 보다 다듬어진 시의식과 유연한 시상(詩想)의 전개로 개성적 정감의 세계를 펴 보인 것으로 이해된다. 「봄은 간다」 중의 한 편을 들어보면 다음과 같다.

 밤이도다
 봄이다

 밤만도 애닯은데
 봄만도 생각인데

 날은 빠르다
 봄은 간다

 깊흔생각은 아득이는데
 저—바람에 희가슬히 운다.

 검은이 떠돈다
 종소리 빗긴다

말도업는 밤의설음
소리업는 봄의가슴

꼿은 떨어진다
님은 탄식혼다

　이 작품은 일견 청년기의 번민에서 오는 비애와 고독의 정조를 몇 토막으로 나누어 늘어놓은 듯한 단순함을 보이고 있다. 이러한 애상적 푸념은 그것이 제아무리 의미있는 것이라 할지라도 흔히 주위에서 볼 수 있는 개인적 하소연에 지나지 않는다. 이 점에 있어서 이 작품 및 그의 초기 시편들은 일정한 시적 형상성의 결함을 안고 있는 것으로 지적될 수 있다.
　그러나 문제는 그러한 개인적 정감을 어떻게 질서화시키려고 노력하였는가 하는 데에 있다. 그런 면에서 김억의 이 작품은 당대의 시사적 위상 속에서 주목할 만한 몇가지 사실을 보여주고 있는 것으로 보인다.
　우선 이 작품은 2행이 하나의 연을 이루어 모두 7연으로 구성되어 있는데, 그 중심에 위치하는 4연을 기준으로 상·하의 연들이 대칭의 구조를 보이고 있다. 다시 말해 1연과 7연·2연과 6연·3연과 5연이 작자의 의도적 배려 아래 질서화되어 있는 것이다. 뿐만 아니라 거시적으로 대칭을 이루는 연의 세부는 다시 각 행이 대칭적인 성분으로 이루어져 있어 일정한 반복적 질서를 획득하고 있다. 이러한 형식적 특성은 규칙적인 호흡을 통해 율격적 질서를 확립함으로써 안정된 시상의 전개와 균형적 사고를 가능케 한다. 더욱이 매우 간결한 표현을 통해 이 점을 보다 명확히 함으로써, 시인의 의식적 노력이 하나의 개성화된 리듬으로 부각되기에 이른다. 이러한 정제된 형식미는 단순한 기교의 차원에 머무른 것이라고 할 수 없는 근대시적 각성의 한 단면이다. 그것이 너무 형식적인 면, 곧 율격적 질서의 면에만 치우쳐 있는 듯한 인상을 주는 것이 문제이기는 하다. 말하자면 시적 형상화의 근대적 자각이 상식적·계몽적 차원을 벗어나 자유로운 개인적 정감의 세계를 노래하는 차원에까지는 도달하였으나, 거기에서 한 걸음 더 나아가 그 정감의 세계를 의의있는 삶의 질서 속에 개성적으로 재편시키는 데까지는 이르지 못한 것이다.
　그런 면에서 「봄은 간다」와 같은 작품에 보이는 형식미는 그가 『태서문예신보』를 통해 서구 프랑스의 상징시를 번역·소개하고, 상징주의를 해설하는 가운데 의도적으로 관심을 기울인 시의 운율에 대한 생각과 무관하지 않다. 그러나 실제로는 그 서구시의 내면적 정서까지는 공유할 수 없는 언어성의 차이―사고와 정서의 차이―때문에, 시적 언어의 리듬의식의 배경으로 감성의 분방한 표출이나 영탄적·애상적 분위기의 고조 등만을 차용할 수 있을 따름이다. 그 같은 서구시적 감성의 세계를 통해 우리의 삶 속에 내재된 내밀한 정서를 자각된 삶의 모습으로 새롭게 형상화해 내지 못하는 것은 어쩌면 당연한 일이기 때문이다. 「봄은 간다」와 같은 작품을 놓고 볼 때도 그 근본적 시상은 사실 서구적인 것이라기 보다는 오히려 우리의 전통적 정서 속에 편입되어 온 한시적(漢詩的) 교양에 가깝다고 할 수도 있다. '밤만도 애닯은데/봄만도 싱각인데'라든가, '날은 쌔르다/봄은 간다', 또는 '깁흔 싱각은 아득이는데/저―바람에 식가슯히 운다' '꼿은 썰어진다/님은 탄식 ᄒᆞ다' 등의 2·3·4·6연의 시구들은, 한시에서 흔히 자연의 경물을 매개하여 그 정서를 술회하는 발상과 그 시상이 너무도 흡사한 것이다. 말하자면 '의식되지 않은 운율감각'(김흥규)이 그 안에 담겨져 있기 때문에 전통 속에 편입된 시상이 서구적 리듬의식 위에 얹혀있는 듯한 느낌을 주는 것이다. 또한 따지고 보면 그가 추구한 시의 서구적 리듬의식의 실상도 사실은 우리의 전통적 율격인 2음보의 중첩이 빚는 4음보의 적절한 활용으로도 볼 수 있다.

이렇게 볼 때 김억의 초기 시편들은 그 근대적 성격의 실상이 매우 복합적인 것으로 이해될 수 있으며, 내용에 우선하는 형식적 자각이 두드러져 다소의 문제점을 안고 있지만, 새롭게 모색된 시적 의지와 예술성의 확보라는 측면에서 초기 근대시적 면모를 여실히 드러낸 것으로 보인다. 김억 자신도 이와 같은 시작(詩作)의 문제점들이나 근대적 자유시로서 견지해야 할 시적 요건들에 대해서 나름대로의 시각을 확보하고 있었다는 사실은 이 경우 시사하는 바가 크다.

즉, 우리의 시사적 맥락 위에 놓고 볼 때 근대적인 자유시를 이론적으로 성찰하고 주장한 최초의 시론(詩論)으로 알려진「시형(詩形)의 음률(音律)과 호흡(呼吸)」이라는 그의 글이『태서문예신보』14호(1919. 1. 12)에 발표되었는데, 예컨대 앞에서 문제점으로 지적한 언어성의 차이에 말미암은 민족적 정서의 차이에 대해 다음과 같은 의식적 면모를 보여주고 있는 점이 그 한 단면이다.

> 民族과 民族과의 사이에 셔로 다른 藝術을 가지게 된 것도 民族의 共通的 調和—
> 內部와 外部生活로 말미아셔 되는 調和가 셔르 달으기 째문이라 할슈 잇지요……
> 詩라는 것은 利那의 生命을 利那에 늣기게 하는 藝術이라 하겟슴니다. 하기째문에
> 그 利那에 늣기는 衝動이 셔로 사람마다 달를줄을 짐작합니다만은 廣義로의 한 民
> 族의 共通的되는 衝動은 갓틀 것이어요.

위에서 보듯 그는 '민족의 공통적 조화'라는 말을 내세워 민족 문학간의 개별적 특수성을 자각하고 있고, '그 찰나에 늣기는 충동'이라는 발언을 통해서는 시가 다른 무엇이 아닌 개인적·개성적 정감의 세계를 노래해야 하는 것임을 밝히고 있는 것이다.

그리하여 그는 이 같은 시의 구체적 창작행위에 있어서 무엇보다도 개성적인 리듬의식과 그것의 형태화를 중시해야 한다고 강조하고 있는데, 그는 개인마다 호흡과 고동의 장단이 있듯이 개인마다 독특한 문체와 시적 구조를 갖는다고 주장하였다.

> 呼吸의 長短에는 物理的 機能에도 關係되는 것이지오만는 다시 말하면, 即 맘이
> 肉體의 調和인 以上에는 그 文章도 그 調和를 具體化된 것인것을 말슴하여야 하겟
> 슴니다. 因襲에 起因되기 째문에 佛文詩와 英文詩가 달은 것이오. 朝鮮사람에게도
> 朝鮮사람다운 詩體가 생길 것은 毋論이외다.

여기에서 말하고 있는 김억의 논의 핵심은 모든 인간의 호흡이 생리적 차이를 갖고 있듯이, 모든 시인의 시는 '맘이 육체의 조화인 이상에는 그 문장도 그 조화를 구체화된 것'이기 때문에 각기 개성적인 시형식을 필요로 한다고 하는 점이다. 이러한 사실은 그가 모든 시는 스스로의 내적 요구에 의해 스스로 형식이 결정되어진다는 자유시의 정당한 개념을 인식하고 있었던 것으로 보아야 할 것이다(정한모, 『한국현대시문학사』, 일지사, 1974 pp. 287~288 참조). 더욱이 위의 글에서 보듯 그 개성적인 시형식은 구체적으로 '조선사람다운 시체'임을 천명한 것은 눈여겨보아야 할 만한 발언이다. 이러한 지향적 면

모가 실제 작품을 통해 어느 정도 실현되었는가는 앞에서 논의한 특징적 사실들을 통해 그 대체적 윤곽을 살필 수 있거니와, 그의 초기 근대적 시편들과 위의 시론에서 드러난 자각적 면모들은 김억에게 있어 하나의 방향성을 지닌 선구적 사실들이라 하겠다.

결국 이상과 같은 모습들로부터 김억의 초기시와 시적 지향의 실상이 새로운 시적 경향을 성립시킨 의의있는 성과의 하나로 이해될 수 있으며, 그 한계 또한 초기 근대시가 지닌 공통적 성격과 함께 시사하는 바 크다 하겠다.

주요한의 초기시와 시적 지향

김억과 함께 초기 근대시의 형성에 크게 기여한 인물로 주요한을 들지 않을 수 없다. 그는 1919년이 시작되는 해의 첫날에 창간되어 그것으로 종간을 맞은 『학우』지에 「에튜우드」라는 보다 큰 제목으로 「시내」「봄」「눈」「니야기」「기억」 등의 다섯 편의 시를 묶어 발표하면서 시작활동을 전개하였다. 그리고 그 한 달 후에 창간된 『창조』지에는 「불노리」「새벽꿈」「하이얀 안개」「선물」 등의 네 편을 발표하여 우리의 초기 근대시사에 일정한 위치를 확보할 수 있는 발판을 구축하였고, 이후 계속적인 시작활동과 작시법(作詩法)에 관한 깊이 있는 논의를 펴 나감으로써, 우리 시가 새롭게 개선되어야 할 체질적 면모들에 대해 상당히 발전적인 지침을 제시하였던 것으로 보인다.

먼저 이 시기에 발표된 주요한의 초기 시편들 가운데 『학우』지에 실린 「봄」은 특히 그 세부가 다시 다섯 편으로 구분되어진 연작시의 형태를 띤 것으로, 초기 근대시적 면모를 살필 수 있는 선구적 작품의 하나라고 할 수 있다. 이 다섯 부분으로 이루어진 「봄」은 후에 시집 속에 묶여지면서 각기 제목을 가진 형태로 수록되었는데, 그 첫머리에 등장하는 「샘물이 혼자서」의 전문을 들어 보면 다음과 같다. (1924년 12월에 간행된 그의 시집 『아름다운 새벽』에는 처음에 「봄」으로 발표했던 연작시 형태의 각 부분이 「샘물이 혼자서」「봄의 꿈은 빠르다」「복사꽃이 피면」「할미꽃」「묵상」이라는 제목으로 세분되어 수록되고 있다).

샘물이 혼자서

춤추며 간다
산골작이 돌틈으로

샘물이 혼자서
우스며 간다
험한산길 숫사이로

하늘은 말근데
즐거운 그소래
산과들에 울니운다.

　이 작품은 3연으로 된 짤막한 소품같은 느낌을 준다. 계절의 변화가 가져다 준 봄의 쾌활한 움직임이 자유로운 대상묘사를 통해 밝게 드러나 있으며, 단순한 서경묘사의 차원을 넘어서의 서정자아의 위치를 규칙적인 호흡 속에 담아냄으로써 상당히 절제된 정서표출의 면모를 보여 준다. 이러한 작품적 질서는 그 내용과 형식의 면에서 상당히 새로운 것이다. 이미 앞에서 김억의 초기시를 살펴보는 가운데 드러나기도 했지만, 그 전단계적인 신체시의 작품적 질서와는 그 양상을 판이하게 달리하고 있는 것이다.
　그런데 이「샘물이 혼자서」를 통해 볼 때, 이와 같은 초기 근대시적 면모가 주요한의 경우에 있어서는 서구적인 시풍에 입각하고 있기보다는 오히려 우리의 전통적 시풍의 하나에 그 구조적 발상을 두고 있는 것으로 보인다. 즉, 「샘물이 혼자서」의 첫연과 둘째연은 우리의 전통적 시가인 시조의 초·중장에 해당하는 율격적 질서를 보이고 있고, 다시 셋째연은 종장의 기법적 특징을 보여주고 있는 것이다. '4음보적 3행시'로 일컬어질 수 있는 시조는 특히 1행(초장)과 2행(중장)이 병렬적 반복의 형태를 띤 것이 많으며, 3행(종장)에 이르러 그러한 반복적 리듬을 통해 강화해 온 정서를 전환된 시상(詩想)의 매듭 속에서 표출시키는 구성방법을 취하고 있는 것이 큰 특징 가운데 하나인데, 위의「샘물이 혼자서」는 이러한 구조적 특성과 유사한 모습으로 첫연과 둘째연에서 대상과 대상묘사의 반복적 패턴을 통해 병렬적 사고를 강화시키고, 다시 셋째연에서 시상을 전환시켜 이입(移入)된 정서를 집약시키는 방식을 취하고 있는 것이다. '돌틈으로' '꽃사이로'와 같이 늘어놓다가 '산과들에 울니운다'로 맺은 것이 그 단적인 모습이다.

이와 같은 구조적 발상은 그러나 주요한에게 있어서 어느 정도까지 의식되었는지는 밝혀내기 어렵다. 그 역시 신학문과 접하면서 서구적 문예사조에 많은 관심을 기울였고, 특히 프랑스 상징주의적인 시풍에 경도되었던 문학청년 중의 하나였기 때문이다. 동경 유학시절 서구풍의 시에 이끌린 일본의 시작(詩作)들과 많이 접하고, 그 자신 그러한 시풍의 작품들을 상당수 발표하였던 사실에서도 이 점은 분명해 진다. 그러나 그렇다 하더라도 주요한의 초기 시편 가운데 하나인「샘물이 혼자서」에서 보듯이 그 심각성의 여부를 떠나 체질적으로 배어있는 듯한 전통적 운율의식과 구조적 발상은, 다른 무엇이 아닌 한국인의 삶 속에 내재된 내밀한 정서의 무의식적 표출이라 할 수 있다. 이 점은 바로 앞에서 살펴보았던 김억의 경우와도 상통하는 면모이다. 그리하여 그가 1920년대에 들어와 전통적 리듬의식에 입각한 '민요조의 서정시'를 시적 지향으로 내세운 사실이 우연한 것이 아니며, 그러한 각성이 이미 그의 초기 시편들에 잠재되어 있었음을 짐작할 수 있는 것이다.

한편, 근대시적 면모를 보이는 주요한의 초기 시편들은 산문시의 형태를 띠고 있는 것이 그 특징적 성격의 하나인데,『학우』에 실린「눈」이라든가『창조』창간호에 실린「불노리」등이 그 대표적인 예에 속한다. 물론 그 자신이 산문시라고는 했지만 보다 정확히는 자유시이다. 이「눈」이나「불노리」는 연의 형태를 띠고 큰 부분들로 나뉘어져 있는데, 상당히 장편으로 이어져 있기 때문에 그 율격적 질서나 호흡 또한 복합적인 면모를 보여 준다. 그러나 외형적으로는 거의 산문에 가깝다 하더라도 어조의 반복과, 호흡을 제시하는 휴지(쉼표), 비슷한 어구의 열거 등으로 질서화시킬 수 있는 리듬이 잠재되어 있다.

먼저 '인경이 운다. 쟝안새벽에 인경이 운다' · '눈이 녹는다. 동대문 노픈 집웅우에 눈이 녹는다' · '까치가 운다. 쟝안새벽에 까치가 운다' · '아아 인경이 운다, 은은히 니러나는 인경소리에 눈이쌔운다' 등이 크게 구분되어진 각 연의 시작부분이 되어 작품이 전개되는「눈」은, 눈이 내리는 서울의 새벽 정경을 묘사하면서 서정 화자가 처해있는 내면적 심리상황을 다양한 주위의

경물들을 통해 표백하고 있는 작품이다. 그 처음 부분만을 옮겨보면 다음과 같다

> 인경이 운다. 쟝안새벽에 인경이 운다.
> 안개에 쌔운 아츰은 저노픈 흰구름 우에서 남모르게 발가오지마는 차듸찬 버슨 몸을 밤의아폐 내여 던지는 거리 거리는 阿片의 꿈속에서 허기적거릴재, 밤을 새워 반짝이는 쌜간등불 아래 노는계집의 푸른피를 쌔는 歡樂의 더운입김도 식어져 갈, 쟝안거리를 東西로 흘너가는 葬事나가는 노래의 가ㅡ는 餘韻이 바람치는 긴다리 미트로 스러져 갈재, 기름마른 등불이 힘없고 길은 한숨소리로 過去의 嘆息을 거퍼면서 껌벅거릴재 꿈속에서 웅웅하는 인경소리가 울니어간다. 새벽고하는 인경이 울니어간다.

이 작품이 시로서의 의의를 지니고 또 거기에 근대시적 면모를 지닌 작품으로서 일컬어질 수 있는 것은, 그것이 자연스런 정감의 발로에 말미암아 시인 자신이 체험하고 상상하는 주변의 공간을, 구체적 사물들을 통해 감각적 인상으로 구상화하고 있다는 점에서이다. 또한 그 구상화된 감각적 인상은 매우 사실적(寫實的)인 성격이 강하며, 통일된 분위기 속으로 이끌어가려는 시인 자신의 의지가 깊이 관여하고 있는 것으로 보인다. 다만 다양하게 늘어놓은 그 감각적 인상들이 어떤 구체적 의미나 새로운 삶에 질서를 부여하는 차원에 놓여있다기 보다는, 막연한 애상적 정조와 탄식의 이미지 속에 잠겨버리는 결함을 안고 있기는 하다.

흔히 우리의 근대시를 논의할 때 주요한의「불노리」를 효시에 해당하는 작품으로 꼽으나, 앞에서도 밝혔듯이 이러한 단선적 이해에서 비롯된 논의 자체가 불합리한 것임은 물론,「불노리」보다 먼저 발표된 위의「눈」이 지닌 초기 근대시적 면모는 우리에게 시사하는 바 크며, 이른바 '그동안「불노리」에 주어진 과중한 역사적 의의는 따라서 재고되어야 할 것(정한모)이라는 생각은 매우 타당한 것으로 생각된다. 몇가지 결함으로 지적될 수 있는 측면들이 있음에도 불구하고, 오히려 새로운 시적 자각과 근대적 면모들이 주목될 수 있다는 사실이 의의있는 것으로 받아들여질 수 있기 때문이다.

다음으로 널리 알려진「불노리」는 위의「눈」과 비슷한 성향을 지닌 작품으

로, 「눈」보다는 보다 주관화된 정서를 크게 다섯부분으로 구분지어진 산문적 형식 속에 담고 있다. '아아 날이 저문다. 서편 하늘에, 외로운 강물 우에, 스러져가는 분홍빛 놀……아아 해가 저물면'으로 시작하는 이 작품은, 「눈」에서도 지적하였지만 시인의 눈을 통해 채택된 감각적 인상들이 어떤 구체적 삶의 건강성을 형상화하는데 소홀한 결함을 내포하고 있다. 그것은 특히 영탄적 어조의 과도한 사용이나 과거회귀적 성격의 탄식, 그리고 작품의 전반을 지배하는 비애적 정조 등에서 두드러진다. '아아 강물이 웃는다'나 '오오 다만 네 확실한 오늘을 놓치지 말라. 오오 사로라, 사로라! 오늘밤', '과거의 퍼런꿈', '어두운 가슴품은 젊은 사람', '날마다 살구나무 그늘에 혼자우는 밤'의 구절들은 이를 실증적으로 드러내 준다. 초기 근대시로서의 면모를 여실히 갖추고 있는 것은 사실이지만, 그 근대시적 실상이 어떠한 면을 함께 공유하고 있었던가에 대한 이해도 중요하기에, 이러한 시적 형상화의 결함은 지적되어야 마땅한 것으로 생각된다.

그러면 이와 같은 시적 상황은 구체적으로 어디에서 기인하는 것인가. 이 문제는 우선 우리의 초기 근대시가 지닌 공통적 속성 가운데 하나로 지적될 수 있는 성질의 것인데, 그 요인의 하나는 뚜렷한 비판의식이나 문학일반 혹은 시에 대한 심각한 각성이 없는 상태에서 받아들인 서구 문예사로의 막연한 인식에서 비롯되었다고 할 수 있다. 주요한 자신의 다음과 같은 발언은 이 점을 밝히는데 좋은 자료가 된다.

> 1919년 봄에 동인문예 잡지 『창조』가 역시 동경서 창간되엿습니다……. 그 창간호에 필자가 「불노리」 이하 삼편인가를 시험으로 발표하엿습니다. 동시에 경도에서 발간한 「학우」라는 잡지에 「에튜우드」라고 데하고 역시 시험덕 작품을 발표하엿습니다. 그 작품들의 내용은 전혀 불란서 및 일본 현대작가의 영향을 바다 외래덕 긔문이 만핫고(그러키 짜문에 조선 문학상으로는 독창력이 아니라고 할 수 잇으나 아모 본쓸데도 없는 당시에 어린 필자의 경우로는 그이상을 요구할 수 업섯습니다). 그 형식도 아조 격을 깨트린 자유시의 형식이었습니다.(『朝鮮文壇』 창간호, 1924, 10.1, p.63)

이 글을 보면, '불란서 및 일본 현대작가의 영향을 바다 외래덕 긔문이 만햇고'라는 데에서 그 영향관계를 짐작할 수 있는데, 또한 당시에 '어린 필자의 경우'라고 한 데서 보듯 문학청년의 미숙성에 대해 스스로가 밝히고 있는 점 또한 주목할 수 있을 것이다. 이러한 면모들에 바탕을 두고 '신파(新派)의 변사조 리듬'(김윤식, 김현)이라거나 '본격적 자유시나 산문시라 하기는 어려운 운율적 혼돈에 빠져 있다'(김흥규)는 등의 부정적 평가를 받기도 하나, 그 긍정적인 면을 부각시킨 견해에서 '엄격한 합리주의 체제 아래서 위축해 버린 지각(知覺)의 능력을 되찾기 위해 생(生)의 감정적 기저로 되돌아간 시'(김우창)라는 평가를 받고 있는 점들은 매우 시사적인 발언들이다.

반면 다른 요인으로 지적될 수 있는 또다른 사실은 문학 외적 상황으로서의 당대 식민지적 현실일 것이다. 일제의 무단정치의 질곡 아래서 비록 동경유학을 통해 새로운 사고와 문물을 접촉하였지만, 당대의 젊은 지식인들이 진취적이고, 적극적인 삶의 방향을 모색하고 이끌어 나가는 데는 필연적으로 한계가 있었을 것이기 때문이다. 그것은 청년기의 혼란스러움을 배경으로 한 현실과의 갈등과 가치관의 부재로 특징지워질 수 있을 것이다.

그러나 주요한은 이러한 부정적 면모들을 새롭게 자각하고, 결국 당대의 근대시가 지향해야 할 방향을 나름대로 모색하게 되었는데, 민족적 정서를 지향하는 '민요조의 서정시'를 주장하게 된 것이 그것이다.

그는 『조선문단』 창간호부터 3회에 걸쳐 연재된 「노래를 지으시려는 이에게〔作詩法〕」라는 글을 통해 그의 시적 지향의 구체적 면모를 드러내 놓았다. 물론 앞의 이 시기 시 담당층의 성격과 활동을 논의하는 부분에서 '전통부정의 시각'을 보이는 발언도 밝혀둔 바 있지만, 새로운 전통을 수립하려는 시각에 서 있는 경우에 있어서는 다음과 같은 주목할 만한 생각을 전개시켜 놓기도 했음을 알 수 있다.

> 그러면 이 신시운동의 전도의 목표는 무엇인가, 적어도 나의 생각으로는 두 가지의 목표가 잇다고 합니다. 첫재는 민족덕 정조와 사상을 바로 해석하고 표현하는 것 둘재는 조선말의 미와 힘을 새로 차저내고 지어내는 것입니다.(『朝鮮文壇』 창간호, 1924.10.1, p.50)

그러면 우리 신시의 내용은 과연 엇더하여야만 생명있는 내용이 될가.…… 그러나 가쟝 안전한 '크라이틔리아'를 두가지만 말하자면 첫재는 개성에 충실하라 함이오 둘재는 조선사람된 개성에 충실하라 함이외다(『朝鮮文壇』 제 2 호, 1924.11.1, p.48).

위의 글에서 특히 주목되는 것은 새로운 근대적 시가 지향해야할 '목표'와 그것이 구체적으로 '생명있는 내용'이 되기 위해 견지해야 할 기본요건에 관한 그의 생각이다. 그는 근대시가 지향해야 할 목표로서 '민족적 정조와 사상을 바로 해석하고 표현하는 것'과 '조선말의 미와 힘을 새로 찾아내고 지어내는 것'을 내세워, 민족적 정서와 언어성의 문제를 표면에 부각시키고, 다시 그 구체적 내용에 대해서는 '개성에 충실'하는 것과 그것도 '조선사람된 개성에 충실'해야 하는 점을 강조함으로써, 당대적 위상 속에서는 매우 진취적인 자각을 보여주고 있는 것이다.

그리하여 그는 이러한 요건을 갖출 수 있는 시적 지향의 실체가 '민요'에 있음을 천명하였고, 그 민요적 취향이 결국 '민중시'와 맥락을 같이하는 것임을 드러내기도 하였다. 다음과 같은 발언에서 이 점을 직접 확인할 수 있을 것이다.

필자의 의견으로는 조선의 신시운동이 성공하려면 반드시 민요를 긔초삼고 나아가야 되리라합니다. 이것은 엇던 나라 문학사를 보드래도 증명할 수 잇는것이외다. 문학발생의 초창시대에 있어서 그 새문학의 출발덤이 언제든지 민요에 잇엇습니다.(『朝鮮文壇』, 제 3 호, 1924.12.1, p.44)

자백할 것은 이삼년래로 나의 시를 민즁에게로 더 갓가히 하기 위하야 의식뎍으로 로력한 것이외다. 나는 우에도 말한 바와 가치 「개렴」으로 된 「민중시」에는 호감을 가지지 않엇스나 시가가 본질뎍으로 민즁에 갓가울 수 있는 것이라 생각하며, 그러케 되려면 반드시 거기 담긴 사상과 정서와 말이 민즁의 마음과 가치 울리는 것이라야 될 줄 압니다.(주요한, 『아름다운 새벽』跋文, 한성도서주식회사, 1924.12.15).

이렇게 볼 때, '민요'를 발판으로 삼고 '개성적인 것' '민족적인 것'을 지향한 주요한의 근대시적 자각은 당시의 추세 속에서 충분히 반성적인 면을 띤 것이었고, 이러한 반성은 당시의 시단에 하나의 지표가 되었던 것(정한모)으로 볼 수 있을 것이다. 그의 초기 시편들에 보이는 근대적 각성의 면이나 한계로 지적될 수 있는 사실들 자체가 이 시기의 특징적 성격을 드러낸다는 것과 함께, 그가 지향했던 시적 면모 역시 정당히 평가되어야 할 것으로 생각된다. 문제는 그러한 지향적 사실이 작품을 통해 얼마만큼 실현되었는가에 있을 터인데, 이 점에 있어서는 역시 일정한 한계를 보이고 있음을 보았다.

근대 자유시의 초기적 특징과 시사적 의의

우리의 시사(詩史)에서 1910년대의 중·후반에 등장한 초기 근대시적 실상들은 무엇보다도 그 전단계적인 신체시의 계몽적 교시성(敎示性)을 극복하고 개인의 감수성을 노래하는 차원에서 일정한 미의식의 내면적 정조를 형상화하려고 노력하였다는 데서 뚜렷한 특징을 지니고 있다. 또 이를 위해서 그 개인의 감수성에 맞는 시형(詩形)과 운율미에 대한 자각적 면모를 보여주기도 했고, 예술성의 확보를 위해 서양문학의 충격에 이끌려 방황하는 가운데 우리의 민족적 정서와 모국어에 대한 새로운 인식에 이르기도 하는 등 복합적인 면모를 보여 주었다.

반면, 이러한 긍정적 시각의 이면에는 이 시기의 시들이 문학이 근거하고 있는 당대의 역사적 맥락과 시대현실을 외면하고 개인적 감수성의 세계만을 분방한 낭만적·애상적 정조로써 노래하는데 치우쳤다는 질책도 모면키 어려우리라 생각된다. 물론 식민지적 현실이 이 경우 매우 큰 영향력을 행사하고 있었다고도 보이나, 그러한 상황 자체가 이러한 의식부재의 면을 합리화시켜 줄 수는 없을 것이다. 또한 새로운 학문과 서구적 문화·문명에 이끌린 나머지, 과거부정적 경향이나 전통부재의 현실만을 외치는 관념적 미숙성에 빠져들었고, 그 틈을 비집고 서구의 세기말적 혼탁한 정조가 아직 정신적으로 미숙한 이들 문학청년들을 적당히 위로하는 듯한 착각에 사로잡히게 했다. 말하자면 이 시기의 근대적 시편들은 전통성의 문제나 민족적 자기동질성에 관한 구체적 인식이 없었기에, 그것을 새로운 시대적 변모 속에서 새롭게 정립하고 발전적으로 전개하는 데 대한 자각이 희박했다는 사실이다.
　그리하여 새로운 시대를 맞아 무언가 쇄신된 면모를 지닌 성격의 문학작품을 의도하긴 하였으나, 그 구체적인 면에 있어서 이 새로운 시대의 세계관과 가치의식에 부합하는 '민족적 형식'을 창출해 내지 못했다고 할 수 있다. 특히 김억과 주요한에 의해 '민족적인 정서'가 강조되긴 하였으나, 그 지향적 사실에 충실한 작품을 충분히 생산해 내지는 못하였고, 오히려 한동안 일본을 통한 서구근대시에 경도되어 파행적인 면모를 보여주기도 했던 것이다. 그러나 이 점은 시적 의지의 배경이 전통성의 부재에 대한 그릇된 인식에 두어진 것이었고, 그러한 상태에서 새로운 전통을 수립하겠다는 지향만을 앞세운 결과, 작품 생산까지에는 구체적 성과를 거두지 못했지만 상당히 반성적인 면을 띠게 된 결과에 이르렀다고 할 수 있다. 김억의 시론인 「시형(詩形)의 음률(音律)과 호흡(呼吸)」이나 주요한의 「노래를 지으려는 이에게」와 같은 글의 세부는 이러한 사실을 실증해 주는 값진 발언들이다.
　요컨대 이와 같은 우리의 근대 자유시가 지닌 초기적 특징들과 시사적 의의들은, 이후 1920년대에 들어서면서 보다 발전된 면모의 시편들을 생산 가능케 했다는 데에서 하나의 긍정적 평가를 받을 수 있는데, 김소월과 한용운은 이러한 평가에 값할 수 있는 민족적 정서의 형상화 작업에 성공한 대표적 시인으로 꼽힌다. 따라서 1910년대의 중·후반에 지어진 초기 근대시적 특성을 지닌 작품들은 당대의 독립적 위상 속에서 실상이 구명되는 한편, 거시적인 근대시의 흐름 속에서도 의미부여가 이루어져야할 당위적 사실을 간과할 수 없으리라 생각된다.

제3부 근대문학의 성장 : 20년대 전반기 문학

1. 3·1운동과 근대문학사

　모든 문화현상이 다 그렇지만 특히 문학은 삶의 문제를 대상으로 하여 이에 관한 모든 인간행위를 형상적으로 그려낸다는 측면에서 그것이 존재하고 있는 역사·사회적 공간과 분리되어 이해되기 어렵다. 더욱이 그 형상적 기술을 바람직하게 수행하기 위해서는 필연적으로 각 시대현실의 역사·사회적 공간에 위치하고 있는 인간과 인간행위에 대한 일정한 인식을 필요로 한다. 그런 점에서 20세기 초 우리의 역사에서 획기적 민족운동으로 전개된 3·1운동은 문학사에 있어서도 큰 의의를 부여해서 다루어져야 할 것이다.
　물론 이러한 관점은 자칫 문학의 독자성을 흐리게 하는 듯한 그릇된 이해를 불러일으킬 수 있다. 그러나 이 그릇된 이해는 문학에 대한 깊이 있는 인식의 결핍에서 오는 것이다. 이러한 관점은 오히려 문학의 독자성을 가능케 하는 대 역사·사회적 관련을 이해함으로써, 이 시기에 있어서 전개되었던 문학현상에 대한 온당한 이해의 과정을 밟는 하나의 척도가 될 수 있을 것이다. 이런 까닭에 3·1운동은 문학사적으로 진지하게 논의되어야 하며, 그 논의 결과를 적절히 활용함으로써 이 시대 또는 이후의 문학에 대한 이해의 깊이를 심화시켜야 할 것으로 보인다.

이렇게 볼 때 3·1운동 자체의 민족사적 성격이 우선 규명되어야 할 것이며, 이 운동이 전개된 이후의 문화현상과, 그 한 부분으로서의 문학현상이 보여준 특징적 사실들에 대한 검토, 그리고 이러한 모든 사태가 갖는 역사적 성격에 대한 의미부여가 이루어지는 것이 바람직하리라 본다.

우리는 이 3·1운동의 민족사적 성격 규명을 통해 민족사 내부의 지속과 변화의 측면을 조감할 수 있을 것이며, 이후 우리의 민족운동이 전개된 특징적 양상에 대한 이해를 보다 적절히 수렴할 수 있을 것이다. 또 이 운동 이후에 특히 뚜렷한 성과를 거두고 있는 문화현상과 문학현상의 내용적 사실을 검토함으로써 당대의 언론과 출판에 드러난 의식적 면모와 문학 내부의 질적인 변화를 간략히 점검해 볼 수 있을 것이다. 그리하여 이러한 성격 규명과 사실 검토의 과정에서 그 역사적 의미부여 또한 자연스럽게 이루어지리라 생각된다.

3·1운동의 민족사적 성격

우리의 역사적 맥락 위에 놓고 볼 때 1860년 개항 이래 추구되어 온 근대지향적 움직임은, 19세기 말의 동학농민혁명과 갑오경장을 경험한 이후 독립협회와 만민공동회로 변화되어 가다가, 1905년 일제의 강압적인 제2차 한일협약의 체결로 인해 한반도가 일본의 보호국 위치로 떨어지면서 의병운동과 애국계몽운동으로 바뀌어 전개되었고, 다시 1910년의 한일합방으로 인해 식민지화되자 국내·외에서 무장투쟁을 하며 민족자주와 해방을 위한 저항운동을 면면히 지속시켜 왔다. 1919년의 3·1운동은 그러한 움직임과 역사적 추이의 정점에서 우리의 민족적 역량을 분출시킨 거족적 차원의 민족해방투쟁이었다.

다시 말해 이 3·1운동은 우리 민족이 식민지 지배하에서 벗어나기 위한 적극적이고도 조직적인 시위형태의 봉기이자 투쟁이었던 것이다. 그것은 또한 20세기 초 이래 일제의 식민지적 지배를 위한 재편과정에서 점차 누적되어 온 사회 전반의 구조적 모순의 결과이며, 식민지 개발과 제국주의적 야심에 의거 자국의 이권 증식을 위해 새로이 침탈해 들어오는 일제 독점자본의 이식과정에 대한 반발이기도 하였다.

이러한 대규모의 해방투쟁에 부닥쳐 당황한 일본은 군대를 동원하여 그 진압에 나섰고, 잔혹한 살육을 감행한 후 겨우 6개월이 지나서 종식을 보았다. 이 사이에 상해(上海)에는 대한민국 임시정부가 세워졌다. 이러한 한국 민족의 격렬한 독립정신은 일본 위정자의 가슴을 서늘하게 하였고, 세계 약소민족을 크게 고무하였다.

이와 같은 사실들이 의미하는 것은 이 3·1운동이 우리 근대사에 새로운 전환의 계기를 마련해 준 획기적 사건이었다는 사실이다. 이 거족적인 민족저항운동에 부딪혀 일제는 식민지 통치의 방향을 전환하지 않을 수 없게 되었고, 또 한편 우리 민족의 독립운동도 전환되는 국면에 대응하여 새로운 양상으로 전개되었던 것이다.

일제 식민지 통치의 방향전환이란, 첫째로 헌병정치에 의한 우민화(愚民化)정치를 지양하고 소위 문화적 정치를 실시한다는 것이며, 둘째로 고전적 식민지 경제정책을 포기하고 근대기업활용을 허용하는 것이었다. 일제는 3·1운동의 거센 민족저항에 부딪혀 보고 한국 민족은 오랜 역사와 전통을 가진 문화민족임을 인식하게 되었고, 이 민족은 탄압만으로는 통치할 수 없음을 깨닫게 된 것이다.

이와 같은 국면의 전환에 대응한 새로운 민족운동은 다음과 같은 몇가지의 특징적인 양상을 갖고 전개되었다. 그 하나는 언론 및 교육을 통한 민족계몽운동이며, 둘째는 반제국주의·반봉건주의를 표방한 민권운동이며, 셋째는 한국에 침입한 일본자본에 대항하는 민족기업의 육성운동인 것이다.

1920년의 3대 민족지의 창간·각종 계몽잡지의 발간·각급 사립학교 및 민립대학의 설립운동, 1920년대를 특징짓는 신문화운동, 1920년대 후반기부터 전개되는 농촌협동조합운동·소작인조합 및 노동조합의 반제투쟁, 조선회사령 폐지와 더불어 활발하게 전개되는 민족기업의 설립 및 이를 뒷받침해주는 조선물산장려운동 등등은 모두 이러한 민족운동의 구체적 세부이면서 3·1운동 이후의 새로운 민족주의의 표현이었던 것이다.

이렇게 볼 때 3·1운동이 일어나기 전의 역사적 배경과 일어난 이후의 변모과정은 한마디로 우리의 근대사를 압축시켜 놓은 듯한 함축적 의미를 지니고 있다. 따라서 이와 같은 3·1운동의 역사적 성격과 이후에 활발히 전개되는 민족주의운동 및 문화운동의 실상을 밝히는 작업에 있어서 뚜렷한 시각을 확보하는 일이 절실히 요구된다 하겠다.

언론·출판의 양상

3·1운동이 일어난 이후의 민족운동에서 특기할 만한 사실은 민족을 대변하는 언론기관의 출현이라고 하겠다. 일제는 1910년의 한일합방과 더불어 민족의 언론을 탄압했다. 총독정치를 강요하기 위하여 대한제국 말기에 활발하게 전개되던 민간지를 폐간시키고 조선총독부의 기관지 셋만을 남겨 놓았다. 즉 일문『경성일보』와 영문『서울프레스』그리고『대한매일신보』의 명칭을 바꾼 국문『매일신보』의 셋이 그것이다.

이 국문『매일신보』는 조선총독부의 기관지로서 구한말에 민족을 대변하던『대한매일신보』와는 판이한 것이었다. 1920년 현재 한국인 총수는 1670여만 명이었는 바, 이와 같은 한국인의 여론을 대변할 만한 민간지가 하나도 없었다는 것은 총독정치의 `암흑상을 충분히 설명해 준 것이라고 하겠다. 그리하여 3·1운동 당시 우리나라에는 수많은 지하신문이 쏟아져 나오게 되었던 것이다.

3·1운동 이후 일제는 소위 문화정치를 표방하고 민족지의 발행을 허가해 준다는 뜻을 밝혔다. 이때 조선총독부에 제출된 민간지의 허가신청은 10여건에 달했던 것이다. 그러나 그중 조선총독부는『동아일보』·『조선일보』·『시사신문』의 셋만을 허가하였다. 그리하여 3·1운동 이후 국문판 신문으로는 앞에서 말한 총독부 기관지인『매일신보』와 더불어 4종의 신문이 발행된 셈이다.

총독부가 국문판 민간지 셋을 허가하게 된 것은 그들로서는 계산이 있었던 것이다. 당시『동아일보』는 민족의 대변지로 등장하였으나,『조선일보』는 친일단체인 대정(大正) 실업친목회라는 단체에서 발행되는 실업신문이었고,『시사신문』은 '조선민족은 대일본제국의 국민'이 되어야 한다는 소위 친일본주의를 내건 국민협회(협성구락부)가 기도한 신문으로서, 총독부는 이 두 신문을 중립지 내지 친일지라고 지목하였던 것이다.

그러나 이 국문판 3대 민간지는 총독부의 예상과는 달리 발행 논조를 펴고 나왔다. 『조선일보』는 특히 1924년에 이상재·신석우가 경영권을 인수하자 명실공히 민족대변지가 되었고, 『시사신문』 역시 1924년에 최남선이 판권을 인수하여 『시대일보』로 명칭을 바꾸어 발행하게 되자 민족대변지로서의 면모를 뚜렷이 나타내게 된 것이다. 이리하여 3·1운동 이후 간행된 국문판 3대 민간지는 모두가 민족주의의 깃발을 높이 들고 나오게 되었다.

이와 같이 3·1운동이 계기가 되어 출현한 이 민간지들은 일제 식민지정책을 비판하고 우리 민족의 민권을 주장하고 나오는 한편, 이 언론기관을 통하여 점차 국민에 대한 각종 계몽운동을 전개한 것이다. 이 시기의 신문들이 일제의 검열과 탄압 속에서 '발간정지' 처분을 수 차례씩 받은 것은 식민지적 현실의 가혹함을 잘 드러내 준다.

그러나 이러한 언론활동이나 계몽운동에는 일정한 한계가 있었을 것임은 자명한 일이다. 동시에 민족을 대변하는 민족지적 면모만이 아니라 그 이면에는 일제의 식민지 정책에 간접적으로 동조하는 성질의 계몽적 성향 또한 얼마간 내포하고 있었음도 간과할 수 없을 것이다. 문화주의를 표방했음에도 불구하고 그 문화의 뿌리를 적극적으로 탐구하고 새로운 차원에서 모색하기 보다는, 일본을 통하여 새로운 문물 제도를 도입하는 데 상당히 적극성을 띠었을 것이 그 예의 하나라 할 것이다. 그렇지만 보다 긍정적인 측면에서는 『동아일보』와 『조선일보』가 주동이 되어 한글보급운동을 전개한 것이라든지 문맹퇴치운동을 벌인 것, 그리고 각종 교양과 체육에 관계된 대회를 개최한 것 등은 문화사적인 면에서 주목할 만한 것이었다 하겠다.

한편, 이러한 민간지의 발행과 함께 3·1운동 직후에 활발히 전개된 것은 『개벽』·『서광』·『학생계』·『폐허』·『신생활』 등을 비롯한 10 수종의 대중잡지의 발간이었다. 특히 '개벽사'와 '한성도서' 등의 출판사가 나름대로의 조직을 갖추고 등장한 것은 문화사업의 보급이라는 면에서 상당히 중요한 기능을 한 것이었다.

그러나 이러한 출판활동은 민족지가 받은 일제의 탄압과 크게 다를 바 없어서, 대한제국시대에 제정된 '출판법'에 준거하여 허가되었음은 물론이다.

따라서 이 시기에 나온 이러한 출판물들은 대부분의 경우 정치·시사문제를 다루지 않는 교양, 문예, 어린이들이 읽을거리 등 무난한 잡지만이 출판법에 따라 허용된 것이었다. 그렇지만 특히 이 시기에 나온 문예지들은 관점을 달리하여 볼 때 우리 근대적 성격의 문학이 그 나름의 틀을 잡아주는 온상이 되었음도 주목하지 않을 수 없다.

이 출판계의 활동은 또한 신문으로 대변된 언론계통의 경우와 마찬가지로 민족 계몽사업에 참가하여 이를 펴나갔으며, 영리성보다는 사상·문화성의 측면에서 가능한 한 적극성을 띠려고 하였던 것으로 보인다. 『개벽』과 『신생활』 등의 잡지가 대중의 자유사상과 평등·문화 등을 외치고 등장하여 일제의 탄압을 받았고, 그러한 가운데서도 계속 간행하려는 의지를 누그러뜨리지 않았던 것은 이를 실증해 준다.

요컨대 3·1운동 이후에 본격화된 신문화운동 및 신생활운동 등은 이와 같은 민족언론기관의 출현과 대중적 성격을 띤 출판활동의 배경 아래 전개될 수 있었던 것이었기에 그 의의 또한 상당히 크다 하겠다.

3·1운동과 문학사적 변모

3·1운동이 야기한 이러한 민족사 내부의 커다란 변화는 대사회적 존재기반을 가진 문학에 있어서도 당연한 변화를 가져왔다. 3·1운동 자체가 근대적 민족주의의 확립이라는 거시적 명제 하에 전개되었던 만큼, 1919년 이후의 근대문학은 민족문화를 새롭게 재편하고 창달해야 하는 기본사명을 문화의 다른 어느 영역에서보다 뚜렷하게 자각한 것이 사실이다. 그리하여 그 구체적 현실에 있어서 상당한 질적 변화를 가져왔고, 그 변화과정 또한 단선적으로 이해해야 할 성질의 것이 아님이 분명하다고 할 수 있다.

이러한 역사적 관점에 서 있을 경우 당대 문학인들에게 절실히 기대될 수 있는 것은 당대의 시대현실을 올바로 인식하고 민족의 진로를 적극적으로 모색해야 하는 작가적 사명의식의 확립이다. 이 점에 있어서 이 시기의 문학인들이 보여 준 것은 어느 정도의 긍정적 평가를 가능케 한다. 당시 일본을 통할 수밖에 없었지만, 유학을 통해 새로운 자아각성과 과학적·합리적 사고를 갖추기에 힘썼고, 귀국하여 언론과 문필활동에 주도적 역할을 담당하면서 종사했기에, 작품 창작의식의 면에 있어서나 인쇄매체를 통한 작품 발표의 면에 있어서 다른 어느 시기보다도 전문성을 견지하려고 한 점이 두드러진다. 또 나름대로의 민족주의를 기반으로 하여 창작하려는 문학사상적 측면에서의 자각도 엿보이고, 전통부정의 시각에서 말미암은 것이기는 하지만 다양한 사조적 접근을 통해 새로운 문학전통을 수립하고자 한 지향적 면모 역시 간단하게 처리할 수 없는 부분들로 생각된다.

그러나 중요한 것은 바로 이와 같은 면모들이 얼마만큼의 깊이를 지니고 있었던가 하는 점이다. 따라서 그 실상을 적극적으로 밝혀내어 정당한 평가를 내리는 것이 이 시기의 문학사적 성격과 특징을 구명하는 하나의 척도로 생각된다.

많은 긍정적 측면에도 불구하고 이 시기의 문학적 실상이 보여주는 것은 먼저 앞에서도 지적한 바 있는 '민족적인 형식'을 새롭게 모색해 놓지 못했다는 사실이다. 실제에 있어 이 문제는 작품을 창작하는 전문인으로서 견지해야 할 창작방법의 적극적 개척과, 당대의 시대이념 및 민족사의 전개과정 속에서 필연적으로 추구되어야 할 민족해방의 과업을 언어예술로써 적절히 형상화해 내는 과정을 반영하는 것이다. 그러나 이 시기의 문학인들은 이 점에 있어서 아직 문학적인 미숙성을 보였고, 문학 외적인 상황과 무분별한 외래사조의 수용, 그리고 사상적 혼란에 근거한 가치의식의 불안 등으로 인하여 근대문학의 성격을 매우 복합적이고 파행적인 것으로 이끌어 가기도 했다. 식민지적 현실을 감안할 때 다소 무리한 시각이긴 하겠으나, 당면한 현실에 적극적으로 대처하여 이를 타개하려는 문학적 각성이나 작가정신을 높이 치켜들지 못했던 것이다. 그러나 문학적 진실은 이러한 문학 외적 장애나 갈등을 뛰어 넘는 차원에서 더욱 그 존재가치가 드러나는 것임에 비추어, 쉽게 합리화할 수 없는 결격사유로 인정되어야 마땅할 것이다.

이와 같은 문제점들은 거시적인 면에서 특히 문화일반에 대한 이해나 민족문화의 진지한 모색이 결핍되었다는 데 큰 원인이 있다. 거듭 강조하는 바 민족문화에 대한 깊이있는 통찰이나 적극적 계승의식이 각성되지 않았기에, 청년기의 불안정한 정서가 쉽게 '새로움'에 이끌리게 되었고, 그 결과 문학을 삶에 대한 진취적 방향제시의 차원에서 지속하기보다는 때로 자아도취와 현실외면의 한 구실로 삼는 상황에까지 이르게 된 것이 아니었던가 생각된다.

따라서 이 시기의 문학적 특성과 문학사적 변모가 갖는 의미에 대해서는, 당대 우리의 문학현실에서 추구된 사상적 맥락과 사조적 특징 및 작가의 문학활동에 잠재된 현실대응 양상 등을, 이상의 긍정적 사실의 측면과 비판적 사실의 측면에서 객관적으로 검증하고, 이를 다시 문학사적 연계관계 속에서 적절히 위치지우는 것이 바람직하다.

2. 동인지 시대의 개막과 문학운동

일제의 한반도 식민지정책의 양상을 한마디로 이야기한다면 정치적 탄압책동과 경제적 수탈구조 그리고 문화적 왜곡화 과정이라고 할 수 있다. 이러한 정책적 과정 속에서 우리의 자생적 근대화는 억압되었고, 식민지적 근대화라는 변칙적 의지만이 강요되었다.

당대 우리 민족은 이러한 일제의 식민지정책에 어떤 식으로든 대응하지 않을 수 없었고, 유구한 역사를 통해 형성되어 온 민족적 저력을 면면히 분출시키기도 했다. 물론 이 경우 우리의 대응양상은 그 외면적 힘의 논리에 있어서 응전력이 약했던 것이 사실이다. 그러나 그 대응양상이 가시적(可視的)인 것에서 뿐만 아니라 비가시적인 정신활동에 있어서 전개된 것이라면 보다 중요한 국면에 있어서의 면모를 간과할 수 없을 것이다. 그런 면에서 이 1920년대 식민지 초기에 전개되었던 문학활동 양상 역시 우리의 정신적 대응이라는 점에서 매우 의의가 크다.

일제의 식민지정책이 가장 크게 변모된 계기는 주지하다시피 민족적 거사인 3·1독립운동이었다. 이 운동을 계기로 일제는 이른바 무단통치 방식에서 문화통치로 그 방향을 바꾸게 된다. 물론 이 문화통치라는 것이 그들 본래의 속셈을 살짝 가린 채 옷만을 바꿔입은 것에 지나지 않은 것임은 새삼 거론할 필요가 없을 것이다.

어떻든 3·1운동의 결과로 나온 일제의 이른바 문화통치는 그 본질에 있어서 그 이전의 무단통치와 다를 바 없다 하더라도, 한국 지식인의 활동과 그 한 부분으로서의 문학운동에 커다란 전기를 마련한 셈이었다. 곧, 신교육을 받은 문학지망생이 어느 시기보다도 많이 등장하고, 문화통치로 인해 발언영역의 진폭과 발표지면이 넓어지게 되었는 바, 각종 신문·잡지 및 동인지가 격증되면서 이 땅의 근대적 성격의 문학이 개화(開花)를 보게 된 것이다. 이같은 문학활동의 양적 확대와 내용상의 다양성을 밑받침해 주게 된 구체적 현상의 하나가 '동인지 시대의 개막'이라고 할 수 있다. 그리고 이러한 문학적 상황을 배경으로 하여 1920년대 이후의 문학은 그 토대을 확보하게 되었고, 우리의 근대적 문단 형성의 저변을 마련하였다는 데 중요한 의의가 있는 것이다.

주요 동인지의 양상

이 시기에 등장한 대표적 동인지로는 문학적 성과의 면과 당대적 위상에서 차지한 영향력을 고려하는 측면에서 『창조』, 『개벽』, 『폐허』, 『장미촌』, 『백조』, 『금성』, 『영대』 등을 들 수 있다.

『창조』는 한국 최초의 순문예지이며 동인지로서 3·1운동이 일어나기 한달 전인 1919년 2월에 창간되었다. 당시 일본에 유학 중이던 김동인·주요한·전영택 등이 주축이 되어 2호까지 동경에서 발간되다가, 3·1운동 후에는 국내에서 속간하여 1921년 5월 통권 9호로 폐간되기까지 이른바 근대문학 초기의 계몽적 교훈주의와 관념적·추상적인 성향을 배격하고 문학의 예술성을 확보하는 데 주력하였다. 『창조』를 통해 우리나라 본격 자유시가 발표되었음은 앞에서 말한 바와 같고, 또 소설에 있어서도 자연주의 문학의 새로운 출발을 엿볼 수 있다는 데 이 잡지의 중요한 가치가 있다.

1920년 6월에 창간된 『개벽』은 천도교의 재정적 후원을 받아 1926년까지 통권 72호를 발행했고 이후 수년간 정간되었다가 다시 속간되기도 한 월간종합지이다. 문예동인지의 성격을 띤 것은 아니었으나, 일제에 투쟁하고 민족주의를 수호하기 위한 정신과제의 해결과, 세계사상을 받아들여 이를 바탕으로 평등주의를 내세우고 민족독립을 쟁취하자는 데 의식을 같이하는 한편, 문화주의를 표방하여 민족문학의 수립과 발전에 공헌하자는 기본목표를 세워 주목할 만한 의욕을 보였다. 특히 문예면은 많은 분량을 할애하여 우수한 작품과 문인을 배출함으로써 1920년대의 문학을 주도한 범문단적 성격의 잡지였다. 1920년대에는 김억·김소월·변영로·박종화 등과 신경향파문학을 대표하던 김기진·박영희 등이 중심이 되어 활약했고, 염상섭·현진건 등도 『개벽』을 통해 등장하고 여기서 성장했다. 『개벽』은 특히 초기 신경향파문학이 성장하는 데 거점적 역할을 하였다.

다음으로 『폐허』는 1920년 7월에 창간된 문예동인지로서 김억·남궁벽·염상섭·오상순·황석우 등이 참가, 2호까지 발간되다 말았으며, 주로 19세기 후반 서구문학의 상징주의와 퇴폐적 경향이 짙은 작품들이 실렸다. 또한 1921년 5월에 창간된 『장미촌』은 최초의 시전문지로서 주로 낭만주의적 경향을 표방하였으나, 대다수의 동인들이 다시 『백조』를 창간하는데 참가, 『백조』의 전신으로서의 의미를 지닌 것이었다.

한편 1922년 1월에 창간된 『백조』는 애초에 격월간으로 계획된 것이었으나 3호에 그치고 만 순문예동인지였다. 특히 당대의 시대현실 속에서 '자유'를 구가하려는 경향을 보였으나, 식민지적 현실의 암울함에서 오는 감상적 낭만성에 치우친 경향이 짙다가 점차 반성적인 면모를 보이기도 했고, 발표된 작품은 소설보다는 시에 더 비중이 주어진 특징을 보였다. 홍사용·박종화·이상화·나도향·이광수·현진건·박영희 등이 중심이 되어 활약했으며, 시 쪽에서는 낭만주의적 성향이 강한 반면 소설 쪽에서는 자연주의와 사실주의적 색채가 강했고, 또한 신경향파문학이 태동하게 된 모체가 되기도 한 복합적 성격을 지녔다.

『금성』은 1923년 11월에 창간된 시전문동인지이다. 주로 해외문학의 번역·소개와 창작시 발표를 전문으로 했는데, 양주동이 중심이었고, 김동환이 추천시를 발표하였다. 순문학동인지로서 1924년 8월에 창간된 『영대』는 당시로서는 특이하게 평양에서 편집을 한, 이 지역 중심의 문학동인지라 할 수 있다. 그 동인들은 『창조』에서 주축이 되었던 이들이 거의 속해 있었으므로 그 성격을 그대로 계승 반영했다.

이상에서 그 윤곽만을 간략히 살펴본 이 시기 주요 동인지의 양상들로부터 다음과 같은 몇가지 공통점을 찾아낼 수 있다.

먼저, 간행 횟수가 대체로 단명했다는 사실이다. 이 점은 '동인지'로서 갖추어야 할 기본적 속성인 사상적 경향이나 표방된 노선의 통일이 진지하게 모색될 수 없었다는 문제를 내포하고 있다. 따라서 창간 당시의 의욕과는 달리 모호한 성격을 띠게 되었고, 발표지면을 확보하기 위해 엇비슷한 동인지들을 다시 등장시키게 된 결과에 이르렀다.

이와 함께 지적될 수 있는 사실은 한 작가가 여러 동인지에 동시에 관여하였다는 점이다. 각 동인지가 표방한 노선이 조금씩은 달랐다는 점을 감안하면 이 문제는 작가의식의 파행성을 의미하는 것일 수 있다. 실제로 이들은 다양한 사조적 경향으로 창작활동을 했으며, 따라서 어느 한 작가의 특징적 성향이나 사조적 공통분모를 추출해 내기 힘들다. 이러한 작가의식의 복합성은 특히 서구문예사조에의 무비판적 경도에서 비롯된 것이 주요 원인이랄 수 있지만, 그렇다고 이 시기의 작가들을 어느 한 사조에 쉽게 한정시켜 바라볼 수 없으며, 또 다양한 장르에 걸쳐 창작활동을 한 점을 감안하면 실험적 성격이 강한 작품이 많았음을 능히 짐작할 수 있다.

끝으로 지적될 수 있는 것은 이 시기의 동인지들을 통해 비슷한 연령층의 젊은 작가들이 대거 등장함으로써, 그들 스스로가 폐쇄적 범주 속에 갇힐 위험을 내포했다는 사실이다. 이러한 갑작스런 사태는 문학활동의 양적 확대와 내용상의 다양성이라는 긍정적 측면의 이면에, 문학에 대한 인식의 폭과 작가정신의 깊이를 확충하는 면에 있어서의 심각성을 의심케 해준다. 따라서 이 시기의 작가들에 대한 연구는 이같은 사실을 충분히 고려한 차원에서 수행되어야 한다는 반성적 관점을 제기하고 있다.

이상과 같은 동인지 활동은 다시 1930년대로 이어지며 재개되는데, 1920년대에서 보여주었던 파행적이고 복합적인 성격이 차츰 정비되어 보다 긍정적인 측면을 갖게 되는 것으로 보인다. 그것은 이 시기가 이루어 놓은 결과에 힘입은 바 크다 할 것이다.

동인지문학의 기본성격

1920년대 초로 묶여질 수 있는 동인지들에 의거하여 문학활동을 펴나간 작가들의 특징적 면모와 그들의 문학적 지향을 통해 우리는 이 시기 문학의 기본성격을 살필 수 있다.

우선 이 시기의 문학인들과 그들 문학의 기본성격은 김억과 주요한의 경우에서 살핀 바와 일치한다. 다시 말해 당대 일본 유학생 출신이 대부분을 차지하였고, 그들의 연령적 미숙성이나 가치관의 혼란 및 부재 등으로 인하여 파행적 성격을 띠었다는 점, 또 신학문과 접하면서 서구의 문예사조에 깊이 있는 인식 없이 경도되었다는 점, 그리고 이러한 차원에서 전통부재의 현실을 외치면서도 새로운 방법적 모색을 꾀하지 않고 개인적 감수성의 표출에 치우친 점, 그리하여 결국 당대의 역사적 현실에 적극적으로 대응하여 민족의 진로를 구체적으로 제시하지 못한 점 등은 비판적 측면의 경우에 해당되며, 반면 긍정적 측면에 있어서는 그 이전의 문학이 보여준 교시적 계몽성을 탈피하여 자유로운 정서를 표출하려는 지향적 면모를 보여준 점이라든가, 근대적 각성에 의한 자아의 발견과 그 정서적 가치구현에 힘쓴 점, 또 구체적 대안은 없었지만 나름대로 전통에 뿌리를 둔 민족적 정서의 필요성을 인식한 점, 그리고 다양한 사조적 혼융을 보여주면서도 우리의 근대문학을 본격적으로 개화(開花)시킨 점 등이 여기에 해당된다.

그리하여 이러한 복합적 측면은 우리에게 반성적 시각을 열어준다. 곧 어느 한 측면만을 강조하거나 필요 이상으로 확대하여 당대의 문학적 실상을 왜곡하는 우(愚)를 범하지 않게 하는 근거를 마련해주는 것이다. 또 문학의 속성에 비추어 볼 때 가시적으로 드러난 변화만을 문제삼을 수 없는 구체적 접근방법의 모색을 환기시키기도 한다.

따라서 이 시기 동인지문학의 기본성격을 통해 우리는 거기에 속해있는 작가들의 개별적 실상을 다시 작품을 통해 진지하게 구명해야 한다. 다양한 사조적 혼융이나 자생적 역량을 확보치 못한 점들은 그 원인을 따져 비판해야겠지만, 겉으로 드러나지 않은 잠재적 성격과 전통과의 갈등에서 모색된 발전적 면모들, 또 역사적 현실을 문학적으로 형상화시키는 관점 등은 더욱 세밀한 검토가 이루어져야 할 부분들이다. 1920년대 초의 한계를 의식하면서 이러한 긍정적인 부분들이 온당하게 평가될 때 이 시기 동인지 문학의 성격이 제대로 드러날 것이다. 우리의 문학사에서 때로 비판적 측면을 앞세우는 것은 실상 그릇된 이해를 바로잡고 긍정적 측면에 대한 정당한 평가를 가능케 하기 위해서이다.

그런 면에서 오히려 다시 생각해 볼 필요가 있는 문제는 이 시기 '동인결성'의 성격이다. 결론부터 이야기한다면, 성격적으로 통일되지 않은 그 '동인결성'은 새로운 문학적 전환기에서 문학인들 서로가 비판적 입장에 서서 그들 스스로의 각성과 민족문학의 잠재력을 축적시키기보다, 상호우호적 관점에서 묶여다님으로써 건전한 비평의식을 상실하고 안일해질 수 있는 가능성을 심화시켰다는 사실이다. 때로 문학을 암울한 현실의 도피처로 삼아 비역사적 현재중심주의에 골몰하기도 하고, 회고적 관념론에 이끌려 애상적 정조를 과도하게 분출하는 등의 부정적 면모는 바로 이러한 '동인화' 과정에 내포된 아이러니컬한 사실이 아닌가 생각되는 것이다.

이렇듯 다양한 관점의 문제점들을 구명하는 가운데 동인지 문학의 기본성격과 그 문학사적 의미가 여실히 드러날 것이다. 결론적으로 말하여, 1920년대 초의 동인지를 중심으로 한 문학적 상황을 배경으로 이후의 문학은 보다 발전적인 면모로 쇄신되었으며, 그 방법과 인식의 관점에서 상당한 전환을 이룩한 것으로 평가된다.

3. 20년대의 시적 기류와 민족적 정조의 시

1900년대의 신문학적 탐색기를 통해 새로운 시형과 내용적 사실들을 모색해 온 우리의 근대시는 신체시라는 과도기적 형태를 거쳐 1910년대 중반 이후부터 본격 근대시로서의 모습을 갖추게 되었다. 앞에서 이미 살핀 바 있듯이, 이러한 본격 근대시로의 도약에는 김억과 주요한의 선구적 업적이 크게 작용하였다. 이들에 의한 계몽적 교시성의 배제와 개인적 감수성의 확보 및 시의 미학적 자질에 관한 자각적 면모들은 이후 1920년대의 시인들에게 일정한 토양을 마련해 준 것이었다. 그리하여 한국의 근대시는 3·1운동 직후의 신문학 운동의 전개와 함께 1920년대에 이르러 그 구체적인 성과와 문학적 역량을 축적시키며 뚜렷이 정립되기에 이른다.

1920년대 시에 있어서 그 주류를 이루었던 것은 낭만적 성향이다. 3·1운동 이후의 수년 동안에 급격히 쏟아져 나온 문예동인지와 잡지들을 중심으로 작품활동을 전개한 시인들에게 있어서 이 점은 공통적으로 해당되는 특징이다. 이러한 낭만적 성향은 다양한 서구 문예사조의 혼입과 함께 내면적 갈등과 혼돈의 양상을 띠고 나타나는데, 흔히 지적되듯이 암울한 분위기 속에서 절망적 영탄이나 도피적 열망을 노래하거나, 퇴폐적이고 감상성이 흐르는 격정적 정서를 분출하는 등의 자기분열적 혼란상을 보여주고 있다. 물론 이 같은 낭만적 성향이 비판적으로만 이해될 성질의 것은 아니다. 그 이면에는 자아의 발견 및 강조를 통해 박철희가 지적한 대로 '현실을 응시하는 개체적인 눈'을 그 나름대로 보여주고 있기 때문이다. 이 문제는 결국 시인의 현실인식 태도와 시적 형상화의 방법을 구명하는 데서 정당히 평가될 수 있을 것이다.

그러나 1920년대 초기 시의 주류를 이루었던 이러한 낭만적 성향은 1924년 이후 신경향파—카프(KAPF)계열의 문학이 등장하면서 크게 변모한다. 말하자면 역사적 현실에 대한 보다 직접적인 관심과 이념적 지향을 앞세우게 된 일군의 작가들과 사조적 성향에 의해 현실의 모순이 문학의 중요한 동인(動因)으로 등장하였고, 그에 수반된 사회의식이 강조되기에 이른 것이다. 그렇지만 다른 한편에서는 여전히 개인의 내면적 체험과 낭만적 정조에 바탕을 둔 시편들이 창작되었고, 때로 양쪽 모두의 성향을 띤 경우도 나타나게 되었다.

한편, 이와 같은 당대 시단의 대체적 기류와는 그 노선을 달리하며 작품활동을 펴나간 시인들이 또한 1920년대 중엽부터 본격 등장하게 된 사실도 이 시기의 시를 논의하는 데 있어 빼놓을 수 없는 중요한 위치를 점한다. 여기에 해당하는 시인들은 일반적으로 당대의 특정한 사조나 운동에 속하지 않으면서 탁월한 시적 성과를 이룩한 인물로 평가되는데, 김소월과 한용운이 바로 그들이다. 이들은 당대에 간행된 문예동인지나 잡지들을 통해 작품을 발표하면서도 당대에 만연된 시적 기류나 서구적 경험세계에 흡수되지 않고, 우리의 '전통적 경험에 보다 밀착한 시적 지향을 통해 현장성을 얻고 자기회복을 다질 수 있었던 것'으로 이해된다. 이들이 궁극적으로 추구한 것은 말하자면 '민족적 형식'의 창출이라고도 할 수 있겠는데, 김소월의 경우는 그것이 특히 전통적 정서의 심화와 확대의 양상을 띠고 전개된 것으로 보이며, 한용운의 경우는 진지한 철학적 사유를 바탕으로 시적 깊이에 대한 인식과 민족의식의 시적 형상화에 남다른 관심을 기울인 것으로 보인다. 따라서 이들의 등장과 이들에 의해 이루어진 문학적 성과들로부터, 1920년대의 시는 그 인식의 폭과 깊이에 있어 이 시기를 대표할 만한 뚜렷한 자취를 남긴 것으로 평가될 수 있겠고, 문학사에서도 이 점을 보다 중요하게 다루어야 할 것으로 사료된다.

이와 같이 1920년대의 다양한 시적 성향과 특징들을 갈래지어 보면, 초기 문예동인지를 중심으로 활약했던 시인들에게서 두드러지게 나타나는 낭만적 성향과, 중반 이후 뚜렷한 문제의식을 지니고 등장하여 후반까지 이어지는 신경향파-카프계열의 투쟁적·이념지향적 성향, 그리고 이러한 특정 사조나 운동에 속하지 않으면서 시작활동을 펴나간 시인들에게서 추구된 전통적 정서의 심화와 확대의 성향 및 철학적 사유와 적극적 현실의식을 바탕으로 이를 형상화한 시적 성향 등으로 크게 구분할 수 있으리라 본다. 이 가운데 신경향파-카프계열의 작품들은 포괄적 논의체계 속에서 따로 살펴보는 게 적절할 듯싶고, 여타의 특징적 면모들에 대해서는 그 세부적 실상을 간략히 정리하면 다음과 같다.

낭만적 성향의 분출-초기 문예동인지의 시와 시인들

1920년대의 시인들에게 있어서 무엇보다도 우선적으로 요구되었던 것은 자유로운 정서표출이었다. 물론 이 같은 요구의 이면에는 그 이전의 시들이 보여주었던 계몽적 교훈성이나 관념성의 편내용적 사실들과, 형식적 틀의 구속성에 말미암은 절제된 정서의식을 극복코자 하는 내재적 의지가 긴밀히 작용하고 있었던 것이 사실이다. 그리하여 당연한 결과로서 새로운 감수성의 추구와 이를 적절히 형상화하여 드러낼 자유로운 시형식의 개발이 당면과제로 부과되었다. 이른바 본격 근대시로 일컬어질 수 있는 김억과 주요한의 개척자적 성과는 이를 보다 가능한 형태로 열어 놓았고, 1920년대 초기 수년 동안에 쏟아져 나온 문예동인지와 잡지들을 통해 이 점은 보다 활발히 추진되었다.

이 시기의 시작활동을 대변하는 문예동인지로는 『창조』·『폐허』·『백조』 등을 대표적으로 꼽을 수 있다. 물론 이밖에도 『백조』의 전신인 『장미촌』이라든가, 문예란을 상당 부분 할애하고 있었던 잡지 『개벽』, 또 1920년대 중반에 발행되었던 『금성』·『영대』와 같은 문예지들을 열거할 수 있으나, 거시적인 면에서 볼 때 그 특징적 성격은 이미 위의 문예동인지들에 집약되어 있는 것으로 보인다.

『창조』를 통해 작품활동을 한 시인으로는 단연 주요한을 들 수 있으며, 그밖에 뚜렷한 활동을 보인 시인이 없다가 종간호에 이르러 김억이 참여했다. 이들에 대해서는 앞에서 논의하였으므로 거듭 밝히지 않겠거니와, 1910년대 중·후반에서부터 시작된 그들의 시와 시적 지향의 면모들은 이 시기에 와서도 상당한 영향력을 발휘하며 지속되었음을 강조할 필요는 있으리라 본다. 다음으로 『폐허』에 참여했던 시인들로서는 김억을 위시하여 황석우, 남궁억, 오상순, 변영로 등을 들 수 있겠고, 『백조』를 중심으로 시작활동을 한 시인들로는 노자영, 박종화, 박영희, 홍사용, 이상화 등이 있다. 이들은 개별적인 면에 있어서 각기 개성을 지니고 나름대로의 시 세계를 구축하였지만, 전반적으로 보아 공통된 요소들을 더욱 많이 지니고 있었던 것으로 이해된다.

1920년대 초기 문예동인지를 통해 작품활동을 전개한 이들 시인들에게 있어서 우선적으로 지적될 수 있는 특징은 자유로운 정서표출 의지에서 비롯된 분방한 자아의식의 토로(吐露)이다.

  臨終의 날에
  홀로 써는듯한
  누런 헤여진 보잭이 갓흔
  내마음은
  쓸쓸하고도 고요한

나릿한 만수향 냄새 써도는
캄캄한 내 密室로 도라가다.

　　　　　　　── 박종화, 「密室로 도라가다」 일부

그리우는 그림자를 잠은 안고서
꽃피는 꿈길을 다라날 째에
바람에 불붓는 잠의 집속에
「生의 苦痛」은 붉게 타도다

　　　　　　　── 박영희, 「꿈의 나라로」 일부

太陽은 잠기다, 넓은 들에 길일흔
少女의 애탄스러운 가슴안 갓흔
黃昏의 안을 숨(潛)어 太陽은 잠기다
太陽은 잠기다, 아아 죽은 者의 움푹한 눈갓치

　　　　　　　── 황석우, 「太陽의 沈沒」 일부

나는 王이로소이다 어머니의 외아들 나는 이러케 王이로소이다.
그러나 그러나 눈물의 王―이 世上 어느 곳에든지 설음잇는 땅은 모다 王의 나라로소이다.

　　　　　　　── 홍사용, 「나는 王이로소이다」 일부

　그런데 위에 든 대표적 몇 예에서도 확인되듯이 그 분방한 자아의식의 토로 저변에는 낭만적 성향의 정조가 주조를 이루고 있다. 그리고 이 낭만적 성향을 띤 정조의 세부적 실상은 암울한 작품의 배경을 중심으로 절망과 우울, 슬픔과 눈물, 고독과 비애, 죽음과 꿈 등 허무주의적인 감성이 짙게 배어있어, 다분히 애상적이며 영탄조를 띤 격정적 정서가 시 분위기를 지배하고 있다. 그리하여 때로 지나친 감정의 분출로 스스로를 통제하지 못하기도 하고, 현실적 가난에서 벗어나 상상의 세계와 환몽의 세계에 이끌리기도 하며, 설익은 관념으로 죽음을 찬미하고 현실을 저주하기까지에 이르는 것이다. 이 시기 이후 시인이며 비평가로도 활약했던 김기림은 이에 대하여 "까닭 모르는 울음소리, 과거에의 구원할 수 없는 애착과 정돈(停頓)"이라고 한 바 있었는데, 적절한 지적이 아닌가 생각된다.

이러한 낭만적 성향의 세부 실상은 결국 '감상적 낭만주의'라는 평가로 특징지울 수 있다. 물론 이때의 '감상적 낭만주의'라는 말은 흔히 서구문학적 경험의 토대 위에서 성립된 것으로 그 준거모형을 삼는 경우와는 다소 달리 이해될 필요는 있다. 다시말해 서구문학의 경험을 토대로 관찰할 때, 낭만주의는 일반적으로 일상적 현실의 불모성과 속악함을 거부하면서 이에 대립하는 반세계의 상을 설정하고 그 안에서의 화해로운 삶을 노래한다고 말하여지는데, 이 시기 1920년대 초기 문예동인지의 시편들은 '일상적 현실과 대립하는 반세계의 상'을 어떤 뚜렷한 시적 지향에 의해 설정했다고 보기 어렵고, 또 '그 안에서의 화해로운 삶을 노래'했다고 보기도 어렵기 때문이다. 오히려 '화해로운 삶을 노래'한 것과는 대조적으로 '현실적 부조화와 갈등'을 더욱 두드러지게 노출시키고 있는 것이 사실이다.

따라서 이 시기의 시를 성격적으로 특징지워 '감상적 낭만주의'라고 할 경우, '감상적'이라는 한정된 의미를 전제로 한다 하더라도, 서구문학에서의 그것과는 세부적인 면에서 구별할 필요가 있으며, 그런 의미에서 좀 더 포괄적으로 '낭만적 성향'으로 일컫는 것이 바람직한 것이 아닌가 생각된다. 말하자면 이 시기의 '낭만적 성향'은 당대 시인들의 행적을 통해서도 확인되듯이 그들이 교섭하였던 서구문학적 경험으로부터 촉발된 외래사조적 면모를 띠고 있기도 하지만, 우리의 역사로부터 유출된 잠재된 전통적 경험의 표출로도 이해될 수 있기 때문이다.

또한 여기에서 이 시기의 시들이 보여주고 있는 낭만적 성향이 특히 암울한 작품 배경을 중심으로 감상성이 짙은 허무주의적 감성을 노래하고 지나친 감정의 분출에서 말미암은 격정적 정서를 드러내며 때로 현실이탈적 면모들을 보이는 것은, 직접적으로는 이 시기의 시인 자신들이 놓여 있는 연령적 미숙성에 크게 기인하는 것이기도 하겠지만, 그 이면에 있어서 대립과 갈등을 야기시키는 국권상실의 식민지적 현실상황과도 무관하지 않았으리라는 사실이다. 따라서 이 시기의 시를 이해함에 있어서 이러한 작품 외적 사실들도 충분히 고려되어야 하며, 그 같은 측면에서 볼 때 현실 상황과 동화할 수 없는 정신적 불안이나 갈등이 낭만적 성향의 분출과 같은 시적 정조를 낳게 한 주요 요인 가운데 하나였다고 지적될 수도 있겠다.

한편, 이 시기 문예동인지를 중심으로 발표된 시에서 주목되는 또 다른 특징은 표현상의 문제와 관련된 몇가지 사실이다. 그 두드러진 점만을 지적한다면 우선 표현의 긴밀성을 확보하려는 의지가 작품 곳곳에서 발견된다는 점이며, 또 상당히 긴 호흡을 요구하는 장시화(長詩化) 내지 산문화 경향을 보이고 있다는 점이다.

  소리의
  곰팡 쓰른
  病鷄가
  스풀에
  쓰러질듯한

  夕日을
  바라보면서
          ── 황석우,「小曲」일부

  '마돈나' 지금은 밤도, 모든목거지에, 다니노라 피곤하야돌아가려는도다,
  아, 너도, 먼동이트기전으로, 水蜜桃의네가슴에, 이슬이맷도록달려오느라.
  ……………………
  '마돈나' 짧은심지를더우잡고, 눈물도업시하소연하는내맘의燭불을봐라.
  羊털가튼바람결에도窒息이되어, 얄푸른연긔로쎄지려는도다.
         ── 이상화,「나의 침실로」일부

  밤은 아시아의 感覺이요 感性이요 性慾이다
  아시아는 밤에 萬有愛를 느끼고 임을抱擁한다
  밤은 아시아의 食慾이다, 아시아의 몸은 밤을 먹고 生成한다
  아시아는 밤에 그 靈魂의 양식을 求한다. 猛獸처럼……
  밤은 아시아의 芳醇한 술이다, 아시아는 밤에 醉하여 노래하고 춤춘다
       ── 오상순,「아시아의 마지막 밤 풍경」일부

위에서 예시한「소곡」의 경우 '석일(夕日)을 바라보면서, 서정 자아의 의식이 닭울음 소리를 매개한 상황에서 '소리의/곰팡 쓰른/병계(病鷄)'로 표출됨

으로써 보다 내밀한 표현효과를 거두고 있으며, 「나의 침실로」와 같은 작품의 경우 '수밀도(水蜜桃)의 네 가슴에, 이슬이 맺도록 달려오느라'·'양(羊)털 가튼 바람결에도 질식(窒息)이되어'와 같은 표현에서는 보다 직접적이고 참신한 이미지를 형성시키는 효과를 거두고 있음을 볼 수 있다. 이러한 표현의 긴밀성은 이 시기의 시인들이 지향했던 새로운 감수성의 추구라는 면에서도 적절히 이해될 수 있는 것이겠지만, 결국 이 시기의 시가 보여준 시적 형상화의 깊이와도 관련된다는 점에서 주목된다 하겠다. 물론 예시한 「아시아의 마지막 밤 풍경」과 같은 작품에서 보듯이, 때로 관념적 어휘를 나열하거나 정리되지 않은 격정적 정서를 동어반복적 형식 속에서 되풀이하는 면모가 눈이 띄기는 하지만, 이러한 비판적 측면과는 다른 면모를 보여주는 예도 상당수에 이르고 있음을 간과해서는 안된다.

또한 이 시기의 시는 그 부피에 있어서 다른 어느 시기의 시보다도 대단한 분량으로 이루어져 있다. 위의 「나의 침실로」나 「아시아의 마지막 밤 풍경」과 같은 작품은 연의 구분이 존재하긴 하지만, 매우 긴 율격적 호흡과 산문화의 경향을 보이는 작품적 질서를 이루고 있어, 한 편의 시가 추구하는 경험세계나 형상화 과정이 매우 복합적인 것임을 반영하고 있다. 이러한 장시화 내지 산문화 경향은 이미 주요한의 「눈」이나 「불노리」 등에서도 확인되었던 바이지만, 이 시기에 이르러 특히 뚜렷한 특징으로 부각되고 있다. 예시한 이상화나 오상순의 작품 외에도 황석우의 「석양은 쩌지다」, 홍사용의 「나는 왕이로소이다」, 박종화의 「밀실로 도라가다」 등을 대표적으로 들 수 있으며, 이밖에도 이들 시인의 다른 작품 및 여타 동인들의 작품까지 합하면 상당수에 이른다. 뿐만 아니라 이러한 경향은 중반 이후에 두각을 나타낸 김동환이나 한용운에 이르러서도 물론 그 형상화의 시각이나 작품적 질서는 다르겠지만 이들 시의 뚜렷한 특징을 이루고 있는 것은 사실이다.

이렇듯 장시화되거나 산문화된 경향의 배후에는 작품의 정조를 지배하는 낭만적 성향의 분출과 그에 따른 "과장된 정서적 반응과 장식적인 수사, 그리고 시적 긴장의 이완"(박철희) 등이 주된 요인으로 작용하였기 때문이겠지만, 다른 한편으로는 이 시기의 시인들이 그만큼 열정적으로 시작(詩作)에 임하였다고도 볼 수 있겠다. 문제는 그 시적 형상화의 깊이와 작품 내적 질서의 구조적 통일성이 얼마만큼 확보되어 있는가에 달려 있는데, 이 점에 있어서는 만족할 만한 성과를 보여주지 못하였다고 평가할 수 있다.

그런데 이 시기 문예동인지로부터 출발하여 시작활동을 전개한 시인들 가운데서도 특히 변영로, 홍사용, 이상화 등은 초기 문예동인지의 시편들이 담고 있는 일반적 성향들과는 다른 면모를 보여주는 작품들을 또한 발표하여 우리를 주목케 한다.

거룩한 분노는
종교보다도 깊고
불붓는 情熱은
사랑보다도 강하다
아, 강낭콩 솣보다도 더 푸른
그 물결 우에
양귀비 솣보다도 더 붉은
그 마음 흘너라
———— 변영로, 「논개」 일부

왼동니가 환한듯하지요? 어머니의 켜드신 홰ㅅ불이 밝음으로소이다. 燕子매ㅅ돌이 붕하고 게을리돌아갈쌔에 왼종일 고닯흔 검억암소는, 귀치안흔 걸음을 느리어 옴기어놉니다. 젊은이 머슴은 하기실흔일이 손이 서툴러? 안이지요! 첫사랑에겨울러서 조을고 잇는게지요. 그런데 마음 조흐신 어머니께서는, 너털거리는 웃음만 웃으십니다. 아마도 집지키는 나의노래가, 쑷업시 깃거웁게 들니는게지요.
———— 홍사용, 「별, 달, 또 나, 나는 노래만 합니다」 일부

지금은 남의 쌍— 쌔앗긴들에도 봄은오는가?
나는 온몸에 해살을 밧고
푸른한울 푸른들이 맛부튼 곳으로
가름아가튼 논길을짜라 꿈속을가듯거러만간다.
———— 이상화, 「쌔앗긴들에도 봄은오는가」 일부

이러한 작품에서 뚜렷이 드러나고 있는 것은 격정적 정서나 낭만적 성향의

분출이 지양되고, 적절한 비유와 상징적 표현을 통해 안정된 정서의 세계를 구현하고 있다는 점이다. 「논개」에 보이는 '강낭콩 꽃'과 '양귀비 꽃', 「별, 달, 쏘 나, 나는 노래만 합니다」에서의 '고닯흔 검억암소의 귀치안흔 걸음'이나 '마음 조흐신 어머니의 너털거리는 웃음', 또 「쌔앗긴 들에도 봄은 오는가」에서의 '쌔앗긴 들'과 '가름아 가튼 논길' 등은 이를 단적으로 드러내 준다.

그리하여 이러한 안정된 정서를 바탕으로 시인이 추구하고자 하는 시적 형상화의 세계가 전개되는데, 그것은 특히 「논개」에서처럼 역사적 사실을 매개로 하여 민족의식을 환기하는 것이거나, 「별, 달, 쏘 나, 나는 노래만 합니다」에서처럼 순박한 토속적 삶 속에 내재된 전통적 경험을 정겨운 시선으로 표출하는 것, 그리고 「쌔앗긴 들에도 봄은 오는가」에서처럼 현실인식의 의지적 각성을 내면화시켜 이를 감동적으로 노래하는 것 등이 보여주는 바, 개성화된 시각으로 나타난다.

이러한 면모들이 의미하는 것은 결국 시인들 자신이 '현실 인식의 개체적 안목'을 확보한 상태에서 한걸음 더 나아가 시적 형상화의 과정이나 깊이에까지 세심한 주의를 기울였다는 것이며, 그것이 특히 개성화된 시각으로 전개되면서도 궁극적으로는 민족의식의 정서적 표출을 지향하는 공통적 의지를 보여주었다는 점에서 높이 평가될 수 있는 것으로 보인다.

요컨대 1920년대 초기 문예동인지를 통해 드러난 시적 특징들은 그 긍정적 측면의 의의가 간과될 수 없는 것이긴 하지만, 중반 이후 전통적 정서의 회복과 새로운 현실이념의 지향에 의해 지양·극복될 문제들을 많이 노출시켰다고 할 수 있다. 따라서 이 시기 이후의 시인들에게서 보이는 바 새로운 방향 모색은 시사적(詩史的)으로 부과된 당연한 과제였다고 할 수 있으며, 김소월이나 한용운은 이를 구체적으로 수행해낸 중요한 인물로 생각된다.

전통적 정서의 심화와 확대―김소월(金素月)

1920년대 중반 이후 우리의 전통적 정서를 바탕으로 이를 새로운 차원에서 형상화해 낸 시인이 김소월이다. 이들은 당대의 문학청년들 대부분이 유행처럼 달고 다녔던 서구문학적 경험세계에 휩쓸리지 않고 이와는 다른 방향에서 시작활동을 펴 나간 결과, 그러한 지향적 면모에서는 창출되기 어려운 새로운 시 세계를 구축하였던 것으로 보인다.

그런데 중요한 것은 김소월이 시적 지향으로 삼았던 그 전통적 정서의 실상이 무엇인가 하는 점이다. 사실 빈번히 사용되는 것과는 대조적으로 이 '전통적 정서'라는 말은 경우에 따라서는 매우 모호한 의미를 내포하고 있다. 그것이 어떤 객관적 실체로서 존재하는 것이 아니라 추상적 관념으로 존재하기 때문이다. 따라서 보다 구체적인 의미를 확보하기 위해서는 필연적으로 '전통적'이라는 말이 의미하는 세부를 전제하지 않을 수 없는데, 적어도 민족공동체적 삶 속에서 오랜 역사를 통해 형성·누적되어 온 민족적 자기동질성의 감정이라는 측면과, 이러한 감정에 대한 정서적 반응의 측면이 이 경우 필수적으로 고려되어야 할 것으로 생각된다. 문학에 있어서는 특히 민요의 경우가 이를 충실히 대변하고 있는데, 실상 김소월이 추구한 전통적 정서의 세부도 여기에서 벗어나 있지 않으며, 다만 전통적으로 전해 내려오는 민요적 정서의 세계를 새로운 감수성의 창출을 통해 심화·확대시킨 것으로 이해함이 적절하리라 생각된다.

그러나 문제의 중요성은 이러한 민요적 정서가 지닌 다양한 감성의 세계에 있다. 이 점은 사실 당연하기조차 한데, 민요가 반영하고 있는 감성의 세계는 우리의 일상 현실에서 출발하여 그 안에서 야기되는 다양한 삶의 정조에 호응하는 양상을 띠기 때문이다. 뿐만 아니라 민요가 지닌 친숙한 리듬의식은 그것이 새로운 감수성의 차원에서 노래되는 경우라 할지라도, 그 율격적 질서 안에 이미 잠재된 공유분모를 내포하고 있어, 상당히 세심한 주의를 기울여 그 미적 특질을 구명해야 한다는 사실이다.

따라서 전통적 정서 혹은 민요적 정서의 세계라 하더라도 간단히 특징지울 수 없는 개성적 면모가 존재하며, 더욱이 그것이 김소월의 경우처럼 발전적으로 심화·확대되어 있는 경우, 환기된 정서나 이미지의 세계는 단순히 과거지향적인 면모를 보여주고 있기보다는 새로움을 추구하는 경향이 오히려 우세하다고 할 것이다. 전통적 정서의 문제와 관련된 이러한 복합적 측면을 고려하면서 김소월이 지향한 시 세계의 특징적 국면을 살펴보는 것이 바람직하리라 본다.

　김소월의 등장은 분명 우리 시문학사에 있어서 획기적인 의의를 지니는 것으로 평가된다. 그는 시작활동을 하는 초기부터 이른바 민요조의 서정시에 깊은 관심을 보였는데, 이는 그의 스승이자 비슷한 시적 지향을 보인 김억의 영향이기도 하겠지만, 그보다는 당대의 한국 근대시가 보여준 방만한 틀과 정서적 불안정성 및 형태상의 난맥상 등을 지양·극복하고자 한 의도에서 비롯된 것이기도 하였다고 할 수 있다.(이 시기 민요조 서정시의 전개와 시사적 맥락에서의 이해문제는 김용직, 『한국근대시사(韓國近代詩史)』, 새문사, 1983, pp. 341~362를 참조.) 그는 간결하고도 짜임새 있는 구조와 작품적 질서를 통해 시상을 가다듬고, 이를 친숙한 리듬의식 속에서 형상화하였다.

　김소월의 시적 특징은 무엇보다도 그 형태상의 정제성과 우리의 전통 시가에서 흔히 보이는 율격적 질서를 새롭게 변용한 점에 있다. 그는 특히 민요의 3음보격과 4음보격을 적절히 응용하여 이미지의 공간을 확장시키고, 그 환기된 정서를 배경으로 내면의식을 구체화시키는 특징을 보여준다.

　　잔듸,
　　잔듸,
　　금잔듸.
　　深深山川에 붓는 불은
　　가신님 무덤까엣 금잔듸.
　　봄이 왓네, 봄비치 왓네.
　　버드나무 씃터도 실가지에
　　봄비치 왓네, 봄날이 왓네
　　深深山川에도 금잔듸에.

　　　　　　　　　　—— 김소월, 「금잔듸」 전문

　이 작품은 3음보의 가볍고 밝은 리듬을 중심으로 활발한 봄의 물상들을 그리되, '가신님 무덤까엣 금잔듸'를 '심심산천(深深山川)에 붓는 불'로 표상함으로써 그 봄이 가져다 주는 희망을 다시 새롭게 가다듬고자 하는 시인의 의지를 드러낸 작품이다. 그런데 이러한 시인의 의지를 형상화시킴에 있어, 전통적 율격을 그대로 답습하지 않고 앞부분에서는 한 음보가 한 행을 이루도록 배려하여 그 봄에 돋아나는 '금잔듸'의 시각적 이미지를 3음보로 환기시키고, 다시 3음보가 1행을 이루거나 4음보가 1행을 이루도록 하여 시상의 전환과 호흡을 조절하는 효과를 거둠으로써, 봄의 물상들에 대한 내밀한 정서적 반응을 적절히 구상화하고 있다. 더욱이 마지막 행인 '심심산천(深深山川)에도 금잔듸에'는 일견 급박한 2음보로 이루어진 듯하지만, 그 율격적 호흡은 3음보에 해당하는 시간적 길이를 가지고 있기에 시적 여운의 효과를 탁월히 발휘한다. 이러한 전통적 율격의 변용과 안정된 호흡을 통한 시상의 전개는 김소월의 시 전반에 두루 나타나는 두드러진 특징이다.

 이와 함께 그의 시가 드러내고 있는 성격적 특징은 또한 시적 제재의 저변 확대와 적절한 어휘구사를 통한 내면정조의 확충으로 드러난다. 이 점 역시 우리의 전통적 삶 속에 내재된 응어리진 애환이나 보편적 공감대를 형성시키는 간절한 생활의식과 긴밀히 연계를 맺는 차원에서 수용되어, 민요적 정서와도 상통하는 면모를 띠고 있다. 이러한 성격적 특징을 대변해주는 많은 작품들 가운데서도 「접동새」는 그 대표적인 예에 속한다.

    접동
    접동
    아우래비 접동

    津頭江 가람까에 살든 누나는
    津頭江 압마을에
    와서 웁니다

    옛날, 우리나라
    먼 뒤쪽의
    津頭江 가람까에 살든 누나는
    이붓 어미 싀샘에 죽엇습니다

    누나라고 불너 보랴
    오오 불설워
    싀새음에 몸이 죽은 우리 누나는
    죽어서 접동새가 되엿습니다

아웁이나 남아되든 오랩 동생을
죽어서도 못니저 참아 못니저
夜三更 남다 자는 밤이 깁프면
이山 저山 올마가며 슬피웁니다.

— 김소월, 「접동새」 전문

 이 작품은 전통적인 4음보를 중심으로 이를 적절히 변용하면서 우리의 토속적 삶의 한 단면을 정취화시키고 있다. 그리하여 '접동새'는 김소월의 개성적 시각에 의해 '이붓 어미'의 '싀새음에 몸이 죽은 우리 누나'의 응어리진 애환이 우는 새로 표상되어 있다. 그 율격적 질서에 의한 전개는 이미 앞에서 지적한 바와 같이 탁월한 시적 효과를 발휘하고 있음을 거듭 확인할 수 있다. 또한 이 작품을 통해 확인할 수 있는 김소월의 섬세한 리듬의식은 '아우래비' '오랩 동생' '불설워' 등의 시어가 보여주는 바, 언어적 표현 자체가 주는 효과를 넘어서서 작품의 전체적 분위기와 동화되는 구체적 이미지의 환기에까지 긴밀히 관여한다. '아우래비'는 아홉 오래비를 활음조화한 것이며, '오랩 동생'과 '불설워'는 방언에 해당된다. 이러한 시인의 언어의식 내지 감각적 발상은 단순한 전통정서의 차용이나 소재적 변용만으로는 도달하기 어려운 새로운 감수성의 세계를 열어준다. (김소월의 시에 드러난 언어성의 문제는 특히 김용직, 앞의 책, pp. 331~334. p. 377과 김대행, 김소월의 「접동새」, 『한국현대시작품론』, 문장사, 1981, pp. 109~110을 참조.)

 뿐만 아니라 이 작품의 제재가 되는 접동새에 얽힌 사연은 이미 구비전승으로 내려온 민담적 모티브를 수용한 것이면서도, 앞서 이야기기했듯이 시인의 개성적 시각에 의해 다시 새롭게 정취화되고 있다. 이 점은 특히 널리 알려진 민담적 사실을 배경으로 하면서도 '진두강(津頭江) 가람까'라는 어휘를 통해 구체성을 확보함으로써, 보편적 정서의 공감대를 유도·확장시키는 결과를 낳는 데에 잘 드러나 있다. 말하자면 시적 제재의 저변이 확대되면서 그에 상응하는 공감대가 형성된 것이다. 따라서 김소월의 시에 드러난 이러한 지향적 면모들로부터, 전통적 정서의 문제가 단순한 소재 혹은 제재적 차원의 수용 문제만이 아니라, 그것을 통해 환기되는 이미지의 세계를 개성적인 시각에서 어떻게 형상적으로 창조하느냐의 문제로까지 나아가야 함을 확인할 수 있다.

 그리하여 김소월의 다음과 같은 작품을 대하면 우리는 그가 지향한 이상의 특징적 면모들이 복합적으로 용해되어 서로 호응하는 가운데 하나의 새로운 서정의 세계를 구축하고 있음을 확인할 수 있다.

  나보기가 역겨워
  가실쌔에는
  말업시 고히 보내드리우리다

  寧邊에藥山
  진달래꼿
  아름따다 가실길에 뿌리우리다

  가시는 거름거름
  노힌그꼿츨
  삽분히즈려밟고 가시옵소서

  나보기가 역겨워
  가실쌔에는
  죽어도아니 눈물흘니우리다

── 김소월, 「진달래꼿」 전문

 요컨대 이 작품이 구축하고 있는 새로운 서정의 세계는 율격적 질서와 섬세한 시어 및 향토적 제재가 한데 어우러지면서 내면적 정서가 환기되고, 그 환기된 정서를 통해 서정자아의 의지가 확충되는 미묘한 복합적 정조의 심화·확장에 있다. 하나의 실례로서 '영변에 약산/진달래꼿'과 같은 표현은 개인적 감수성의 구체성을 확보하면서도 민족적 자기동질성에 의한 보편적 공감대를 형성시키는 기저자질로 작용하고 있다.. 뿐만 아니라 이 작품의 지배적 분위기는 여성 화자의 섬세한 심리가 동인이 되어 신선한 비애감의 추구로 특징지워지는데, 그것이 나약한 정조에만 그치지 않고 반어적 귀결을 통해 역동적 심상을 불러일으킴으로써 이별이 주는 아픔을 다시 새롭게 환기시키고 있다.

이렇듯 1920년대 중반 이후로부터 김소월이 보여준 전통적 정서의 심화·확대는 우리의 시문학사에서 남다른 주목을 받기에 충분하다 하겠으며, 그가 개척한 미학의 세계와 시적 형상화의 지향적 면모는 이 시기의 시가 보여주는 발전적 성과라 하겠다. 그러나 이러한 사실의 이면에 그의 시 대부분이 안고 있는 결함으로 지적될 수 있는 현실에 대한 적극적 대처의지의 결여는 다시 새롭게 극복되어야 할 하나의 과제를 남긴 것이기도 하였다. 그런 면에서 김소월이 이룩한 전통적 정서의 심화·확대가 민족적 정조의 형상화 단계로까지 나아가지 않았던 것은 아니지만, 보다 절실한 의미를 지니기 위해서는 당대의 현실문맥이 좀더 적극적으로 반영되었어야 할 것이다. 이러한 문제점은 비슷한 시기의 시인 한용운이나 소설장르 쪽에서 이루어 놓은 특징적 성과에서는 지양되고 있는 것으로 보인다.

시적 인식과 민족의식—한용운(韓龍雲)

한용운의 등장 역시 우리의 시문학사에서 김소월의 등장만큼이나 중요한 의의를 차지하고 있다. 그가 남긴 행적을 살펴보면 한용운은 한 사람의 문학인으로서 당대를 살아갔던 인물이었을 뿐만 아니라, 승려로서『불교 유신론』을 지어 불교의 대중화에 힘쓴 근대사상가요, 널리 알려져 있다시피 3·1운동을 주도한 인물 가운데 한 사람으로서 「조선독립의 서」를 짓는 등 민족지사로서의 한 사람이기도 했다.

그러나 문학인으로서의 한용운의 모습은 남다른 바가 있다. 그는 당대에 활발하게 전개된 신문학운동의 자장권 내에 직접 들어가지도 않았고, 어떤 구체적 조류나 활동에 참여하지도 않았으며, 더욱이 스스로가 한 사람의 시인으로 자처하지도 않았다. 그는 다만 스스로가 개척한 문학세계 속에서 충실히 시작활동을 하고, 1926년에 이르러 그것을 『님의 침묵』이라는 한 권의 시집으로 묶어 세상에 내놓았던 것이다.

한용운은 때로 시조나 상당한 양에 이르는 한시 등을 짓기도 하였으나, 그의 시적 특징은 이 『님의 침묵』속에 집약되어 있다. 그의 시가 보여주는 지향적 면모를 함축적으로 말한다면, 현실적 삶의 의미와 역사적 조건에 의해 틀지워진 개아(個我)의 위상에 대한 성찰이라고 할 수 있다. 그런데 그는 이러한 시적 지향을 구체화시킴에 있어 특히 우리의 생활 주변에 잠재되어 있는 자연의 물상들을 섬세한 통찰력으로 묘파해 내고, 이를 다시 정감적인 언어와 사색적 의지로써 형상화해 내는 특징적 면모를 보여준다. 뿐만 아니라 그의 이러한 사색적 의지는 철학적 깊이를 담은 삶의 존재론적 의미로까지 연계·확장되어 서정자아를 고양시키기도 하는데, 여기에 그의 시정신의 바탕에 흐르는 민족의식과의 상관성이 드러나 있기도 하다. 그리하여 이러한 서정자아의 실상은 시인 자신의 정신세계를 표상하는 것이면서, 동시에 '개별적 자아의 참된 바탕인 보편적 자아'(송욱)로까지 확대되어 공감의 세계를 열어주는 것이다.

중요한 것은 이와 같은 한용운의 시적 지향이 관념적 사실에 흐르거나 내면적 갈등·오류 등에 휩쓸리지 않고 구체적인 정서적 반응을 통해 구상화되어 나타난다는 사실이다. 그의 시는 대부분 산문시의 형태를 띠고 있지만, 그러한 산문시의 형태가 흔히 범하기 쉬운 산만한 시상의 제시와 구조적 분방성을 지양하여, 자기고백적인 서술방식으로 시행에 긴장감을 주고 유기적이며 역동적인 심상을 불러일으키는 표현들을 통해 이를 질서화하고 있는 것은 이 점을 적절히 대변해 준다.

그리하여 이와 같은 개성적 시각들이 서로 조화를 이루며 작품화되는 데서 시적 깊이에 대한 인식이 구체화되고 형이상학의 차원을 구축하게 되는 결과에까지 이르게 되는 것으로 보인다. 한용운의 시가 보여주는 이러한 특징적 면모는 다음과 같은 작품의 실제를 통해 그 정당한 의미가 확보될 수 있을 것으로 본다.

아츰에 이러나서 세수하랴고 대야에 물을떠다 노으면 당신은 대야안의 간은 물ㅅ결이 되야서 나의 얼골 그림자를 불샹한 아기처럼 얼너줍니다.

근심을 이즐ㅅ가하고 꼿동산에 거닐쌔에 당신은 꼿새이를 슬처오는 봄바람이 되야서 시름업는 나의 마음에 꼿향긔를 무처주고감니다.

당신을 기다리다 못하야 잠ㅅ자리에 누엇더니 당신은 고요한 어둔 빗이 되야서

나의 잔 부스럼을 살쓸이도 덥허줍니다.

어데라도 눈에 보이는데마다 당신이 게시기에 눈을 감고 구름 위와 바다밋을 차저보앗슴니다.
당신은 微笑가 되여서 나의 마음에 숨엇다가 나의 감은 눈에 입마추고 '네가 나를 보너냐'고 嘲弄합니다.

— 한용운, 「어데라도」 전문

이 작품에서 우선 두드러진 것은 일상적 현실의 공간에 놓여 있는 시적 대상들을 주관화시켜, 서정자아가 추구하는 사물의 본질과 속성을 이미지화하려는 시적 의지이다. 그것은 특히 적절한 묘사와 설명적인 어휘를 통해 제시되고 있는데, 이러한 분위기 속에서 탐색되는 그 '어데라도 눈에 보이는 데마다' 계시는 '당신'의 존재가 '대야 안의 간은 물ㅅ결' '꼿 새이를 슬처오는 봄바람' '고요한 어둔 빗' '미소' 등의 구상적 이미지로 표상되어 있다. 말하자면 자아에 대한 존재론적 탐색이 어떤 사변적 관념이나 추상적 실체로 표출되지 않고 생동감을 주는 이미지로 표상되어 있는 것이다. 정감적인 언어와 사색적 의지가 적절히 조화를 이루어 현실적으로 존재하는 그 '당신'을 통한 '나'의 탐색은 따라서 건강한 삶에의 자각을 일깨우고, 나아가 그러한 삶의 의미에 대해 거듭 생각케 하는 여운을 남긴다.

이러한 존재론적 삶의 자각이 좀더 구체적이며 포괄적인 대상을 통해 보편적 자아로 확장되며 공감의 세계를 열어주는 작품이 바로 널리 알려진 「님의 침묵」이라고 할 수 있다.

님은 갓슴니다 아아 사랑하는나의님은 갓슴니다.
푸른 산빗을깨치고 단풍나무숩을 향하야난 적은길을 거러서 참어떨치고 갓슴니다.
黃金의꼿가티 굿고빗나든 옛盟誓는 차듸찬씌쓸이되야서 한숨의 微風에 나러갓슴니다.
날카로운 첫 「키쓰」의 追憶은 나의 運命의指針을 돌너노코 뒤써름처서 사라젓슴니다.

나는 향긔로운 님의 말소리에 귀먹고 꼿다은 님의얼골에 눈 머럿슴니다.

사랑도 사람의일이라 만날쌔에 미리 쩌날것을 염녀하고경계하지 아니한것은 아니지만 리별은 뜻밧긔일이되고 놀난가슴은 새로운슯음에 터집니다.

그러나 리별을 쓸데업는 눈물의源泉을만들고 마는것은 스스로 사랑을 쌔치는 것인줄 아는까닭에 것잡을수업는 슯음의힘을 옴겨서 새希望의 정수박이에 드러부엇슴니다.

우리는 맛날쌔에 쩌날것을염녀하는 것과가티쩌날쌔에 다시맛날것을 밋슴니다.

아아 님은갓지마는 나는 님을보내지 아니하얏슴니다.

제곡조를못이기는 사랑의노래는 님의 沈默을 휩싸고 돔니다.

—— 한용운, 「님의 침묵」 전문

이 작품에서의 서정자아는 부재하는 '님'에 대한 상실감과 그 상실로부터 다시 새롭게 추구되는 의지적 면모를 드러내며 변함없는 '사랑의 노래'를 부를 것을 다짐하고 있다. 시인은 이러한 서정자아의 상황을 상실의 '슬픔'과 회복의 '새 희망'으로 제시하면서 삶의 실상에서 야기되는 비애의 단면을 시적으로 형상화하되, 그것이 애상적 어조로 흐르지 않도록 강한 반어적 어휘를 구사하고 있다. 감탄사로 시작되는 '아아 님은갓지마는 나는 님을보내지 아니하얏슴니다'의 부분은 따라서 이 작품이 추구해 온 시상을 흐트러뜨려 긴장감을 유발하고, 다시 새로운 차원에서 질서화시키는 효과를 발휘한다. 서정자아의 독백형식을 통해 전개되어 온 부드러운 정감의 세계로 이끄는 호소력을 보이는 것이다.

이러한 호소력을 통해 시인의 의지는 삶의 실상에서 야기되는 그 비애 자체를 직시하게 하고, 나아가 삶의 실상에 대한 구체적 각성을 일깨운다. 여기에서 우리는 이 작품의 서정자아가 단순한 개아를 표상한다기보다는, 역사적 조건에 의해 틀지워진 보편적 자아일 가능성을 확인할 수 있다. 말하자면 당대의 현실 속에 놓인 민족의 실상을 구상화된 시적 의지를 통해 공감의 세계로 확장시키고 있다고 할 수 있는 것이다. 이 경우 역시 중요한 것은 그것이 어떻게 형상화되고 있느냐 하는 문제인데, 이 점에 있어서 한용운은 탁월한 시적 자질을 발휘하고 있는 것으로 보인다. '푸른 산빗을깨치고 단풍나무숩을 향하야난 적은길을 거러서 참어썰치고 갓슴니다'로 묘사된 '님'이 떠나가던 모습이나, '날카로운 첫 키쓰의 추억은 나의 운명의 지침을 돌너노코 뒤ㅅ거름처서 사러젓슴니다'의 감각적 회상과 현재적 운명의 실상 묘사는 이를 잘 대변한다.

이러한 사실들로부터 우리가 주목하게 되는 문제는 결국 이 작품에서 노래되고 있는 '님'의 의미가 무엇인가 하는 것이다. 이 '님'의 의미는 때로 종교적 차원에서 절대자로 이해될 수도 있고, 민족의식의 관점에서 민족이나 조국을 뜻하는 것으로 이해될 수도 있으며, 개아적 차원에서 이성으로 이해될 수도 있다. 물론 이러한 이해가 모두 가능한 것이기는 하지만, 바로 이 점에 있어서 '님'이라는 말이 지닌 포괄적이고도 복합적인 의미의 다양성을 실감할 수 있기에 이 작품이 지닌 깊이와 폭을 넉넉히 짐작할 수 있다. 중요한 것은 '님'의 의미가 절대자를 표상한 것이라고 하더라도 어떤 종교적 교리나 이념을 설파하는 차원에서 노래되고 있는 것이 아니며, 조국이나 민족을 표상한 것이라고 할 경우 역시 천박한 애국지사연의 면모를 드러내는 것이 아니라 내부로 깊숙히 침투해 들어간 의지로서의 조국애나 민족애일 것이며, 또한 이성을 표상하는 것이라 할지라도 그것은 감각적 사랑의 대상으로서 노래된 것은 아님이 분명하다 할 것이다. 한용운은 『님의 침묵』 서문에 해당하는 「군말」에서 '님만 님이 아니라 긔룬 것은 다 님이다'라고 하였는데, 적절한 표현이라 생각된다. 그러나 우리는 이 작품의 전반적 시상과 환기된 이미지로부터 '님'의 의미가 민족의식을 바탕으로 하여 형상화된 개념에 보다 가깝지 않은가 추단할 수 있으리라 생각된다.

이와 같은 시어의 포괄성과 복합성이 구상화된 이미지의 공간 속에서 정서적으로 수렴되는 특징을 더욱 두드러지게 보여주고 있는 작품이 「알ㅅ수 업서요」다.

바람도업는공중에 垂直의波紋을 내이며 고요히써러지는 오동닙은 누구의 발자최임닛가
지리한장마씃헤 서풍에몰려가는 무서운 검은구름의 터진틈으로 언뜻언뜻 보이는 푸른하늘은 누구의 얼골임닛가
쏫도업는 깁흔나무에 푸른이끼를거처서 옛塔위의 고요한하늘을 슬치는 알ㅅ수

업는향긔는 누구의입김임닛가

근원은 알지도못할곳에서나서 돍ᄲᅮ리를울니고 가늘게흐르는 적은시내는 구븨구븨 누구의노래임닛가

련ᄭᅩᆺ가튼발ᄭᅮᆷ치로 갓이업는바다를밟고 옥가튼손으로 ᄭᅳᆺ업는하늘을만지면서 ᄯᅥ러지는날을 곱게단장하는 저녁놀은 누구의詩임닛가

타고남은재가 다시기름이됨니다 그칠줄을모르고타는 나의가슴은 누구의밤을 지키는 약한등ㅅ불임닛가

—— 한용운, 「알ㅅ수 업서요」 전문

이 작품은 시행 전체가 끝없는 의문의 형식으로 이루어져 있으면서, 그 의문의 구체적 대상인 '누구'의 '발자취' '얼굴' '입김' '노래' '시' 등을 섬세한 어휘를 동원한 상징적 표현을 통해 묘사하다가, 마지막 행에 이르러 그 의문의 주체인 '나'를 등장시켜 '누구의밤을 지키는 약한등ㅅ불'로 자신을 형상화시킨 모습을 그리고 있다. 특히 '타고남은재…… '로 시작되는 이 마지막 행은 작품의 서두를 통해 전개되어 온 시상을 일시 차단하여 시행에 긴장감을 불어넣고, 다시 곧바로 구체적 자아가 개입된 의문으로 마무리지음으로써 하나의 짜임새 있는 완결구조를 지향하고 있다.

작품의 전체를 통해 반복적으로 제기되어 온 이 의문은 사실 「알ㅅ수 업서요」라는 제목의 대답으로 귀착된다기보다는, 오히려 어떤 대답을 전제하거나 의도하지 않고 있다고 봄이 타당하리라 생각된다. 또한 반복되는 의문의 구체적 내용을 이루는 대상에 대한 묘사는 앞에서도 한용운 시의 특징으로 지적한 일상성 속에 내재된 물상들을 섬세한 통찰력으로 묘파해 내는 면모를 여실히 보여주고 있는데, 그 탁월한 상징적 표현이 지닌 정감적 언어와 사색적 의지의 조화는 그의 다른 어느 작품보다도 뛰어나다고 하겠다. 그런 면에서 반복적으로 제시된 의문의 세부로부터 우리는 그것이 '단순한 반복이 아닌 구체화 과정'(박철희)임을 능히 짐작할 수 있겠고, 이 자아성찰의 구체화 과정은 성찰과정 그 자체가 중요한 의미를 지니는 것으로 이해될 수 있다.

따라서 이 작품은 결국 거시적인 차원에서 볼 경우 삶의 내재적 원리에 대한 시적 성찰로 이해될 수 있으며, 미시적인 차원에서는 개인적 정감의 세계를 구체화시켜 현실적 자아의 존재론적 의미를 추구한 것으로 이해될 수 있

다. 말하자면 반복적으로 제시되는 의문의 세부로부터 환기되는 이미지의 공간을 확보하고, 이 확보된 이미지의 공간을 통해 개적 자아의 성찰이 확충됨으로써, 이 개적 자아는 자연스럽게 보편적 자아로 확장되며 공감의 세계를 열어주는 것으로 보인다.

이렇듯 한용운의 시가 보여주는 특징적 면모는 그 이전의 시나 동시대의 다른 시가 보여주지 못했던 새로운 국면을 창출하고 있는 것으로 보인다. 그것은 근본적으로 시적 형상화에 대한 인식의 깊이에서 오는 것으로 생각되며, 그 인식의 저류에는 또한 현실적 자아의 구체적 위상을 정립하려는 자각적 의지가 긴밀히 관계하고 있는 것으로 보인다. 이 자각적 의지의 한 단면이 민족의식으로 표상된 것임은 이 경우 중요한 의의를 지닌다.

사실 한용운의 시세계는 어떤 일률적 성격규정이나 섣부른 가치판단을 내리기에는 너무도 복합적이며 다양한 성격을 지니고 있다. 그의 시 전반에 잠재되어 있는 불교적 세계관이나 사유방식의 일단은 때로 이러한 문제를 더욱 미묘하게 만든다. 이 점은 그의 사상적 깊이를 면밀히 고찰하는 데서 보다 진전된 성과를 기대할 수 있을 것이다. 더욱이 그는 동시대의 문학인이나 사상가들의 일반적 추세와는 달리 서구식 근대교육을 받은 적도 없으며, 어려서 재래식 서당교육을 통한 한문학 내지 동양고전의 소양을 쌓은 후 청년기에 승려가 되어 불경공부를 하였으므로, 그 스스로가 터득한 문학적 안목의 독창성이 동시대의 다른 문학인들과는 경향을 달리하게 된 것으로 생각된다. 바로 이 점에 있어서 그는 우리의 전통정서와 보다 밀착될 수 있는 면모를 자체적으로 지니고 있는데, 그의 여러 시편에 나타나는 바 우리의 일상적 현실의 물상들을 섬세한 비유와 상징으로 시화하는 기법적 발상은 이러한 면모를 잘 반영한 것으로 보인다. 그런 측면에서 그의 시적 깊이와 폭에 대한 인식은 또한 우리의 문학사를 통해 축적되어 온 전통적 정서와의 연계관계 속에서 자생적인 역량으로 분출된 것이라고도 하겠다.

이상에서 살펴본 1920년대의 시적 기류와 민족적 정조의 시들은 우리의 문학사에 매우 중요하게 다루어 진다. 그것은 이 시기에 이르러 우리의 근대시가 본 궤도에 올랐음을 구체적으로 입증할 수 있기 때문이며, 또 풍성하지 않지만 당대 식민지적 현실 속에서도 면면한 민족적 정서의 형상화에 뚜렷한 성과를 남기고 있기 때문이다.

이후 우리의 시는 1930년대에 이르러 더욱 다양하게 분화된다. 그것은 시사적 맥락에서 볼 때 이와 같은 1920년대 시에서 축적된 다양한 내재적 역량과 비판적으로 지양·극복될 문제들이 다시 새롭게 인식되면서 여러 방향으로 확산된 결과라 할 수 있겠다.

◉ 참고문헌
1. 박철희, 「20년대 시의 좌절과 방향모색」, 『한국문학연구입문』, 지식산업사, 1982.
2. 김기림, 「어떤 친한 벗에게」, 『태양의 풍속』, 학예사, 1939.
3. 김흥규, 「1920년대 초기시의 역사적 성격」, 『문학과 역사적 인간』, 창작과 비평사, 1980.
4. 김용직, 『한국근대시사』, 새문사, 1983.
5. 김대행, 김소월의 「접동새」, 『한국현대시작품론』, 문장사, 1981.
6. 송욱, 『시학평전』, 일조각, 1964.

4. 새로운 소설미학의 추구

3.1민족 독립운동과 식민지적 현실의 재편 과정 속에서 다시금 새롭게 전개된 문학적 상황은 소설의 경우 특히 두드러진 면모를 보여 주었다. 문예동인지와 여타의 잡지들을 매체로 하여 발표된 이 시기의 소설들은 1920년을 전후하여 구체적인 움직임을 보이기 시작했고, 1920년대 중반에 이르러서는 본격적인 창작활동과 함께 그 작품적 성과에 있어서도 매우 주목할 만한 결과를 이루어 내기도 했다. 그리하여 1920년대에 쌓인 문학적 역량이 이후 1930년대를 거치면서 성숙·발전되어 갔고, 오늘날의 문학적 실상과도 이면적인 면에서 많은 연계관계를 맺고 있기도 하다.

그러나 1920년대를 중심으로 한 시기에 있어서도 수용자 쪽에서는 이해조·최찬식 등에 의한 신소설이 유통되고 있었고, 특히 이 시기에 본격적으로 상품화되어 나온 이른바 육전(六錢)소설로 불리우는 구활자본(딱지본) 구소설이 널리 읽히고 있었다는 사실 역시 간과할 수 없을 것이다. 말하자면 1910년대에 이미 이광수에 의해 이러한 구소설과 신소설의 체질이 개선되고,

그밖에도 몽몽(夢夢)이라든가 현상윤 등의 초기 단편작가들이 새로운 소설적 시도를 펴 보이긴 하였지만, 여전히 그 전단계적인 소설들이 활발히 유통되고 있는 상황에서 1920년대의 본격 근대소설이 다시 새롭게 등장하게 된 것이다.

이 시기 소설의 새로움은 우선 이광수로 대표되는 계몽적 목적성의 탈피에서 찾을 수 있으며, 그 결과로 추구된 예술성의 확보 및 다양한 문예사조에의 관심 등으로 대변된다. 예컨대 초기 동인지 활동을 통해 드러난 감상적 낭만성이나 암울한 현실에 대한 정리되지 않은 생각들이 작품 속에 더러 나타나기는 하지만, 문학이 뿌리를 내리고 있는 현실에 대한 보다 개성화된 시각이 확보되어 있으며, 이러한 시각을 바탕으로 인간 내면의식의 문제나 소설적 기법의 차원에서 이를 형상화하는 미학적 문제 등이 매우 진지하게 다루어지고 있다는 사실들이다. 이 말은 곧, 이 시기의 소설들이 그 이전의 소설들에 드러난 비판적 측면들을 극복하고 보다 새로운 면모를 제시하였다는 것을 의미하는 것이기도 하다.

뿐만 아니라 이 시기의 소설들은 다양한 서술유형을 통해 구체적 작중현실을 제시함으로써, 주인공의 성격 창조와 이를 통한 사회현실의 개체적 안목을 확보하여 문학의 내재적 속성을 보다 구체적으로 드러내 주었다는 점을 주목케 한다. 때로 자연주의적 경향이나 사실주의적 특성을 통해 제시된 이러한 면모들은 단순히 이전에 보기 어려웠던 사조적 특성에 국한되어 있다기 보다는, 이들을 적극 활용하여 개성화된 시각을 열어줌으로써, 당대적 삶의 모습과 식민지적 현실의 한 단면을 통찰하게 하는 것이다. 특히 초기 신경향파문학으로 지칭되는 사회 하층민에 대한 관심과 그들의 삶의 실상을 통해 제기되는 인간 존재의 극한 상황에 대한 물음들은, 이 시기의 소설이 보여준 역사적 사실의 단면도라고 할 수 있을 것이다.

요컨대 이러한 새로운 면모들을 제시한 이 시기의 소설들을 통해 이끌어 낼 수 있는 사실은, 무엇보다도 작가의식이 나름대로 확보되어 있다는 점일 것이다. 1920년대의 소설과 이후의 많은 작품들에 있어서 이 문제는 매우 중요한 의미를 지닐 수 있는 것인데, 이는 문학이 제시할 수 있는 인간적 삶의 양태와 그 구체적 삶의 공간에서 야기되는 다단한 인간 행위 자체가, 무엇보다도 작가가 경험한 의식세계 내에서 출발하는 것이기 때문이다. 따라서 어느 시기에 있어서도 이 작가의식의 문제는 중요한 것이겠지만, 이 시기의 삶의 현실과 문학적 풍토에서 제기되는 특징적 사실들은, 새로운 소설미학의 추구라는 보다 확대된 개념 속에서 적절히 이해되어야 할 것이고, 그 세부적 실상이 개별작품을 통해 검증됨으로써 작가와 작품에 대한 정당한 의미부여가 이루어 질 것으로 생각된다. 물론 이러한 작업은 다양한 관점과 객관적 사실 규명의 측면에서 항상 새롭게 이루어져야 하며, 긍정적 면모만을 부각시키는 편향성을 벗어나서 복합적으로 수행되어야 할 것임은 자명한 일이다.

그러면 이와 같은 관점에서 볼 때 어떤 작가가 이 시기의 소설문학적 실상을 대표적으로 보여주고 있을까. 접근 방법의 차이는 다소 있을 수 있겠으나 대체로 김동인・염상섭・나도향・현진건・최서해 등을 들 수 있으리라 본다.

먼저 김동인은 이 시기 소설이 지향한 예술성의 확보 문제에 누구보다도 깊은 관심을 가지고 창작활동에 임하여, 우리의 본격 근대소설을 정립시킨 공로자 가운데 한사람으로 일컬을 수 있다. 또 염상섭은 문학이 일상적 삶의 현실 속에서 어떻게 존재하며, 작가는 그 사회현실에 어떻게 반응할 수 있는가에 대한 자각적 면모를 보여주었고, 『백조』 동인에 속하는 나도향・현진건은 개성적인 시각을 통해 작중인물의 성격을 창조함으로써 한층 새로운 소설미학을 추구했던 것으로 보이며, 이와는 다소 계열을 달리하는 최서해의 경우는 이른바 자연발생적 프로문학으로 불리어지는 초기 신경향파문학을 통해 사회의 이면에 가려진 식민지 하층민의 생활과 삶의 실상을 체험적으로 그려냄으로써, 이 시기 소설의 공간과 관심의 영역을 넓혀준 것으로 볼 수 있기 때문에, 이들 작가들을 통해 이 시기 소설의 특정적 면모를 살필 수 있으리라 본다.

김동인(金東仁)의 소설적 지향

본격 근대문학의 초기적 상황에 비추어 당대의 문학적 풍토가 제대로 형성되지 못하였던 시기적 배경과, 새로운 시대의 조류나 문학적 사조가 안정된 기반에서 고무적으로 작용하지 못한 채 답보상태에 머물고 있었던 내부적 실상을 감안할 때, 1920년대 초반 김동인의 등장은 활발한 동인지의 출간과 함께 우리 문학의 새로운 지평을 연 셈이었다.

김동인은 30여년 간의 작품활동을 동일 장르, 즉 소설만으로 일관한 작가이다. 그와 동시대의 작가들이 대체로 시와 소설의 두 장르에 관심을 두었던 것과는 다소 대조적이다. 그는 특히 단편에 뛰어났다. 총 90여편의 작품 가운데 75편 가량이 단편소설임을 감안할 때 이 점은 쉽게 공인된다. 양적인 면에서만이 아니라는 사실은 이 경우 매우 시사적이다.

문제는 그의 작품경향이다. 사실 김동인만큼 다양하고도 이질적인 경향을 보이는 작가도 드물다. 그는 1920년대의 문학적 상황 속에서 본격문학의 기치를 들고 나와 문학의 가치와 효용에 대해 나름대로 고심한 작가이다. 그의 작가의식을 구체적으로 살펴보는 작업이 필수적으로 병행되어야 하기는 하지만, 대체로 그에 대한 평가는 긍정과 부정의 두 측면에서 논의되고 있고, 또 그럴 수밖에 없다.

김동인의 문학은 구체적으로 이광수 등의 계몽적 교훈주의를 극복, 청산코자 등장한 일군의 동인지 및 동인활동과 더불어 출발한다. 그는『춘원(春園) 연구』에서 "소설가는 인생의 회화(繪畵)는 될지언정 그 범위를 넘어서서는 안 되는 것이며 될 수도 없는 것이다"고 하였는데, 이 말은 인생을 객관적으로 파악하여 그려내는 회화가 소설이라고 한 점에서 리얼리즘적 발언이라고 볼 수 있다. 또한 문학이 어떤 다른 목적을 위한 수단이어서는 안되고 문학을 위한 문학이어야 한다는 주장, 곧 예술지상주의적 선언이라 볼 여지도 있다. 반춘원론(反春園論)에서 출발하여 나름대로의 시각을 구체화시킨 김동인의 문학적 지향은 따라서 구인환의 경우처럼 '문학의 독자성을 옹호한 것이며 내용편중의 기존 문학에 대한 기법적 자각을 보인 것'이라 하여 긍정적 평가를 받는 한편, 김윤식의 경우처럼 당대의 시대상황을 무시한 '반역사주의 지향의 과오'를 범했다는 혹평을 받기도 한다.

이런 다양한 해석과 평가는 김동인이 그후 전개해 간 창작의 다양성에 의해 견인된 것이기도 하다. 대체로 보아 그는 1920년대에는「배따라기」와 같은 낭만주의적 경향의 작품과「감자」류의 자연주의적 경향의 작품을 발표하더니, 1930년대에는 유미주의적 경향의 「광염(狂炎)소나타」・「광화사(狂畵師)」와 인도주의적 정신이 담긴 「발가락이 닮았다」 및 민족주의적 의식이 짙은 「붉은 산」을 발표하는 등 다양성을 도모하다가, 1940년대에 들어 「김연실전(金姸實傳)」에서 자연주의적 경향으로 되돌아 오는 면을 보이는 한편 장편, 야담류(野談類)의 통속적 방면으로 빠져 들어갔던 것이다.

김동인의 소설은 이렇듯이 다양성을 띠기는 하지만 보는 이의 관점에 따라서는 작품상의 물질적・동물적 인간관을 중시하여 '자연주의로 일관했다'(김동리) 고 볼 수 있는 면이 있고, 또 작가의 기질・환경・문예사조의 수용양상까지 감안하여 '예술지상주의적 경향과 리얼리즘계열의 결합으로 이루어진 낭만적 리얼리즘' (윤홍노) 이라고 규정할 수도 있다.

그러나 김동인의 소설이 통속화되기 이전의 1920, 30년대 주요 단편들을 대상으로 그 성격을 구분할 때는, 대체로 자연주의적 리얼리즘에 의거한 「감자」 계열과, 탐미주의적 요소가 짙은 「광염소나타」・「광화사」 계열로 이분(二分)하는 것이 타당하다고 본다. 자연주의적 리얼리즘과 탐미주의는 김동인 문학의 독자성을 구축하고 예술성을 높이는 데 주요한 구실을 하는 2원적 요소로 볼 수 있기 때문이다. 김동인 문학에 있어서 이 2원적 요소는 말하자면 그의 예술에 대한 시각과 문학적 성과를 하나의 체계 속에서 조망할 수 있는 방법적 일환이 될 수 있을 것이다.

먼저 「감자」(1925)는 김동인 소설의 특징적 일면을 대변하는 작품인 동시에 1920년대 우리나라의 자연주의 내지 사실주의적 기법이 낳은 대표적 성과로 인정받는 작품이다. 작품의 기본적인 배경은 1920년대 초 평양 칠성문 밖 빈민굴에 두고 있는데, '싸움, 간통, 살인, 도둑, 구걸, 징역, 이 세상의 모든 비극과 활극의 근원지'라고 작품 서두부터 작가가 전지적 시점에서 강조하고 있는 데에서도 나타나듯이, 빈민굴이 주는 무질서와 불안정성 및 야생적 기류는 일제 치하의 암울한 분위기와 함께 「감자」의 배경이 작품 전체에 미치는 중요한 요소로 기능하고 있다. 말하자면 이러한 배경은 주인공 복녀로 하여금 전래의 도덕적 금기를 일탈(逸脫)하도록 하는데 주요인으로 작용하기 때문에 환경이 인간생활에 끼치는 영향력을 은연중 강조하고 있는 작가의 의도 내지 주제와도 직결되는 것이다.

아울러 이러한 빈민층과 그들의 생활상을 작품의 소재와 배경으로 삼은 것은 또한 당시 빈궁문학화를 조장하던 프로문학계열과의 영향관계를 고려해 볼 만한 여지도 있다. 그러나 같은 소재를 두고도 프로문학이 보여준 경직성과는 매우 대조적으로 자유분방한 독자성을 추구한 데에 김동인 문학의 특징적 면모가 엿보인다.

이러한 작품 내적 배경 속에서 「감자」는 김동인 특유의 직선적이고 고압적인 문체를 통해 그 구체적 성격창조와 장면묘사가 이루어지고 있다. 「감자」에 나타난 김동인의 문체적 특징은 특히 과감한 생략과 비약적 전개를 구사하면서도 간결하고 박력있는 문장을 통해 드러나는데, 이는 단편소설의 구성과 전개에 긴밀히 관여하여 작품적 성과를 거두는 데 크게 기여하고 있다.

이렇게 볼 때, 「감자」는 생활환경 때문에 윤리적 파탄과 인생관의 변이를 가져온 주인공이 끝내 현실적 갈등의 희생물이 되고 마는 비극적 인간의 한 모습을 리얼하게 보여주는 작품으로 이해될 수 있다. 여기에서의 생활환경은 물론 일제 식민지지배 하의 곤궁한 사회현실이다. 그 사회현실을 저변으로 하여 이 작품이 이루어지고 있다는 데 우선 그 특징이 있고, 그것이 작품의 배경으로 등장함으로써 주인공의 비극적 삶은 강요된 것이나 마찬가지라는 이면적 사실이 지적될 수 있다. 그러면서도 작가는 주인공의 인간적인 본능, 곧 육체적 쾌락에의 긍정이나 애정에의 본능적 독점의식, 그리고 주어진 현실 속에서 그저 특별한 각성 없이 생명의 연장과 생활의 궁핍을 모면하고자 하는 삶의 태도들에 대해서도 결코 소홀하지 않는다. 오히려 이 점에 작가는 보다 큰 관심과 심화된 의지를 투영시키고 있다고 하는 편이 보다 타당할 것이다.

이러한 소설미학적 측면들과 작가의식의 세부적 단면들로 미루어 「감자」는 김동인의 자연주의적 리얼리즘의 한 전형을 이루는 작품으로 평가될 수 있을 것이다.

다음으로 김동인 단편의 다른 한 계열을 대변하는 「광염소나타」(1930)와 「광화사」(1935)는 그의 탐미주의적 경향을 대표할 뿐만 아니라, 화자가 원경(遠景)에 있고 그 속에 한편의 이야기 구조가 박혀있는 액자소설(額字小說)이요 '예술가의 기벽성과 천재성 속에 숨은 범죄성에 대한 통찰에 촛점을 둔'

일종의 '예술가 소설'(이재선)이기도 하다.

「광염소나타」와 「광화사」에 등장하는 주인공들은 한결같이 예술적 욕망에 비정상적으로 사로잡혀 있는 광인(狂人) 예술가들이다. 「광염소나타」의 주인공 백성수는 방화・시간(屍姦)・살인 등의 범죄를 저지르지 않고는 예술적 창작활동을 전개하지 못하는 것으로 되어 있다. 또 「광화사」의 솔거는 여인에게 버림받은 추악한 몰골의 금욕적 은둔자요 '여인에게로 소모되지 못한 정력'을 화도(畵道)에 쏟아내는 유아독존형의 인물로서, 결국 자신의 예술적 욕구를 충족시켜줄 '소경처녀'를 구하여 그녀의 생명을 희생시킨 대가로 '미인도'를 완성시키는 작가의 공상 속의 주인공이다.

그러면 작가는 왜 이러한 비정상적인 인물의 구현을 통해 작품을 이끌어가고, 또 실제에 있어 이러한 면모가 작품 내에서 과연 얼마나 설득력 있는 일관된 심리적 근거를 바탕에 깔고 있는가? 아울러 이러한 성격창조는 어떤 보편성과 상징적 의미를 지니고 있는 것일까?

간략히 얘기한다면 이 김동인의 이른바 탐미주의 계열의 대표적인 두 작품은 그의 작가로서의 갈등을 문학적으로 형상화한 것이라 할 수 있다. 「광염소나타」나 「광화사」에 보이는 사태들은 한갓 미치광이의 이야기거나 예술지상주의 그 자체만을 표상하기 위해 작가가 억지로 꾸며낸 비논리적 환상세계의 이야기가 아니라, 나름대로의 일관된 심리적 근거를 지니고 있는 것이다. 나아가 주인공의 내면적인 갈등과 대립을 통해 보편적 인간의식 내지 모든 예술가들에게 공통된 창작심리의 한 단면, 그리고 이 한 단면으로 말미암은 비정적(非情的) 측면을 드러내 줌으로써 그 나름의 상징적 의미를 보인 작품이기도 하다. 작품의 제재로 등장하는 '불'의 원초적 이미지나 강렬한 예술가적 기질에서 비롯된다는 광포성(狂暴性)이 그 심리적 갈등양상을 대변하기도 하지만, 무엇보다도 작품 전반에 걸쳐 흐르는 주인공의 탐미적 충동과 이를 구현키 위한 의지의 상호충돌이 빚어내는 효과가 이를 잘 대변해 준다.

따라서 그의 탐미주의 계열의 경향을 대변하는 이 두 작품은 현실에 대한 개인적 자아와 사회적 자아의 상충적 갈등을 하나의 새로운 자아창출에 의한 문학적 해소로 극복코자 한 것이 아닌가 생각된다. 이러한 면모는 개인과 사회의 상호공존적 융화를 꾀하지 못했다는 측면에서 비판의 여지는 있지만,

이 시기의 소설에 있어서 문학적 각성을 보여주는 특정적 소설관의 하나를 제시하였다는 점에서는 긍정적 평가도 받을 수 있을 것이다.

이렇게 볼 때, 김동인의 단편소설에 드러난 2원적 요소인 자연주의적 리얼리즘계열과 탐미주의계열의 작품성향들로부터 이 시기 새로운 소설미학의 한 단면을 여실히 살필 수 있으리라 본다. 이러한 김동인의 작가의식과 문학적 지향은 무엇보다도 문학 본래의 위치를 확인시켜 주었다는 점에서, 그리고 보다 확대된 경험공간의 제시와 성격창조의 다양성, 구성과 문체의 치밀함 등에서 이 시기 소설이 나아가야 할 하나의 뚜렷한 방향을 제시하였다고 하겠다. 다만 당대의 식민지적 현실과 문학이 위치하고 있는 존재 기반에 대한 보다 깊이 있는 통찰이 배제된 데 대해서는 객관적 시각에서 냉철히 비판되어야 할 것이다.

염상섭(廉想涉)의 현실감각

염상섭은 우리의 근대소설사에 있어서 특히 김동인과 비교되는 자연주의와 사실주의 작가로 정평되고 있다. 그는 1921년「표본실의 청개구리」를 발표하면서 작가생활을 시작했는데, 이후 40여년에 걸친 작품활동이 남긴 작품량도 기록적이지만, 그에 대한 문학적 평가는 이 시기의 소설가들 가운데서도 더욱 무게 있는 위치를 차지하고 있는 것으로 공인된다.

그는 처녀작「표본실의 청개구리」를 비롯해서「암야(闇夜)」(1922),「제야(除夜)」(1922)「신혼기(新婚記)」(1923),「만세전(萬歲前)」(1924) 등을 통해서 무겁고 침통한 자연주의 문장을 구사해 갔다(「신혼기」는 이듬해인 1924년 단행본으로 나오면서「해바라기」로 그 제목이 바뀌었다.「만세전」은 원래「묘지」라는 이름으로 1922년『신생활』이라는 잡지에 연재되었으나, 잡지의 폐간으로 중단되었다가 1924년에『시대일보』에「만세전」으로 제목을 바꾸어 연재되었고, 나중에 다시 단행본으로 간행되면서 두차례 개작되었다). 이러한 경향의 작품들은 현실을 비판적 시각에서 바라보고 작품 내적 질서를 통해 재해석함으로써 개성적인 색채가 짙게 반영된 것으로 풀이된다. 물론 그 가운데는 아직 작가의 냉철한 관점이 정립되어 있지 않은 듯한 면모를 보이는 작품도 있다. 그러나 그 다음 시기에 씌어진 것으로 묶을 수 있는「금반지」(1924),「전화」(1925),「조그만 일」(1926),「밥」(1927) 등과 같은 작품들에서는 훨씬 사실주의적인 방향으로 기울어졌다. 식민지적 현실의 암담함 속에서 생존을 위해 애쓰는 서민들의 애환과 그들의 생활상에 내재되어 있는 불안정·빈궁 등의 문제를 매우 리얼하게 그려낸 것이다.

염상섭의 경우 특히 주목되는 것은 이러한 작품들을 통해 당대의 문학적 상황에서 현실을 수용하는 작가적 안목을 제시하려 하였다는 점에 있다. 이 문제는 그가 식민지적 현실 속에서 작품활동을 하면서 남다른 현실감각을 소유하였다는 말로도 환언될 수 있는 성질의 것인데, 그에 관한 논의 가운데 흔히 거론되는 문예사조적인 측면의 성격적 특성이나 이론과 실제 작품과의 부합 여부 등에 관한 구체적 논의들도 궁극적으로는 이러한 문제의 해명과 맞닿아 있다고 할 수 있다.

그의 문학적 출발을 이론적으로 뒷받침해 주는 것이면서 동시에 자신의 문예사조적 관심과 관점을 나름대로 제시한「개성과 예술」(1922)이라는 글에서 그는 다음과 같이 말한 바 있다.

> 자연주의의 사상은 결국 자아각성에 의한 권위의 부정, 우상의 타파로 인하야 유기(誘起)된 환멸의 비애를 수소(愁訴)함에 그 대부분의 의의가 있다. 함으로……현실폭로의 비애, 환멸의 애수, 또는 인생의 암흑 추악한 일 반면으로 여실히 묘사함으로써, 인생의 진상은 이러하다는 것을 표현하기 위하여 이상주의 혹은 낭만파 문학에 대한 반동으로 일어난 수단에 불과하다.

이러한 그의 발언을 보면 그가 추구한 문예사조적 관점이 일단 자연주의였음을 알 수 있다. 그러나 그의 자연주의는 실상 낭만주의적 성향을 내포한 것임을 또한 엿볼 수 있으며, 특히 현실비판적인 측면에서 '자아각성에 의한 권위의 부정'과 '현실폭로의 비애' '인생의 암흑 추악한 일 반면으로 여실히 묘사' 하는 등의 문학적 지향을 보임으로써, 그의 문학적 입지점이 '현실'을 매개로 한 비판의식에 두어졌음을 알 수 있게 한다.

이와 같은 염상섭의 작가적 지향은 결국 각성된 자아의 눈을 통해 가려진 현실의 이면을 해부하고 그 내부적 실상을 문학적으로 폭로함으로써 현실감각을 더욱 냉철히 하는 것이다. 따라서 그의 소설작품에는 당대의 식민지적 현실과 맞닥뜨린 지식인의 사고와 행동의 문제라든가, 그 현실을 살아나가는 인물들에게 필수적으로 결부되는 도덕성의 문제, 그리고 새로운 세계관의 도래로부터 특히 의식적인 변모를 가져왔던 성(性)과 윤리의 문제 등에 촛점을 맞추어 작품을 이끌어 가는 특징적 변모들이 두드러지게 나타난다.

먼저 그의 처녀작인「표본실의 청개구리」를 보면, 당대 지식인 청년의 고민상이 작품 전반을 지배하고 있으며, 아내의 방종으로 상징되는 전통적 윤리와 신여성의 불안정한 가치체계 사이의 마찰과 갈등 등이 매우 무거운 어조로 서술되고 있다. 특히 청개구리가 해부당하면서 버둥거리던 기억을 지우지 못해 불면증에 시달리는 서술자의 심리상태는 당대 지식인 청년의 한 단면을 대변하는 것이라고 할 수 있다.

이 작품은 사실 작품의 분량으로 보아 단편이라기보다 중편으로 간주될 수 있는데, 이 작품이 발표되던 시대적 배경이 3.1운동 전후가 되므로 몹시 우울하고 침통할 수밖에 없는 작품 분위기 속에서 광인으로 내세운 작중인물 '김창억'의 발광상태를 절대의 자유 또는 신의(神意)의 신봉자로 부각시킨 점은 당대의 현실을 부정적으로 비판한 창작태도의 일면이라고 풀이된다. 그리고 그것을 암울하고 절망적인 사회현실을 실험주의적인 혹은 자연과학적인 방법으로 작품화했다는 데에 더욱 화제가 되었다.

「표본실의 청개구리」의 문학적 특징은 무엇보다도 심리주의적인 방법을 본격적으로 시도한 점이며, 또한 그것을 상징적인 수법으로 성취시킨 점에 있을 것이다. 그러나 당대 지식인의 번민이 어느 만큼 설득력을 지니고 작품으로 형상화되었는지에 대해서는 의문을 제기할 수 있으며, 이 점은 다시 엄격히 말하여 현실의식이 구체적이지 못하다는 측면에서 비판적으로 수렴될 수 있을 것이다. 비슷한 시기에 쓰여진「암야」나「제야」도 이러한「표본실의 청개구리」가 보여준 문학적 특징들과 현실인식의 한 단면을 드러내고 있는 동궤의 작품들로 볼 수 있다.

이와 같은「표본실의 청개구리」·「암야」·「제야」로 이어지는 염상섭 소설의 초기적 경향은 1923년에『시대일보』에 연재된「만세전」에 이르러 그의 작품세계를 변모시키게 되는 일대 전환을 맞이하는 것으로 보인다. 이 작품은 특히 지난날 우리의 생생한 역사를 증언해주는 귀중한 자료로서의 가치를 지니기도 하였는데, 작가의 자서전적 면모가 강한 작품적 성격을 지니고 있다. 주인공으로 등장하는 '이인화'가 W대학 문과에 재학 중인 문학청년이며, 여기에 열여섯 살에 도일하여 유학했다는 것과 일본 여자 '시즈꼬'와 연정을 맺었던 일, 또 요시찰 인물로 언제나 일경(日警)에 쫓기던 일들이 모두 작가의 청년시절과 합치되기 때문이다.

실상 「묘지」란 구제(舊題)로 쓰여진 「만세전」을 읽어가면 당대 우리 지식청년들이 얼마만큼 비애 속에 몸부림쳤던가를 짐작할 수 있다. 이 점은 특히 작가의 자전적 면모를 통해 심화되어 있으며, 작중인물인 '이인화'의 정신적 표류와 애정의 무정형적(無定型的) 갈등 및 현실에의 무자각적 공전(空轉) 등이 구체적인 식민지 현실에 직접 부딪히게 되면서 새로운 각성을 일깨우는 차원으로 급선회한 것은, 그 이전 시기의 작품들에서 부분적으로 보여주었던 혼란스런 현실인식의 면모를 일신하는 획기적 전환으로 받아들여진다. 그런 면에서 '내환'에 대한 '급전'을 받고 양심의 가책을 느끼면서까지 정부를 찾아가거나 옛 애인을 찾아다녔다는 작중인물의 행위는, 시간을 재촉하는 병자를 옆에 놓고도 일본의 애인 '시즈꼬'와 이러쿵 저러쿵 달콤한 연애편지를 거래했다는 행위와 함께 매우 역설적인 의미를 지녔다고 할 수 있다. 그리하여 기차 속에서 많은 사람들을 보고 작자는 주인공 '이인화'의 입을 통해

> 이거 산다는 꼴인가? 모두 뒈져버려라! 무덤이다! 구더기가 끓는 무덤이다! 공동묘지다! 공동묘지 속에서 살면서 죽어서 공동묘지에 갈까봐 애가 말라 하는 가륵한 백성들이다!

라고 처절하게 부르짖게 함으로써, 일제 식민지 통치 하에서 민족이 겪는 고통을 보다 직설적으로 묘파해 내고 있는 것이다.

이렇듯 「만세전」에서 보여준 염상섭의 현실감각과 소설적 구상화 과정은 당대 어떤 작가보다도 대담하고 뚜렷한 방향에서 추구되었다고 할 수 있겠고, 구체적 세부에 있어 묘사의 치밀함이나 구성상의 짜임새 및 긴박성 등이 다소 결여된 면이 있다 하더라도, 그것은 작품이 지닌 무게와 작가의식의 투철함 속에서 충분히 보완될 수 있으리라 본다. 이와 같은 면모는 이후의 작품

들인「금반지」・「전화」・「조그만 일」・「밥」등을 통해서 지속적으로 추구되기도 하는데, 식민지 현실에서 빚어지는 일상의 애환과 갈등적 삶의 실상이 성과 윤리의 문제를 통해 애정관의 모습으로 표출되기도 하고,「만세전」에서 등장시킨 친일파 형님이나 가치의식이 배제된 화식집 여급 등과 비슷한 다양한 인물 군상들을 통해 비판적 안목으로 작품화되고 있다.

특히 1926년에 쓰여진「조그만 일」과 같은 단편은 작가의 아내가 자살기도를 했다는 비교적 단순한 사건 설정을 통해 곤궁한 식민지 현실과 처참한 지식인의 실태를 날카롭게 사실적으로 그려냄으로써 당대적 삶의 한 단면을 충격적으로 제시하고 있다. 더욱이 이 작품은 단편소설이 지닌 구성상의 간결함 속에 치밀한 작가적 배려가 가미되어, 문학적 효과의 면에서도 뛰어난 일면을 보여준다. 작품의 결말에서 사건의 추이를 어떤 구체적 해결로 마무리 짓지 않고 다만 안타까운 상황제시에 그치게 한 것은, 그 같은 상황에 대한 감정이입을 억제함으로써 현실을 냉철히 바라보도록 유도하는 작가의 의도적 배려라는 사실이 이를 단적으로 예증한다. 이는 또한 사실주의적인 수법에서 널리 나타나는 것이기도 하다.

이렇게 볼 때 1920년대 염상섭 소설의 특징과 작가의식적 면모는 동 시대의 다른 작가들과는 매우 남다른 바 있다 하겠으며, 이 시기 소설의 새로운 면모들을 확립했다는 사실과 함께 그 현실감각의 탁월함이 높이 평가되어야 할 것으로 생각된다. 그는 훗날 그의 작품경향을 얘기하는「나와 자연주의」(1954)라는 글을 통해 '사실주의에서 한 걸음도 물러나지 않았고 문예사상에 있어 자연주의에서 한 걸음 앞선 것은 벌써 오랜 일이었다'고 술회한 바 있는데, 그 문예사조적 개념의 정당성을 일단 보류하는 차원에서 얘기한다면 어느 정도 긍정적인 의미를 부여 할 수도 있지 않은가 싶다. 뿐만 아니라 그의 소설들을 통해 추출된 문학적 특징과 작가적 지향의 면모들로부터, 그가 추구한 것은 결국 당대적 위상 속에서 요구되는 것이 급진적 개혁보다는 민족적 현실에 바탕을 둔 점진적 진보라는 사실을 보다 분명히 하고자 한 것이 아닌가 생각된다. 이 점 또한 이 시기 염상섭의 문학을 논하는 과정에서 지적될 수 있는 중요한 문제의 하나이다.

나도향(羅稻香)·현진건(玄鎭健)의 개성

1920년대의 소설을 살피는 과정에서 또한 빼놓을 수 없는 작가로 나도향과 현진건을 들 수 있다. 이들은 흔히 『백조』파 작가로 지칭되지만, 실상 『백조』 동인들의 성향이 어떤 공통적 특징보다도 개별성을 띠고 있는 면이 강하고, 또 이들이 『백조』지를 통해 작품활동을 지속적으로 펴 나간 것도 아니어서 쉽게 규정하기 어려운 면이 있다. 다만 『백조』지의 동인들이 문학활동을 전개해 나가기 시작한 무렵, 그들은 이른바 당대의 문학청년들로서 낭만주의적 색채를 강하게 띠는 초기적 경향을 보이고 있다는 점은 하나의 공통적 성격으로 지적될 수 있을 것이다.

《백조》 동인에 속하는 작가로서 나도향과 현진건은 소설에만 전념한 작가이다. 이들과 같이 동인활동을 하면서 이 시기에 소설을 쓴 작가로 박종화·박영희 등을 또한 들 수 있겠는데, 우선 박영희는 계통을 달리하여 살펴볼 필요가 있겠고, 박종화는 초기에 주로 시에 관심을 두다가 곧이어 『백조』 3호 (1923.9)에 「목매이는 여자」라는 우리 근대문학기 최초의 역사소설을 발표한 이후 이른바 정사(正史)에 충실한 역사소설을 지속적으로 써 나갔다는 점에서 이 시기 소설의 특징적 일면을 보여주고 있다고 하겠으나, 이 시기 이후에 보다 본격적인 소설활동과 문학적 성향을 확립한 것으로 보는 것이 적절하리라 생각된다.

이 시기에 쓰여진 나도향과 현진건의 소설에서 돋보이는 것은 한마디로 '개성'적인 면모이다. 이 개성은 작품 구성의 측면이나 주제 형상화 기법을 의미하는 것일 뿐만 아니라, 당대의 문학적 풍토 속에서 추구된 작가의식의 면까지 아울러 포괄하여 지칭할 수 있다. 이러한 개성적인 면모는 또한 이 시기의 소설이 보여준 새로운 소설미학의 한 측면을 여실히 대변하는 것이라고 할 수 있겠는데, 우리의 본격 근대소설이 그 위상을 정립해 나가는데 있어서 요구되는 필수적인 요소의 하나로 보인다.

먼저 나도향은 1922년에서 1926년까지 5년에 지나지 않은 작품활동을 하다가 요절한 작가지만, 이 짧은 기간 동안에 남긴 그의 작품들은 매우 다양한 사조적 특징과 함께 우리 근대소설사에 있어서 날카로운 개성적 시각의 일면을 보여주는 만만치 않은 의미를 지니고 있다.

그의 초기작인「젊은이의 시절」(1922)과「별을 안거든 울지나 말걸」(1922)은 몹시 감상적인 애정물이기도 하다. 이 두 작품은 예술 혹은 예술행위를 막연히 옹호하는 도취적 분위기를 느끼게 하는 작품인데, 소년 '철하'의 누이 '경애'가 가짜 예술가 '영빈'에게 정조를 빼앗기고 배신당한다는 극히 애상적인 이야기를 담은「젊은이의 시절」이나, 서간체 형식을 빌어 달콤한 공상의 세계를 이야기한「별을 안거든 울지나 말걸」은, 말하자면 식민지적 시대현실 속에서 문학을 위안의 도구로 삼은 청년기의 정신적 갈등이나 번민, 그리고 가치관의 혼란과 정립되지 않은 세계관의 모색 속에서 유발된 낭만적 환상의 면모를 드러내고 있는 것이라 할 수 있다. 또한 이러한 작품들과 거의 비슷한 시기에 시작되어『동아일보』에 연재된「환희」(1922.11~1923.3)도 이같은 경향에서 크게 벗어나지 않는 낭만주의적 성향을 지닌 작품으로 이해된다.

그러나 그는「여이발사」(1923)에 이르러 이러한 낭만적 환상을 거부하고 점차 세련되고 정돈된 필치로 옮겨가면서 시각전환을 이루고 있다. 이 작품에서 특히 주목되는 것은 사건이나 내용보다는 잘 구사된 심리묘사이다. 하숙비를 석달이나 내지 못한 동경유학생이 잠옷을 전당 잡혀 얻은 50전을 여이발사의 면도비로 다 주어버리고 돈 꾸러 갈 차비조차 없어 그것을 후회하는 작중인물의 심리묘사는, 그의 상황을 포착하는 예리한 개성적 일면을 보여주는 것이다.

그리하여 그는 이후에 쓰여진「벙어리 삼룡」(1925),「물레방아」(1925),「뽕」(1925),「지형근(池亨根)」(1926) 등의 작품에 이르러「여이발사」에서 보여주었던 심리묘사의 특징과 보다 실험적인 의욕을 동원한 자연주의적이며 사실주의적인 수법 및 성격창조를 통해, 식민지적 농촌현실에서 빚어지는 갈등적 삶의 모습을 상당히 냉철한 시각을 통해 형상화하였다. 그는 특히 이러한 작품적 성격을 거의 예외없이 애정의 문제와 결부된 남·여 주인공들의 갈등양상을 통해 구체화 시키고 있다.

예컨대「벙어리 삼룡」에서는 머슴살이하는 주인집 '아씨'와 '삼룡'의 불가능한 애정관계를 통해 봉건적 후진사회의 부조리한 모순성을 파헤치고, 「물레방아」에서는 돈과 권세를 미끼로 유부녀를 멋대로 농락하는 '신치규'와 같은 파렴치한이나 물질적 허영에서 하루 아침에 남편을 배반하고 늙은 호색한의 품안으로 전락하는 '방원의 아내'를 통해 식민지 현실을 살아가는 계층적 삶의 실상과 그 부조리한 현실의 모순을 날카롭게 묘파하고 있는 것이다. 또한 「뽕」에서는 주인공 '안협집'이라는 음탕한 여성의 생활을 놀라우리 만큼 주관을 배제하고 사실적인 수법으로 형상화시키고 있으며, 「지형근」의 경우 식민지적 현실 상황에서 파산지주인 '지형근'이 광산 노동자로 전락하였을 때 그의 어린 시절 벗 '이화'가 창녀가 되어 주막에서 극적인 상봉을 한다는 이야기를 통해, 당대 농촌경제의 피폐로 인한 도시 인구집중화의 부조리한 현실상을 날카로운 비판의식으로 작품화시켜 놓았다.

이렇게 볼 때, 나도향의 문학적 특징과 작가의식의 개성적 면모는 특히 낭만주의와 자연주의 내지 사실주의 수법까지 동원하여 당대 현실적 삶의 다양한 모습을 형상화시켜 놓은 데에 있을 것이며, 이러한 작품화 과정에서 추구된 작가의 정신사적 변모와 시각전환의 양상들로부터 이 시기 소설이 지향해온 소설미학적 추이를 함축적으로 드러내고 있다는 데에 있을 것이다. 그의 짧은 작가적 경륜에서 이렇듯이 작풍(作風)의 비약적 쇄신을 이룩해 낸 것은 나도향이 매우 진취적인 작가의식을 지닌 인물이었음을 주목케 해준다.

한편, 현진건은 이 시기에 등장한 작가들 가운데서도 그 구체적인 작품 성과와 소설의 미학적 가치확립 면에 있어서 어느 누구보다도 뚜렷한 자취를 남긴 작가이다.

그의 문학적 성장은 비교적 자연스러운 궤도를 밟으면서 착실히 비약해 갔는데, 처음 작가의 신변 내지 체험소설을 시도했던 시기를 제1기로 보면, 다음에 본격적인 순수객관소설로 지향한 시기를 제2기로 볼 수 있고, 이후 역사적 소재를 매개로 한 간접적 현실소설로 전환하던 시기를 제3기로 구분해 볼 수 있다.

그러니까 현진건의 초기 작품인 「희생화」(1920), 「빈처」(1921), 「술 권하는 사회」(1921), 「유린(蹂躪)」(1922) 등은 그의 신변소설에 해당되는데, 특히 「빈처」와 같은 작품에서는 식민지 현실과 직면해 있는 당대 지식인 작가의 문학행위에 대한 담담한 성찰적 모습을 감동적으로 그려내고 있다. 이는 그 자신의 체험적 일면이기도 하거니와, 이미 이 시대에 있어서 문학한다는 사실이 무엇인가를 비교적 객관화시켜 보여준 것이다. 또한 「술 권하는 사회」에서는 역시 당대의 현실을 살아가는 지식인의 정신적 갈등 문제를 비유적으로 제시해 놓고 있다. '정신이 바로 박힌 놈은 피를 토하고 죽을 수 밖에 없는 사회'가 술을 권한다고 함으로써 그 심각한 양상을 드러낸 것이다.

현진건은 당대의 소설가들 가운데서도 특히 빈틈없고 매력에 넘치는 문장력으로 섬세한 심리묘사와 상황제시에 탁월한 능력을 발휘하였는데, 이러한 그의 개성적 면모는 이미 이와 같은 초기 작품들에서부터 여실히 드러나고 있다. 그리하여 그는 저 서구의 플로베르나 모파상이 개척한 사실주의 수법을 체득한 작가로도 일컬어진다.

그러나 초기적 신변 체험소설들을 쓰는 것으로 만족하지 않았던 현진건은 그의 필치와 문학적 기교를 가다듬어 본격적인 문학세계로 비약하게 된다. 이를테면 「할머니의 죽음」(1923), 「지새는 안개」(1923), 「운수좋은 날」(1924), 「B사감과 러브레터」(1925), 「사립정신병원장」(1926), 「신문지와 철창」(1929) 등은 이러한 작가적 지향을 반영하고 있는 작품들이다. 여기에서 특히 「할머니의 죽음」은 그가 신변 체험소설에서 본격적인 객관소설로 비약하는 분기점이 된 작품이다.

「할머니의 죽음」은 오랜 노환으로 누운 할머니의 임종을 중심으로 거기에 모인 친척들의 다양한 심리를 섬세하게 추적하면서, 시시각각으로 다가오는 임종을 눈 앞에 두고 착잡하게 벌어지는 인심과 인정을 그야말로 사실적인 수법으로 그려내고 있다. 이 작품의 이면에는 당대 식민지 현실이 강하게 반영되고 있는데, 어두운 현실을 형상화하는 작가적 능력은 그로 하여금 남다른 개성을 지닌 작가로 평가받을 수 있게 해준다.

이와 같은 현진건의 작가정신과 소설미학에 수반된 지향적 면모가 구성상의 치밀함을 바탕으로 적절히 구상화된 작품이 「운수좋은 날」이다. 이 작품에서 넘쳐 흐르는 인정미를 통해 도시 하층민의 생활상을 작품화함으로써, 이전 시기에 그가 주로 내세웠던 지식인 계층의 인물보다는 보다 생동감 넘치는 성격창조와 전형성을 확보하는 데 성공하고 있다. 더욱이 작품의 사이 사이에 의도적으로 배려되어 있는 묘한 복선적 기법과, 병들어 누워있는 아내의 모습, 그리고 그날따라 '나가지 말래도 그래, 그러면 일찌기 돌아와요, 하고 목메인 소리'로 부탁하던 아내의 말들이, 또한 '그날따라' '그야말로 재수가 옴붙어서' 인력거꾼이 그에게 쥐어준 거금 '팔십전'의 '운수' 등과 함께 상호 복합적으로 작용하여 작품을 극적 구성의 긴박감 속에 놓이게 함으로써, 작가가 제시하고자 한 문학적 진실이 탁월한 미학적 질서 속에서 재편되도록 하는 효과를 거두고 있다.

이러한 현진건 특유의 개성과 작품이 지닌 주제적 깊이는,「불」과 같은 작품을 통해 무지몽매한 민며느리 제도에 따른 한국 농촌사회의 비극성을 폭로하기도 하고,「B사감과 러브레터」와 같은 작품을 통해서는 인간 심성의 미묘한 반응과 그 추이에 주목하게 하여 비판없는 개화의식을 풍자적으로 드러내기도 한다.

요컨대 이 시기에 쓰여진 현진건의 소설들은 우리의 근대 소설사에서 그 소설미학적 기법과 현실을 투시하는 작가적 안목, 그리고 주제를 형상화시키는 냉철한 자세 등에서 당대 소설의 차원을 한 단계 높인 성과를 거둔 것으로 보인다. 이러한 그의 개성적 면모들이 축적되면서 우리의 근대소설은 보다 비옥한 토양을 확보할 수 있었던 것으로 생각되는 것이다.

최서해(崔曙海)의 빈궁소설

최서해는 그 작품성향에 있어 이 시기의 일반적 작가들과는 그 갈래를 달리하여 살펴볼 필요가 있겠으나, 우선 이 시기의 소설이 보여준 새로운 소설미학의 추구라는 관점에서도 특징적 일면을 지니고 있기에 주목을 요하는 작가이다.

그의 소설들을 통해 추출할 수 있는 새로움의 면모는 다름 아닌 작품의 '소재'이다. 그는 당대 식민지 현실 속에서 그 자신이 직접 머슴살이, 나무장수, 물장수, 도로공사인부, 중, 방랑걸식 등 가장 뼈저린 하층생활을 거의 안 해본 것 없이 겪었으며, 이러한 체험들을 바탕으로 소설 창작에 임하여 매우 강렬한 작가의식을 내보이고 있다.

이와 같은 작품의 소재와 작가의식의 강렬함은 당대 문단에 있어서는 하나의 커다란 충격이었다. 그와 비슷한 경향을 띤 작가나 작품이 전혀 없었던 것은 아니었지만, 작가 자신의 체험을 다른 무엇에 의탁하지 않고 보다 직접적이며 사실적으로 작품화한 경우는 그 유례를 찾기 어려웠던 것이다. 그런 면에서 최서해의 문학적 성향을 특히 객관적 사실주의와는 갈래가 다른 '비판적 사실주의'라고 일컬을 수 있다.

최서해는 이 비판적 사실주의의 시각을 통해 식민지적 현실의 부조리에 투쟁적으로 맞섰는데, 『조선문단』 창간호에 추천된 「고국」(1924)이라든가 이후에 발표한 「탈출기」(1925), 「기아와 살육」(1925) 등은 이와 같은 작품성향을 충실히 반영하고 있는 대표적 예에 속한다.

따라서 그의 작품에는 어느 것을 크게 따질 것 없이 대개가 인간의 극심한 빈궁과 그러한 생활 속에서 야기되는 비참한 모습들이 핍진하게 드러나 있다. 최서해의 본격적인 문단 데뷔작이기도한 「고국」의 경우 간도지방을 방랑하다가 돌아오는 주인공의 심적 갈등을 그리고 있는데, 큰 뜻을 품고 고국을 떠났던 '운심'이 노동으로 걸식을 하면서 다시 힘겹게 귀국하게 되면서 겪는 모욕과 배척의 눈총, 그리고 굶주림을 참으면서 저녁까지 '회령'거리를 배회하는 모습 등 그 단면 단면을 매우 생생하게 예시하고 있다. 그리하여 결국 '회령'에 온 사흘 후 '회령여관'에는 '도배장이 나운심'이라는 명패가 걸렸다는 결말은, 어떻게든 생활하지 않을 수 없는 주인공의 현실상황을 드러내는 것이면서 동시에 작가의 현실관을 이면적으로 나타내보이는 것으로 이해된다.

한편, 「탈출기」나 「기아와 살육」 같은 작품에 오면 그의 이러한 현실관은 보다 적극적인 의지가 투사되어 매우 강렬한 투쟁적 면모를 보여준다. '박군'이라는 작중인물이 그의 친구인 '김군'에게서 온 편지에 대한 답장형식의 서간체로 이루어진 「탈출기」의 경우, 인생의 밑바닥을 전전한 작가 자신의 험난한 노정을 담담히 서술하면서, 그와 같은 간난을 초래한 부조리한 현실의 구조적 모순을 타파하기 위해 투쟁을 결심하게 된 과정을 그리고 있다. 그리하여 작품의 말미에 이르러 작가는 '김군! 나는 더 참을 수가 없었다. 나는 나부터 살려고 한다. 이때까지는 최면술에 걸린 송장이었다. 제가 죽은 송장으로 식구들을 어찌 살리랴. 그러려면 나는, 나에게 최면술을 걸려는 무리들, 험악한 이 공기의 원료를 쳐부수어야 하는 것이다. 그래서 나는 ×××단에 가입하게 되었고, 비바람, 밤낮을 헤아리지 않고 벼랑 끝보다 더 험한 ×선에 선 것이다'라고 술회함으로써, '최면술을 걸려는 무리들'과 그들이 행세하는 '이 공기의 원료'라는 부조리한 사회구조적 모순을 근본적으로 '쳐부수어야 하는' 태도를 표명하게 되는 것이다.

또한 「기아와 살육」 같은 작품에서도 빈궁의 참상을 사실적으로 그려내면서 결말을 '살인'과 '경찰서 습격'이라는 극단적 투쟁형태로 제시함으로써, 문학이 단순한 소재적 차원의 범위를 넘어서서 이념제시의 단계에까지 나아갈 수 있음을 암암리에 드러내고 있다. 물론 이 같은 이념제시 과정이 얼마만큼 설득력을 지니고 있으며 문학성의 측면에 있어서도 적절한 형상화의 과정을 거쳤는가에 대해서는 반드시 지적되고 넘어가야 할 부분인 것이 사실이다.

요컨대 이와 같은 최서해 소설의 특징들은 1920년대 중·후반부터 이 땅을 풍미했던 프로문학과 상통된 경향이라 할 수 있다. 그러나 최서해는 그러한 제재를 선택하거나 주제를 내세우는 것이 결코 의식적인 것에 있지 않고 자신의 직접적인 체험인 데 있었다. 따라서 그가 남다른 주목을 받을 수 있는 이유도 그 점에서 찾게 된다. 이러한 특징적 성격 때문에 그는 이른바 '자연발생적 프로문학기'의 대표적 작가로 일컬어질 수 있는데, 말하자면 그의 작품들은 계급투쟁의 적극적 표현이라기보다는 가난한 계층과 그들의 삶의 실상에 대한 자연발생적 동정과 사회제도에 대한 비분에 기인한 것이기 때문이다. 그는 이러한 성향에 의해 당대에 조직을 갖추고 결성된 카프에 처음에 가입하게 되긴 하였으나, 그 자신 카프의 공식화된 지침을 받아들이거나 따르지도 않았고, 후에 결국 카프에서 제명당하고 말았던 사실이 이를 뒷받침해 준다고 할 수 있다.

실상 그의 체험문학이 좀 더 빛나는 문학적 가치를 갖기 위해서는 그 생활체험을 문학적으로 형상화하는 데 따르는 기법적 자각이 필수적으로 수반되었어야 할 것이다. 그런데 그의 소설은 문학적 형상화의 면모보다는 체험적 사실의 단순한 재생에 그치고 만 결함을 다분히 지니고 있다. 따라서 그가 추구해 나간 작가의식의 세계가 이 시기 소설에 있어 보다 확장된 소재적 차원과 계층의식의 확대라는 면에서는 소설미학의 새로운 면모를 열어주었다 하겠으나, 그것이 다만 일종의 소재문학이라는 한계를 지닌 결함을 내포한 것이었음도 동시에 지적될 수 있는 것이다.

그렇다 하더라도 최서해의 소설들은 식민지 시대에 직면한 하층민의 체험을 왜곡되지 않은 진실의 형태로 표출하였다는 점에서 큰 의미를 부여할 수 있다. 그런 면에서 그의 소설이 가져다준 충격은 작품의 소재 그 자체에서 기인하는 것이기도 하겠지만, 그 소재를 통해 표출되는 서술내용의 직접성에서도 또한 기인함을 지적할 수 있겠다. 아울러 그가 비판적 사실주의의 시각을 통해 펼쳐나간 대사회적 투쟁의 성격적 특징에 대해서는, 그 실체가 과연 당대의 현실문맥 속에서나 방법적 논리의 측면에 있어서 얼마만큼 공감대를 형성할 수 있었는가에 초점을 맞추어 적절히 규명되어야 할 것이다. 이러한 보편성의 문제를 통해 볼 때 그의 소설들은 상당히 회의적인 측면들을 그 안에 담고 있기 때문이다.

◉참고문헌
1. 김동인, 『춘원연구』, 신구문화사, 1956.
2. 구인환, 『한국근대소설연구』, 삼영사, 1977.
3. 김윤식외, 『현대소설론』, 형설출판사, 11979.
4. 김동리, 『문학과 인간』, 청춘사, 1952.
5. 윤홍로, 『한국근대소설연구』, 일조각, 1980.

5. 민족적 현실의 소설적 형상화

1920년대에 등장하여 우리의 본격 근대소설을 정립하고 새로운 소설미학을 추구해 나간 일군의 작가들과 대표작품들에 관해서는 이미 앞에서 서술한 바 있다.

그런데 이러한 1920년대에 등장한 작가의 작품들 가운데는 이렇듯이 새로운 소설미학의 추구라는 관점과는 다른 측면에서 문학사적으로 중요하게 다루어져야 할 특징적 면모들이 또한 내재해 있다. 그 공분모적 성격을 함축적으로 얘기한다면 곧 '민족문화적 성격'이라 할 수 있을 것이다. 이러한 작품

경향은 결국 작가의식의 문제와도 긴밀한 연계관계를 맺고 있는 것이겠는데, 당대의 식민지적 현실상황을 고려할 때 이 '민족문화적 성격'을 지닌 작품들과 작가의식의 면은 특히 민족적 현실을 어떻게 소설적으로 형상화하고 있는가 하는 관점에서 조명하는 것이 바람직하리라 생각된다.

따라서 1920년대를 중심으로 한 시기에 쓰여진 대표적 작가들의 작품들은 시각을 달리하여 구명할 필요성이 제기되며, 이미 앞에서 언급된 몇몇 작품들의 경우도 다시 새로운 관점에서 논의될 필요성이 있다. 이렇게 함으로써 이 시기의 소설이 지닌 성격적 특징들이 보다 다면적인 차원에서 문학사적 의미를 부여받을 수 있을 것이다.

새삼스러운 얘기겠지만 우리가 식민지시대의 민족문학을 중요하게 문제삼는 이유는 근본적으로 문학으로 표현된 역사적 삶의 근거를 확보하고, 이를 통해 우리의 문학적 유산을 오늘의 관점에서 수렴, 창조해 가는 데 있을 것이다. 문학이 민족적 자기동질성을 바탕으로 한 언어와 문화의 공동체임을 강조하지 않더라도, 그 사고와 정서의 특징적 면모는 민족 혹은 민족문학을 떠나서 얘기되기 어려운 일이기 때문이다. 이는 또한 문학이 일정의 역사적 시기에 있어서 무엇을 할 수 있는가라는 존재론적 물음을 제기할 수 있으며, 오늘의 관점에서 이를 당위적 사실로 받아들여 구체화시키는 것이 문학사 기술에 있어 의미있는 일로 생각된다.

그런 면에서 이 시기의 소설에 나타난 민족문학적 성격은 특히 토착적 삶 속에서 제기되는 정서의 문제를 환기시키는 특징을 보이고 있는 점이 우선 주목되며, 다음으로 식민지 현실이 야기시킨 일상적 현실의 조건과 그 생활상의 문제를 형상화한 점, 그리고 과거의 역사현실을 매개하여 자아각성을 촉구하고 현실인식의 안목을 제시하고자 하는 점 등의 특징들이 주목된다.

이러한 소설적 면모들은 물론 그 이전의 시기에 있어서도 주목을 요하는 성과들이 없었던 것은 아니겠지만, 특히 1920년에 이르러 두드러진다 하겠으며, 이후 1930년대로 이어지며 그 저력을 면면히 이어오는 것으로 보인다. 따라서 1920년대를 중심으로 하되 때로 이후의 연계관계에도 유의하여 살펴볼 필요가 있다. 우리는 이미 1920년대에 쓰여진 민족적 정조의 시편들을 통해 이 시기 민족문학적 성격의 일단을 확인하였거니와, 소설의 경우는 이 점을 보다 분명하게 드러내 주고 있다 할 것이다.

토착적 삶과 민족적 정서의 추구

식민지시대의 민족주의란 거시적인 안목에서 볼 때 현실적 여건에 대한 민족 주체성의 확립, 그리고 이에 의한 새로운 민족적 활로의 모색으로 봄이 적절하다. 따라서 일제의 침략에서 벗어나 자주독립을 이루는 것이 가장 핵심적인 문제였다고 할 수 있다. 그런데 이 경우 자주독립은 근대화라는 또 다른 민족적 활로와 결부되어 새로운 정신적 지주와 가치기준을 마련하지 않으면 안 되었던 것이 당대의 실상이었다. 그래서 문학작품에서 형상화하려는 문제의식들이 이른바 전통적 삶과 그 시대적 위상에 따른 변모양상, 또 그 과정에서 야기되는 갈등의 문제들을 심각한 양상으로 제기하였다.

특히 이 시기에 발표된 소설들 가운데 우리의 토착적 생활현실을 작품의 공간적 배경으로 하여 그 속에서의 삶의 모습을 그려나간 것들이 많음은 주목할 만한 일이다. 그것은 이 공간적 배경에 의한 문학적 형상화의 작업이 당대 식민지 현실에 대한 작가의 문학적 태도, 즉 문학인으로서의 작가의식을 대변하는 것이면서, 동시에 그 토착적 생활현실과 등장인물을 통한 삶의 모습을 그리는 것 자체가 당대 현실상황에의 관심과 극복의지를 표현한 것일 수 있기 때문이다.

이러한 경향의 작품들은 주로 삶의 터전인 농지(農地)를 빼앗기고 피폐한 일상(日常)의 표류자가 되거나, 농지가 있다 하더라도 변화하는 시대적 환경 내지 일제 식민지 수탈의 잔혹함에 시달려 가치관의 혼돈을 맞는 사람들의 삶의 궤적, 또 아니면 그 같은 현실여건에 대한 다양한 태도반응에서 말미암은 인물 상호간의 갈등양상을 통해, 민족적 위기의식을 환기시키고 그것을 비판적으로 인식하므로써 민족의 진로를 모색하려는 의도를 내포하고 있음이 그 특징이다.

말하자면 민족 생존의 뿌리를 농촌의 일상 현실에 두고, 그 궁핍화된 간난에서 회생할 수 있는 정신적 극복의지를 간접적으로 제시하고 있는 것이다. 여기에 소설이 가지는 독특한 미적 질서를 살려 문학적 형상화를 이룩하려는 작가의 의도적 배려가 투사됨으로써, 당대의 농촌현실, 그 토착적 생활현실의 소설화 작업이 지향하는 의미가 있다.

이 같은 경향의 작품으로 먼저 현진건의「고향」(1926)을 들 수 있다.「고향」은 일제의 식민지 수탈로 말미암은 이 땅 농촌의 황폐화된 현실과 암울한 분위기가 한 떠돌이 인생의 궤적을 통해 함축적으로 그려지고 있는 작품이다. '그'를 통해 보여주는 당대 현실은 '가슴이 터지는 쓰라림'을 맛보게 하는데, '그'는 정든 고향산천을 등지고 만주와 일본으로 전전한 덕분에 '동양삼국의 옷을 한몸에 걸치고 삼국 말을 곧잘 지껄이는' 민족의 한 전형이었던 것이다. 그가 고향을 등지게 된 것은 현실적 삶의 여건이 허락지 않은 '쫓겨난' 신세 때문이다. 다시 일거리를 찾아 서울로 올라가는 고향 방문객의 쓰라린 비애는, 당대 식민지 현실에서 쉽게 떠올릴 수 있는 '음산하고 비참한 조선의 얼굴'이라는 작가의 말로 표상된다.

특히 작품의 마지막 부분에서 불리어지고 있는 민요조의 노랫가락은 이처럼 뿌리 뽑힌 민족적 현실의 실상과 토착적 삶에 근거를 둔 이들의 정서를 적절히 대변하고 있다.

> 볏섬이나 나는 전토는 신작로가 되고요——
> 말마디나 하는 친구는 감옥소로 가고요——
> 담뱃대나 떠는 노인은 공동묘지로 가고요——
> 인물이나 좋은 계집은 유곽으로 가고요——

현진건은 이 같은 시대현실을 포착하여 객관적인 묘사의 수법으로 이를 표출함으로써, 우리의 현실적 간난을 야기시킨 배후에 대해 심각한 저항의 의지를 불러일으킨다. 그리하여 "이처럼 쓰라린 민족현실을 통감할 때 민족의 자아—일제에 박탈된 민족의 생존권을 되찾으려는 노력이 정당히 요구되는 것"(임형택)이라 하겠다.

김동인의「붉은 산」(1932) 역시 토착적 삶과 민족정서의 추구를 지향하는 경향을 보이고 있다.「붉은 산」의 작품배경을 이루는 시대적 사건은 1931년 7월에 일어난 만보산사건(萬寶山事件), 다시 말해 중국 길림성(吉林省) 만보산 지역에서 한국인 소작인과 중국인 지주간에 야기된 농지개간과 이에 따르는 문제로 빚어진 사건으로 공인된다. 이 사건을 계기로 한반도 내의 중국인 박해와 민족간의 갈등을 야기케 된 사실이 주목되기에 이르렀는 바, 그 배후에는 일제의 농간이 관여하고 있었다.

김동인은 이 시대적 사건을 작품의 배경으로 도입하여, 당대 식민지적 현실 속에 드러난 피폐된 삶의 모습을 드러내는 한편, 역으로 민족적 현실이 당면한 토착적 삶의 양태를 한반도 외부의 사건을 통해 형상화시키고 있는 것이다. 말하자면 「붉은 산」으로 상징된 조국산천에 대한 주인공 '삵'의 마지막 절규는, 당대 식민지 현실의 깊은 우울과도 같은 비애와 고통의 마디들인 것이다.

"저것――저것――"
"무얼?"
"저기 붉은 산이――그리고 흰 옷이――선생님 저게 뭐예요!"
여는 돌아보았다. 그러나 거기는 황막한 만주의 벌판이 전개되어 있을 뿐이었다.
"선생님, 노래를 불러주세요. 마지막 소원――노래를 해주세요. 동해물과 백두산이 마르고 닳도록――"

이렇듯 '삵'의 마지막 외침을 통해 이땅의 현실에 대한 한없는 비애와 뿌리 깊은 토착적 삶에 대한 그리움이 이국에서 부르짖는 이의 절규로 표출됨으로써 새로운 현실에의 각성을 일깨우고 있는 것이다. 그 새로운 각성은 현실적 부조리를 자행하고 있는 주체, 즉 일제에 대한 한맺힌 절규에서 비롯되는 것이며, 더욱이 그 같은 조국현실에 대한 각성의지가 같은 민족 사이에서도 악한으로 지목되었던 '삵'이라는 인물을 통해 표출됨으로써, 민족에 대한 가중된 애착을 불러일으키는 것이다.

결국 작자는 「붉은 산」의 주인공 '삵'의 행위와 죽음을 통해 당대 식민지 현실에서의 개인적 차원의 갈등과 민족적 차원의 갈등 중, 후자가 보다 중요하고도 가치있는 것이라는 사실을 은연중 강조하고 있는 것이다. 그런 의미에서 「붉은 산」은 "김동인의 동포의식에의 자각과 더불어 문학에 그것의 고차원적인 질서를 부여하려는 의도 하에서 구성된 동포애의 경향을 보인 작품"(장백일)이라는 사실이 주목된다 하겠다.

한편 이 같은 문제의식을 우리의 토착적 삶의 뿌리로부터 새로운 역사전환기의 과정에 이르기까지 세대 간의 갈등양상에 초점을 맞추어 형상화한 것으로 염상섭의 『삼대(三代)』(1931)를 들 수 있다. 그리고 이보다는 시대적으로 조금 뒤에 발표되었지만 『삼대』와 여러 면에서 공분모적 사실을 담고 있으며 또 대비적으로 살펴볼 때 보다 흥미로운 사실을 발견해 낼 수 있는 작품으로 채만식의 「태평천하(太平天下)」(1937)가 있다.

이 작품들에서 형상화된 주된 민족문화적 특징은 이른바 정신적 지주로서의 전통성의 문제와, 경제적 현실에 대한 암울함, 그리고 민족자본의 피폐로 집약할 수 있는데, 작가는 이 같은 현실적 간난 속에서 민족사적 현실에 대응하는 다양한 인물들을 통해 진지한 시대의식의 문제를 제시하고 있다.

『삼대』와 『태평천하』에는 공히 이른바 한말세대와 개화기세대 그리고 당대 식민지세대로 일컬어질 수 있는 3세대가 등장한다. 『삼대』의 경우 '조의관'과 '상훈', '덕기'가 이를 대표하며, 『태평천하』에서는 '윤직원'과 '창식', '종학'이 대표적 인물로 그려져 있다. 아마도 식민지시대의 민족사적 현실체험 가운데 이 두 작품처럼 리얼하고도 시대문제를 핵심적으로 파헤쳐 간 작품도 없을 것이다. 여러 계층들을 통한 작가의 현실의식 표출은 단순한 감정적 차원 이상의 진지함을 일깨우고 있기 때문이다.

모든 질서와 가치관의 혼류 속에서 현실적으로 당면한 식민지적 상황은, 전통적인 가치관에 의해 살아가는 구세대들의 일리 있는 외침이나 지주적 신분이 당해야 했던 곤혹감, 부(富)의 축적으로 인한 신분상승에의 의지들이 적나라하게 파헤쳐지는 한편, 신식문물에의 경도와 의식없는 생활의 비참한 패배, 그리고 새 세대의 주인공으로서 자각을 앞세우면서도 현실적인 장벽에 주춤거릴 수밖에 없는 인물들이, 계층간의 갈등과 더불어 적절히 형상화되고 있는 것이 두 작품에 드러난 공통적 특질이다.

'우리만 빼놓고 다 망해라'로 요약되는 『태평천하』의 '윤직원' 영감의 현실의식은 식민지 시대를 살아가는 비통에 찬 한국인의 한 전형일 수 있기에, 윤리적·도덕적 타락을 맞이하는 한 계층의 아픔없는 현실인식이 뼈아프게 시대현실을 일깨우는 것이다.

그런 면에서 염상섭의 『삼대』는 "개인적 사건을 개인 그것으로 그치게 하지 않고 식민지 사회의 어떤 공통적인 현상으로 의미를 부여하며, 반면 사회적 사건을 개인적인 체험으로 수용시킬 수 있는 바람직한 능력을 갖고 있는 것은 바로 이 때문이며, 사회와 개인이 독립변수로 자존할 수 없다는 교훈을 알려주는 것도 이 때문이다"(김병익)는 사실이 주목된다. 아울러 채만식의 『태평천하』를 통해 볼 때 "식민지 시대의 사회적 구조 속에서 살고 있는 여러 계층과 유형적 인물을 통해서 독립운동을 할 만한 의식을 가지고 있지 못한 사람들의 삶이 어떠한 것인지 보여 준다. 그것은 전통적인 사회의 몰락과정이면서 동시에 새로운 사회형성과정의 혼란이라고 파악된다. 왜냐하면 채만식의 주인공들은 대부분 신식문물의 희생자로 나타나고 있기 때문이다"(김치수)는 지적도 타당한 것이다.

때로 이들 두 작가를 특징지워 "보수주의적인 세계관을 가졌기 때문에 덕기를 내세우고 개화기 세대를 비판한 염상섭, 진보주의적인 세계관을 가졌기 때문에 종학을 내세우고 한말 세대를 비판한 채만식"(김현)으로 대비 고찰되기도 하지만, 『삼대』와 『태평천하』를 통해 제기된 민족현실에 대한 문학적 탐색은, 우리의 토착적 삶의 뿌리내림과 새로운 시대적 갈등관계 속에서 제기되는 가치관의 향방에 대한 일대 파노라마를 연출한 것으로 집약될 수 있겠다.

요컨대 식민지 시대를 살아가는 다양한 계층과 인물들을 통해 작가는 당대의 핵심적인 문제를 작품의 중심부에 안치하고, 현실여건에 대한 태도 반응의 모습들이 토착적 삶과 그 정서적 국면에 있어서의 가치지향 양상에 따라 어떻게 환기될 수 있는가를 제시한다. 그리하여 민족적 위기의식을 고양시키고 그것을 비판적으로 수용하게끔 유도함으로써 민족생존의 의지를 문학적으로 형상화시키는 것이다. 현진건의 「고향」, 김동인의 「붉은 산」, 염상섭의 『삼대』, 채만식의 『태평천하』 등은 어떤 면에서 이른바 빙산의 일각에 불과하다. 당대의 치열한 삶의 모습을 문학적으로 형상화한 여타의 많은 작품들이 우리 근대문학사의 지평에 면면한 저류를 이루며 흘러왔기 때문이다.

일상적 현실의 조건과 생활상

 삶과 동떨어진 가치란 존재하기 어렵다는 사실을 굳이 내세우지 않더라도 우리의 모든 현실적 삶의 뿌리는 역사적 현재로서의 일상과 그것을 구체화시키는 여러 조건들에 있다. 식민지적 현실을 일상적 자아의 눈과 입을 통해 작품으로 형상화시킨 소설들은 그런 면에서 또한 중요한 의미를 부여받을 수 있다. 작가는 그가 창조해 낸 작중인물을 통해 반복되는 일상의 뿌리를 검증하고 역사의 방향을 관망·제시한다. 이 시기의 다음과 같은 작품들은 그 대표적인 예에 속하는 것들이다.
 일상적 삶의 조건과 생활상을 작품의 주된 소재로 채택하여 식민지적 현실을 예리하게 파헤친 작품으로 먼저 현진건의 「빈처(貧妻)」(1921)를 들 수 있다. 「빈처」는 당대의 암담한 시대상을 문학지망생인 '나'의 심리와 현실대응의 양상을 통해 증언하고 있으며, 현실의 가난과 고통이 주인공 자신의 게으름이나 무능력에 말미암기보다는, 그 같은 현실을 초래한 일제의 한반도 수탈정책에 있음을 암시한 민족주의의 발로로 생각된다. 현실과 타협하지 않고 나름대로의 의지를 관철시키며 '가난하게' 살아가는 작가지망생 주인공을 두고 '아무짝에도 못쓸 놈이야, 그 잘난 언문 섞어서 무어라고 끄적거려 놓고 제 주제에 무슨 조선에 유명한 문학가가 된다니! 시러배 아들놈!' 하는 식의 평판이 내려지는 일상적 여건을 통해, 작자는 식민지 현실에 순응하여 무의지화되어가는 속물적 세대에 강한 반기를 드는 것이다.
 그렇다고 당대 지식인 계층에 속하는 이들이 뚜렷한 현실타개 방안을 제시할 수 있었던 것은 아니었다. 그래서 현진건의 다른 작품인 「술 권하는 사회」(1921)에서 피력되는 바, '이 사회란 것이 내게 술을 권한다오. 이 조선사회란 것이 술을 권한다오… 저 우리 조선사람으로 성립된 이 사회란 것이 내게 술을 아니 못 먹게 한단 말이요'하는 식의 푸념 내지는 우회적 사회비판의 양상으로 드러나는 것이다.
 이와 함께 현진건의 대표적인 작품 가운데 하나인 「운수좋은 날」(1924)에서는 당시 노동자 계층에 속하는 인물 '김첨지'의 단면적 일상을 통해 찌든 현실의 가난과 비애가 핍진하게 그려지고 있다.

> 그의 아내가 기침으로 쿨룩거리기는 벌써 달포가 넘었다. 조밥도 굶기를 먹다시피 하는 형편이니 물론 약 한첩 써 본 일이 없다.… 따라서 의사에게 보인 적이 없으니 무슨 병인지는 알 수 없으되 반듯이 누워 가지고 일어나기는 새로 모로도 못 눕는 걸 보면 중증은 중증인 듯…

이렇듯 개인적인 현실의 간난이 대사회적인 원인에 의한 것임을 상기시킴으로써, 당대 민족적 삶의 뿌리에 대한 투철한 각성을 일깨우게 되는 것이다. 식민지 시대를 살아가는 하층계급의 애환은, 그것이 작가라는 당대 지식인 계층의 눈을 통해 제기된 것이라 하더라도, 우리 민족의 뼈아픈 일상의 단면이 아닐 수 없다. 작가는 이를 문학적으로 형상화하는 데 있어 객관적인 거리를 유지하는 한편, 현실비판의 날카로운 안목을 보여주지 않으면 안되는 것이다. 여기에 당대를 살아가는 문학인의 민족에 대한 각성이 절실하게 요청된다 하겠다.

그런 면에서 또한 주목을 요하는 작품이 염상섭의 「표본실의 청개구리」(1921)와 「만세전」(1922)이다. 「표본실의 청개구리」에서 그려지는 바 조국을 잃은 당대 지식인의 정신적 좌절과 방황은 작중인물인 '김창억'과 '나'를 통해 매우 리얼한 모습으로 부각되어 있다. 그래서 "어줍잖은 일에조차 일경(日警)이 간섭하려 들었고, 지나친 압제나 신체구검의 자행으로 피해를 입게 되는 지성인의 모습이 '김창억'이요, 직접 그러한 피해를 입지 않았다 해도 그럴 위협을 항상 의식하지 않으면 안되는 일제치하의 지성인의 정신적 파탄을 대변하는 회의적 인물이 '나'라고 할 수 있다"(김중하)는 발언이 가능한 것이다.

이렇듯 「표본실의 청개구리」에서의 '나'의 원인불명의 우울 내지 정신분열적 증세로 표상된 자아인식은 「만세전」에 오면 현실에 대한 보다 깊은 안목과 확대된 사회인식으로 구체화된다. 동경유학생인 '그'는 처가 위독하다는 전보를 받고 귀국하는 길에서 식민지적 현실상황에 직면하게 되는데, 그것은 한마디로 민족의 객관적인 비참상 그것이었다. 따라서 주인공이 당연히 체험하게 되는 현실적 의식의 갈등은 어떤 의미에서의 역사의 기록적 단면일 수 있으며, 식민지 백성임을 자각하게 되는 당대 지식인의 한 전형에 가까운 것이라 하겠다. 작자는 이 같은 현실묘사와 비판적 안목을 통해 현실 극복의 의지를 고양시키는 한편, 일상성에 대한 자각이 곧 민족에 대한 깊은 애정의 실마리를 구체화시키는 것으로 이해하게끔 하고 있다. 그런 면에서 염상섭의 역사인식 태도나 그것의 문학적 형상화의 세부들에 대한 실상 규명은, 민족문학이라는 차원에서 다루어져야 할 중요한 문제라 하겠다.

한편, 김동인의 경우에 있어서도 그의 문학적 지향을 구체화시킨 작품 중의 하나인 「감자」(1925)를 통해 식민지의 일상적 현실 조건과 그 생활상을 핍진하게 그리고 있다. 특히 「감자」의 주인공인 '복녀'는 당대 하층계급의 일상적 삶의 궤적을 추적하는 데 하나의 기준을 제시하고 있다. 왜냐하면 일상적 현실에 대한 대응방안으로서의 모습이 민족 혹은 사회에 대한 직접적 도전보다는, 개인적 차원에서의 가치관 상실이나 도덕적 타락의 모습으로 구체화되어 드러나 있기 때문이다. 그래서 "김동인이 「감자」에서 우리들에게 보여주고 있는 바는 환경 때문에 도덕관 또는 인생관의 타락을 강요당하고 있는 한 인간의 모습"(채훈)이라는 논의를 가능케 한다.

그러나 이러한 실상의 문학적 형상화를 통해 작자는 민족적인 보편감정에 호소하는 측면보다는 개인적인 생활상 자체만을 강조하는 쪽에서 객관적 거리를 유지하고 있기 때문에 '반역사주의자'라는 낙인이 찍히기도 함은 주지하는 바와 같다. 물론 이 같은 김동인의 작가적 태도는 그의 자연주의 혹은 자연주의적 사실주의에 의한 문학적 지향의 차이로도 이해될 수 있다. 그렇지만 민족문화적 이해의 기반 위에서는 일방적인 문학성의 측면, 혹은 예술의 독자적이고도 옹호론적인 측면에서의 평가에만 기울 수 없는 난점이 제기된다 하겠다.

시기적으로는 조금 뒤에 위치하지만 이와는 대조적으로 개인적인 문제가 당대의 시대현실과 사회의 문제로 확장되어 있는 예가 채만식의 「레디메이드 인생」(1934)이다. 채만식의 작품은 대체로 그가 살아온 시대와 사회의 갈등·모순들을 포착하여 형상화한 시대적 기록물의 성격을 띠고 있거니와, 이러한 작품들이 일제 당국의 검열을 피하기 위해 자연히 직설적 표현 대신 우회적 수법을 쓰는 풍자문학의 길을 택하게 되었을 것으로 이해된다. 「레디메이드 인생」은 바로 이와 같은 그의 문학적 태도가 십분 반영된 대표적 단편이다.

「레디메이드 인생」은 작자 자신의 생생한 체험을 소재로 한 것이기도 한데, 식민지 당대의 궁핍한 시대상에 폭넓게 접근하면서 그 중에서도 고등 룸펜 인텔리에 초점을 맞춰 그 실상을 파헤친 소설이다. 특히 주인공이 아들의 교육을 거부하고 노동현실의 작업장으로 내보내는 반지성적 행동은 이 작품의 절정에 해당되는 결말부분에 위치하여 많은 시사를 준다. 그러나 주인공의 이러한 행위가 식민지 교육에 대한 의도적인 비판에서 온 것이든, 단순한 앙탈이거나 극단의 자기풍자에 지나지 않은 것이든 간에, 작가가 주인공을 통해서 "일제 당국의 구호, 교육의 의의, 그리고 인텔리 자신"(이주형)까지도 비판하고 부정함으로써, 당대의 식민지 사회가 정상적인 사회가 아님을 천명한 것은 분명하다.

「레디메이드 인생」은 일제하 식민지 사회의 어두운 일상 현실을 배경으로 무직 인텔리의 한 전형을 설정하고, 이 주인공이 겪는 갈등과 반응을 풍자적으로 서술한 민족문학적 측면에서의 가치가 높은 작품이라 하겠다.

이렇게 볼 때 식민지적 현실 속에서 삶을 영위하기 위한 다양한 계층적 몸부림은, 이 시기 소설의 주된 내용 가운데 하나로 포착되어 민족의식의 각성과 현실여건의 뿌리깊은 원인에 대한 통찰을 환기시키고 있음이 주목된다. 그 생활상의 문학적 형상화의 이면에는 또한 시대와 역사를 보는 작가들의 대사회적 인식이 이 시기의 인텔리 계층에게 있어서 얼마나 절실한 것이었던가를 새삼 일깨우기도 한다.

역사적 소재의 문학적 변용

식민지 시대의 민족문학적 특징의 하나로 거론치 않을 수 없는 사실은 역사적 사실이나 배경·인물들을 근대의식의 측면에서 새롭게 변용 표현한 소설들이 보여주는 경향들이다. 식민지 현실에서 이렇듯이 과거의 역사적 소재를 매개하여 소설을 쓰는 행위 자체가 식민통치하의 민족적 자아각성과 새로운 역사 전환기에 처한 당대 현실인식에 매우 중요한 역할을 수행한 것으로 이해될 수 있기 때문이다.

그런 의미에서 이 시기의 역사소설은 "민족의식의 간접적 고취와 아울러 우리 역사를 민중에게 알린다는 목적의식이 내포되어 있었음을 간과해서는 안된다.… 민족의식으로서의 뚜렷한 성격과 장대한 기구를 가진 픽션을 구하려면 과거의 민족적 현실을 찾아 그것을 작품화하는 것이 손쉬웠고 또 그렇게 하는 것이 무난했다"(장백일)는 지적은 사실에 가까운 것으로 생각된다. 또한 "역사소설이 작가의 체험한계로 인해서 부득이 역사를 매체로 한다는 제약이 있지만 역사자체, 사실(史實) 자체에 흡수되지 않고 뚫고 넘어서는 데서 비롯된다는 것이다. 여기에 작가의 고도한 상상력과 독창적인 역사인식이 필요하게 된다"(전문수)는 발언 역시, 이 시기의 역사소설을 이해하고 평가하는 중요한 지침의 하나가 될 수 있을 것이다.

물론 이 시기의 역사소설에 해당하는 작품들 모두가 과연 바람직한 방향에서 모색된 것이었는가에 대해서는 세심한 검증이 필요하다. 비판적 측면에서 평가되어야 할 예들도 상당수에 이르기 때문이다. 따라서 작가 나름대로의 민족문학적 성격을 표방하고 창작된 경우라 하더라도 그 구체적 실상이 어떠한 것이었는가에 따라 객관적 평가가 달라질 수 있는 것임은 이 시기의 역사소설을 논의하는 가운데 간과되어서는 안 될 중요한 문제로 부각된다.

이 시기의 역사소설 작가로는 이광수와 김동인 그리고 박종화를 꼽을 수 있다. 그런데 이들 개인에 있어서의 창작방법이나 태도는 상당히 다르게 나타난다. 이를 크게 두 유형으로 나누어 보면, 하나는 역사적 특정 사실만을 취재해서 허구화한 역사소설이라 할 수 있고, 다른 하나는 정사적(正史的) 사실에서 취재한 과거 재현의 역사소설로 이해된다. 이와 같은 작가적 태도와 기술방법에 의해 역사소설은 인간에 대한 통시적・공시적인 이해를 가능케 하고 현실에 대한 안목을 갖게 하는 의의를 지니게 되는 것이다.

먼저 이광수의 경우 지속적인 작품활동을 전개한 역사소설 작가로도 공인된다. 그는 『마의태자(麻衣太子)』(1926~27), 『단종애사(端宗哀史)』(1928~29), 『이순신』(1931~32), 『이차돈의 사(死)』(1935~36) 등을 차례로 발표하였는바, 역사소설에 있어서도 뚜렷한 창작활동을 전개하였던 것이다.

그러나 그의 역사인식은 바람직한 방향에서 긍정적으로 받아들여지기 어려운 점들이 많은 것으로 보인다. 그 자신 『단종애사』 '충의절' 서론 부분에서, 이 역사적 사실의 사건이 오늘날 관심거리가 되는 이유에 대하여 다음과 같이 말하고 있다.

> 세살적 버릇이 여든까지 간다. 오백년 전에 있던 우리 조상들의 장처 단처는 오늘날 우리 중에도 너무도 분명하게 너무도 유사하게 드러나는구나. 그 성질이 드러나게 하는 사건까지도 퍽이나 오백년을 새에 두고 서로 같구나. 우리가 역사를 읽는 재미가 여기 있는지도 모른다.

이를 통해 보면 이광수는 역사에 대해 단지 현재에의 대비와 유사성에 의한 되풀이된 상황인식을 가장 큰 효용으로 생각한 듯하다. 그리하여 오백년 전이나 다름없이 지금 민족적 위기의식을 자각해야 할 시기에 있어서도, 그 위상만이 다를 뿐이라는 매우 정태적이고 단선적인 사관에 뿌리를 두고 있다.

이 같은 문제의식으로는 동태적이고 혼란한 시기의 현실상황을 역동적으로 파악해 내기 어렵다. 여기에 이광수 역사소설의 특징과 근본적인 한계가 있다. 물론 이 같은 경향은 단적인 예에 불과할지도 모른다. 그러나 작품의 실제에 있어서도 역사인식의 미숙성과 현실을 대하는 안이한 태도가 드러나고 있음에 비추어 이러한 비판적 사실은 피하기 어려운 것으로 보인다.

김동인 역시 이 시기에 역사적 사실을 소재로 하여 『젊은 그들』(1938~31), 『운현궁의 봄』(1933~34), 『제성대(帝星臺)』(1938~39) 등을 발표한 역사소설 작가에 속하지만, 그의 역사인식의 결함 또한 백낙청이 지적했듯이 이광수식의 "감상적이고 권선징악적 우국지사의 사관"에서 크게 벗어나 있지 않다. 그는 역사에서 소재를 취한 이야기가 어떻게 현재의 측면에서 새롭게 조명되고 현실인식의 뿌리를 제공할 수 있는가에 촛점을 맞추기보다는, 사실(史實)의 소설화를 통한 극적 표현으로 전개한 까닭에, 민족사의 흐름에 대한 통찰력과 건전한 민족의식의 희구에 올바로 접근하지 못하게 되는 것이다.

『젊은 그들』의 경우만 하더라도 그 자신 '『젊은 그들』은 역사소설이 아니다'라고 하고 있거니와, 허구화를 지향하여 창작한 픽션에 있어서도 역사소설로서 추구되어야 할 현실이해의 자각과 의지는 최소한 제시되었어야 할 것이다. 그래서 그의 역사소설 역시 유미주의적인 입장을 지킨 것으로도 평가되지만, 문제는 역사적 소재를 단순한 과거 문화에의 재현과 풍속·도덕적인 제도 이해의 발판으로 삼는 차원에 있어서는 무역사적 시대인식이 문학을 단순한 흥미거리로 전락시킬 위험을 내포하게 된다는 점인 것이다. 이 점이 김동인의 역사소설을 민족문학의 측면에서 검토할 때 심각하게 제기된다 하겠다.

이렇게 볼 때 이광수와 김동인은 앞에서 말한 역사소설의 두 유형 가운데 전자에 해당하는 역사적 특정 사실만을 취재해서 허구화한 역사소설의 부류에 속하는 작품경향을 지녔다고 할 수 있다.

반면 이와는 다른 작가적 태도와 창작방법을 견지한 역사소설 작가에 박종화가 있다. 그는 우리 문학사상 평생에 걸쳐 역사소설을 쓴 작가로도 정평이 나 있는데, 우리나라 최초의 근대적 역사소설로 공인되는「목매이는 여자」(1923)로부터 시작된 그의 역사소설 창작은『금삼(錦衫)의 피』(1936),『아랑의 정조』(1937),『대춘부(待春賦)』(1937~38) 등, 열거하자면 상당수에 이른다.

그의 작품경향은 대체로 앞에서 제시한 유형 가운데 후자에 속하는 정사적 사실에서 취재한 과거 사실(史實)의 현대적 변용표현에 가깝다고 할 수 있다. 박종화는 이 정사적 사실의 소설화를 통해 당대 식민지 현실에서 지향해야 할 민족적 삶의 뿌리를 확인하고, 새로운 이정표를 세워가야 할 사명감을 고취시키는 데 남다른 정열을 보였던 것으로 이해된다. 그의 이 같은 민족주의는 거의 모든 작품 속에 일관되어 있으며, 강한 이상주의에 기초하고 있다. 그것이 때로 낭만적인 색채를 띠므로 해서 다소의 비판이나 오해도 야기되지만, 분명 박종화는 민족문학에의 의지를 그의 작품에 집약시키고 있는 정통적 역사소설 작가라 하겠다. 그 같은 실례를 다음과 같은「민족문학과 나의 창작태도」라는 글 속에서 확인할 수 있다.

> 역사소설이 현대소설보다 가장 편의((便宜))한 점이 가령 민족혼을 은근히 일으킨다든지 정의감을 부채질해서 현실의 불의를 응징할 때라든지 나는 이런 때 많은 효과를 보았다고 생각합니다.… 정의파작가가 이러한 역사적 방법을 쓰는 것은 결코 이것은 도피가 아니올시다.

이렇듯 역사소설은 결코 현실도피가 아니라 그 효과에 있어서 강한 민족적 정서를 환기시킬 수 있음에 주목하였던 것으로 이해된다.

실제로 『아랑의 정조』를 보면 역사적 사실(『三國史記』 列傳의 「都彌傳」이 그 근간을 이룬다)을 문학적으로 변용하여, 개인적 차원의 부조리 내지 권력에의 희생 일화가 민족사적으로 어떤 의의를 지니며 새롭게 인식될 수 있는가를 구체화시키고 있다. 이 같은 박종화의 역사인식 태도에서 당대 식민지 현실의 암울한 그늘이 어떻게 정신적으로 이해되고 극복될 수 있으며, 보다 건실한 삶을 이룩하려는 작가의식과 합치되는 데서 창조적으로 형상화될 수 있는가를 엿볼 수 있게 한다.

요컨대 식민지적 상황 하에서 역사적 사실을 작품의 소재로 도입하여 작품활동을 전개한 작가들은, 그들이 그려내는 바 역사 속에서의 민족적 자기동질성의 회복을 의도하고 때로는 현실적 민족수난에 대응하는 역사상황을 일반대중에게 쉽게 공감·이해할 수 있도록 작품화하는 데 많은 노력을 경주하였던 것이다. 그러한 지향적 의식 속에서 민족문학적 성과는 튼튼한 뿌리를 내릴 수 있는 토양을 확보하게 된다. 그러나 이러한 지향적 의식이 이 시기의 역사소설 작가들에게 있어 얼마만큼 투철한 것으로 추구되었는지에 대해서는 부단한 검증이 요구된다. 앞에서 보았듯이 그 결과가 때로 긍정적 성과보다는 비판적 요소가 강한 것으로 드러나기도 하기 때문이다. 그럼에도 불구하고 우리가 이 시기의 역사소설을 주목하는 것은 이러한 부정적 경향이 후대에 내려오면서 비판·극복되고, 긍정적 측면은 더욱 발전적으로 수용되어 뚜렷한 민족문학의 방향 정립에 기여한 바 크다는 평가로 그 의의를 대신할 수 있기 때문이다.

이상에서 살펴보았듯이 1920년대의 소설을 중심으로 한 민족적 현실의 소설적 형상화는, 그것이 식민지 시대의 민족문학으로 불리어 질 수 있는 성격적 특징을 갖는 데서 문학사적으로 중요한 의미를 지닌다. 뿐만 아니라 그 다양한 존재양상에 대한 오늘날의 이해와 비판적 수용으로 하여, 우리 문학사의 새로운 기틀과 방향을 암시한 성과 가운데 하나로 평가된다는 데 보다 중요한 가치가 있는 듯하다. 투철한 역사의식을 바탕으로 현실에 대한 진지한 탐구정신을 문학적으로 형상화시키는 작업은 어느 시기에 있어서도 지속적으로 추구되어야 할 민족문학적 과제이다. 그런 점에서 이 시기의 소설들이 보여준 민족문학적 공과(功過)는, 그것이 오늘의 민족문학을 이끌어 나가고 바람직한 측면에서 창조될 수 있는 터전을 제공한다는 면에서 문학의 역사성과 시대적 추이(推移)의 중요성을 새삼 일깨우고 있다 하겠다.

6. 희곡문학의 초기적 정착

희곡은 근대문학의 3대 장르 가운데 하나면서도 우리 문학사에 있어서는 근대적 장르 자각이나 작품 생산에 있어 비교적 저조한 성과를 보였다고 할 수 있다. 이러한 측면은 물론 전통부재를 의미하는 것은 아니다. 우리의 전 문학사를 통해볼 때 일찍부터 풍성한 연행(무대상연)예술의 형태들이 존재해 왔고, 또 그 세부적 내용을 구성하는 문학적 상관물들이 특히 구비전승의 형태로 전해 내려왔으며, 보다 직접적으로는 탈춤이나 꼭둑각시놀음·인형극 등과 같은 전통 연행예술들이 오늘날까지도 엄연히 존재하고 있기 때문이다.

그러나 근대문학적 자각을 보인 20세기 초의 문학예술인들에게 있어서는 이 연행을 전제로 한 장르 형태에 대해 깊이 있는 인식을 갖추지 못하고 있었던 까닭에, 당대의 새로운 가치의식과 세계관의 변모에 따른 혼란 속에서 서구적 개념으로서의 연극이나 희곡관을 앞세워 전통단절의 양상을 띠게 된 것으로 보인다. 뿐만 아니라 이러한 20세기 초의 시각에 서 있는 문학인들에게 있어서도 희곡은 시나 소설과 같은 장르에 비해 그 작품의 양이나 질에 있어서 매우 뒤떨어져 있는 것이 사실이다. 그 이유는 아마도, 첫째 조선조 이후 유교 모럴에 의한 연극 천시 경향에 말미암을 것이며, 둘째 연극에 대한 이해 부족과 그로 인한 매스미디어에서의 희곡 기피증 및 비평부재의 현실 초래로 재능 있는 작가가 희곡 쓰기에 관심을 갖지 않은 데 있을 것이며, 셋째로는 천재적인 극작가가 배출되지 않은 것 등에 있을 것이다. 아울러 희곡은 그 성격상 독서물로서보다는 무대상연을 전제로 하고 있다는 점에서 이 시기 공연을 위한 적절한 공간확보가 미흡했다는 사실도 그 원인 가운데 하나일 것이다.

그리하여 우리의 근대적 희곡문학은 그 구체적 형성기에서부터 많은 혼란과 문제점을 안고 있었으며, 그것이 점차 극복되면서 초기적 정착을 맞을 때까지도 상당한 어려움을 겪었던 것으로 보인다.

대체로 보아 우리의 근대적 희곡문학은 전통예술인 판소리의 연행문학적 성격을 확대하여 1900년대에 등장한 새로운 무대예술 창극(唱劇)으로부터 근대적 예술로의 변모를 서서히 준비하고, 다시 이러한 창극을 지양하는 사회풍조 속에서 일본으로부터 도입된 신파극(新派劇)이 그 자리를 대신 차지하고 등장하게 된 1910년대에 새로운 전환을 맞이하게 되는데, 1930년대까지 지속된 이 신파극의 성행 속에서도 1910년대에 이미 몇몇 새로운 각성을 보인 작가들에 의해 근대적 성격의 희곡이 태동하게 되는 것으로 보이며, 이후 1920년대에 들어서면서 결성된 〈극예술협회〉와 〈토월회〉를 중심으로 근대 희곡의 초기적 정착이 이루어지는 것으로 보인다. (우리의 근대희곡사에 관한 본격 논의는 유민영, 『한국현대희곡사』(기린원. 1988) ; 서연호, 『한국근대희곡사연구』(고려대학교 민족문화연구소, 1982)를 참조)

이렇게 놓고 볼 때, 한국문학사에 있어서의 근대 희곡문학도 다른 근대적 성격을 확보하게 된 문학장르들과 마찬가지로 개화와 계몽의 시기를 거치면서 새로운 움직임을 보이기 시작하다가, 1910년대와 3·1운동 이후의 1920년대에 이르러 어느 정도의 기반을 확보하게 되는 것으로 보이는데, 그러한 기반 확보의 이면에는 식민지적 현실의 질곡과 정신사적 갈등의 과정이 필연적으로 반영된 성격적 특징을 드러내고 있는 것으로 보인다. 그 거시적 흐름과 주목되는 국면의 사실들을 중심으로 간략히 정리해보면 다음과 같다.

신파극(新派劇)의 등장과 지속

우리나라에 있어서의 신파극이란 1910년대에 성행하기 시작하여 1920, 30년대까지 상업적 대중연극으로 지속된 통속극을 말한다. '신파'라는 말은 원래 일본에서 쓰인 것으로서, 그들의 대표적 전통 연극인 가부끼〔歌舞伎〕를 '구파(舊派)'라 하고 이에 대응하는 초창기 근대극을 신파라 한 데서 온 것이다. 일본의 신파극은 특히 1900년대에는 가정 내부의 갈등과 남녀간의 애정 파란을 감상적으로 다루는 멜로드라마로 이행되어 전성기를 누렸는데, 1910년대 한국의 신파극은 이러한 신파극이 등장하기 이전에 있어서도 우리의 자생적 전통예술에 바탕을 둔 새로운 연극적 움직임이 없었던 것은 아니었다. 판소리의 연행예술적 성격을 확대하여 등장한 새로운 무대예술인 창극이 바로 그것이었는데, 1902년에 결성된 〈협률사(協律社)〉와 1908년에 결성된 〈원각사(圓覺社)〉라는 연희단체를 중심으로 판소리계 소설들이 각색된 형태로 상연되기도 했고, 나중에는 당대의 사실로부터 내용을 꾸민 신작창극「은세계」(1908)와 같은 작품이 공연되기도 했다. (「은세계」는 당대에 「최병도 타령」으로 널리 알려진 것인데 무대 상연시의 제목이 이와 같으며, 이인직의 동명으로된 신소설은 이「최병도 타령」을 바탕으로 하여 지어진 것이다. 자세한 논의는 崔元植,「銀世界」硏究,『民族文學의 論理』, 창작과 비평사, 1982, pp.37-67참조) 그러나 이러한 창극은 1909년 일제에 의해 창극단체들이 해산되면서 그들에 의해 적극 도입된 신파극이 그 자리를 대신 차지하게 된 것이다.

 새로운 무대예술로 각광을 받은 신파극은 극단수에 있어서 1910년대에 만든 임성구 일행의 〈혁신단〉(1911)을 필두로 윤백남의 〈문수성〉(1912), 이기세의 〈예성좌〉(1916), 김소랑의 〈취성좌〉(1918) 등 20여개나 되며, 그 상연 작품 수도「불효 천벌」(1911),「육혈포 강도」(1912),「장한몽」(1913),「코-시카의 형제」(1916) 등 일본 신파극을 흉내낸 작품으로부터 신소설 각색·번안물, 서구 통속소설 각색작품 등이 주류를 이루어 100여편이 훨씬 넘는다.

 이러한 신파극이 대중을 확보하고 또 공감을 얻어 유행하게 된 데에는 당대 친일의식의 확산을 노려 대대적으로 선전·광고한 일제 기관지『매일신보』의 영향이 컸던 바, 여기에 대중들에게 널리 알려진 인기 소설들이 각색되어 무대에 올려진 것도 큰 이유 가운데 하나였다. 더욱이 신파극의 주요 내용을 이루는 남녀간의 애정갈등이나 만남과 헤어짐의 애절한 사연, 의리와 인정, 선악의 대결, 회한과 눈물 등의 감상적 낭만성은 당대 식민지 현실의 질곡에 놓여 있는 대중들에게 위안의 대상으로서 강하게 어필하였고, 일제는 이 점을 노려 식민지 대중의 불만이나 상황인식을 흐리게 함으로써 현실적 상황에 대한 도전이나 극복의지를 잠재우는 적절한 기회로 삼았던 까닭에 대중 속에 깊숙히 침투해 들어갔던 것이다. 따라서 이러한 신파극은 김홍규가 지적했듯이 대중들에게 자기 자신의 삶과 현실을 냉철하게 인식하기보다는 막연한 감상과 패배주의적 상투성에 빠져들도록 한 점에서 심각한 문제성을 띤 것'이었다고 하겠다. 이러한 비판적 측면에 대하여 당대 뜻있는 지식층에서도 신파극의 내용을 비난·경고하는 글을 내놓은 바 있는데, 그것이 특히 『매일신보』(1912.5.28일자)의 기사로 실린 것은 아이러니컬한 일이기도 하다.

희곡문학의 측면에서 볼 때, 신파극은 배역의 어색하게 과장된 대사와 동작, 갈등→고난→해결의 상투적 구성, 통속적 사실을 바탕으로 한 내용 등이 주류를 이루어 그 수준이 저급하다고 하겠으며, 사실 창작·각색·번안된 작품들인 경우에도 독서물로서 취급될 수 있는 희곡적 대본이 없다시피 하므로 그 구체적 성과를 말하기 어렵다.

1910년대 이후 신파극은 이른바 1920년대의 개량신파와 1930년대의 고등신파의 형태로 토착화의 길을 걷게 되는데, 몇가지의 기법적 변화나 현실적 소재의 변용 등을 추구하였음에도 그 성격에 있어서는 상업화된 감상주의의 한계를 넘어서지 못하였음은 주지의 사실이다.

근대적 희곡의 태동

신파극이 이전의 희곡문학적 성격들에 비해 다소 새로운 면모를 보여준 것이기는 하였지만 근대적 성격의 것으로 보기는 어렵다. 우리의 근대적 성격의 희곡문학은 이러한 신파극의 비판적 성격을 지양하고 보다 각성된 의식 아래 현실을 바라보게 된 데서 태동하게 되는 것으로 보인다.

그 구체적 움직임은 신파극이 한창 성행하며 대중 속으로 침투해 들어가던 1910년대와 시기적으로 공존하고 있는데, 이 시기에 활자화되어 발표된 조일제의 「병자삼인(病者三人)」(1912), 윤백남의 「운명」(1910년대), 최승만의 「황혼」(1919) 등에서 그것을 확인할 수 있다. 이러한 창작희곡들은 신파극처럼 상업주의에 물들지도 않고 개화나 계몽의식을 주제로 하여 당대 사회상을 풍자하거나 가치의식의 혼란을 반영하는 등의 현실인식의 단면을 보여줌으로써 새로운 희곡적 가능성을 제시하고 있다.

먼저 조일제의 「병자삼인」(전 4 장)은 『매일신보』에 연재되었는데, 당대 개화와 가치의식의 변환 속에서 추구된 여권신장의 비판적 측면을 소극(笑劇)의 형태로써 표출한 작품이다. 세 부부를 주인공으로 하여 부인들이 남편들보다 월등한 위치에서 그들을 종속시키고 있는 상황을 설정하고, 다시 부인들에 의해 남편들이 곤욕을 치르는 사건을 전개한 다음, 그녀들에게 거짓 환자 행세로 맞서 대항하는 남편들의 행위를 거쳐, 결국 부인들이 항복함으로써 화해에 이르는 구성·내용으로 이루어져 있는 것이다. 여기에서 작가는 어떤 구체적인 근대적 자각을 형상화시키고 있다기보다는 사회풍조의 한 단면을 풍자하는 데 그치고 있다는 면에서 한계를 지니고 있기는 하지만, 새로운 질서 속에서 현실을 재구성하고 있는 면모는 주목할 만한 사실이라 하겠다.

다음으로 윤백남의 「운명」(1막2장)은 1921년 고학생 극단 「갈듭회」에 의해 초연된 것으로, 이화학당 출신의 인텔리 신여성이 전도사인 아버지의 강압으로 하와이 이민교포와 사진결혼을 했는데, 남편은 무식한 주정뱅이 구두수선공이었던 바 완전히 허탈해 있는 상황에서, 고국의 옛 애인이 도미유학 중 하와이에 들러 재회하게 되면서 갈등이 야기되고, 두 남자간의 싸움으로 남편이 죽자 다시 옛 애인과의 관계를 회복하게 된다는 구성·내용으로 이루어져 있는 작품이다.

이 작품을 통해 작가는 당대 신여성의 서양에 대한 동경과 허영심, 그리고 유행 풍조였던 사진결혼을 전통적인 강제결혼의 폐단과 결부시켜, 현실적 실상의 한 단면을 비판하고 있다. 그러나 옛 애인을 등장시켜 살인에까지 이르고 깊이 있는 생각없이 쉽게 타협해버리는 결말은 적절한 상황처리라 하기는 어렵다.

이 시기의 결혼관이나 자유연애사상이 전통적 권위의식과 부딪히면서 생겨난 갈등을 보다 심각하게 제기하고 있는 작품이 최승만의 「황혼」(4막)이다. 이 작품은 『창조』 창간호에 실렸는데, 부모의 결정으로 이루어진 결혼이 신여성과의 연애로 갈등을 맞게 되자, 부모에게 아내와의 이혼을 요구하다 극한대립을 보이게 되고, 결국 그 벽에 부딪혀 좌절당하고 애인의 품에서 자살하게 된다는 구성·내용으로 이루어져 있다.

이렇듯 1910년대에 쓰여진 대표적 몇 작품을 통해 살펴본 이 시기 희곡문학의 특징적 자각의 면모를 어느 정도 발견해 낼 수 있다. 그러나 이들로 대표된 1910년대의 희곡들은 대부분 계몽적 목적성을 바탕으로 하고 있기에, 전반적으로 설교적·설득적인 어조가 강하게 부각되어 있다. 예컨대「운명」의 한 구절인 "사진결혼의 독즙이올시다. 부권(父權)의 남용이올시다. 그러헌 그릇된 도의와 부유(腐儒)의 습속이 우리 조선사회에서 사라지기 전에는 우리 사회는 얼 빠진 등걸밧게 남을 것이 업습니다."는 이를 여실히 대변해 준다. 이러한 비판적 측면들이 다시 지양되면서 예술성이 확보될 때, 보다 발전적인 차원에서 본격 근대 희곡문학이 정착될 수 있을 것이다. 바로 여기에 이 시기의 희곡문학이 지닌 특징적 성격과 한계가 있다고 하겠다.

근대희곡의 초기적 정착

희곡문학이 나름대로의 예술성을 확보하고 정착되게 된 시기는 3·1운동을 겪고 난 이후인 1920년대에 들어서이다. 1910년대에 어느 정도 근대성을 띠고 지상(紙上)에 발표된 작품수가 불과 10편을 넘지 않았던 것에 비해, 이 1920년대에는 상당수의 전문 극작가도 배출되었고 또 많은 작품들이 지상으로 발표되거나 공연되었던 것이다.

이 같은 구체적 성과는 희곡 혹은 연극에 본격적인 관심을 가지고 연구자적 자세를 확립한 이들에 의해 결성된 〈극예술협회〉(1920)와 〈토월회〉(1922)를 중심으로 이루어졌다. 〈극예술협회〉는 김우진·조명희 등이 중심이 되어 활동하였는데, 이론적 기초확립과 작품창작 및 공연활동에 있어 상당히 주목될 만한 결과를 보여주었고, 박승희가 중심이 되어 활동한 〈토월회〉는 예술동호회의 성격을 띠며 비교적 장기간(1931년 말까지) 활동하고, 공연된 작품수도 상당한 정도에 이르는 등, 근대적 전문극단의 면모를 보여주었다.

이 시기의 대표적 희곡작가와 작품들로는, 우선 조명희의「김영일의 사(死)」(1910년 창작·1921년 공연)와「파사(婆娑)」(1923)를 들 수 있다. 이들 작품을 통해 추출할 수 있는 조명희의 작품세계는 그가 다른 문학장르를 통해서도 추구한 바 궁핍한 식민지 현실의 고발이며, 작품 구성의 면에 있어서는 다소 미흡한 점들을 노출시키고 있으나 인간의 자유와 평등사상 및 반봉건・인습타파 등의 정신사적 맥락을 배경으로 성격창조에 어느 정도 성공하고 있음은 주목할 만한 점이다. 「파사」라는 작품에서 고대 중국의 폭군에 항거하는 민중적 대항세력의 말과 행동을 제시한 다음, 인도주의적 정신을 바탕으로 그를 시해하기에 이르는 결말을 통해 일제를 비판하고 있는 것은 그 하나의 예에 속한다.

다음으로 김우진의 「이영녀」(1925)와 「산돼지」(1926)를 들 수 있는데, 김우진은 이 시기에 있어서 우리의 근대 희곡문학이 정착하게 되는 과정에 위치하여 이론・창작・공연의 면에서 가장 두드러진 업적을 남긴 인물로 일컬어진다. 그의 작품적 경향에 나타난 특징은 대체로 식민지적 현실 속에서 근대 지식인이 직면한 개인과 사회의 갈등 및 그 과정에서 야기되는 좌절・비판적 시각확보 등을 형상화하려는 시도에 있는 것으로 보인다. 「이영녀」와 같은 작품에서는 식민지 시대의 궁핍한 사회상과 부조리하고 불균형한 삶의 실상을 배경으로, 하층 여인이 생존을 위해 매음을 하며 비극적 인생을 살아가는 모습을 극화했다. 또 「산돼지」는 그가 자살하던 해 마지막으로 쓴 작품으로, 동학군에 가담했다 처형된 친부모를 둔 청년기의 주인공이 그 사실을 숨기며 순응적 삶을 요구하는 양부모와, 가치지향을 달리하는 신・구 두 여성의 복합적 갈등관계 속에서 번민하는 모습을 그리고 있는데, '산돼지'로 표상된 사회개혁사상과 전통적 인습의 속박에서 벗어나려는 등장인물들의 내면의식 확대를 통해 이에 대한 문제의식을 노출시키고 있다는 점에서 주목될 만한 작품이다.

한편, 이들과는 다소 경향을 달리하는 측면에서 활동을 한 박승희의 「길식」(1923)과 「이 대감 망할 대감」(1928)을 또한 들 수 있다. 박승희는 특히 극단 「토월회」를 1924년에 개인 소유의 전문극단으로 바꾸어 연극의 대중화에 힘쓴 행적을 보여주었으며, 전반적으로 감상성이 짙은 성격적 특징을 보이면서도 「이 대감 망할 대감」과 같은 작품에서는 우리의 고전소설 「배비장전」에서 소재를 취하여 희극적 재구성을 시도함으로써 대중성의 문제를 나름대로 추구한 것은, 그 비판적 측면과 함께 논의될 만한 당대 추세의 한 단면이라 하겠다. 이와 함께 박승희에게 주목될 만한 작품에 유명한 「아리랑 고개」가 있는데, 암담한 식민지 현실 속에서 일제에게 땅을 빼앗기고 북간도로 쫓겨가는 한 가족의 처지를 극화하고 있다는 점에서 강한 사회성을 띤 것이었다. 이 작품은 1929년에 공연되어 상당한 호응을 얻은 그의 대표작이나, 희곡은 전하지 않아 연출을 맡았던 박진의 회고로 재구성되기도 했다.

이밖에도 이 시기 우리의 근대 희곡문학이 하나의 구체적 장르로서 정착하게 된 데에는 근대 최초의 희곡집으로 알려진『황야에서』(1922)를 낸 김영보나, 언론계에 종사하면서「기적 불 때」(1924), 〈십오분간〉(1924) 등을 발표한 김정진 등이 현실의 비판적 단면을 포착하여 작품화하는 면모를 보여주었다는 사실들도 기여한 바 크다 하겠다.

이렇게 볼 때, 이 시기의 희곡문학이 지니고 있는 특징적 면모는 무엇보다도 식민지 현실에 대한 비판적 시각을 통해 현상인식의 한 단면을 제시하였다는 데 있을 것이며, 그 현실인식의 구체적 내용을 이루는 갈등적 삶의 현실, 가치관의 혼란, 부정적 세태묘사 등은 때로 문학적 혹은 극적 형상화의 정도가 문제되기는 하지만 주목할 만한 것으로 평가될 수 있겠다. 뿐만 아니라 서구 연극적 발상이기는 하지만 특히 김우진을 중심으로 시도된 표현주의・사실주의 극의 실험적 상연은 그 기법적 차원에 있어서 근대적 자각을 보인 성과의 하나라 하겠다. 그러나 이 시기의 실상이 보여주는 바 관객확보의 실패와 특히 〈토월회〉가 중심이 되어 전개된 서구 연극의 모방적 수용은 반성되어야 할 중요한 사실로 지적된다. 이 문제는 곧 우리의 민족적 자기동질성에 입각한 공감대 형성과 민족적 정서의 발현이라는 당위적 시대명제와 직결되는 것이기 때문이다.

이후 우리의 근대 희곡문학은 이와 같은 1920년대의 공과(功過)를 바탕으로 사실주의적인 정신에 입각한 민족의식의 정서적 구현에 보다 주의를 기울이게 되는데, 1930년대를 대표하는 유치진은 바로 그러한 문제의식을 지닌 극작가의 한 사람이라 하겠다.

제4부 성숙기 근대문학 : 프로문학과 민족주의문학

1. 초기 프로문학운동의 양상

⑴ 신경향파 시기의 프로문학의 양상

신경향파문학의 어의

신경향파문학이란 프롤레타리아문학의 전단계, 즉 목적의식적 계급성이 확고히 드러나지 않은 채로 사회적 모순을 개인적 차원에서 폭로와 고발로 표현하던 시기의 문학을 가리키는 말로 자연발생적 프로문학이라 칭할 수 있다. 임화(林和)는 신경향파문학을 말 그대로 막연한 경향성으로만 존재하는 일종의 혼효상태나 과도기의 문학이라 했으며, 박영희는 부르주아문학의 전통과 전형에서 벗어나와서 새로운 경향을 보여주었던 각 작품에 나타난 색채를 종합적으로 대표한 말이라고 하였다.

신경향파문학의 형성과 성격

신경향파문학이 정확히 언제부터 태동되었느냐는 사실과 관련하여서는

3·1운동 이후 확산되는 노동자 계급의 형성과 노동운동의 전개와 분리시켜 이해하기는 어렵다. 홍정선 같은 경우는 사회주의사상과 진화론을 토대로 하여 종합지계열에 의해 팽배해진 생활개혁의지가 신경향파의 생활문학론으로 이어졌다 하여 1920년 초반까지 거슬러 올라갈 수 있다고 하였다.

초기 프로문학운동의 대표적 이론가의 한 사람인 팔봉 김기진(八峰 金基鎭)은 회고에서 3·1운동을 전후하여 민주주의 사상운동의 전조선 총본영인 청년단연합회의 해산을 가져왔으며, 그 대신 최초의 사회주의자 단체, 노동당대회를 보게 된 것은 민족주의 운동에 대한 사회주의 운동의 승리를 의미하는 것으로 이러한 사상적 조류는 당연히 문학권에도 파급될 수밖에 없었다고 지적하고 있다.(「10년간 조선문예 변천과정」,『조선일보』1929.1.1~2) 그리하여 종래 일반 문단의 유파나 경향, 특히 자연주의와 낭만주의에 이끌려 모방이나 하고 있던 문단에 이 새로운 조류는 당연한 충격파로 다가오게 되었다.

실제로 이미 이 시기에 문예방면에서도 비록 동인(同人) 형식에서 크게 벗어난 것은 아니지만 조직체가 태동되고 있었다. 즉 1922년 9월에 이적효(李赤曉), 이호(李浩), 김홍파(金紅波), 김두수(金斗洙), 최승일(崔承一), 심대섭(沈大燮), 김영팔(金永八), 송영(宋影) 등이 '해방문화의 연구와 운동'을 목적으로 〈염군사(焰群社)〉를 조직했다. 〈염군사〉는 그 강령으로 "우리들은 무산 계급 해방을 위해 문화를 가지고 싸운다"라는 등 명확한 계급문학의 기치를 내걸었지만, 사실 동인들은 완성된 시인, 소설가라기보다는 사회운동을 문학으로 하겠다는 정치청년(당시 사상운동을 하는 청년을 이렇게 불렀다)들로 문예 동호인 성격의 집단이었다. 이 단체는 그 뒤로도 문학적 역량보다는 확연한 투사의식이 있으면 가입시켜 토요회, 신흥청년동맹 등의 동인들이 참여하기도 하였다. 문학부, 연극부, 음악부를 가진 〈염군사〉의 활동에 대해서는 자세한 기록이 거의 없지만 문학부에서 동인잡지『염군』첫호를 발행하고, 제2호로 '국제무산부인데이 특집호'를 준비했다가 경무국의 검열을 통과하지 못해 발행하지 못하고, 또한 연극부에서「먼 동이 틀 때」(심훈 작),「선술집」(최승일 작) 등을 준비했으나 무대엔 올리지 못했고, 음악부에서는 합창단을 조직해 노총·농총 창립대회에서 격려 합창을 몇번인가 했다는 기록이 있다.

이에 비해 그 이듬해에 조직된 〈파스큘라〉는 본격적인 문학가 조직이라 할 수 있다. 박영희(朴英熙), 김기진, 김복진(金復鎭), 안석영(安夕影), 이익상(李益相), 김형원(金炯元), 연학년(延鶴年) 등을 구성원으로 하여 이들의 이름 머리글자를 따서 단체 이름으로 삼은 〈파스큘라〉는 〈염군사〉보다 문학적 역량이 우위에 있었고, 또한 당시 문단에서의 영향력이 훨씬 컸다. 한편 이 〈파스큘라〉가 조직되기까지에 있어 김기진의 역할은 빼놓을 수가 없다. 신경향파 시기에 김기진과 쌍벽을 이루는 박영희의 다음과 같은 회고는 그것을 잘 말해주고 있다. 박영희는 그때 당시 문단을 풍미하던 〈백조(白潮)〉파의 일원으로 맹활약을 하고 있었다.

"이러한 보헤미안들 가운데는 점점 붕괴작용이 생기기 시작하였다.…… 김기진 군을 새로 동인으로 추천하여 군의 작품이 게재된 때를 한 형식적 계기로서 동인들 가운데는 커다란 회의의 흑운(黑雲)이 떠돌았다. 그것은 예술을 위한 예술, 퇴색되어 가는 상아탑에 만족을 얻지 못한 만큼 사물에 대한 객관적 관찰이 성장하기 시작하였다. 내 자신도 급격한 예술상·사상상 변화와 현실의 새로운 정당한 인식이 시작되었다. 김군과 나는 『개벽』지로 필단(筆端)을 옮기고 말았다. 여기서부터 신경향파문학이라는 한 매개적 단계가 시작되었다."(「백조——화려하던 시절」, 『조선일보』 1933. 9. 14)

김기진은 당시 일본에 유학해서 그간 예술지상주의, 유미주의, 데카당스 등에 빠져있던 자신을 반성하고 1922년 무렵부터 일본에 급속히 확산되고 사회주의 운동에 영향을 받아 이에 경도된다. 특히 아소우 히사시(麻生久)와 친교하면서 감화를 받은 김기진은 투르게네프와 특히 바르뷔스주의에 깊이 빠져든다.

"일본에 있을 때 사회주의 운동의 영향을 받고 로맹 롤랑과 앙리 바르뷔스의 논쟁문을 읽고서 나는 나의 사상에 중대한 전환을 일으켰다. 나는 그때『백조』 동인의 1인으로서 잡지『장미촌』 이래의 상징파 시인들을 사숙하는 듯싶은 유일한 친우 회월(懷月) 박영희에게 서신으로 나의 사상의 전환을 알렸다. 그때까지의 나와 회월의 사상은 예술지상주의였다. 동경과 서울 사이를 왕복한 서신을 모아 두었더라면 굉장한 매수가 될 것이다."(「나와 카프 시대」, 『서울신문』 1955. 10. 5)

이러한 김기진의 역할과 박영희의 사상적 전환, 그리고 사회 각 분야에 파급되는 사회주의 운동에 의해 조직된 〈염군사〉〈파스큘라〉 등, 그리고『개벽』등의 출판매체에 대한 관심과 함께 김기진, 박영희 등의 활발한 비평적 활동에 의해 신경향파문학운동은 본격화되기 시작한다. 김기진의「클라르테 운동의 세계화」(『개벽』1923년 9월),「바르뷔스 대 로맹 롤랑의 논쟁」(『개벽』1923년 10월),「또다시 클라르테 운동에 대해서」(『개벽』1923년 11월)는 바로 신경향파문학운동의 초기 이론적 근거가 되는 바르뷔스 주의의 소개문이다. 일본에서도 이 바르뷔스 주의는 일본 프로문학의 초기 중심잡지인『씨뿌리는 사람』의 이론적 토대였다. 김기진의 초기 문학관은 이처럼 바르뷔스를 통한 마르크스주의의 수용으로 특징화되는데, 무엇보다도 먼저 사회개혁을 선결과제로 제시하여 문학은 자연히 그것을 위한 도구로 간주되었다. '예술이 제한당하는 사회적 조건을 가지고 있는 현대의 모든 사회를 부정하고, 예술을 생의 본연한 자유의 길로 해방시키기 위하여 먼저 사회조직과 데카당적 부르주아 문화를 근본적으로 파괴하고자 하는 현실혁명'은 그런 점에서 현재의 문학운동의 지침이 된다. 즉 '본연한 문학'이 발생할 수 없는 상황 하에서는 그 상황의 개혁을 위한 '본연한 요구의 문학'이어야 한다는 주장이었다. 이러한 인식에 따라 예술성은 잠시 유보되고 공리성만을 취해야만 한다는 것이 그의 주장이다. 이상과 같은 논점은「지배계급의 교화와 피지배계급의 교화」(『개벽』1924년 1월),「금일의 문학, 명일의 문학」(『개벽』1924년 2월) 등에 잘 나타나 있다.

박영희 역시 김기진과 비슷한 관점에서 무산계급문학을 논했다. 그의 주요 평론으로는「문학상 공리적 가치 여하」(『개벽』1925년 2월),「고민문학의 필연성」(『개벽』1925년 7월),「신경향파의문학과 그 문단적 지위」(『개벽』1925년 2월) 등을 들 수 있다. 그의 문학관을 한마디로 말하면 부정과 파괴의 문학으로, 형식보다 절규에, 묘사보다도 사실표현에, 미보다도 힘에, 타협보다도 불만에, 과장보다도 진리에로 나가야 한다는 것이다.(「신경향파문학과 그 문단적 지위」)

1925년에 접어들어 신경향파문학이 문단의 새로운 조류로서, 그리고 그 지위를 확고하게 확보했다는 사실은 1925년 2월『개벽』지에 특집으로 마련된「계급문학 시비론」이 잘 말해준다. 이것은 프로측의 기획에 의해 이루어진 것으로 프로측의 논자로는 김기진, 박영희, 김석송이었고, 그 반대측의 논자로는 염상섭, 나도향, 이광수, 김동인 등이었다. 프로측의 논자들은 계급문학의 존재를 자신있게 주창했고 반대측은 나도향처럼 계급문학의 존재는 인정하든가 아니면 작품으로 말해야 한다는 매우 수동적인 태도를 보이고 있다. 이 시비론에서도 짐작될 수 있듯이 적어도 비평계상에서는 확고한 지위를 확보하고 있음을 엿볼 수 있다.

이에 따라 창작상에서도 이전의 작품경향과는 확연히 구분되는 새로운 흐름이 나타나기 시작한다. 계급문학론이 등장되고 나서 약 1년 뒤부터 작품이 산출되기 시작한다. 초기의 것으로서 주목을 끌었던 작품을 보면 1924년 11월 김기진의 「붉은 쥐」를 시초로 하여 1925년부터 최서해, 이익상, 주요섭, 박영희, 이기영 등이 활발히 작품활동을 전개한다.

전반적으로 신경향파 시기의 문학은 비평이 우위에 있었고, 이들 비평 역시 작품비평보다는 원론 차원의 계급문학론 수립에 대한 모색이 중추를 이루었다. 이러한 비평 우위의 활동은 우리 근대문학사상에 여러가지 사적 가치를 보여주고 있다.

(2) 카프(KAPF)의 결성과 내용·형식논쟁

카프의 결성

신경향파 문학이 문단에 확고히 정착되면서 이론과 창작상에 점차 강세를 보임과 동시에 조직적인 차원에서 새로운 단일조직인 조선 프롤레타리아예술동맹(Korea Artista Proleta Federatio : 약칭 KAPF)이 대략 1925년 8월 무렵에 결성된다. 기본적으로는 〈염군사〉와 〈파스큘라〉의 통합으로 이루어졌지만, 당시 새로운 창작경향을 내보이며 작품활동을 전개하기 시작한 조명희(趙明熙), 이기영(李箕永), 한설야(韓雪野) 등도 참여하게 된다. 물론 카프의 결성은 지금까지 우리 문단상에 일찍이 볼 수 없었던 견고한 조직이었지만 그 활동이 즉시 개시된 것으로는 보이지 않는다. 조직적 활동이 본격화된 것은 대략 1926년 『문예운동』이라는 준기관지를 발간한 이후인 것으로 보인다.

내용・형식논쟁

1926년 12월 『조선지광』에 발표된 김기진의 「문예시평」은 한국 근대문학사에서 최초의 본격적인 논쟁인 내용・형식논쟁을 불러일으킨 문제의 글이었다. 당시 김기진은 주로 「문예시평」이란 이름으로 작품비평에 치중하면서 프로측의 작품 외에도 반대측의 작품들도 광범위하게 다루고 있다. 물론 이들 작품비평을 본격적인 것으로 보기는 어렵지만 당시 평론가로서는 가장 두드러진 작품비평을 한 셈이다. 문제된 이 「문예시평」역시 이후 곧바로 논쟁화되는 박영희의 작품 외에도 부르 문사들의 작품도 언급하고 있었다. 그 중에서도 문제가 된 것은 박영희의 「철야(徹夜)」(『별곤건』 1926년 1월)와 「지옥순례」(『조선지광』 1926년 11월)에 대한 비판이었다.

> "…… 그 결과 이 한 편은 소설이 아니요, 계급의식 계급투쟁의 개념에 대한 추상적 설명에 시종하고 일언일구가 이것을 설명하기 위해서만 사용되었던 것이다. 소설이란 한개의 건축이다. 기둥도 없이 서까래도 없이 붉은 지붕만 얹어 놓은 건축이 있는가?…… 어떤 한개의 제재를 붙들고서 다음으로 어떤 한 목적지를 정해 놓고 그 목적지에서 그 제재를 반드시 처분하겠다는 계획을 가지고 붓을 들어 되든 안되든 목적한 포인트로 끌고 와 버리는 것이 박씨의 창작상 근본 결함이다."

여기서 보듯 김기진은 어떠한 소설이든 일정한 소설적 형상화와 구성 및 표현 등을 통하여 이루어져야 한다는 입장이었다. 그것은 초기 김기진 비평문에서 보이는 효용의 문학, 생의 본연한 요구의 문학을 주장하는 데 그치지 않고, 더 나아가 그러한 문학도 역시 문학인 이상 최소한 소설적 형상화를 갖춰야 한다는 입장으로 진전되고 있다고 볼 수 있다.

그런데 이에 대해 박영희는 그러한 김기진의 논의와는 다소 다른 방식으로 이를 비판해 버렸다. 말하자면 김기진은 프로문단도 이제 본무대로 들어섰다고 인식한 데 비해서 박영희는 여전히 투쟁기라는 인식으로 투쟁성에 중심을 두어야 한다는 입장이었다.

그래서 바로「투쟁기에 있는 문예비평가의 태도」(『조선지광』1927년 1월)라는 제목으로 김기진의 비평가적 태도를 문제삼는다.

"그러나 나는 이곳에서 단언한다. 프롤레타리아의 작품은 군의 말과 같이 독립된 건축물을 만들려는 것이 아니다. 상론 말과 같이 큰 기계의 한 치륜인 것을 또다시 말한다. 프롤레타리아의 전문화가 한 건축물이라 하면 프롤레타리아의 예술은 그 구성물 중의 하나이니 서까래도 될 수 있으며 기둥도 될 수 있으며 기왓장도 될 수 있는 것이다. 군의 말과 같이 소설로써 완전히 건물을 만들 시기는 아직은 프로문예에서는 시기상조한 공론이다. 따라서 프로문예가 예술적 소설의 건축물을 만들기에만 노력한다면 그 작가는 프롤레타리아의 문예를 망각한 사람이니 그는 프로작가가 아니다. 다만 프로생활묘사가에 불과하다."

말하자면 김기진이 문예의 본질적 문제로 내용·형식문제를 논한 데 비해 박영희는 현단계 프로문예의 임무에 의해 판단되어야 한다면서 문학내재적인 방법이 아닌 사회사적 혹은 문화사적 비평이 현재 프로문예 비평가가 취할 태도라고 강조하면서 김기진에게 계속 다음과 같이 말하고 있다.

"나는 끝으로 동무 김군의 문예비평가적 노력은 건축학적 전형에 머무르지 말고 문화건축에 일문화(一文化) 비평가로서 향상하기를 바라며, 나는 내 작품이 사회현상에 비추어 아직도 초보인 것을 내 자신이 비평할 수 있다. …… 우리는 진리에 순응하고 불합리××××투쟁기에 있는 문예비평가의 태도는 반드시 계급적으로 명확하기를 바란다. 더 말하지 않아도 군은 넉넉히 추상(推想)할 것이므로 이에 붓을 놓는다."

이러한 박영희의 반박에 대해서 김기진은 조심스런 반응을 보였다. 우선 그는 박영희와 똑같은 입각지에 있음을 강조하고 있다. 다만 박영희가 "소설이란 한개의 건축이다"라는 말을 제멋대로 해석했다고 비판했다. 결국 문제는 선전문학에 대한 논쟁으로 전환되어 갔다. 김기진은 이에 대해 비록 선전문학이라 할지라도 결코 단순히 개념의 추상적 설명만으로 시종하는 것은 아니라고 항변했다(「무산문예작품과 무산문예비평」,『조선지광』1927년 2월).

이러한 김기진·박영희 논전은 뒤이어 아나키즘계 권구현(權九鉉)과 민족주의계 양주동(梁柱東)에게까지 파급, 전문단의 쟁점으로 비화된다. 권구현은 김기진의 소설건축론이 예술의 독립적 존재성을 주장하는 데 떨어진다고 하여 강철제일주의(强鐵第一主義)를 내세웠다. 반면 양주동은 일단 김기진이 형식상에 주목한 것을 지지하여 선전문학, 무산문학일수록 더욱 표현방식에 치중해야 한다며 형식주의적 입장에서 해석해 들어가면서 무산파에 양파가 생겨났다고 했다.

이렇게 문제가 단지 프로측 내부에만 그치지 않고 밖으로 확산되고, 또한 외부에서 내부의 대립을 부추기는 듯한 글들이 나오자 김기진은 일단 표면상 "박군 일개인뿐만이 아니라 우리들의 동지의 대부분이 나의 비평가적 태도에서 소위 '프로문예비평가가 되기 전에 계급의식 운운에 호감'을 가져야 할 만큼 불선명한 점이 있는 것이 공인하는 사실이라면 마땅히 나는 동지들 앞에서 고개를 숙이고 사죄하고 앞날을 맹세하겠다"며 자설(自說)을 철회하기에 이른다. 실제로 김기진의 이후 활동이나 회고 등을 통해보면 이러한 자설 철회는 조직적으로 유도된 것으로 판단된다.

그러나 이 논쟁은 이후 창작방법논쟁이 본격화되면서 그 단초를 형성하는 계기로서의 평가를 받으며 일원론, 이원론에 대한 규정문제로서 접근해 들어가기도 한다. 실제로 이 논쟁은 미학상의 가장 기본적인 범주에 속하는 문제이며 창작방법론 혹은 리얼리즘론의 계기들을 내포하고 있다.

(3) 목적의식론의 제창과 1차 방향전환

제1차 방향전환론

내용·형식논쟁은 그 출발부터 당연히 요구되는 문학의 본질적 측면에서 다루어져야 할 내용이었음에도 불구하고 그것이 문예비평가의 태도문제로 제기되고 그 내면에는 의식의 선명성문제가 잠재되어 있다. 이러한 사실은 특히 박영희에 의해 계속해서 선도된다. 그는 이미 앞서 김기진의 소설건축론에 의해 작품이 창작되면 프로생활묘사가 될 뿐이라고 지적하였다. 이러한 지적은 기존의 작품 속에 나타나는 의식문제를 집중적으로 논함으로써 의식의 방향전환에 기반을 둔 논의를 활발히 전개하기 시작한다. 특히 박영희는 이미 김기진과 논쟁할 때 일본의 아오노 수에기치(靑野季吉)의 외재비평론(外在批評論)에 의지해 비판했다. 이 아오노 수에기치의 외재비평론은 한마디로 "주어진 예술작품을 하나의 사회현상으로서 보고 주어진 예술가를 하나의 사회적 존재로서 인식하여 그 현상과 존재의 사회적 의의를 결정하는 비평", '문화사적 비평'이라 할 수 있다. 박영희는 바로 이러한 비평방식에 의해 김기진과 당시의 창작경향을 비판했던 것이다. 즉 신경향파의 인생관 내지 사회관은 반항기에 있었던 만큼 허무적, 절망적, 개인적이었다면서 투쟁기에서는 성장적, 집단적, 사회적이어야 한다고 주장한다.

> "신경향파 문예에 나타난 주인공인 농부, 노동자, 무산자의 생활, 즉 사회적 원인, 그리고 계급적 혁명과 사회적 불안에서 출현되는 주인공의 생활이 문학상에는 주관 강조적으로 전개되어 그 주인공은 울분과 고민 끝에 ××××폭행, 절규로써 종결을 짓고 말았다.…… 프로문예의 투쟁적 성질이란 개인과 개인 사이의 복수행동이 아니고 계급 ×××으로서의 대(對)계급적 ××을 말하는 것이다."(「투쟁기에 있는 문예비평가의 태도」『조선지광』 1927년 2월)

박영희는 「기성문학의 자연성과 계급문학의 필연성」(『조선일보』 1927년 1월 2일), 「'신경향파문학'과 '무산파'의 문학」(『조선지광』 1927년 2월), 「무산예술운동의 집단적 의의」(『조선지광』 1927년 3월), 「문예운동의 방향전환」(『조선지광』 1927년 4월) 등의 글을 통해 방향전환론을 제시하기에 이른다. 물론 이들 글 역시 아오노 수에기치의 '자연생장으로부터 목적의식성으로'라는 목적의식론에 기대는 바가 크지만, 여하간 그간 신경향파문학과는 본질적 차이를 갖는 논의들을 펼치기 시작한다. 그 중에서 「문예운동의 방향전환」은 이 시기 박영희의 논점을 가장 명확히 보여주는 글로 여기서 그는 경제투쟁에서 정치투쟁으로의 방향전환기의 현실에서 문학 역시 자연성장적 현실로부터 목적의식에 이르는 방향전환이 요구되며, 문학은 특히 부르주아를 비롯한 모든 반동적 의식형태와 투쟁하며 폭로함으로써 정치투쟁의 부차적 임무를 맡아야 함을 강조했다. 그러면서 그는 「문예운동의 목적의식성」(『조선지광』 1927년 7월)에서 문예의 대중적 전술을 위해서 먼저 이론투쟁을 해야 하며 이 이론투쟁이 없이는 예술의 방향전환이 불가능하다고 말했다. 이러한 논리 전개에 따르면 이미 박영희의 인식 속에 이 시기 일본의 운동계와 사상계를 풍미하고 있던, 그리고 당시 우리 운동계와 사상계까지 파급되고 있던 후꾸모또주의〔福本主義〕가 들어와 있음을 확인할 수 있다.

박영희 주도의 새로운 논의가 조직적 차원으로 확산되어 1927년 9월 카프는 방향전환을 위한 임시총회를 개최하고 문호개방과 조직확대를 주요안건으로 하여 조직개편과 함께 논강(論綱)과 강령을 채택한다. 본부 초안으로 된「무산계급 예술운동에 대한 논강」(『예술운동』창간호, 1927년 11월)의 골자를 정리하면 다음과 같다.

1. 1927년 제1기로서 운동의 질적 방향전환이 감행된 바, 조선 프롤레타리아예술운동도 이 전환의 실행을 기한다.
2. 방향전환의 실행을 위한 객관적 조건의 규명을 위해 과감한 이론투쟁을 전개한다.
3. 무산계급 예술운동의 방향전환은 부분적 투쟁으로부터 전체적 투쟁으로, 즉 조합주 투쟁에서 정치투쟁으로 전환함을 의미한다.
4. 현재 정치단계는 ××정치에서 부르주아 민주주의 정치 획득을 전취하는 데 있다. '조선의 민족단일당'으로 총력이 경주되고 있는 현재 조선의 민족적 정치운동이 전개되고 있다.
5. 그러므로 조선 프롤레타리아예술운동은 무산계급운동의 방향전환과 한가지며 이 민족적 정치투쟁 시야를 전취하는 과정을 취해야 한다.
6. 따라서 조선 프롤레타리아예술동맹은 작품행동에만 국한할 것이 아니라 전운동의 총기관이 지도하는 투쟁을 실행하기 위한 무기가 되지 않으면 안된다. 이러한 의미에서 예술운동은 정치투쟁을 위한 투쟁예술의 무기로서 실행한다.

이와 같은 논강의 내용에 근거하여 카프는 새로운 조직형태와 활동방침을 갖기 시작하였다. 여기서 주목되는 것은 정치투쟁이 가장 중요한 근거가 된다는 사실이다. 이것의 보다 구체적 내용은 〈신간회〉를 중심으로 하여 부르주아 민주주의 혁명투쟁에 전력을 기울인다는 것이다.

이러한 논강의 발표를 전후하여 제3전선파의 등장과 함께 내부적으로 서로 다른 인식들이 파생, 논쟁이 전개된다. 김영수(金永壽)의 「방향전환기에 입(立)한 문예운동」(『중외일보』1927년 7월 17일~20일)은 바로 이 정치투쟁의 성격, 즉 민족적 정치투쟁에 문학가 역시 동참해야 한다는 입장을 나타내고 있다. 그는 조선의 해방이 계급적 해방보다는 우선 민족적 해방에 있고, 민족적 불평요소와 계급적 불평요소의 합일이 바로 자연생장기의 극복을 가능케 한 새로운 의식이라는 견지에서 카프의 해체와 애국문학파와의 결합을 요구했다. 제3전선파의 주요 이론가의 한 사람인 이북만(李北滿)은 이에 대해 국민문학파와의 기계적인 야합을 주장한 것이라고 비판했다. 그는 「예술운동의 방향전환론은 과연 진정한 방향전환론이었던가」(『예술운동』 창간호, 1927년 11월)에서 박영희의 이론투쟁 우선설, 그리고 앞서 지적한 김영수의 절충주의를 다함께 비판한다. 이른바 후꾸모또 가쯔오(福本和夫)의 방향전환론을 기반으로 하여 현단계는 과감한 이론투쟁, 조직운동, 대중적 투쟁이 병행되어야 한다고 보면서 카프는 신간회의 통제 아래 놓여야 한다는 입장이었다. 그런 점에서 앞서 정리한 논강은 박영희의 논조의 연장이긴 하지만 바로 이들 제3전선파의 입장이었다는 것을 확인할 수 있다.

제3전선파는 당시 동경에서 『제3전선』을 발간하던 조중곤(趙重滾), 이북만, 홍효민(洪曉民), 한식(韓植) 등을 일컫는 것으로 이들은 나까노 시게하루(中野重治)를 중심으로 하는 일본 프롤레타리아예술동맹의 입장에 선이 닿아 있었다. 그러면 이들의 입장은 정확히 어떠한 것이었는가. 조중곤은 「비 마르크스주의 문예론의 배격」(『중외일보』1927년 6월 18일~22일)에서 프롤레타리아 예술은 당의 지령에 의하여 제작해야만 정치투쟁과 보조를 같이하는 것이라 하여 현단계에서는 "××주의 달성에 대한 공리적 선전적 전투술을 쓰면 그만이며, 좌익적 정견발표문도 예술이며 포스터도 예술"이라고 단언하고 있다. 말하자면 그들은 당시 형성되어 있던 신간회에 종속되어 그 지도정신에 통제되어야 한다는 입장이었다.

그런데 국내파라 할 수 있는 한설야는 〈제3전선파〉의 이러한 입장에 대해서 이의를 제기하고 있어서 주목된다.

"우리는 계급내의 요소단체간의 부등질성(不等質性)이 장차 필연적으로 총지도기관인 당──즉 두뇌를 요구하고 수립할 것을 안다. 전××××하기 위하여 가장 훈련되고 가장 단(團)응된 추상적 부분, 즉 당이 필연으로 출현할 것을 잘 안다. 그러나 현전 신간회는 과연 여사(如斯)한 결정체에까지 지향되어 있는가. 아니다. 아직은 협동적 조직통일기에 있는 매개적 형태에 있다. 즉 청년동맹, 농민동맹, 노동동맹, 예술동맹, 기타 대중집단의 협동적 통일조직이다. 이 시기에 있어서 씨 등과 같이 예술동맹을 그 지도에 일임한다는 것은 망상적 급진적 추수주의인 외에 아무것도 아니다. 지금에 있어서 신간회의 지도를 받는다는 것은 오히려 협동을 혼란케 하는 것이다."(「문예운동의 실천적 근거」, 『조선지광』 1928년 2월)

그러나 신간회를 둘러싼 논쟁이 어떻게 귀결되고 거기에 대해 카프가 어떻게 대응했는가는 자세히 알 수 없다. 여하간 이러한 내부의 논쟁에도 불구하고 대부분의 논의는 아나키즘에 대한 비판과 함께 김기진, 박영희에게 비판을 가함으로써 초기 프로문단을 주도했던 그들은 일단 주도권을 상실하게 된다.

제 2기 작품논쟁(김기진과 조중곤의 「낙동강」 논쟁)

그런데 이렇게 활발히 이론투쟁이 전개되고 있을 때 그로부터 벗어나 작품비평에 치중하고 있던 김기진은 조명희의 「낙동강」을 끌어들여 제 2기 작품론을 개진하였다. 말하자면 내용·형식논쟁 이후 침묵하고 있던 김기진이 당시 주요한 쟁점이었던 목적의식 문제를 작품 내적인 문제로 끌어들인 것이다. 즉 김기진은 「낙동강」이 1920년 이후 조선대중의 거짓 없는 인생기록이고, 독자대중의 감정조작에 성공했으며, 또한 각 인물에 상응한 성격과 풍모를 부여한 점에서 재래의 공상적 행방불명의 빈궁소설에서 벗어나 제 2기에 선편(先鞭)을 던진 작품이라 하였다. 이에 대해 〈제 3전선파〉의 일원인 조중곤이 즉각 반격했다. 그는 「낙동강」이 자연생장기의 수법으로 표현에는 성공했지만 제 2기 작품이라 칭할 수 없다며 제 2기 작품의 기준을 다음과 같이 밝히고 있다.

1. 현단계의 정확한 인식(조선에서는 조선으로서의 특수성을 구명하고 인식할 것)
2. 마르크스 주의적 목적의식
3. 작품행동

4. ××××적 사실을 내용으로 할 것
5. 표현(「낙동강과 제2기 작품」, 『조선지광』 1927년 8월)

이러한 조중곤의 논의는 제2기가 요구하는 목적의식, 즉 정치투쟁적 사실을 신경향파 시기의 표현수법인 자연주의 수법이 아닌 새로운 표현으로 창작해야 하는데 표현에 아무런 대안도 가지지 않음으로써 한마디로 목적의식, 현단계의 정치투쟁적 사실만 주입하면 된다는 극단적인 논리를 가지고 있다. 그런데 당대 목적의식 논의의 절대성에 의해 김기진은 또다시 자설을 철회하고 만다. 이러한 과정만 보더라도 당시 제1차 방향전환론에서는 창작과 관련하여 의식성만 논의하였지 문학의 형상화라는 특수성의 문제는 전혀 언급이 되지 않았다.

그러나 제1차 방향전환론이 어느 정도 정리가 되는 1928년에 들어 제3전선파 내에서도 이러한 오류에 대한 반성이 부분적으로 제기된다. 이를테면 조중곤은 목적의식의 기계적 야합적 주입만으로는 예술품이 존재할 수 없다며 예술이 가지는 특수기능에 의거해 "우리들의 예술품의 존재가치는 그것을 통하여 일관된 ××이 명확한가 아닌가가 문제될 것이며, 그것이 명확하면 할수록 그 작품은 위대한 힘을 가질 것이다. 그 ××이 명확하자면 무엇보다도 리얼리티를 가져야 한다"고 말하고 있다. (「예술운동의 당면의 제문제」, 『중외일보』 1928년 3월 30일~4월 4일) 김기진도 목적의식이라는 것은 작중인물의 환경과 그가 봉착한 사건과 희비의 감정 등에 독자가 자연히 불가피하게 감명을 받고 나아가 사회상태에 대한 비판을 갖게 되도록 인물의 성격과 경우와 사건의 설계를 하는 것이라고 목적의식의 구체적인 문학적 형상화를 주목하고 있다.

그리고 이러한 논의는 곧 대중화 및 프롤레타리아 리얼리즘 논의와 관련되어 창작방법에 대한 구체적 접근의 토대가 되며 실제로 조명희, 이기영, 한설야 등에 의한 본격적인 프로작품이 이를 뒷받침하고 있다.

⑷ 초기 프로문학 작품의 경향

초기 신경향파소설의 두 경향

전반적으로 이 경향을 처음으로 내보인 작품으로는 김기진의「붉은 쥐」(『개벽』1924년 11월)를 들 수 있다. 월탄 박종화는 이 작품의 출현에 대해 "「붉은 쥐」는 후줄근한 소설계, 권태 가득한 문단에 정문에 일침이라 할 것이다. 처음으로부터 끝까지 꿈틀거리는 힘있는 강한 선은 읽는 이로 하여금 손에 땀을 쥐게 하고 고요히 혈관 속에 도는 더운 피를 가장 고도로 뛰게 한다. 편을 통하여 넘쳐흐르는 젊은 혼의 울음, 시대의 울음—— 마땅히 이러한 뜨거운 힘있는 예술이 나와야 할 것이다"고 하면서 "혼돈, 피폐, 무기력에 가라앉은 소설단을 향하여 한대의 날카로운 화살을 던진 것이며 시대와 시대를 금그어 논 한 조그마한 서곡"이라고 평했다.「붉은 쥐」는 도시 빈민가의 셋방에 사는 룸펜 지식인 박형준이 자기 고백의 형태로 자신을 질식시킨 자본주의 문명을 저주하고 절망하고 우울에 빠지다가 길가의 피묻은 쥐를 발견하고 떼어버릴래야 떼어버릴 수 없는 생명을 위해서 도리어 생명을 내놓고서까지 활동한 쥐의 생활철학에 감화를 받아 쥐의 행동처럼 식료품가게, 귀금속가게로 들어가 물건을 훔쳐 도망치다 소방대 자동차에 치어 쥐처럼 피를 토하고 죽었다는 내용이다.

그리고 이 작품을 시발로 하여 1925년에 들어서는 새로운 경향을 갖는 작품들이 다수 산출되기 시작하였다. 박영희의「전투」「사냥개」, 이익상의「광란」, 주요섭의「살인」, 이기영의「가난한 사람들」, 최서해의「기아와 살육」등이 그것이다. 박영희의「사냥개」는 구두쇠 정호가 도적을 지키기 위해 거금 60원을 들여 산 사냥개가 밤새 짖고 하늘을 쳐다보고 하는 양을 보고 다소 위안을 갖지만 사방팔방에서 자기 돈을 뺏으려는 일들을 생각하며 돈을 넣어둔 금고를 누가 털어가지 않을까 밤새 걱정하며 결국 혼자 두려움을 견디다 못해 마누라가 자고 있는 방으로 금고를 옆에 끼고 가다가 결국 개에 물려 죽고 만다는 내용이다. 따라서 이 작품은 수전노로 상징되는 자본주의가 그 자본주의가 부려먹기 위해 데려다 논 사냥개로 상징되는 무산자에 의해 물려죽고만다는 것을 주제로 한 작품이다. 주요섭의「살인」은 고통을 못이기고 포주를 살해하고 달아나는 우뽀라는 창녀의 내력을 그리고 있으며, 최서해의「기아와 살육」은 굶주림에 시달리는 가족에게 재앙이 닥쳐 아내가 해산한 후 병이 나도 약살 돈이 없어 주인공 경수가 네번이나 의사를 찾아갔으나 거절당하고 참담한 마음으로 집으로 돌아왔으나 머리를 잘라 돈을 마련하려 나갔던 어머니가 개에 물려 돌아오자 이를 견디다 못해 식구 모두를 식칼로 찌르고 거리로 나와 눈에 보이는 대로 사람을 찌르다 결국 경찰의 총에 맞아 죽는다는 내용이다.

이처럼 월탄이 김기진의「붉은 쥐」에 대한 지적대로 급전직하로 허무맹랑하게 벼락같이 주인공을 죽여버린 것은 가장 큰 실수라 했듯이 오히려 이러한 살인, 방화 등으로 치닫는 결말부문의 파격은 신경향파 시기 소설의 특징적인 요소가 되었다. 대개 빈곤계급에서 제재를 취해 가진 자와 못가진 자의 대립구도에 기반하여 못가진 자의 투쟁의식을 주요 사상내용으로 하고 있다. 이에 대해 박영희는 '무산적 조선을 해방하려는 의지의 백열'을 신경향파소설의 주요 특징으로 꼽고 이의 문학상 반영이 파괴 살인 조소 선전으로 귀결되는 주인공의 최종이라 하였으며, 김기진은 빈곤계급의 '현실', 유산계급과의 '대조', 극단의 증오감에서 비롯하는 '사건', 불합리를 타파하고자 하는 작가의 '정신'을 공통적인 특징으로 들었다.

물론 이러한 살인, 방화로 끝나지 않고 당시의 빈궁한 현실과 그 속에서 고통속에 처절하게 살아가는 모습을 리얼하게 형상화한 작품도 있다. 이를테면 최서해의「탈출기」는 주인공이 친구에게 보내는 편지형식으로 이루어진 작품으로 만주로 이민가서 수탈과 모욕을 당하며 참담한 생활을 토로한 후 이 모순투성이 세상을 개혁하기 위해 결국 집을 나와 투쟁단체에 가입한다는 내용이다. 또한 이익상의「어촌」역시 고기잡이를 나가 어렵게 생활해나가는 한 어촌의 가족의 삶을 통해 고기잡이 나가 죽어가는 비참상이 잘 그려져 있다. 이기영의「민촌」은 충청도 향교말을 배경으로 점순네라는 한 가정의 궁핍한 삶을 친일 지주의 탐욕과 대비해서 잘 형상화한 작품으로 병때문에 얻은 장리쌀 두섬 값을 결국 갚지 못해 점순이가 첩으로 팔려간다는 비극적 내용을 사실적으로 보여주고 있다.

그러나 이러한 신경향파문학 내부에는 상이한 두가지 조류가 들어있음을 주목할 필요가 있다. 일찍이 임화가 지적한 박영희적 경향과 최서해적 경향이 그것이다. 임화는 여기에 대해서 다음과 같이 말하고 있다.

"소위 박영희적 경향이라고 볼 소설 「사냥개」라든가 「지옥순례」를 보면 과거의 낭만주의 문학의 고철(古轍)을 소박하게밖에 해설치 못한 역력한 유적을 발견할 수가 있다.

이곳에는 낭만주의의 '악(惡)한 전통'의 하나인 구체적 현실에 안일한 관념적 이상화의 방법이 신경향파의 세계관적 또 예술적 미숙과 상반(相反)하여 문학 가운데 나타난 세계관의 생경한 노출이란 결과를 초래하였다. 이것은 낭만주의로부터 받은 신경향파문학의 한개 약점이면서도 반면에는 현실에 대한 전면적 파악의 지향이라든가 이상적 의욕에 대한 예술작품의 통일적 구상이라든가 하는 점은 낭만주의문학이 자연주의의 두사상성에 비판자로서 가졌던 바 그 장점의 발전이라 할 수 있다.

그러므로 이 박영희적 경향이란 저도의 실진성(實眞性)과 주제의 적극성=사회성과 높은 세계관에 의하여 특징화되어 있는 보다 낭만적인 예술이었다. 그러나 최서해적 경향이라고 부를 「홍염」이라든가 「기아와 살육」이라든가는 보다 더 많이 상섭, 동인 등의 자연주의문학의 사실적 정신과 관계하고 있는 것으로 이인직 이후의 조선적 리얼리즘의 전발전이라고 볼 수 있다. 사실 자연주의문학에서 그 최고의 절정을 이룬 조선의 사실주의는 한설야, 이기영의 고도의 종합적 사실주의 계단에 이르는 중간적인 도정적(道程的) 존재이었다. ──(중략)──

서해의 명예에 의하여 대표되는 이 경향은 자연주의문학으로부터 확고한 예술적 전진으로, 개인적 관찰의 시각으로부터 사회적인 각도로 확대된 사실주의, 또 서해의 소설 「갈등」에서 보는 것과 같은 자기박탈과 추구의 강한 객관적 정신은 문학의 저류(底流)로서의 세계관과 더불어 문학 자신 가운데 표시된 예술적 진화의 정통적인 현상이었다."(임화, 「조선신문학사론 서설」, 『조선중앙일보』 1935. 11. 12)

다시 말하면 박영희, 김기진 등으로 대표되는 박영희적 경향은 소위 작가의 관념적 편향에 의한 인물의 단순화, 사건과 행동의 도식성, 전망의 과장의 문학적 특질로 규정지을 수 있다. 따라서 이들의 소설은 구체적 현실의 반영이 뚜렷하지 않는 추상적 관념이 우위에 선 주관주의적 혹은 낭만주의적 경향을 강하게 보여주고 있다. 특기할 만한 것은 이들이 주로 〈백조〉파라 칭하는 낭만주의적 조류로부터 신경향파로 이행해온 작가들에게서 드러나고 있다는 점이다.

그 반면에 최서해, 이익상, 주요섭, 최상덕 등으로 대별되는 최서해적 경향의 작품세계는 생존 그 자체가 문제가 될 만큼 절박한 핍박받는 빈곤층의 세계를 여실히 반영하는 데 작품의 주안점이 놓여있다. 특히 최서해는 당대 우리 민족의 비극적 상황이 만들어 놓은 간도 유랑민의 비참한 삶을 자신의 체험을 바탕으로 여실히 그려내어 신경향파의 대표적 작가로 일컬어진다. 방향전환을 기점으로 탈락됨으로써 당시에는 별로 주목을 받지 못했지만 최서해는 그런 점에서 신경향파문학의 특징과 한계를 가장 두드러지게 보여준 작가라 할 수 있다. 주요섭이나 최상덕 역시 인력거꾼, 창녀, 가난한 농민 등 빈곤층을 주인공으로 하여 비참한 굶주림을 겪는 절망적 현실을 그려내면서 개인적 반항과 복수를 그 귀결로 삼고 있다. 이들 경향은 당시 자연주의소설과 상당한 유사성을 보이면서 그로부터 성장해나온 새로운 경향이라 할 수 있으며 체험문학적 성격을 주된 특징으로 삼고 있다. 말하자면 박영희, 김기진이 지식인적 관념세계에서 출발함에 비해, 이들 최서해, 주요섭 등은 실제 생활로부터 솟구쳐나온 문학적 세계였다고 할 수 있다.

이러한 두 경향은 결국 신경향파소설의 주된 특징과 함께 한계도 잘 보여주고 있음을 말해준다. 즉 의식적 관념세계와 현실묘사의 분열이다. 일정한 주제, 제재, 줄거리의 공통성을 가지면서도 이렇게 대별되었다는 것은 이들 작가들의 초지의식의 미진함, 그리고 그와 연관하여 리얼리즘적 창작방법에 대한 불충분한 인식 등의 자연스런 발로라 할 수 있다.

본격적 프로소설의 태동

그러나 이러한 관점에서 오히려 이기영, 조명희 등의 초기소설들을 주목할 필요가 있다. 조명희는 「땅 속으로」「R군에게」「저기압」「한 여름밤」 등의 작품에서 지식인을 주인공으로 내세워 다소 생경한 관념의 노출이 군데군데 빈번히 나타나긴 하지만 빈민층의 절망적인 삶과 결합하여 삶의 결단에 이르는 구체성을 그 기조로 하고 있다. 이를테면 「땅 속으로」는 일본 유학을 마치고 돌아온 주인공이 형님 일가의 비참한 곤궁과 거기에 더부살이하는 처자와 함께 주인공도 겪게 되는 삶의 고통으로부터 솟구쳐나오는 의식의 전환이 그 주제이다. 따라서 박영희, 김기진의 주관주의적 편향으로부터는 얼마간 거리를 갖는 리얼리즘적 경향을 보이고 있다.

이기영은 「마음을 갈아먹는 사람들」「농촌사람들」「새거지」 등의 작품을 통해 일제 식민지 지배에 의한 농민생활의 파탄과 가정의 붕괴를 세밀히 그려내면서 그러한 과정에서 싹터 나오는 여러 변화들을 사실적으로 그려내고 있다. 이를테면 「농촌사람들」은 일 잘하고 부지런한 평범한 한 농부(원보)가 헌병보조원인 김창봉 아들의 횡포에 견디다 못해 싸움을 벌이다 징역을 살고 아내마저 빼앗긴 뒤 반항적 인물로 변모하여 끝내 참봉 아들을 죽이고 목매어 죽는다는 줄거리를 가지고 있다. 이 작품 역시 철저히 의식의 변화가 개인적 차원에 머물면서 개인사적 비극의 결말로 끝나지만 오히려 작품 내적 흐름에 따라 작품이 형상화됨으로써 리얼리즘의 길을 밟고 있다 할 것이다.

그러나 이들 작품 역시 낭만주의적, 자연주의적 한계를 완전히 뛰어넘었다고는 할 수 없다. 조명희에게서 나타나는 도식적 결론, 꿈을 모티브로 하여 변화를 이끌어내는 수법, 장황한 독백은 객관적 현실로부터 도출되는 의식성이 요구하는 리얼리즘과는 여전히 거리를 갖고 있으며, 또한 이기영에게서 나타나는 철저히 개인적 테두리를 벗어나지 못하는 민중들의 삶의 양태와 그로부터 나오는 비극성은 비극의 낙관으로의 발전적 면모를 구체적으로 담아내기에는 아직도 많은 문제점을 안고 있다 할 것이다.

이러한 신경향파 문학의 근본적 문제들은 조명희의 「낙동강」, 이기영의 「민촌」「농부 정도룡」, 송영의 「석공조합대표」에 와서 당시 프로문학운동이 요구하는 의식성에 걸맞는 리얼리즘의 형태를 어느 정도 갖추게 된다. 조명희의 「낙동강」은 농민의 자식으로 태어나 성장한 지식인 남녀 운동가의 한 역정을 그린 소설이다. 농민들의 삶의 터밭인 갈대밭이 남에게 넘어가자 그것을 도로 빼앗으려는 싸움 끝에 주인공 박성운은 감옥에 가게 되고 거기서 병이 들어 병보석으로 출감하나 끝내 죽게 되고 성운의 유지를 받들은 여주인공 로사는 유랑민의 틈에 끼어 북간도로 떠나는 줄거리를 갖고 있다. 따라서 빈민출신의 지식인이 가진 사상 이념을 그 구체적 대상인 민중과 결합하여 힘으로 전화해내는 실제적 과정이 초점이 됨으로써 단순한 주관의 전성기 혹은 현상의 단순한 부정적 묘사를 뛰어넘어 이념의 현실과의 교호를 통한 형상화를 보여주고 있다. 이 결과 주인공 박성운의 죽음과 로사의 간도 이민이라는 비극성이 단순히 비극 자체로 끝나지 않고 전망의 문제로 와닿는 것도 그때문이다. 다만 장편소설의 골격을 단편화함으로써 박성운과 성운의 개인적 영역에만 국한됨으로써 디테일의 획득에 문제를 안고 있고 당대 사회운동에 대한 총체적 시각의 결여 등이 상당한 약점이긴 하다.

반면 이기영의 「민촌」은 앞서 본대로 신경향파 시기의 작품이지만, 친일지주인 박주사 집안의 착취와 횡포, 그리고 그에 대립하여 이에 시달리는 소작농민들의 대립을 기본골조로 하여 당대 식민지 반봉건사회의 전형적 상황에 근거하여 그로부터 도출되는 대립 갈등의 현실변화 양상을 주도면밀하게 보여주고 있으며 그와 결합하여 주요한 인물의 전형화의 단초를 열어놓고 있다. 특히 지식청년 창순, 즉 서울대이란 인물은 일방적 이념의 전달자라는 문제를 안고 있지만 이후 소설에서 주요한 인물유형으로 자리잡는 매개적 인물로 기능한다. 이처럼 인물형상화에 큰 진보를 보임으로써 전형적 상황과 전형적 성격의 측면을 포착함으로써 프로문학이 요구하는 리얼리즘의 본격적 통로를 열어놓는다. 「농부 정도룡」 역시 「민촌」과 유사한데, 다만 여기서는 지식청년 대신 농민을 각성된 주체로 내세움으로써 성격적 측면에서는 진일보한 면모를 보여준다. 물론 이 점에서 이기영은 이 의식의 변화과정을 짧은 서술로 미리 규정지어 출발함으로써 문제를 안고 있지만 과거 초기 신경향파 소설에서 보이는 철저한 빈궁으로부터 급작스레 전환되는 비극적 충돌의 방식이 아닌 사회적 계급적 모순이 주는 부정과 긍정을 동시에 포착하면서 긍정에 보다 주안점을 두는 등 리얼리즘의 새 면모를 부각하기 시작한다.

송영은 일본 유학시 고학생으로서 노동자 생활을 한 경험으로 보기 드물게 노동자를 다룬 소설을 처음부터 쓰기 시작한다. 사실 대부분의 카프 작가들이 다룬 제재는 초기에는 막연한 의미의 '가난한 사람들' '빈궁한 사람들'을 의미하는 무산자의 생활이었다. 그래서 김기진, 박영희 등 소시민출신 작가들은 룸펜을 이러한 범주로 간주하여 창작의 제재로 삼기도 하였다. 송영의 초기 대표작이라 할 수 있는 「석공조합대표」는 이기영, 조명희가 개척한 농민소설의 새로운 모색을 본격적인 노동소설에서 구현하려 했다는 점에서 의의가 있다. 평양에 있는 석공장의 노동자들이 겪는 생활고와 공장주의 횡포, 그로 인한 심리적 불안 등 현실적 고통 속에서 조합대표인 창호가 끝내 서울에서 열리는 전국대회에 참가하여 미래를 기대하는 적극적 면모를 작품 속에 구현하고 있다.

한설야는 뒤늦게 카프에 가입한(1927년 2월) 작가이지만 이미 그 전에 몇편의 작품을 발표했으나 별로 주목할 만한 작품은 아니었다. 그러나 카프 가입 후 그는 「합숙소의 밤」「홍수」「인조폭포」 등을 통해 변화된 면모를 보이다가 1929년 4월 임화로부터 이 시기에 에폭을 지었다고 평가를 받은 「과도기」를 씀으로써 한 전기를 이룩한다. 「과도기」는 간도로 이민갔다 4년 만에 처자를 이끌고 함경도 한 어촌의 고향으로 돌아온 주인공 창선이가 이미 변해버린 고향땅(공장이 들어섬으로써 고향사람은 딴 곳으로 이주)에서 농사일도 고기잡이도 할 수 없게 되는 현실의 변화 앞에서 공장노동자로 다시 서는 과정을 그린 작품이다. 이 작품이 주목받는 이유는 무엇보다도 일제에 의한 식민지 지배, 자본주의 침투가 우리 농촌을 어떻게 변모시키고 황폐화시키는가를 전형적으로 그려냈다는 점과 그에 따라 삶의 방식이 달라질 수밖에 없는 이땅의 농민들의 모습을 전형적으로 보여주었다는 점이다. 이 점에서 사실 「과도기」는 문제적 인물, 매개적 인물을 풍부히 형상화한 작품은 아니다. 이 작품이 가지는 의의는 전형적 상황을 소설 작품 세계에 구체적으로 확보했다는 점이다. 이 점에서 임화는 적어도 신경향파소설의 공통적인 약점인 관념과 묘사의 부조화, 분리를 극복했다는 의미에서 신경향파소설의 막을 내리게 하고 일제하 프로문학의 큰 성과로 일컬어지는 이기영의 『고향』의 출발점으로 위치지웠던 것이다. 그러나 이 작품은 다른 한편으로 소설의 발단까지의 과정을 전형화시켰다는 점에서 멈추어있음을 주목해둘 필요가 있다. 그래서 흔히 「과도기」는 그 속편이라 할 수 있는 「씨름」과 한데 묶어 분석할 때 당대 소설이 요구하는 내용의 틀을 인정할 수 있는데, 「씨름」은 노동자로 새 출발하는 인물의 이후 성격 개조에는 실패한 것으로 평가받고 있다.

초기 신경향파시의 성격

초기 프로시는 통칭 신경향파시라 불려지고 있다. 소설에 비해서 상대적으로 덜 주목을 받았으나 김형원, 박팔양, 유적구, 김창술, 이상화 등에 의해 과거의 센티멘털하고 데카당한 문단 풍조와는 반대로 힘있는 새로운 시풍이 싹터 나오기 시작했다.

김창술은 1925년에 「촛불」「대도행」「긴밤에 새여지이다」「새벽」 등을 발표하여 당시 초기 신경향파시의 특징을 잘 보여주고 있다. 말하자면 이전에 비해 훨씬 힘있는 목소리로 변혁에 대한 갈망을 토로했다.

> 동무여 짓밟힌 영혼을 가진 우리들의
> 때가 왔다. 때가 왔다.
> 우리는 반항——파괴——건설
> 이를 생명삼아 지켜온 지도 오래전 일
> 이제는 새벽이 닥쳐왔다.
> 이 세기 역사에 기록을 얻기 위하여……
> 떠오르는 햇빛의 신선을 마시기 위하여……
> 새벽…… 새벽…… 새벽……
> 이 순간의 힘으로
> 전 인류의 행복을
> 얻는다면
> 불이라 물이라 저어할소냐!
> ——「새벽」 중에서

그러나 위의 시에서 볼 수 있듯이 김창술은 현실 개혁의 의지를 분명히 하고는 있지만 대상의 형상화 없이 그려짐으로써 막연한 이상주의적 경향을 보여준다. 또한 「긴밤이 새여지다」에서도 일제 치하의 현실을 어둠이라는 자연현상으로 비유하면서 무언가 새로움을 갈구하며 '옳음과 글음은 묻지도 말고/그저 정의의 쌈싸우는 백성이 되여지다'고 하여 시적 논리가 불투명한 채 투쟁욕구를 부분적으로 표명하고 있다. 이러한 현실의 비애와 막연한 이상주의적 경향은 사실 시적 내용에 있어서는 과거에 비해 힘있는 새로운 측면이지만 그 어조에 있어서는 아직 여전히 애조적 분위기에 빠져 있음을 보여준다. 다시 말하면 현실의 구체적 상 대신에 변혁의 갈망은 있지만 그 구체적 상은 혼돈에 머물러 있는 상태에서의 자기 내면적 욕구의 발산에 다름 아니다. 이러한 점은 여타 시인들에게서도 마찬가지로 보여진다. 이를테면 이찬의 「나팔」이란 시를 보자.

    나팔이 운다
    나팔이 또 또──운다.

    억지로라도 옛일을 잊으려건만
    그래도 애끓는 이 회고를 어쩌랴
    여음이 길이길이 옛 왕성을 빙그르 돌 때
    갈가마귀조차 울고가는구나
    오 저 나팔소리!
    육조 앞에 눈물을 끌어내는 저 나팔소리
                    ──「나팔」 전문

  여기서 이찬은 구시대의 종언을 나팔소리에 비유해 시화하고 있으나 전체적으로 애조적 분위기에 젖어있다. 즉 현실적 모순과 그 극복에의 지향이 전체적으로 계기적으로 시 속에 응축되지 못하고 어느 일면에 시적인 공간이 분리되서 멈춰서 있게 되는 것이다. 가령 박세영의 「농부아들의 탄식」(1926)을 보면 현실의 비애는 어느 정도 분명히 형상화하고 있지만 그것을 끌어올리지 못함으로써 막연한 이상주의에 기반한 애조적 분위기에 빠지고 있음을 볼 수 있다.
  오히려 이런 점에서 이상화는 여러모로 초기 신경향파 시기의 가장 뛰어난 시인이라 할 수 있으며, 과거 『백조』를 중심으로 한 센티멘털리즘적 낭만주의와 분명히 구별되는 면모를 파악할 수가 있다. 과거 '마돈나와의 침실'이라는 몰역사적 공간에서 근대가 주는 쾌락적 의상을 걸쳤던 이상화는 자신이 발을 딛고 있는 구체적 현실과 마주침으로써 '빼앗긴 들'이라는 구체적 시공간을 획득하여 울분을 울분으로 정직하게 형상화할 수 있었던 것이다.

목적의식기의 선동시

초기 신경향파시의 울분과 막연한 이상에의 열정은 구체적으로 카프가 목적의식론을 제창하며 투쟁적 선동양식의 글을 요구함에 따라 애조적인 분위기는 차츰 사라지고 보다 투쟁적이며 진취적인 방면으로 전개되며 또한 구호적 언어의 직설적 토로가 주요한 시적 경향이 된다. 이를 두고 아지 프로를 위한 개념적 서술시라고 지칭하기도 한다. 이는 독자에게 말하고자 하는 의미전달에 주안점이 두어짐으로써 구체적 형상화가 이루어지지 않은 채 개념적 교술적 내용을 직접 전면에 내세운 것을 말한다. 이와 같은 방식은 서정시에서 탈피하여 내용 위주의 서술시로 전환되고 있음을 보여준다. 이러한 경향을 가장 대표적으로 드러내준 것으로 김창술의 「전개」(1927)와 유적구의 「가두의 선언」을 들 수 있다.

> "전개"!
> 동무야 살피라…… 모순의 전개를
> 나아가는 우리의 길에 광명이 비친다.
> 프롤레타리아의 광명 이 때는 점점 가까워 온다.
> 장갑차의 고동이 뚜——뚜——
> 노래하자 기쁨의 노래 인터내셔널의 노래
> 삼삼오오 떼를 진 모든 동무여
> ——김창술의 「전개」중에서

우리는 여기서 다음 시기에 나오는 서술지향의 조짐을 충분히 엿볼 수 있다. 그러나 그것은 아직 투쟁으로 곧바로 이끌려는 골자만 엉성하게 나열된 개념적 서술의 의상을 입었을 뿐이다. 이러한 시적 모색은 당시 이론 일반에서 보여지는 현실의 형상화, 현실의 반영문제가 중시되는 것이 아니라 정치적 과제, 이데올로기의 반영에 몰두한 탓이기도 하다. 이를테면 박팔양의 「데모」(1928) 역시 시정성은 사라지고 선언적 목소리가 시 전편을 장악하고 있다.

> 메이데이 만세! 노래와 환호와 박수다
> 보조…… 보조…… 보조를 맞춰라
> 단결하라 만국의 노동자여!
> 5월의 향기로운 공기를 향하여
> 오 울리자 우리들의 교향악을!
> ——「데모」중에서

이러한 시 양식은 프로시의 주요한 양식의 초기형태라 할 수 있는데 그것은 단편서사시 양식과 구호시 양식이다. 이외에 주요한 작품으로 김창술의 「지형을 뜨는 무리」「무덤을 파는 무리」, 유적구의 「여직공」「민중의 행렬」「오직 전진하라」, 김해강의 「진두에서」「직공의 노래」「용광로」, 박팔양의 「거리를 나와 해를 겨누라」, 이호의 「행동의 시」 등을 들 수 있다.

2. 볼세비키기 프로문학

(1) 무산자파(無産者派)의 등장과 볼세비키화

대중화 논쟁―볼세비키화의 서곡

제1차 방향전환론의 주요 쟁점이 예술의 정치투쟁의 무기화였다는 점에서 다른 한편으로 이는 교화사업과 불가분의 관계를 가질 수밖에 없다. 이미 논강에서도 "조선 프롤레타리아 예술운동은 대중에게 이 투쟁의식을 고양하고, 이것의 교화운동을 위하여 조직하며, 그리하여 우리는 무산계급 예술운동의 역사적 임무를 다할 것이다"라 하여 그 목적이 바로 대중에 대한 교화사업에 있음을 밝히고 있다. 말하자면 대중에 대한 교화를 위해 예술로써 정치투쟁을 선전 선동한다는 것이다.

그러므로 여기서 구체적 작용대상을 설정함으로써 대중화론은 필연적으로 프로문예운동에서 파생될 수밖에 없는 것이었다. 이미 제1차 방향전환기에서도 "선동의 유일 최선의 방법은 언어와 구체적 표현――그것도 알기 쉽게 해야 한다――을 빌어서 할 수밖에 없을 것"이라 하여 이미 문예를 어떻게 함으로써 대중에게 가지고 가 선전 선동할 수 있겠는가 하는 대중화론의 단초를 엿볼 수 있다. 그러나 이들의 대중화론은 오로지 대중의 직접적인 아지테이션(agitation)을 위한 '진군나팔'이면 족했기 때문에 간단한 시를 읽는다든지, 알기쉬운 포스터를 그려 붙인다든지, 간단한 연극을 한다든지 하면 된다는 입장에 불과했다. 다시 말해서 무지한 대중을 위해 가장 손쉬운 방식으로, 즉 대중이 알아들을 수 있는 초보적 표현방식으로 투쟁의식을 전달하면 된다는 것이다. 이러한 입장은 장준석(張準錫)의「우리는 왜 작품을 쉽게 쓰지 않으면 안되는가」(『조선지광』1928년 5월)에서도 확인된다. 여기서 장준석은 프롤레타리아 예술은 프롤레타리아 자신의 예술이라는 견지에서 현재의 당면한 임무는 '공장으로, 농촌으로', '대중 속으로'라는 슬로건으로 비약되며, 따라서 대중이 알 수 있게 쉽게 쓰지 않으면 안 된다고 말했다. 다시 말해서 과거 박영희 등의 초기 방향전환론의 오류는 목적의식을 작품 속에다 주입만 하면 된다는 데 있었는데, 문제는 대중에게 직접 가져가 선전 선동하는 운동을 어떻게 하는가라는 것이다.

 이 결과 여기서는 특히 문학이 설 자리가 없게 된다. 무지한 대중은 대부분 문맹이었기 때문에 구체적으로 문학작품을 가지고 어떻게 한다는 것은 자기모순이 될 수밖에 없다. 그래서 그들은 읽고 보는 포스터, 연극, 그리고 시낭송에 집중할 도리밖에 없었다. 결국 창작활동은 여기서 부차적이라기보다는 무시될 공산이 컸다. 그런데 김기진은 바로 이러한 제3전선파의 논리에 반대하면서 작품중심의 문제로 되돌려 놓는다. 말하자면 작품을 중시하는 김기진이 세번째로 도전한 셈이다. 이미「감상을 그대로――약간의 문제에 대하여」(『동아일보』, 1927년 12월)에서 "우리가 파악할 수 있는 한(限)의 대중은 어떠한 대중일 것인가"라고 묻고, 그것은 문학과 서적으로부터 선이 먼 절대다수의 농민이 아니라 농민급 노동자 출신의 급진분자 외 청년학생, 실업자군이라고 말한다. 이것은 문예작품을 읽을 수 있는 독자대중을 염두에 두고, 이들을 대상으로 한 작품대중화를 추구하는 것으로 나아간다.「통속소설 소고」

(『조선일보』, 1928년 11월 9일~20일), 「대중소설론」(『동아일보』, 1929년 4월 14일 ~30일) 등이 그것이다. 「통속소설 소고」에서 김기진은 프로소설의 통속화를 제기하는 이유로 첫째, 작품에 대한 불철저한 인식으로 작품제작을 곤란케 했다는 점 둘째, 그 결과 독자대중을 부르주아적, 쁘띠부르주아적 문예의 감염으로부터 격리시킬 초보적 사업을 무의미시했다는 점 셋째, 독자대중을 획득하기 위한 작품제작상의 방법을 제시하지 않고 이를 현상추수라 비판한다는 점 등을 들고 있다. 이렇게 보면 김기진의 논의는 제3 전선파의 논리와 정면으로 배치되는 양상을 보이고 있다.

김기진은 이 글에서 앞서 지적한 오류들이 작품 속에서도 그대로 나타나 작중 사건의 전개보다도 또는 작중인물보다도 먼저 작가자신이 앞장서서 팔을 걷어붙이고 연설을 하려 덤비기 때문에 "작품은 작중에서 보려고 하던 인물과 그의 행동과 사건을 뒤로 물리치고 작가의 연설에 귀를 기울여야만 하게 되는 까닭으로 가져오던 흥미를 잃어버리게 된다"고 했다. 그래서 프로소설의 통속화는 독자대중의 확보를 위해서 필연적이라는 것이다. 더구나 현재의 극도로 곤란한 정세 하에서 작품까지 질식당하는 마당에 프로소설의 통속화로의 '이보퇴각'이 더욱 절실하다고 주장했다. 그러므로 제1차 방향전환 이후 핵심적인 논의로 부각된 예술대중화의 필요성을 구체화시키지 못하고, 또 강한 정치편향성으로 인해 창작의 질식현상을 보이던 당시 카프의 상황에 비추어 보면 실로 날카로운 자기비판이라 할 수 있다. 또한 작품의 일반적 원칙을 문제삼는 것이 아니라 구체적으로 대중과의 관련 속에서 이것을 논했다는 점에서 중요한 의의를 갖는다. 그러나 문제는 그것으로 끝나는 것이 아니라 그 구체적 방법에서 나타나는 통속화 경향이다.

김기진은 「통속소설 소고」에서 프로소설과 통속소설로 이분화하였다. 그런데 바로 뒤에 쓴 「대중소설론」에서 통속소설과는 또 다른 대중소설을 제기했다. 물론 최종적으로는 본격 프로소설과 프로 대중소설로 정리되지만, 이렇게 원칙에서 벗어난 구분방식은 앞서 지적한 독자대중을 고려했기 때문이었다. 즉 통속소설은 신문 연재소설을 기준으로 하여 부인, 소학생, 봉건적 이데올로기를 가진 노인, 청년을 대상으로 한 것이고, 대중소설은 당대 프로문학운동이 주요 대상으로 하는 노동자·농민, 그 중에서도 이야기책을 읽고 있는 노동자 농민을 그 대상으로 한 것이었다. 그리고 더 나아가 김기진은 이렇게 현재 그들에게 읽히고 있는 작품양식을 기준으로 하여 그에 입각한 대중소설을 창작하자는 것이었다.

"대중소설이란 단순히 대중의 향락적 요구를 일시적으로 만족시키기 위한 것이 결코 아니요, 그들의 향락적 요구에 응하면서도 그들을 모든 마취제로부터 구출하고 그들이 세계사의 현단계에서 주인공의 임무를 다하도록 끌어올리고 결정케하는 작용을 하는 소설이다."

말하자면 대중이 현재 작품을 읽게 되는 요인인 흥미 문제에 각별히 관심을 기울여 그들이 접하고 있는 형식과 같은 대중적인 문예형식으로 만들어서 대중이 읽도록 하자는 의도다. 그래서 그는 지금 대중에게 가장 많이 읽히는 것을 이야기책으로 파악하고, 이야기책이 흥미를 끄는 요인(표지에서 오는 호기심, 큰 활자, 저렴한 가격, 문장의 평이, 박명애화(薄命哀話)와 호색한 이야기 등 소설 자체의 구조)을 분석한 다음, 프로 대중소설도 대중에게 읽히기 위해서는 '흥미 문제'에 각별한 관심을 기울여야 한다고 강조한다. 그래서 그 구체적 예로 그는 무엇을 써야 할 것인가, 어떻게 써야 할 것인가에 대해서 다음과 같은 항목으로 예시하고 있다.

① 제재를 노동자나 농민들의 일상견문 내에서 취할 것.
② 물질생활의 불공평과 제도의 불합리로 말미암아 생기는 비극을 주요소로 하고서 원인을 명백히 할 것.
③ 미신과 노예적 정신, 숙명론적 사상을 가진 까닭으로 현실에서 참패하는 비극을 보이는 동시에 새로운 희망과 용기에 빛나는 씩씩한 인생의 자태를 보일 것.
④ 신구 도덕관의 충돌로 일어나는 가정적 풍파는 좋은 제목이며, 반드시 신사상의 승리로 만들 것.
⑤ 빈부의 갈등으로 말미암아 일어나는 사회적 조건도 좋은 제목이며, 정의로써 최후의 문제를 해결할 것.
⑥ 남녀간의 연애관계는 좋은 제목이나, 정사장면은 피하고 딴 사건보다 많이 취급할 것.

―― 어떻게 써야 할 것인가

　이와 같은 것들이 대중소설을 주요 대상으로 한 것이라면, 그와 구분된 본격 프로소설을 대상으로 하여 씌어진 것이 「변증적 사실주의」(『동아일보』, 1929년 2월 25일~3월 7일)다. 그는 먼저 지금까지 카프의 성과를 해결된 문제와 지금 문제되는 것으로 크게 나누어 당시의 정황을 살피고 있다. 해결된 문제는 우리들의 문학은 전대중을 부르주아적 봉건성 또는 쁘띠부르주아적 이데올로기로부터 격리케 하고, 그들의 불평불만을 집어내고, 나아가서는 덩어리가 되어서 일을 하기에까지 그들을 끌어올리는 연장이 되지 않으면 안 된다, 우리들의 문학은 사람이 알아보도록 쉽게 만들어야 하며 더구나 작금 1년 이래로 극도로 재미없는 정세에서 우리들의 '연장으로서의 문학'은 그 정도를 수그려야 한다, 등을 들고 있고, 지금 문제되는 것은 극도로 재미없는 정세는 어디로부터 오고, 이때 우리 덩어리가 할 일은 어떻게 확대해야 하며, 우리의 문학을 어떻게 만들어야 할 것인가다.

　이러한 분석이 앞서 우리가 다루었던 대중소설을 제기한 이유와 크게 차이가 없음을 확인할 수 있다. 이후 논쟁의 전개에서 특히 문제가 되는 것은 해결된 문제 중 여섯번째 항목인 연장으로서의 문학은 그 정도를 수그려야 한다는 대목이다. 이에 대해서는 이후 임화(林和)의 반론을 살펴보면서 언급하기로 하고, 여기서도 김기진은 여전히 '문학은 어떻게 만들어야 하는가'라는 양식문제에 중점을 두고 있다. 그가 제목을 '변증적 사실주의'라고 하면서도 그 부제로 '양식문제에 대한 소고'라 부기한 것도 이러한 이유 때문이다. 말하자면 내용문제를 지적하면서도 그와 구분된 채 형식문제가 논의되었던 내용·형식 논쟁기의 그의 자세가 여태까지 견지되고 있다는 증거이기도 하다.

　이러한 일련의 김기진의 대중화론이 제기되자 그에 대한 비판이 다시 동경에서 날아들기 시작했다. 그 비판자가 바로 이후 제2차 방향전환을 주도하며 볼셰비키화의 기치를 들었던 임화였다. 그러한 김기진의 일련의 대중화론에서 보이는 경향을 한마디로 탁류라 칭한 듯한 「탁류에 항(抗)하여」(『조선지광』 1929년 8월)가 그것이다. 임화는 앞서 간단히 언급한 "극도로 재미없는 정세에서 연장으로서의 문학은 그 정도를 수그려야 한다"라는 대목을 문제삼아 다음과 같이 맹공을 가한다.

> "아무러한 더 재미없는 정세에서라도 현실을 솔직하게 파악하여 엄숙하고 정연하게 대오(隊伍)를 사수하는 것이 정당히 부여된 역사적 사명인 것이다.(중략)
> 모든 것은 역격을 역격으로 하는 ×세 그것에서만 가능한 것이다.
> 그러므로 동지 팔봉의 일언은 '……'의 원칙의 왜곡이란 결정적 치명적 오류를 범한 것이다.
> 우리는 이러한 국면에서 이러한 자기 진영내의 우경적 경향과 사력을 다하여 싸워야 할 것이다."

이러한 임화의 반론에 대해 김기진 역시 물러서지 않고 임화를 역으로 문학의 특수성을 망각한 공식주의자라고 공격한다.

말하자면 김기진의 문학운동에 대한 특수성의 이해는 바로 여타 운동과 달리 문학작품, 즉 창작실천을 통한 것이라는 데 있다는 인식이다. 그래서 임화는 다시 「김기진군에게 답함」이라는 글에서 김기진의 이러한 입장을 문제삼고 '춘향전문학자' '예술지상주의자'라 공격하게 된다. 그러면서 그는 당대에 요구되는 문학운동은 『동아일보』나 『중외일보』로 예술운동을 타협, 즉 "김군이 춘향전식으로 이 난국을 지내가며 호기도래(好機到來)를 꿈꾸는 대신 우리는 군이 한번 듣기만 해도 기절을 할 ×××× 해결한다"고 하여 비합법투쟁까지도 불사하겠다는 방침을 가지고 있음을 확인할 수 있다.

김기진은 이에 대해 앞서의 반론의 자세에서 물러나 연장으로서의 문학의 정도를 수그리자는 것은 단지 표현의 정도를 완화하자는 것이었다고 자기변명 비슷한 논조로 후퇴하고 만다. 이러한 김기진의 자세는 내용·형식논쟁에서 박영희의 공격에 자설철회하면서 제1차 방향전환을 맞이하듯 다시 볼세비키화의 구호를 맞이하여 패배자로 또다시 물러서고 만다. 그리고 대중화 문제는 이후 새로운 군단인 『무산자(無産者)』 그룹에 의한 볼셰비키화 대중화로 근본적인 변화를 겪게 된다.

볼세비키화와 조직개편

1930년에 들어서면서부터 프로문단에는 임화를 제외한 새로운 이름의 일군의 신진들이 지면에 나타난다. '볼세비키화'란 구호를 다같이 앞에 내세우고 기존 논자들은 과감하게 비판하며 다시 방향전환할 것을 맹렬히 주장하기 시작한다. 이들이 이른바 동경「무산자」그룹이다. 이들「무산자」그룹 구성원은 임화를 필두로 한 안막, 권환, 김남천 등이다.『무산자』란 과거 제1차 방향전환을 주도한「제3전선파」에 뒤이은 새로운 소장파라 할 수 있는데 이들은 당시 일본 프로문단의 새로운 움직임에 민감히 반응하면서 새로운 기치를 내걸었던 것이다.

그들의 논의는 어찌보면 일본의 논의를 직역적으로 추수한 듯하지만, 그 내부를 살펴보면 일정하게 국내정세와 밀접한 연관을 가지고 있다. 당시 고경흠 등의 조선공산당 재건운동과 관련을 갖고 태동되었으며, 또한 당대 노동대중의 운동의 진전에 문예운동도 보조를 맞추어야 한다는 것을 강조하고 있다.

"우리 노동대중의 의식이 놀랄 만큼 진전되어 간다는 것은 최근 몇개월 동안 각지의 농촌, 공장에서 끊임없이 일어나는 맹파(盟罷)사건과 소작쟁의를 보아도 알 것이다. 그것은 그들의 모두가 의식적으로인지 자연발생적으로인지는 물을 것도 없이 어쨌든 우리는 그들이 얼마나 자기들 처지를 자각하여 가며, ×××이 풍부하며, 또 그들의 힘이 얼마나 일취월장으로 강대화하는가를 알 것이다.
그러나 그들의 예술을 제작하려는 우리 예술운동은 그것의 주인인 그들 자체의 진전과 같은 보조로 진전하지 못하고 도리어 퇴축(退縮)의 빛을 보이는 것은 어떠한 때문이냐."(권환,「평범하고도 긴급한 문제,『중외일보』1930년 4월 10일)

이러한 문제의식하에서 이들〈무산자〉파는 그 극복방안과 당면방침으로 '볼세비키화'를 제기한다. 그러면 볼세비키화란 무엇을 말하는가.

"그것은 국제 프롤레타리아트의 세계적 단일한 유기적 메카니즘 가운데에 자기를 결부시키고, 명확한 계급적 기초에 선 조선 프롤레타리아트의 조직적 기구 가운데에 우리들의 예술이 자기의 프롤레타리아트적인 진실이 계급적인 기초를 가지려는 것을 말함이다."(안막,「조선 프로예술가의 당면의 긴급한 임무」,『중외일보』1930년 8월 16일)

이러한 볼셰비키화의 이해는 사실 1927년의 방향전환을 후꾸모또주의에 의한 관념적 방향전환론이라고 규정했는데, 그것은 노동자 농민의 실제 생활을 묘출하지 않고 관념적이어서 프롤레타리아트를 실제에서 유리시키며, 작가 자신의 관념적 주관으로 해결지어 버리고 말았다고 비판하는 것과 관련이 있다. 그래서 전위——노동자 농민의 아지(agitation) 프로——조직을 위하여 사회의 생산 발전에 적응시킨 경제적 세계관에서 출발한 현실을 현실대로 묘출하는 객관적 실제주의인 프롤레타리아 리얼리즘으로 비약해야만 한다는 것이다.

이러한 볼셰비키화의 방침이 근본적인 의미를 갖게 됨으로써 기존의 대중화, 프롤레타리아 리얼리즘, 예술비평 문제 등도 이 새로운 각도에서 해결되어야 한다고 하여 그 제창과 함께 조직문제와 작품문제가 논의되고 있다. 조직문제에 대한 논의에서는 임화의「조선 프로예술운동의 당면한 중심적 임무」가 가장 대표적인 글로 간주되는데, 아직까지 자료가 발견되지 않은 상태다. 다만 안막의「조선 프롤레타리아 예술운동 약사」(『사상월보』1932년 1월)에서 그 개요가 예시되고 있는데 그 내용은 다음과 같다.

임화 논문의 내용
최근의 국제적, 국내적 정세를 분석하고 나서 그 정세하에서 예술운동의 중심적 임무를 노동자 농민에 대한 당의 사상적 정치적 영향을 확보·확대하고, 당의 슬로건을 대중화하기 위한 광범위한 아지 프로사업이다. 즉 조선 프로예술운동은 볼셰비키화하지 않으면 안된다. 예술운동 볼셰비키화——이것이 당면의 임무다. 예술운동 볼셰비키화를 위한 전제로서 제출된 구체적 임무로는 첫째, 예술동맹을 재조직할 것, 즉 예술운동의 각 부분인 문학, 연극, 영화, 음악, 미술 등에 확대된 전문적 기술적 전국동맹을 형성해야 한다. 그러나 일시적으로는 불가능하므로 전국동맹 재조직위원회를 설치할 것. 둘째, 기관지를 확보할 것. 셋째, 카프 중앙부 내에 일화견주의(日和見主義)를 극복하는 것에 의해 카프를 계급적으로 볼셰비키적으로 할 것. 넷째, 노동자 농민의 조직과 유기적 관계를 가질 것이라고 하면서 예술운동 볼셰비키화란 용어를 가지고 카프의 중심적 임무에 관한 이론을 발표하였다.

여기서 볼 수 있듯이 임화는 기본적으로 조직의 볼셰비키화를 주장하고 있으며, 그 조직을 예술운동 전부분으로 확대된 전문적 기술적 전국동맹을 형성할 것을 제안하고 있다. 권환은 특히 이러한 조직원칙에 찬동하면서 그 구성인원에 대한 일정한 입장을 더 강조하고 있다. 즉 그는 카프가 기본적으로 기술단체임은 분명하지만 다른 한편 투쟁단체이므로 지금에 와서 창작적 기술이 비록 조출(粗出)하더라도 타협성 적고 희생심 많은 직업적 운동가 소질을 가진 예술운동가에게 중임을 담당시켜야 한다는 입장에서, 투쟁역량 본위로 조직해야 한다고 주장한다. 결국 권환은 지금까지 운동이 활발하지 못했던 것은 직업적 운동가가 적은 데 기인한 바 크다고 분석하면서 조직원의 선택에서 직업적 운동가의 소질 다부(多否)를 표준해야 한다고 강조한다.

그런데 사실 이러한 논의가 전개되는 가운데 조직개편이 이루어지고 있었다. 1929년 무렵부터 문학부문말고도 연극 영화운동이 자연발생적으로 전개되면서 카프 이론가들 사이에서도 문학영역에서 벗어나 예술영역 전반으로 확대할 필요성이 제기되고 있었다. 박영희, 윤기정 등에 의해 단편적으로 제기되었고, 1929년 6월 김두용이 「어떻게 싸울 것인가」(『무산자』)라는 논문에서 예술운동의 범위와 문학부문에 국한된 것을 전예술부문으로 확대하는 데 대하여 구체적 견해를 표명하였고, 권환이 1930년 1월 「예술운동의 과거, 현재 및 미래」라는 논문에서 다시 논했으며, 그해 3월에 윤기정이 논하면서 카프 지도부가 이에 찬동, 1930년 4월중 조선지광사에서 카프 중앙위원회를 열어 조직을 개편했다. 그 조직개편을 보면 다음과 같다.

반면 작품면에서 볼셰비키화를 논한 안막은 「조선 프로예술가의 당면의 긴급한 임무」에서 기본적으로 '노동자 농민의 생활을 그려라' '전위의 눈을 가지고' '예술의 역할은 노동자 농민에 대한 당의 사상적 정치적 영향의 확보 확대에 있다. 노동자 농민에게 ××주의를 선전하고 당의 슬로건을 대중의 슬로건으로 하기 위한 광범한 아지 프로에 있다'라고 과거에 프롤레타리아 예술가의 임무를 규정했지만 그것은 막연한 의미의 사회민주주의예술이었다고 비판했다. 여기서 사회민주주의예술이라는 것은 김기진의 대중화론과 깊은 관련을 갖고 있는 듯하다. 왜냐하면 이 시기 〈무산자파〉는 하나같이 김기진의 대중화론에 대해서 집중적인 공격을 퍼붓고 있기 때문이다. 더구나 과거 내용·형식논쟁에서 보여준 불철저성, 그 결과 형식주의로의 일탈을 비판한 안막은 「프롤레타리아 형식문제」에서 논해지고 또한 「변증적 사실주의」에서 다루어지고 있는 형식적 측면의 사실주의를 '프롤레타리아 리얼리즘'으로 명확히 정리하여 이를 비판하고 있다.

여기서 그는 ××적 프롤레타리아트가 대중××의 선두에 서서 ×의 확대 강화를 중심적 과제로 삼고 있는 현재 조선에 있어선 프롤레타리아 예술가들은 자기 자신을 항상 이 정치적 현실에 결부시키고 그 전 아지 프로 역량을 이 볼셰비키적 ×확대의 선(線)에 집중시켜야 할 것이라고 그 임무를 규정하고 있다. 바로 현실의 모든 임무는 볼셰비키적 당 확대, 즉 조선공산당 재건에 집중해야 한다는 뜻이다.

그런데 안막은 정치적 슬로건을 기계적으로 예술작품에 도입하는 것은 아니라고 말한다. 그렇다면 어떻게 한다는 말인가.

"1927년에는 우리들은 목적의식을 제창하여 방향전환을 부르짖었으며, 일견 그것은 어느 정도까지 해결된 것처럼 보였다. 그러나 그것은 다만 정치적으로 목적의식이었고 예술작품 가운데에 구체화된 목적의식은 되지 못하였던 것이다. 그것은 다만 예술 가운데에 정치를 기계적으로 도입한 것이고 예술과의 특수적인 결부를 이해하지 못한 것이었다. 우리는 '예술운동의 볼셰비키화'를 제창하여 새로운 방향전환에 당면하고 있는 이때에 있어서 과거의 그러한 오류를 다시 한번 생각할 필요를 갖는 것이다.

우리는 정치적 슬로건을 그대로 예술적 상(上) 슬로건으로 하는 것이 아니라, 그 슬로건 가운데 요약된 계급적 필요를 예술의 형태를 빌어 구상화하는 것이다."

다시 말하면 전위의 관점, 마르크스주의 관점에 서서 가장 정확히 객관적으로 현실을 파악하는 프롤레타리아 리얼리즘을 유일한 방법으로 한다는 것이다. 그리고 이것이 마르크스주의 예술을 확립시킬 수 있다는 주장이다. 바로 이러한 각도에서 김기진의 대중화에 대한 비판과 그 대안으로 볼셰비키적 대중화를 천명하고 있다. 먼저 안막은 김기진의 대중화론이 대중의 의식수준에 추수하라는 일화견주의적 혹은 자유주의적인 이데올로기의 소산이라고 비판한다. 다시 말해 '노동대중'이라는 막연한 일구로 시종한 사회민주주의 예술의 대중화였다는 것이다. 그러므로 지금 요청되는 대중화는 혁명적 프롤레타리아 이데올로기를 내용으로 하는 것이고 그 대상도 프롤레타리아트의 조직의 선에 따라 주요 산업의 대공장 노동자, 농민이라는 것이다. 바로 혁명적 프롤레타리아트의 이데올로기를 주요 산업의 대공장 노동자, 빈농 사이에 광범하게 침투시키는 것이 바로 당면한 볼셰비키적 대중화의 요체였다.

이렇게 작품면에서 요구되는 볼셰비키화의 요청은 다시 권환의 「조선예술운동의 당면한 구체적 과정」에서 보다 구체적으로 논의된다. 여기서 권환은 혁명적 프롤레타리아 이데올로기를 내용으로 하면서 그 구체적인 제재를 다음과 같이 열거하고 있다.

1. 전위의 활동을 이해하게 하여 그것에 주목을 환기시키는 작품
2. 사회민주주의, 민족주의 정치운동의 본질을 폭로하는 것
3. 대공장의 스트라이크, 제너럴 스트라이크
4. 소작쟁의
5. 공장 농촌 내의 조합의 조직, 어용조합의 반대, 쇄신동맹의 조직
6. 노동자와 농민의 관계를 이해케 하는 작품
7. 제국주의의 조선에 대한 ××××(예를 들자면 민족적 ××, ×××× 확장, ××××× 조합 등의 역할……) 폭로시키며 그것을 마르크스주의적으로 비판하여 프롤레타리아트의 투쟁을 결부한 작품
8. 조선 토착 부르주아지와 그들의 주구가 제국주의자와 야합하여 부끄럼 없이 자행하는 적대적 행동, 반동적 행동을 폭로하며, 또 그것을 마르크스주의적으로 비판하여 프롤레타리아트의 투쟁을 결부한 작품
9. 반파쇼 반제 반전쟁의 투쟁을 내용으로 하는 것
10. 조선 프롤레타리아트와 일본 프롤레타리아트의 연대적 관계를 명확하게 하는 작품, 프롤레타리아트의 국제적 연대심을 환기하는 작품

이러한 제재를 볼셰비키화 주창자들은 조선 프롤레타리아트의 혁명적 과제

라 칭했다. 그리고 동시에 권환은 형식에 대해서도 언급하는데 루나챠르스키의 "내용은 일정한 형식을 요구한다"는 말로 규정을 대신하고, 내용이 혁명적 선동적이므로 형식은 직접적이고 그 대상이 노동자 농민이므로 간결 평이해야 한다고 말한다. 결국 볼셰비키 대중화는 형식에만 해당되는 것으로 정리된다.

(2) 볼셰비키화 제창 이후의 전개양상

조직 및 출판활동

지금까지 동경의 소장파 중심의 〈무산자파〉가 제기한 볼셰비키화의 여러 측면을 살펴보았다. 그러면 소장파의 이러한 문제제기는 구체적으로 어떻게 전개되었는가. 여기에 대해서는 구체적 기록이 불명해서 정확한 실상을 파악하기에는 난점이 있다. 그러나 가능한 대로 살펴보면 먼저 조직개편에 대해서는 계획만 수립되었지 구체적으로 실행되지는 못했음을 알 수 있다. 다시 말해서 1930년 4월 개편에서 이루어진 기술부의 각 부서를 각 동맹으로 하고 각 동맹에서 2명씩의 대표가 나와 협의회를 만드는 것으로 계획이 세워졌지만 일본 총독부에 의한 재조직의 중지, 검거사건, 역량의 부족 등이 이유가 되어 실행되지 못했다.

출판활동 역시 기관지 『예술운동』이 폐간되고 나서 별다른 출판물을 가지고 있지 못하다가 1930년 10월 양창준이 대중잡지 『군기』를 발행하자 카프 중앙부가 거기에 관계함으로써 기관지의 성격을 갖게 되나 이 역시 1931년 1월 소위 '반카프 음모사건'이 일어남으로써 카프와는 무관하게 되었다. 그뒤 기관지로 『전선』『집단』 등을 발행하려 하였으나 원고 압수, 검열 등으로 인해 발행되지 못했다.

특히 카프는 1931년 8월부터 10월까지 한위건, 양명 등에 의한 조선공산당 협의회 사건과 연루되어 『무산자』의 국내배포와 영화 「지하촌」건으로 인해 임화, 김남천, 안막 등 무산자파와 김남천 등 11명의 동맹원이 체포되는 세칭 카프 1차사건을 겪게 된다. 물론 카프동맹원으로서는 김남천만이 기소되고 나머지는 불기소처분으로 풀려나게 되지만 이 사건으로 카프의 조직활동은 크게 위축된다. 특히 안막, 김기진의 진술서(이것은 나중에 일제가 발행한 『사상월보』에 실리게 된다)에서 보듯이 이 과정에서 카프의 조직체계 및 활동상이 일제에 완전히 노출됨으로써 30년 초반 볼셰비키화를 내걸고 정치투쟁을 적극적으로 모색하고 실천했던 데 비해 이 사건 이후 거의 정지되고 만다.

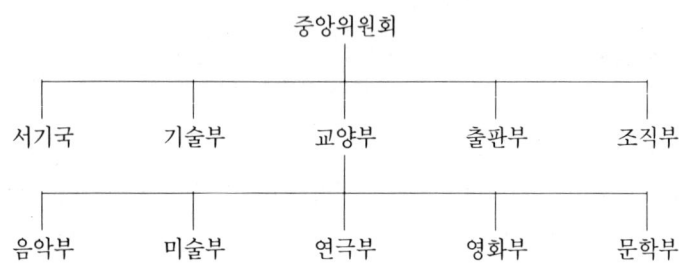

* 출처 : 안막, 「조선 프롤레타리아예술운동 약사」

농민문학론을 둘러싼 논의

사실상 프로문학에 있어서 농민의 문제는 대중화 논의에서 명확히 나타나듯이 의식화의 무기로서의 문학의 기능에 따라 필연적인 연관을 맺을 수밖에 없었다. 말하자면 볼셰비키화 문예창작의 기본방침은 혁명적 프롤레타리아트의 이데올로기를 노동자, 농민, 진보적 지식인 등에게 주입하는 것에 다름 아니었다. 따라서 농민을 주체로 다룬 문학의 문제는 당연히 제기될 수 밖에 없었다. 그래서 사실 대중화논의를 본격적으로 들고 나온 김기진에게서 농민문학 문제(「농민문예에 대한 초안」, 『조선농민』 1929년 3월)가 프로문학측에서 최초로 제기되었음은 이상한 일이 아니다. 물론 여기서도 김기진은 앞서 보았던 대로 통속적 대중화론의 관점에서 무식한 농민에 접근하기 위해서는 이해하기 쉬운 글을 쓸 것, 구성의 단순화, 농민의 대중 심리에 영합 등을 창작상 지침으로 내걸고 있다. 그러다 공식적으로 볼셰비키화와 동조해서 농민문학론이 제창되기 시작하는데 그 단초는 1930년 11월 하리코프 혁명작가회의에서의 결의중 농민문학 제창부분에 대한 소개와 1931년 5월 권환이 이 대회 성과에 대한 교훈을 다른 글에서 언급한 농민문학 부분이다. 그리하여 이후 본격적인 논의들이 이루어지는데 그 대표적인 것은 안함광과 백철의 논쟁이다.

안함광은 「농민문학 문제에 대한 일고찰」을 통해서, 백철은 「농민문학 문제」라는 글을 통해서 각기 자신의 입장을 토로하고 있다. 먼저 안함광은 농민의 이중성(소소유자성과 혁명성)의 한계를 중시하여 프롤레타리아 이데올로기의 적극적 주입을 주장했다. 이에 대해 백철은 이를 마르크스주의의 기계적 적용이라고 반박하면서 농민의 이중성을 현실로 인정하여 "혁명적 농민문학은 프로문학 또는 프로문학의 일부가 아니고 혁명적 농민의 이데올로기를 내용으로 하는 혁명적 농민의 문학이라고 주장했다. 더 나아가 백철은 표현 형식문제에 있어서도 직접 농민의 요구, 감정, 의식을 파악해야 한다고 강조했다. 이렇게 볼 때 백철이 훨씬 유연한 모습으로 농민문학을 보고 있음을 알 수 있다.

그러나 보다 엄밀히 말해 양자의 농민문학론에 있어서 농민문학이란 개념 규정은 서로 다른 차별성을 갖고 있다. 말하자면 안함광의 농민문학론은 프로문학의 일부로서 농민문학을 지칭하고 있는데 비해, 백철은 프로문학과 구별된 독자적인 농민문학을 대상으로 삼고 있다. 또한 이들의 논의는 구체적인 작품을 대상으로 하여 전개되기보다는 추상적 논의 수준에서 이루어져 그 구체적 면모를 파악하기에는 많은 어려움을 안고 있다.

이들 외에 유해송 등이 농민문학론을 각각 개진하였는데, 유해송은 「농민문학의 이론」에서 현 자본주의 제도 아래 압박받는 농민을 해방시키는 농민 자신의 무기로서 농민문학을 주장했다.

유물변증법적 창작방법의 제창

1차 검거사건을 겪은 카프는 급속히 조직활동이 둔화되면서 1932년에 들어서부터는 극히 위축된 활동상을 보여준다. 그러면서 비평의 초점도 실제 창작과 관련된 부분으로 집중되는 양상을 보인다. 그중에서도 이른바 창작방법이라 일컬어지는 리얼리즘 논의와 작품비평에 주안점이 두어진다. 이때까지 창작방법론으로 간주되어 왔던 프롤레타리아 리얼리즘론을 비판하면서 유물변증법적 창작방법이 그 대안으로 제창되기 시작한다.

이 유물변증법적 창작방법론의 대표적 논자는 신유인(申唯仁, 본명 申應植)으로 간주된다. 그는「문학창작의 고정화에 한하여」(『조선중앙일보』1931.12.1~12.8)를 발표하여 그때까지의 창작현황과 이를 지도하는 볼세비키론자들까지 싸잡아 비판한다. 그는 현재 문학적 실천은 "완전히 개념화하고, 예속화하고, 고정화하고, 그리고 발전의 질곡이 되고, 현실과의 심대한 이반(離反)에 의하여 '표면의 공허한 포말'로서 떠 있다"고 비판했다. 다시 말해서 동일한 유형으로 고정화되고 현실을 호도하는 공식적, 비속적 기계론과 형이상학적 왜곡된 주관이 지배하고 있다는 것이다. 그러면서 그는 예술의 볼세비키화와 모순되는 것은 아니지만 새로운 슬로건인 '유물변증법적 예술의 건설에!'에 의해 관념적, 이론적이 아닌 구체적, 실천적이 되어야 한다고 새로이 유물변증법적 창작방법을 제창했다. 그러면서 그는 이에 대해 파제에프의 견해에 기초하여 다음과 같이 규정했다.

> 산 대중의 생활의 형상 가운데 나타난 사상 고양에 의하여, 일체의 모든 그 복잡성, 다양성에 있어서의 현상의 광범한 유물변증법적 파악에 의하여 유물변증법적 예술문학의 건설의 단계를 측정하지 않으면 안된다.

신유인은 여기서 권환의 시와 한설야의 소설을 예로 들어 이들의 작품이 단조로운 유형을 보이고 있다고 분석했다. 즉 정치적 초보 지식 혹은 이데올로기에 의한 작품의 고정화를 보여주고 있다고 지적했다. 그리고 더 나아가 볼세비키화 제창 단계에서 높이 평가된 송영의 작품, 그리고 김남천의「공장안」「공장신문」에도 동일하게 적용할 수 있다고 비판했다. 결국 이러한 작품의 고정화는 모든 현상을 산 현실에서, 그리고 현실을 모든 복잡성, 다양성에서 광범히 유물변증법적으로, 그리하여 진실로 변증법적 유물론에 입각한 예술을 건설해야 한다고 강조했다.

그런데 이에 대해 볼세비키화의 대표적 논자인 임화는 볼세비키화의 방침과 규율이 우리들 작품생산의 조직화에 구체적으로 반영되었다고 긍정적으로 평가한 후 다만 이것이 급격히 추구됨으로써 작가들에 대한 과중한 통제가 나타나고 자유스러운 창의성과 구체적 생활을 경시하는 내용의 무절조한 정치주의가 나타나 기계적 고정화의 현상이 나타났다고 다른 각도에서 이를 해석했다. 또한 실제 작품과 관련해서 「목화와 콩」은 제재나 소박 간결한 형식에서 농민문학의 새로운 방향을 제시했다고 높이 평가했으며, 특히 김남천의 「공장신문」에 대해서는 1931년 조선문학의 최고점이라고 극찬하여 신유인과 상반된 입장을 보였다. 그러나 임화는 1932년에 들어서는 세계정세가 급변하고 있다고 분석한 후 카프도 이 새로운 단계에 조응하여 전환할 것을 주장하고 있다. 즉 공황이 나타나 제국주의의 일반적 위기인 제3기에 처했다며 이에 대응하여 진정한 변증법적 방법을 가지고 서로 교차하는 복잡성과 다양성 속에서 움직이는 발전과정을 관찰해야 한다고 하여 유물변증법적 창작방법을 주장했다.

송영 역시 「1932년의 창작의 실천방법」(『조선중앙일보』 1932. 1. 3~1. 16)에서 기본적으로 볼셰비키화 방침을 충분히 소화하지 못했다고 비판하면서 이에 대한 극복으로 유물변증법적 창작방법을 들고 있다. 그는 그 구체적 방법으로, 구상은 유물적 기초 위에서, 그리고 그 사실을 전체적으로 파악하여 발전으로서 볼 것을 제시하고 있다. 한설야도 이를 '변증법적 사실주의'로 받아들여 과거 창작경향이 창작상의 고정화, 그리고 특정 제재에만 집중되었다고 비판하면서 그 대안으로 다음과 같이 말하고 있다.

1. ……특정적 취재뿐만 아니라 그 일상생활과 일상동태와 일상××의 어느 부분이든지 착래(捉來)하여 거기서 프롤레타리아트의 움직이는 세계관과 목적의식을 노출하는 것을 프롤레타리아 사실주의는 결코 방해하지 않는다.……
2. 그 다음으로 필요한 것은 '주제의 강화'라는 것이다. 즉 작가가 쓰려는 주제를 향하여 그 강화에 필요한 모든 요소와 사건을 결부시켜야 한다.

또한 백철은 「창작방법 문제」(『조선일보』 1932. 3. 6~3. 20)에서 구체적으로 시 영역을 중심으로 논하면서 유물변증법적 창작방법에 의하여 명확한 프롤레타리아 작품이 제작된다는 말은 바로 정확한 구체적 계급분석을 통해 제작된다는 것을 의미한다고 했다. 또한 「문예시평」(『제일선』 1932년 9월)에서 프롤레타리아 리얼리즘은 역사상 적지 않은 역할을 해 왔지만 유물변증법적 창작방법에 비해 한층 하류에 속하는 것이므로 유물변증법적 창작방법에 의거하여 이 용어를 써야 한다고 강조했다.

(3) 창작계의 실상

실제로 조직활동은 애초에 제기한 투철한 투쟁적 활동방침에 전혀 미치지 못한 채 1차 검거사건 등 일제의 탄압에 밀려 곧바로 정체가 되었던 반면에 창작활동은 그 이전과는 여러모로 질적인 구별을 지니는 새로운 모습을 보여 주었다. 이 시기에 가장 두드러진 창작활동을 한 작가로는 송영, 이기영, 김남천, 한설야, 권환, 이북명 등을 들 수 있다. 당시 관심을 끌었던 소설작품으로는 송영의 「교대시간」「백색여왕」「오수향」, 이기영의 「종이뜨는 사람」「홍수」「소작농」「선구자」, 김남천의 「조정안」「공장신문」「공우회」, 한설야의 「진재전」, 권환의 「목화와 콩」, 이북명의 「암모니탱크」「출근 정지」, 엄흥섭의 「흘러간 마을」「출범 전후」「파산」 등이다. 이들 작품은 이전과 달리 노동자 농민의 생활을 변화하는 기술을 가지고 묘사하려 했고, 파업, 소작쟁의 등 스케일을 크게 잡고 그리기 시작하면서 프롤레타리아 리얼리즘과 유물변증법적 창작방법에 입각한 작품을 만들어내려 애썼다.

공장소설(工場小說)의 출현

본격적 노동소설의 출현과 관련하여 우리는 김남천을 빼놓을 수 없다. 김남천은 이 시기에 들어와서 활동을 시작한 신진작가로 이갑기는 김남천의 출현을 '혜성적 출현'이라고 할 만큼 주목을 받았다. 희곡 「조정안」은 신간회 간부, 물산장려회 지회장 등이 고무공장장 집에 모여 술상을 벌이고 조정안을 꾸미고 있는 것을 비판한 작품이다. 「공장신문」은 1931년 7월의 평양 고무공장 총파업 이후에 일어난 한 고무공장의 파업을 모델로 하여 쓴 것으로 수도물 대신 더러운 우물물을 먹으라는 회사의 지시와 타락하고 개량주의화된 조합간부 김재창과 회사측의 타협을 거부하면서 타락한 간부의 비리를 폭로하고 공장신문을 발행하면서 새 노조지도부를 구성한다는 내용이다. 이 작품은 따라서 볼셰비키화 제창의 중심 내용의 하나였던(권환의 구체적 제재 중 5번 항목) 개량주의 노조의 타파와 적색노조의 건설 문제를 주제로 한 작품이라 할 수 있다. 「공무회」 역시 적색노조 건설을 그린 작품으로 회사 내 축구단과 친목계 주인공 순실이 참가, 이들을 규합하여 회사측의 공장 확대와 임금 인하에 맞서 단체행동을 벌이게 된다는 내용을 담고 있다. 이러한 김남천의 소설들은 볼셰비키화 제창에 대응한 창작활동이자 또한 본격적인 노동소설을 보여주었는데 그 의의를 갖고 있다. 그러나 전위를 모두 내세우고 있지만 인물의 형상화에서 도식성, 관념성을 벗어나지 못한 결과 작품 전체가 내용상의 정치주의 편향과 함께 도식주의로 이끌리고 말았다.

한편 송영의 「교대시간」은 일본의 광산을 무대로 하여 거기서 일하는 조선인 노동자와 일본인 노동자가 한때 민족차별로 인해 패싸움을 벌이기도 했지만 끝내 그를 넘어서 계급적 연대감을 성취한다는 소설이다. 패싸움은 사소한 시비에서 발단했지만 임금과 대우에서 민족적 차별이 심했기 때문에 패싸움은 다수의 사상자가 발생할 정도로 심각한 상태에 이른다. 결국 주인공인 조선인 노조위원장이 나서서 같은 노동자끼리 싸우는 것은 종족관념의 소산이라며 이는 자본가의 교묘한 책략에 넘어갈 공산이 크다며 싸움을 말린다. 결국 민족감정을 내세운 하부 노동자들은 국제적 연대감을 중시하는 선전적 노동자가 교화시켜 일본 노조 산하에 조선인 노조도 합쳐져 자본가에 대항하는 것으로 끝맺는다. 이것은 볼셰비키화 시기에 당면 제재로 내세운 프롤레타리아 국제적 연대감을 고취하자는 슬로건에 호응한 작품이라 할 수 있다.

이북명 역시 이 시기 들어 본격적인 작품활동을 전개하는 데 대부분의 작품이 흥남 질소비료공장을 무대로 하고 있다. 이는 작가 자신이 그 공장에서 3년간 노동자로 생활한 경험을 바탕으로 해서 창작활동을 했기 때문이다. 따라서 그의 소설은 김남천이나 기타 지식인 작가에서 보이는 관념적 묘사 대신에 구체적 묘사가 어느 작가보다도 돋보인다. 「출근정지」(32)는 31년의 세계 대공황과 그에 따라 파급되는 불경기를 '산업 합리화정책'이란 미명하에 출근 정지를 통고하자 자본가의 교활한 음모에 속수무책으로 당하고 있다.

공장에서 일어난 탱크 폭발사고로 노동자들이 여럿 죽자 이에 격분한 노동자들이 출근 정지에 항의하고 노동자 가족의 생계를 보장하라는 단체 행동을 벌인다는 내용이다.

그리고 동반 작가였던 유진오, 이효석 등이 오히려 카프 작가를 능가하는 작품을 썼다는 평가를 받을 만큼 관심을 모으는 작품을 산출한 것도 한 특징이다. 반카프 사건에 연루되어 카프로부터 제명당한 이적효의「총동원」은 김남천의 소설과 함께 볼셰비키화기 공장소설의 대표작이 된다.「총동원」은 일제하 노동운동의 분수령이라 칭하는 평양 고무공장 총파업 투쟁을 그린 작품이다. 여기에는 자본가측의 산업합리화 정책에 따른 임금 인하와 부당해고 등의 노동자 탄압정책, 그리고 이에 따라 개량화되는 노조 지도부들과의 비굴한 타협과 그와 반대로 일반 노동자들의 끊임 없는 투쟁으로 승리하기까지의 과정이 형상화되어 있다. 유진오의「여직공」은 자본가들이 공황을 맞아 임금인하와 부당해고 조치를 취하자 이에 맞서 여직공들이 단결하여 싸우기까지에서 한 평범한 여성 노동자 옥순이가 계급적 각성을 하지 못하다가 다른 선진노동자들의 도움과 자본가측의 억압과 횡포를 겪으면서 당당한 노동자로 변신하는 과정을 그린 작품이다. 특히 옥순의 변모를 일본인 감독의 정부인 순임과 비교하여 그림으로써 성격의 변모상이 확연하게 나타나고 있다.

농민소설의 활성화

이 시기에 들어와서 농민문학은 매우 중요한 위치를 차지한다. 볼셰비키화 제창시에도 당면 제재 중에 농민문제는 중요한 자리를 차지하고 있고 또한 당시 운동의 지침이 되었던 12월 테제에서도 부르주아 혁명단계로서 토지혁명이라고 명명될 만큼 농민문제는 중요하게 취급되었으며, 이에 따라 농민문학론이 본격적으로 다루어졌음을 이미 살펴본 바 있다. 그리하여 많은 작가들이 농민 문제를 테마로 작품활동을 전개했는데 이 시기 중요한 작품은 1933년 별나라에서 발행한『농민소설집』에 수록되어 있다. 이 소설집에는 이기영의「홍수」(1930)와「부역」(1931), 권환의「목화와 콩」(1931), 송영의

「군중정류」(1927)와 「오전 9시」(1931) 등 다섯편이 실려 있는데 송영의 「군중정류」를 빼면 모두 이 시기에 발표된 작품들이다.

이기영의 「홍수」는 대부분이 빈한한 소작농인 K강가 T촌을 무대로 선진적 노동자 출신의 건성이란 인물이 농민 야학을 실시하는 등 교화사업을 벌이다 홍수 뒤 복구사업 등을 계기로 하여 농민 의식을 집단화시키고 마침내 노동조합을 결성하고, 끝내 소작쟁의로까지 이끌어 간다는 내용이다. 건성이란 인물은 15세에 일본에 몇십원으로 노동자로 팔려갔다가 거기서 노동운동의 투사로 감옥살이까지 한 인물로 설정되었는데 이러한 전위적 인물의 형상화와 농민의 집단의식을 표출시킨 것은 볼셰비키화 단계의 지침을 정직하게 반영한 것으로 보인다. 그러나 건성이란 인물을 제외한 마을 소작농들은 지나치게 수동적이고 비주체적으로 설정되어 있을 뿐 아니라 단편의 분량에 의식변화 전과정을 담아내려는 무리 때문에 관념적 문구가 많이 삽입되어 작품의 리얼리티를 손상시키는 흠을 지니고 있다. 「부역」역시 농민조합 결성이라는 당대 조직의 방침을 수행하는 작품인데, 여기서는 「홍수」와는 달리 지주인 강참봉이 창고 짓는 공사에 소작인들을 동원하여 부역을 치르게 한데 반발해 소작인들이 마름 철폐 등의 요구조건을 내걸고 쟁의를 일으키는 것으로 되어 있다.

권환의 「목화와 콩」은 농민조합원인 필성이 이미 심은 콩을 뽑고 농민들에게 불이익한 목화를 강제로 심기려고 하는 정책의 이면을 폭로함으로써 농민들을 깨우치고 그리하여 그들로 하여금 단결하여 관권에 대항케 하여 농민조합을 결성한다는 내용이다. 흔히 지주—소작 관계에 기반하여 농민문제를 다룬 것이 보통이었는데 식민지 지배 세력의 강제 영농정책을 직접 취급한 것이 특징이고, 실제 투쟁도 강인하게 그려져 있다. 임화는 이 작품을 두고 제재나 소박 간결한 형식에서 새로운 방향을 제시했다고 높이 평가했다. 송영의 「오전 9시」는 약 30매 분량의 짧은 단편이지만 한 시골읍내 장터에서 벌어진 대규모 농민 시위까지의 여러 과정을 긴장감 있게 그려낸 작품이다.

시분야에서의 성과

이 시기 프로시는 김기진에 의해 명명된 '단편 서사시' 계열과 볼셰비키화 방침에 따른 앞서 목적의식기 시에서 연장된 '선전 선동시' 계열로 대별할 수 있다. 단편서사시 계열은 앞서 살펴본 바대로 임화의 등장과 분리해서 생각할 수 없다. 임화는 물론 1926년경부터 성아(星兒)라는 필명으로 시를 발표하기 시작하여 27년 1차 방향전환과 함께 본격적인 프로시 창작을 시작했었다. 그리고 1929년에 볼셰비키화 기치 아래 기존의 카프 지도부의 대표적 논자인 김기진을 공격하는 소장파의 기수로서 활동함과 동시에 시에서도 「네거리의 순이」「우리 오빠와 화로」를 발표하여 대표적 프로시인으로 부각된다. 이들 시는 긴 호흡을 갖는 시로 노동자 계급의 생활이나 감정, 투쟁의지가 일정한 서사적 골격을 갖는 이야기를 시화하였다는 특징을 갖고 있다. 이를테면 「우리 오빠와 화로」는 다음과 같은 이야기를 갖고 있다고 김기진은 말했다.

"여기에 큰 형은 인쇄공장에 다니고 둘째로 누이동생은 제사공장에 다니고 끝으로 영남이라는 아이는 연초공장에 다니는 노동계급의 삼남매가 있다. 하루는 큰 형이 저녁 늦게 공장으로부터 돌아와서 말 한마디 하지 아니하고 궐련만 세개나 연거푸 피우고 있을 때에 별안간 문지방 치는 칼소리와 마룻장을 구르는 구둣발소리가 나더니 큰 형은 그만 두 아우를 버리고 이 집에서 떠나게 되고야 말았다. 그 뒤에 이 용감한 큰 형의 이야기와 그의 친구들의 이야기가 세상을 벅쩍벅쩍하게 할 때에 누이와 어린 영남이는 공장에서 쫓겨났는지는 모르나 여하간 어린 남매는 백장에 일전씩 하는 봉투를 붙이면서 살아가게 되었는데 하루는 그 영남이가 공장에서 번 돈으로 사온 쇠같이 튼튼하게 생겼다고 칭찬하던 화로가 깨어진 것을 생각하고 얼른얼른 2만장을 붙여야 사흘 뒤에 새 솜옷을 오빠에게 차입하겠다는 생각으로 손가락을 쉬지 아니하면서 오빠의 용감을 찬미하고 어린 동생과 제가 조금도 슬프지 아니하고 외롭지 아니하며 다만 섭섭하고도 분한 사건을 위하여 저희들의 할 일만을 다하겠다는 새로운 결심을 하였다는 사실이 일편의 시가 되었다."(김기진,「단편 서사시의 길로」,『조선문예』1929년 5월)

말하자면 지금까지 대개의 시가 막연한 감정, 단순한 심리상의 충동을 그려 나갔는데 비해 이 시는 사건적 소설적 소재를 시에 도입하여 시적 리얼리즘을 성취하고 있다는 것이다. 이러한 단편 서사시의 등장은 이후 다른 시인들에게도 파급되어 중요한 경향이 되었다. 임화를 비롯해서 김우철, 김창술, 박세영, 박아지, 박완식, 유적구, 윤곤강, 이찬의 시 등이 여기에 포함된다. 이러한 점은 프로시의 창작을 위축시켰던 창작의 고정화 현상에서 벗어날 수 있는 새로운 시적 실험이자 동시에 당대 강조되기 시작한 리얼리즘의 시적 도입이라는 성격 때문이었다고 판단된다. 그리고 이러한 서사성의 강조는 자연히 30년대 후반기 이후 장시 또는 서사시를 개척시킨 역사적 의의를 아울러 갖는다. 그러나 이러한 시들에서 보이는 가장 큰 한계는 임화 스스로가 비판하고 있듯이 감상주의의 해악을 벗어나지 못해 결과적으로 대중에 대한 철저한 인식이 없이 시인 자체의 소시민적 허약에 기반하고 있다는 점이었다.

그리고 이와 한편으로 볼셰비키적 선전·선동시도 이 시기의 주요한 시적 경향이었다.

> 소부르주아지들아
> 못나고 비겁한 소부르주아지들아
> 어서 가거라 너들 나라로
> 환멸의 나라로 몰락의 나라로
> 소부르주아지들아
> 부르주아지의 서자식(庶子息) 프롤레타리아의 적인 소부르주아지들아
> 어서 가거라 너 갈 데로 가거라
> 홍등이 달린 카페로
> 따뜻한 너의 집 안방구석에로
> 부드러운 보금자리 여편네 무릎 위로

위 시는 권환의 시 「가려거든 가거라」(1930)에서 뽑은 것이다. 직설적 용어로 치닫고 있기 때문에 시가 말하고자 하는 내용이 무엇인지는 금방 알 수가 있다. 말하자면 이 시는 볼셰비키화를 제창하면서 주요 적으로 규정되었

던 사회민주주의로 대변되는 소부르주아지를 비판한 시다. 말하자면 운동이 구하는 과제에 복무하는 도구시, 슬로건시로 규정되어짐으로써 작가 개인의 내적 체험의 형상화가 소멸되면서 아울러 서정성이 사라지고 외부적 사실과 주장만이 전면에 나타난다.

이러한 무절제한 서술화의 경향은 당시 주창되던 대중을 위한 낭독시로서는 일정 정도 의미를 가질지 모르겠지만 시적 긴장력과 정서의 확산과는 거리가 멀어 뼈다귀시로 전락하고 말게 될 것이다. 그것은 곧 실제로 주제의 과격성을 안이한 형상화로 대응함으로써 작품세계를 좁게 만들고 창작의 고정화를 야기시킨 결과를 낳고 만다. 이러한 경향의 시인으로 누구를 꼽느냐는 별 의미 없을 정도로 대부분의 프로시인들이 이 경향을 취하고 있다.

3. 카프 해산기 프로문학

(1) 카프 해산의 경위

해산 직전의 카프

카프는 세칭 1931년 '공산주의자 협의회 사건'으로 불려지는 카프 제1차 검거사건을 기점으로 급격히 정체되기 시작하여 1933년부터 '신건설사 사건'으로 칭해지는 2차 검거사건을 겪으면서 조직 존속마저 위협을 받는 단계에 이르고 만다. 말하자면 일제의 본격적 탄압에 따른 수난기, 그 결과로 극도로 위축되는 침체기에 빠지고 만다. 일제는 만주사변을 시발로 하여 조선에 대한 병참기지화 및 황민화 정책을 본격적으로 실시하는 등 군국주의적 본질을 노골화하기 시작한다. 그에 따라 기존의 다소간 유화적이었던 문화정책 역시 폐기되고 모든 합법운동은 금지되어지면서 일제에 대한 저항 운동은 철저한 탄압 국면으로 접어든다. 이에 따라 1차 검거사건과 2차 검거사건 등을 통한 카프 동맹원에 대한 물리적 억압 및 출판물 봉쇄 등으로 카프에 직접적인 압력을 가하고 그에 따라 카프도 전연 활동을 하지 못하는 목내

이(木乃伊)적 존재가 될 수밖에 없었고 또한 과거 카프 지도부에 반감을 갖고 있던 작가들의 전향과 동요층이 생겨나면서 걷잡을 수 없는 상태에 빠져들고 만다.

특히 1934년부터 1935년까지 1년에 거쳐 진행된 세칭 '신건설사 사건'이라 일컬어 지는 2차 검거사건은 카프를 결정적 파국으로 이끌어간 계기가 되었다. 이 사건은 카프의 연극 부서인 '신건설사'가 전주 지방공연을 하고 있을 때 거기서 모종의 선전 삐라가 발견되어 검거가 시작되면서 1934년 5월부터는 카프간부 전원에 대한 검거 사건으로 확대된 것이다. 이 사건으로 이기영, 한설야, 윤기정, 송영, 이갑기 등 23명이 기소되어 그 중 박영희, 이기영, 한설야, 윤기정 등 4명이 실형을 선고 받았다가 항소심에서 모두 집행유예로 풀려난다. 이렇게 됨에 따라 카프는 개인활동으로 근근히 명맥을 이어갈 뿐 어떠한 조직적 활동도 하지 못하는 상태가 되고 만다.

"이리하여 이 모든 주체적 숙아는 사회적 정세의 격화와 함께 카프로 하여금 완전히 무력한 조직으로 만들어 버렸다. 극히 선량한 의도에서 발전한 모든 문학적 정책 예술의 대중화 문학서클 등과 프로그램은 그 자체의 무능으로 인하여 실천을 가지지 못한 '공수형(空手形)'에로 돌아가고 몇해 만에 한번씩 여는 위원회라는 것은 쓸 곳 없는 부서를 만드는 것 뿐이었다. 아직 누가 카프의 부서가 처음에 제정한 그대로 활동하는 것을 본 사람이 있는가?"

이를테면 카프가 해산되기 1년 전에 익명의 인물도 "카프 조직체에 대한 비난은 오직 박영희씨에게 있는 것만은 아니었다. 이기영씨도 명부에 오른 채 있으나 감정은 카프를 떠났고 윤기정, 송영씨의 중견도 솔선하여 탈퇴는 하지 않았으나 역시 카프와는 조격(阻隔)해지고 말았다"고 적고 있다.

그나마 어느 정도 활동상을 보이는 비평적 활동도 이전과 같은 운동으로서의 치열함을 보여주는 것이 아니라 그때 그때의 문단의 현상과 쟁점에 대한 지엽적 논의가 대부분이었다. 그러다가 당시 카프계열의 문인들에 있어서 프로문학의 현실적 존재를 사수하기 위한 마지막 방어벽이자 출구가 되었던 소위 소시얼리스틱 리얼리즘이 도입되면서 거의 창작방법론의 논의에 집중되어진다.

카프 해산까지의 경위

카프 해산문제가 표명되는 것은 소위 그 유명한 "다만 얻은 것은 이데올로기요, 상실한 것은 예술이다"는 문구가 실린 박영희의「최근 문예이론의 전개와 그 경향」(『동아일보』, 1934. 1.2-1.11)이다. 그러나 1932년에 카프 간부직을 사임하고 한동안 침묵을 지키던 박영희는 이미 1933년 10월 7일 개인적으로 카프를 탈퇴한 상태였었다. 이 글은 백철의「비애의 성사」와 더불어 우리 문학사에서 대표적인 전향문으로 일컬어지는데 이들은 이후 구 카프맹원들로부터 집중적인 공격을 받는다.

박영희는 이 글에서 자신이 이미 프로문학관에서 벗어나 자유주의 문학관으로 이행했음을 분명히 표시하고 있지는 않지만 그때까지의 카프의 오류를 이모저모 지적하면서 이것들이 근본적인 문제에서 기인한 것이라 하여 자신의 사상적 전환을 암시적으로 표명하고 있다. 우선 그는 카프 퇴맹의 주요한 근거로 다음의 세 가지를 들고 있다.

첫째 진실한 예술적 집단임을 거부한 카프,
둘째 지도부의 사회사적 고립과 그 문학사적 붕괴,
셋째 카프의 섹터리얼리즘이 그것이다.

박영희는 이러한 세가지 측면에서 문학유산의 문제, 비평과 창작 고정화의 문제, 예술의 특질 문제, 세계관과 창작방법의 문제, 카프 조직의 문제 등 카프의 활동에서 표면적으로 나타나는 제문제를 검토하고 있다. 그러나 실제로는 김기진이 지적한 대로 "이면의 일단을 논문의 머리에서 내세웠다가 표면을 내세운 후 최후에 속을 뒤집어 가지고 이면을 전부 공개한 수법"을 사용하고 있다. 그리하여 결국 박영희는 "예술은 다시 예술문제로 돌아와야 한다"며 "이제는 고행의 순례는 종료되었다. 예술 전당에 도착하였으며, 창작의 사원의 종소리를 듣게 된 까닭이다"고 하여 자신이 이미 카프와 근본적으로 상이하다는 것을 밝힌다.

이에 대해 김기진이 즉각 반박하는데, 기본적으로 김기진은 박영희가 지적한 현상은 타당하거나 과장되어 있고, 무엇보다 문제는 박영희 자신의 '분홍빛 문학'으로의 이탈에 있다고 주장한다. 이에 박영희는 다시 「문자상이점의 재음미」라는 글을 통해 "내가 카프 내에 남아있으면서 나의 견해대로 이 조직을 갱신케 하기에는 이미 때가 늦었다. 무두무미(無頭無尾)의 ××문학과, 나의 프로 문학론과 또는 무당파주의인 나와 아직도 섹트주의에서 헤매는 그들 사이에는 점점 거리가 멀어졌다. 이것은 자연한 일이며 또한 서로 그럴 수록 멀어졌다"고 명백히 표명함으로써 카프 탈퇴를 공식화한다.

박영희의 이러한 전향에 대해 카프 지도부는 매우 유연한 태도를 취하면서 결정을 보류한다. 카프 지도부는 즉시 중앙집행위원회 회의를 열어 박영희와 그리고 그와 함께 탈퇴서를 제출한 신유인 문제를 토의한 결과 카프 지도부 자체가 과거의 오류를 인정하며 이의 극복상 논의가 더 필요하다며 보류시킨 것이다. 그리고 아울러 부서정리를 통해 조직정비를 꾀하기도 한다.

그러나 이후 사태전개는 새로운 지도방침의 수립과 조직화 방안이 논의와 그 실행에 중심이 되기보다는 카프 해산문제로 제기되고 만다. 그리고 이 결정 직후부터 '신건설사 사건'이 확대되어서 검거선풍이 카프 동맹원 전체로 향해지고 또한 결정사항이 현실적으로 구체화됨이 없이 계속 답보상태에 빠지면서 카프는 조직적 전망을 상실한 결과에 이르고 만다. 말하자면 이갑기(이형림), 박승극 등이 해산할 것을 강력히 요구하는 등 이미 대세는 해산 쪽으로 치닫고 있었다. 그리하여 결국 카프는 서면동의 형태를 밟아 1953년 5월 21일 해산되고 만다.

"5월(1935년 – 필자) 중순에 임화로부터 경찰당국에서 예술동맹의 해산을 말해 왔으니 그에 대한 회답을 하라는 서신 한장을 받았다. 나는 즉시 수원지부의 해체되었다는 것과 이의 없다는 간단한 회답을 발송했다. 또 얼마 안되어 5월 21일로 '조선프로예술동맹(약칭 카프) 중앙위원회 서기국' 명의의 해체 통지서를 받았다. 거기에는 "발송한 통지서 11통 중 해체 동의 7, 무회답 2, 반대 2"는 '추신'이 써 있었다."

그리고 해산의 과정은 김기진이 회고한 바에 따르면 35년 초여름부터 경기도 경무부에서 김남천을 두 번이나 불러 카프 해산계를 제출하라고 하여 김남천과 김기진이 상의하여 당시 문학부 책임자였던 김기진이 서명 날인한 해산계를 김남천이 제출하였다고 한다.

(2) 사회주의 리얼리즘을 둘러싼 창작방법 논쟁

1933년 3월 백철(白鐵)은 『조선중앙일보』에 발표한 「문예시평」에서 처음으로 사회주의 리얼리즘을 소개한다. 백철은 이 글에서 새롭게 사회주의 리얼리즘이 현재 소비에트에서 주창되어 논의 중에 있다고 소개하면서 정식으로 결의되고 다시 구체화되는 경우에 복종할 도리밖에 없겠지만 현재로서는 즉석으로 태도를 결정지을 수 없는 일이라고 하면서도 오히려 프롤레타리아 리얼리즘이 적당할지 모르겠다고 말했다.

그로부터 한참 뒤인 추백(萩白)이란 필명으로 안막이 발표한 「창작방법 문제의 재토의를 위하여」(『동아일보』, 1933. 11. 29-12. 7)라는 글에서 소시얼리스틱 리얼리즘에 대한 자신의 견해를 본격적으로 발표하면서 창작방법 논쟁은 본격화된다.

> "……중요한 것은 창작방법의 법전을 각 작가에게 적용하는 데 있는 것이 아니고 ××〔사회〕주의 건설의 진실한 형태를 작가들이 묘출하도록 하게 하는 것이다. 왜 그러냐 하면, 예술은 객관적 현실의 내용을 형상하는 것인 한에 있어서, 금일의 소비에트 작가에 있어서, 예술 문학의 완성을 약속하는 것은 목전에 전개되면서 있는 현실을 정시(正視)하는 이외에 없기 때문이다.
> 현실의 참다운 형태를 배울 것, 그 형상화를 배울 것에 대하여 거기에 관심을 갖기 시작한 모든 작가들을 격려하고 지도하는 창작상의 새로운 방법이 확립되지 않으면 안되었던 것이다. 이것이 '사회주의적 리얼리즘'이 제창된 근거이다."(『동아일보』, 1933. 11. 29)

이런 각도에서 안막은 유물변증법 창작방법의 오류에 대해서 비판하는데, 우선 무엇보다도 세계관과 창작방법과의 복잡한 관계를 단순화, 도식화함으로써 현실에서 출발하는 것이 아니라 유물변증법에서 출발한다는 전도된 방법이 생겨남으로써 첫째, 비평가에 있어서 레닌주의의 강화라는 것이 마치 작가의 의도와 작품의 현실과를 보지 않고 사회 정세와 세계관에 관한 일반론으로부터 출발하는 것처럼 실행되었고, 둘째, 작가들에 있어서는 정치적 견해의 비근한 형상으로의 구체화에 만족하는 방향을 낳고 말았다는 것이다.

이에 대해 김남천은 '추백의 논의를 중심으로'라는 부제가 붙은 「창작방법에 있어서의 전환의 문제」(『형상』 제2호, 1934년 3월)에서 안막이 소비에트에서의 토론 상황을 왜곡되게 소개하고 있으며, 또한 조선적 상황을 이에 기계적으로 결부시키는 오류를 범했다고 공격하면서 논쟁에 불을 지핀다. 김남천은 사회주의 리얼리즘이 조직문제와 관련하여 제창된 점을 주목하여 안막이 이를 무시했다고 공격하였다. "동반자 작가들까지도 최대한으로 포함할 수 있는 광범한 자유로운(!) 새로운 조직(추백)이 아니라, 다시 말하면 동반 작가들의 자유자재하고 무원칙한 개인성을 용인하는 프롤레타리아적 조직이 아니라, 모든 작가를 망라하여 사회×××〔주의건〕설의 실천 속에 그 기준을 둔 그러므로 그 생장하는 모든 신작가적 비평 세력을 완전히 건설사업의 실천 속으로 끌고 들어갈 만한 자유자재한 당파적 조직으로 만들어져야 할 것이다." 물론 이 글에서 김남천 역시 슬로건의 채택문제에 대해서는 유보적인 태도를 취하고 있다.

반면 임화는 특이하게도 사회주의 리얼리즘을 직접 언급하지 않고 「낭만적 정신의 현실적 구조」(『조선일보』 1934.4.19-4.25)라는 제목으로 소위 '혁명적 낭만주의'를 염두에 두고 있다. 이 글에서 임화는 신 창작이론이 수립되자 박영희 등에 의해 소위 '절대객관적 몰아의 사실주의'에로의 복귀가 이루어지고 있다고 공격하며 '낭만적 정신'이란 이름 하에 당파성을 강조하고 있다.

이러한 것이 대개 사회주의 리얼리즘이 제창되고 초기에 소개형태로 전개되던 양상이다. 그러나 1934년 6월을 접어들어 새로운 논자들이 이에 적극 가담하면서 창작방법 논쟁은 어떤 슬로건을 채택할 것이냐를 놓고 열띤 논쟁을 벌여나가기 시작한다. 즉 사회주의 리얼리즘을 적극 지지하며 이를 슬로건으로 채택해야 한다는 한효와 과거 유물변증법에 창작방법론으로서 잘못이 없다는 입장에서 이에 근거한 유물변증법적 리얼리즘과 또는 혁명적 리얼리즘을 주장한 안함광과 김두용의 논쟁이 그것이다.

사회주의 리얼리즘의 적극적 수용자의 대표자로 평가받는 한효는「우리들의 새 과제—— 방법과 세계관」(『조선중앙일보』, 1934.7.7~7.12)에서 변증법적 유물론의 창작방법의 과오에 대한 분석을 통해 사회주의 리얼리즘을 근거로 하여 이를 적극적으로 수용하는 입장을 표명한다. 특히 한효는 김남천이 사회주의 리얼리즘론에 대해 다소간 유보적 태도를 표명하고 또한 킬포틴의 '진실을 그려라'라는 명제를 정치주의에서의 일탈이라 비판한 점을 주목하여 이 명제가 말하는 바는 우리의 객관적 정세를 '진실'하게 그려야 하는 것이라고 하여 결코 정치주의에서의 일탈이 아니라고 강변한다.

반면 이에 반대하는 입장의 안함광은「창장박법 문제 신이론의 음미」(『조선중앙일보』1934.6.17~6.30)라는 장문의 글에서 과거 유물변증법적 창작방법이 갖고 있는 적극적 의의를 추적하여 독자적으로 '유물변증법적 리얼리즘'을 제창한다. 먼저 안함광은 유물변증법적 창작방법론에 대한 한설야, 백철, 송영, 신유인 등 과거 논객들의 발언을 정리하여 결코 오류가 없었다고 주장한다. 안함광은 유물변증법적 창작방법론을 통해 예술이 현실 개혁의 도구로서 위치지어지고 있는 세계관의 파악 정도에 비례하며, 또한 작가의 실천 문제도 빠뜨리지 않았다고 정리한다. 그런데 새로운 창작방법론을 계기로 상정된 제 논의는 전체적으로 통일된 그 어떤 규정을 찾아낼 수는 없으나 전반적으로 재래의 슬로건을 배격하고 있다고 분석하면서 그 논리적 근거를 반박하는데 오류가 있기는 있었으나 이는 유물변증법적 창작방법에 오류가 있어서가 아니라 그 실천을 올바로 수행치 못한 작가의 책임이라는 입장을 취한다. 그러면서 그는 자신의 독자적 이론을 개진해 나가는데 먼저 예술적 창작방법이란 '예술적 창조에 있어서의 현실 인식과 그의 예술적 형상의 변증법적 통일'이라고 규정한다. 따라서 창작방법이 예술적 방법으로서 자기 존재를 획득하려면 현실인식에 대한 방법과 그의 형상적 표현의 방법을 자기 내에서 통일해야만 한다며 이런 점에서 과거의 슬로건 '유물변증법적 창작방법'은 이것들을 실제상으로는 포함하고 있다 할지라도 그 슬로건상 이 내용을 포괄하기에는 적절치 못한 표현 문구라면서 '유물변증법적 리얼리즘'을 제창한다.

안함광의 이러한 문제 제기에 한효는 비판의 칼날을 높이 쳐들고 공격하면서 아울러 사회주의 리얼리즘을 적극 옹호한다. 한효는 「소화(昭和)」 9년도의 문학운동의 제동향」(『예술』 제2호, 1935년 4월), 「신창작방법의 재인식을 위하여」(『조선중앙일보』 1935.7.23-7.27) 등의 글을 통해 안함광의 유물변증법적 리얼리즘을 공박하며 세계관과 창작 방법과의 차이와 사회주의 리얼리즘이 인류가 도달한 최고의 문학방법론이란 국제성의 견지에서 적극 수용해야 한다는 입장을 취한다. 이에 대해 안함광은 「창작방법 문제의 재검토를 위하여」(『조선중앙일보』, 1935.6.30-7.4)라는 글에서 다시 한효를 반박하여 소비에트의 현실과 우리 현실과의 차이, 유물변증법적 창작방법의 정당성 등을 내세워 유물변증법적 리얼리즘을 주장한다.

그런데 여기에 일본에서 활동하고 있던 김두용이 안함광을 지지하며 혁명적 리얼리즘을 주장한다. 김두용은 「창작방법의 문제」(『동아일보』 1935.8.24-9.1), 「창작방법 문제에 대하여 재론함」(『동아일보』, 1935.11.6-11.14) 등에서 일본에서의 경과 과정을 기반으로 하여 한효의 추수성을 낱낱이 폭로하며 아울러 그 오류를 지적함과 동시에 구체적 현실과 결합한 자신의 혁명적 리얼리즘을 적극 주장해 나간다. 즉 과거 프롤레타리아 리얼리즘이나 유물변증법적 창작방법이나 그 명칭은 다를지라도 내용은 사실상 동일하다며 유물변증법적 창작방법론이 잘못된 것이 아니라 그 실천이 잘못 되었다고 진단한다. 그리고 현실의 진실을 정확히 그리라는 방법은 리얼리즘 일반 원칙이며, 그 나라의 특징성에 따라 달라진다며 사회주의 리얼리즘은 사회주의적 현실을 표현하니 사회주의적 리얼리즘이 되고 그 전단계에 있는 나라는 혁명적 투쟁을 하고 있으니 혁명적 리얼리즘이라는 주장이다. 그리하여 그는 "일반적으로는 ×××〔혁명적〕 문학이 사회주의적 문학의 한 과정인 만큼, 그 리얼리즘도 일반적으로 사회주의적 리얼리즘이나 특수적으로는 ×××〔혁명적〕 리얼리즘"이라고 규정한다

이에 대해 한효는 「창작방법의 논의」(『동아일보』 1935.9.27~10.5)를 발표하여 김두용을 비판하는데 무엇보다 유물변증법적 창작방법 옹호자들이 철학적 방법론과 창작방법을 혼동하고 있다고 비판한다. 이러한 점에서 한효는 기본적으로 사회주의 리얼리즘을 합법칙적 최고의 창작방법론이라고 위치시켜 놓고 있지만 그에 걸맞는 구체적 내용은 서술하지 못하고 있음을 알 수

있다. 우선 유물변증법적 창작방법의 최대의 결함이라고 그 자신이 지적하는 세계관과 창작 방법과의 관계에 대해서 그것이 복잡한 관계라고 지칭할 뿐 구체적 분석은 전혀 행동하지 못하고 있다. 이기영을 비롯해서 권환, 이병각, 이동규, 윤곤강 등 대부분의 논자들이 한두편의 글을 발표하여 사회주의 리얼리즘에 긍정적 입장을 표명하였으며, 김남천은 「지식계급 전형의 창조와 『고향』 주인공에 대한 감상」(『조선중앙일보』, 1935. 6. 28 - 7. 4)에서 사회주의 리얼리즘을 작품에 적용하여 주목을 받았으며, 임화는 낭만주의론을 적극 주장하다가 1937년 뒤늦게 「사실주의의 재인식」에서 자신의 오류를 지적하고 사회주의 사실주의로 돌아선다.

그러나 이렇게 논의가 첨예하게 대립되고 활발하게 논의가 되었지만 그 해결의 기미는 전혀 보이지 않았을 뿐 아니라 더구나 카프가 1935년 5월 해산됨으로써 오리무중에 빠지고 만다. 1936년에 들어선 이후 개별논자간에 부분적인 논의가 이루어지지만 이미 앞서 보아온 것과 같은 치열함 같은 것은 사라진 지 오래였다.

(3) 해산기 전후의 창작 성과

앞서 살펴본 바대로 이 시기는 일제의 군국주의 정책이 노골화됨에 따라 위기에 처하면서 카프의 활동도 극도로 위축되었음을 살펴보았다. 이는 창작계에도 반영되어 양적으로 전시대에 비해서 크게 줄어들었다. 그러나 작품의 질에 있어서는 오히려 전시기보다도 진전되어감을 볼 수 있는데 이는 세계관 혹은 이데올로기 중시에 대한 자기반성과 함께 리얼리즘에 대한 인식이 높아감에 따라 나타난 현상이라 하겠다. 특히 주목되는 것은 이 시기에 들어 본격적인 장편소설이 등장한다는 점이다. 이기영의 『고향』과 강경애의 『인간문제』가 그 대표작으로 꼽을 수 있고 이들 작품은 프로문학 운동 전체를 통털어서도 가장 우수한 작품이라 할 수 있다. 그 외에 소수의 단편이 나왔으나 별로 주목을 받지 못했다.

이기영(李箕永)의 『고향』

1933년 11월부터 1934년 9월까지 연재되다 1936년에 2권으로 발행된 이기영의 『고향』은 그의 소설의 주무대인 충청도 원터 마을을 배경으로 한 작품이다. 이기영은 이 작품에서 읍내를 지척해 둔 마을로 설정함으로써 사회 변화에 민감한 정황을 만들어 내어 소설 내의 공간을 시간의 변화에 따라 확대시켜 나가고 거기에 풍부한 인간군을 배치시켜 흥미를 부추기고 있다. 농민과 마을을 주요한 대립상으로 만들면서 거기에 여러가지 요소를 가미시켜 당시 농촌 상황을 잘 파악하도록 만들어놓고 있다. 이 작품에는 특히 몇푼의 품삯에 혹사당하고, 일본의 상업 금융자본의 침투에 따른 농민생활의 파괴, 쌀값의 폭락, 고리대금업의 창궐, 가혹한 소작료, 불리한 소작관행 등을 통해 대다수 마을 사람들이 빈궁과 궁핍에 허덕이는 구체적인 모습을 드러내 놓고 있다. 이러한 과정에서 조부(祖父)대에는 지방 관아의 호장 신분으로 읍내에서 큰 객주 영업을 했던 희준네가 몰락하고, 양반 중농이었던 최명보네 역시 몰락한 과정과, 자작농이었던 원칙네와 쇠득네의 몰락과정 등을 통해 중농과 자작농의 몰락, 그에 비례한 소작농의 증가 양상을 잘 형상화하고 있다.

작중 주인공인 김희준의 형상화는 이 소설의 성과로 간주되는데 소시민적 지식인의 전형을 보여주었다고 평가를 받고 있다. 즉 폐쇄된 농민의 의식을 깨우치고자 노력하는 문제적 인물이지만 그들의 보수성과 숙명론적 인생과, 소유자적 이기주의에 부딪혀 좌절하기도 하며 자신의 불행한 조혼과 연애문제로 격심한 내면적 갈등을 겪기도 하고 자신 속에 은밀히 도사린 인텔리 근성과 소시민적 패배주의를 극복하고자 끊임없이 자기 비판을 하며 살아 있는 인물로 나타난다. 이에 비해 작중 여주인공이라 할 수 있는 안갑숙은 반대로 작가의 관념에 의해 만들어진 인물로 평가를 받는다. 즉 인물의 '성격화'가 아니라 '인격화'로 나타나 많은 비판을 받았다.

반면 안갑숙의 아버지인 안승학은 부정적 인물의 전형적 모습으로 그려지고 있다. 호방 출신의 아들로 남보다 먼저 개화하여 재빠르게 시대에 적응한 인물로 나타난다. 이른바 돈의 화신이라 할 정도로 마름 위치에서 온 마을을 폭력적으로 지배하는 당시 농촌의 지배층의 모습을 대변하고 있다.

또한 이 작품에 등장하는 농민들은 그 이전 작품에서 통상 묘사된 그러한 무지하고 수동적인 존재로써만이 아니라 이들의 적극적 면모도 부각되고 있다. 이를테면 김선달은 유복한 집 자식들의 심심풀이에 불과한 청년회를 비판하는 데 이를 통해 김희준은 자기 반성을 하여 청년회를 새로이 개편한다. 또한 다양한 농민상이 형상화되었는데 그 대표적 예로 조첨지는 변화를 전혀 인정치 않는 구시대 인물로 그려져 있고 김선달, 원칠, 박성녀 등은 봉건적 인습 속에 갇혀 있으면서도 김희준을 이해하고 동조하는 인물로, 인동은 농민계층의 건강한 생명력을 담지한 인물로, 그리고 그 동생인 인순은 가난에 밀려 공장노동자로 변신하여 착취당하는 순결한 농촌 처녀 노동자로 형상화되고 있다. 그외에도 농민들의 토지에 대한 애착과 소유욕, 보수성 등을 여실히 그려내 농민의 구체적 본질을 삶과 잘 결합시켰다는 평가를 받는다.

따라서 이 작품만큼 당대 농촌 현실을 폭넓고 깊이 있게 형상화한 작품은 당대 농민소설의 최고봉이라는 평가를 받아왔다. 그러나 자본주의 형성단계에 놓였던 당대의 경제질서의 변동양상을 작품 속에 제대로 반영했다고 보기는 어렵다. 일본 상업자본, 금융자본의 침투와 착취의 양상, 그리고 공업화 양상의 단면들을 포착하고 있기는 하나, 그것들이 작품의 중심 골격, 즉 지주와 마름 등의 농촌지배층과 소작농과의 대립 구조와 유기적인 관련을 맺고 있지 못하다는 지적도 있다. 또 농민운동과 노동운동의 연합이란 억지 설정으로 후반부를 장식한 것은 이 작품의 큰 약점이다.

특히 이 작품과 연관해서 그 이전에 발표된 「서화」(1933)가 주목을 받는데, 말하자면 『고향』의 전사적(前史的) 작품으로서의 위치 때문이다. 이 작품은 돌쇠란 인물을 주인공으로 하여 노름과 연애라는 농촌풍속을 잘 결합시켜 당대 농민의 삶의 면모를 여실히 그려 주었다는 평가를 받았다. 그리고 특히 이 작품을 두고 김남천과 임화가 논쟁을 벌인 것도 주목된다.

강경애(姜敬愛)의 『인간문제』

강경애는 엄밀히 말해서 카프에 직접 속해 있는 작가는 아니었지만 이른바 프로소설을 꾸준히 쓴 작가이다. 특히 간도에서 생활하면서 이농민의 어려움을 형상화한 작품을 많이 썼다.

이 소설은 크게 가난한 사람들의 눈물로 구두쇠 장자의 집터가 커다란 연못이 되었다는 원시 전설로부터 시작하여 지주이고 면장인 정덕호의 착취와 압박 속에서 신음하는 용연 동네 농민들의 비참한 운명과 그들의 울분, 항거 정신을 보여주는 전반부와, 식민지적 근대화의 관문인 인천을 배경으로 부두노동자가 된 첫째와 방적공이 된 선비를 중심으로 살인적인 노동을 강요당하는 노동자들의 비참한 처지를 보여주면서 점차 계급적으로 각성하고 조직적으로 뭉쳐 파업 투쟁하는 정황을 그리고 있는 후반부로 이루어져 있다. 작가는 이 작품의 후기에서 "인간 사회에는 늘 새로운 문제가 생기며 인간은 이 문제를 해결하기 위하여 투쟁함으로써 발전할 것입니다. 대개 인간문제라면 근본 문제와 지엽적 문제로 나누어 볼 수가 있으니, 나는 이 작품에서 이 시대에 있어서의 근본문제를 포착하여 이 문제를 해결할 요소의 힘을 구비한 인간이 누구이며 또 그 인간으로서의 나아갈 길을 지적하려고 하였습니다"고 했는데 이는 이 작품의 주제를 말함에 다름 아니다. 말하자면 파업의 실태, 신철의 배신, 선비의 죽음이라는 연이은 절망적 상황에도 불구하고 필연적으로 도출되는 역사의 진보에 대한 열망과 낙관을 보여주려 한 작품이다.

이 작품의 주인공인 첫째는 순박하면서 욱 하는 성질을 가진 인물로 순수한 마음에서 개인적 저항과 사회 불합리에 의문을 느끼다 인천에서 유신철이라는 활동가의 도움을 통해 사회의 구조적 모순을 이해하고 계급의식을 지닌 노동자로 성장하는 인물이다. 그리고 여주인공인 선비는 소작인의 딸로 지주에게 유린당하고 인천 대동 방적공장의 여공이 되었다가 폐병으로 죽는 비극적 여인이다. 덕호란 인물은 면장으로서 일제와 야합하여 농민을 수탈하는 체제내 지배세력의 대변자로 형상화되어 있다. 선비를 유린하는 도덕적 타락성, 그리고 위선, 일제에 대한 매판성 등 인간의 전면모에서 추악상을 잘 형상화하고 있다. 또 이 작품이 가지는 특이한 인물로 유신철을 꼽을 수 있는데 소시민 지식인 출신의 노동운동가로서 육체적 고통 속에서 동요하다 부두 파업과 관련, 검거 후 전향한 인물이다.

그러나 이 작품은 전·후반부가 괴리되는 것이 가장 큰 한계라 할 수 있는데, 인물을 농촌에서 공장으로 모조리 옮겨옴으로써 작위성을 느끼게 해주기 때문이다.

4. 민족주의 문학운동

사실상 프로문학이 대두하면서 이들 문학론자는 자신의 문학적 존재를 공고히 하기 위해서 이전의 지배적 문학형태였던 이광수, 최남선 등 기성 문단을 적극적으로 공박했다. 말하자면 계급적 시각에서 기존의 문학은 부르주아 내지 소시민계급적 토대의 소산이란 평가와 함께 자신들의 문학은 프롤레타리아에 기반한 문학이란 인식이 그것이다. 오히려 이러한 비판은 그 직접적 대상자에게는 명확한 사상적 입장을 강요하는 계기가 되었다. 이 결과가 프로문학의 본격적 문단 진출과 함께 이루어진 민족주의 문학파 혹은 국민문학파의 형성이다. 따라서 이러한 계열의 형성은 프로문학의 선전포고에 맞서 소극적으로 또는 간접적으로 대립의 선을 그었을 뿐이지 명확한 의식과 그 기치 하의 조직적 단결의 형태는 결코 아니었다. 이러한 사실을 염두에 두고 대개 20년대 말 무렵부터 카프가 존속했던 30년대 초반까진 문단적 흐름을 프로문학 대 민족주의 문학으로 본다. 그렇기 때문에 이 계열을 보다 정확히 알기 위해서는 그 내용적 문학적 입장을 엄밀히 분석해야 한다. 사실상 20년대 중반 이후 이 민족주의 문학 계열에는 민족주의파, 절충파, 해외문학파가 함께 포함되어 있으며 30년대에 들어와서는 보다 복잡한 양상을 띠게 된다. 이를테면 정인섭은 1930년의 우파 한국문학의 판도를 김동인 등의 순수예술지상주의자, 최독견 등의 통속적 모더니스트, 염상섭 등의 심리해부적 리얼리스트, 이광수 등의 민족적 인도주의자 등으로 4분하고 있으며, 프로측의 김기진은 기본적으로 민족주의 문학 대 프로문학으로 구분하면서 이를 보다 복잡하게 세분화시키고 있다. 여기서는 민족주의 문학계열만을 인용하기로 하자.(「조선문학의 현재의 수준」, 『신동아』, 1934년 1월)

1) 국수주의 : 정인보, 최남선, 이은상, 이병기, 이윤재
2) 봉건적 인도주의 : 이광수, 윤백남
3) 소시민적 자유주의
   ○낭만주의 : 김억, 노춘성, 유도순, 김소월
   ○기교주의 : 김기림, 박태원, 이태준.
   ○이상주의 : 주요한, 김동환, 김석송, 박월탄, 홍사용, 변영로, 박팔양, 박용철, 정지용, 이하윤, 김상용, 모윤숙, 심훈, 유완희, 윤석중
   ○자연주의 : 현진건, 방인근, 최상덕, 이익상, 김운정, 박승희, 이종명, 김일엽
   ○사실주의 : 김동인, 염상섭, 주요섭, 강경애
   ○절충적 계급협조주의 : 양주동, 정노풍

물론 구체적으로 거명한 인물들이 여기에 열거된 경향에 꼭 일치하느냐 혹은 상호 변별점이 있느냐는 문제가 되겠지만 적어도 이 정도로 각양각색의 조류를 가지고 있었다는 것만은 인정할 수 있을 것이다. 그러나 통상 민족주의파에 의한 영향력은 대략 20년대 말까지를 보고 그 이후는 순문예운동의 시대로 파악한다. 즉 대략적으로 민족 개량론을 바탕으로 한 점진주의 내지 보수주의와 전통 계승론과 혈통론을 바탕으로 한 민족통합주의(이를 당시 '민족주의'로 규정)를 사상적 기반으로 하여 여기에 문학의 예술성, 형식성을 중시한 문인들을 중심으로 한 흐름을 지칭한다.

(1) 민족주의 문학론의 주요 이론

국민문학론

그러나 프로문학의 선전포고에 맞서 대부분의 것이 소극적이거나 혹은 문학관의 차이로 접근함에 비해 20년 중엽 이후 일련의 민족주의 문학파(국민

문학파)는 이데올로기적 입장에서 적극적으로 대응함으로써 주목을 끈다. 특히 염상섭, 양주동, 조운, 이병기 등 소장 문인들이 주축이 되어 프로문학에 맞서 적극적으로 국민문학론을 제창하였다. 국민문학론을 한마디로 정의하자면 '조선으로 돌아오라' '조선심을 현양하라' '시조와 민요를 부흥하라'라는 구호에서 알 수 있듯이 조선적인 것의 존중과 시조부흥이라고 할 수 있다. 이것은 원래 이광수와 최남선이 주장하여 왔던 것으로 프로문학론에 밀려 주춤해 있다가 이들 소장 문인들이 프로문학의 이데올로기에 대항하여 민족적 이데올로기를 발판삼아 다시 국민문학론이란 이름으로 제창하였던 것이다. 양주동은 '조선심'을 "조선이란 땅과 기후 생활 풍습이 모인 가운데서 필연적으로 생긴 전통과 정조 및 동족애 같은 것…… 조선이란 땅과 민족 생활 관계에서…… 필연적으로 산출된 의식"이라고 규정하였다.

조운은 또한 「병인년과 시조」(『조선문단』 1927년 2월)에서 역사적으로 병인년(丙寅年)을 살펴보며 사적들을 열거한 후 "남의 본만 뜨고 남의 흉내만 내던 우리가 버리었던 쟈기를 도로 찾으며 자기 자신을 성찰하고 자기 정신을 수습하여──이제부터는 모든 것에 조선심, 조선혼, 조선적이 따라 다니게 되었다"며 국민문학운동을 높이 치켜올렸다.

> "문외한으로 할 말은 못되나 번역적이던 사회주의가 민족운동자와 악수를 하게 되었다는 것도 병인년의 대기(大氣)인 '조선적'에 인연을 둔 것이요, 문학 예술 음악에 있어서도 작가와 아울러 일반이 조선혼을 담은 것을 부르짖고 찾게 되었다. 7백년 전에 사용했더라는 가극 곡목이 발견과 사고에서 정음 반포일자를 찾아 내어 그날을 기념하고 또 '가갸날'을 정하여 영원히 기념하자는 것과 극히 적으나마 조선 무도회와 같은 것을 열게 되는 것이며, 이 모두가 금년의 '조선'을 바닥으로 한 데서 생긴 한 가닥일 것과 이보다도 시조부흥이 비로소 한 가지를 잡게 된 것은 조선문학사상에 중요한 페이지일 것이라고 믿나니 이 또한 병인년의 수확 중의 대수확이다."

위 인용문에서도 언급되었지만 민족주의 문학계열이 부분적으로 당대 현실에 뿌리를 둘 수 있었던 것은 사회주의 계열과 민족주의 계열이 손을 잡아〈신간회〉를 결성한 역사적 사건과도 연관이 있었다. 그러나 문학에 있어서 민족주의는 말 그대로 일제에 저항하는 민족주의보다는 전통주의 혹은 복고주의에 가까왔다. 이들의 중요한 성과를 보면 첫째는 1926년에 와서 정음(正音)반포일을 찾아 정한 것이요, 또 하나는 시조의 부흥운동이었다. 말하자면 정음반포일을 찾음으로써 한글에 대한 관심이 높아졌고 이것은 자연적으로 과거 민족 전통형식으로서 시조와 연관되었던 것이다.

여기에는 자연주의 작가로 최남선이나 이광수의 민족주의 문학에 반대했던 염상섭도 가담하는데 그것은 프로문학에 대한 저항이 보다 앞섰기 때문으로 보인다. 그는 「시조에 관하여」(『조선일보』, 1926. 10. 6)라는 글에서 시조의 중요성을 다음과 같이 말했다.

"시조나마 내쫓으면 조선 문단에는 무어 남을꼬, 몇개의 소설? 몇편의 시가? 민중의 생활 의식과 생활감각과는 거리가 먼 구라파의 방계적 혹은 병적 문예사상이 날대 나는 계급문학의 '꽹과리' 소리가 이 모든 것이 조선문단을 형성하는 중요한 '악터'가 될지라도 그것은 조선적도 아니오 세계적도 아니다……
나는 다만 행이든 불행이든 조선 사람으로 태어났기 때문 좋아도 조선 사람이요 싫어도 조선 사람일 수밖에 없으며, 따라서 조선의 시대상 조선인의 생활인의 감각을 떠나서 조작되는 조선인의 예술의 존재를 부정하고 그 모든 것을 끌고 가는 세력이 아닌 일체의 노력의 가치를 거절할 따름이다.
자기 민족이 처한 시대환경, 자기 민족이 가지고 있는 사상, 감정, 호흡, 희망을 떠나서 세계적일 수도 없고 인생을 위한 것일 수도 없으며, 심하여는 예술적인 가능성도 없을 것이다. 이것은 반드시 애국이라는 편협한 의미가 아니라 널리 인생을 위한 예술이라는 견지에서 주장하는 것이다."

그래서 이 시조부흥 운동은 이들 국민문학파의 가장 중요한 목표가 되었다. 시조에 대해서는 주로 최남선, 주요한, 이병기, 조운 등에 의하여 1925년부터 이에 대한 글과 작품이 왕성하게 산출되었다. 그러나 주로 사설시조가 아닌 전통적인 평시조의 계승과 변형에 집중되었다. 그리고 한편으로 국토순례와 예찬 등도 활발히 전개되는데 그 대표적은 것은 최남선의 「조선유람가」이다. 또한 역사소설이 활발히 창작되는 것도 이들의 특징이었다.

그러나 프로문학이 마르크스 주의라는 사상적 체계를 발판으로 하여 워낙 강력히 이를 비판함에 따라 이들의 이론적 모색은 불과 2, 3년 후인 1928년

경부터는 프로문학의 계급주의를 어느 정도 수용한 절충적 계급협조주의를 들고 나온다. 프로문학측 반박의 예로 김기진의 「문단상의 조선주의」(『조선지광』 1927년 3월)를 들어보자.

"조선 민족정신의 발현, 문학고전의 부활, 민족적 예술형식의 창조, 외래사조 추종의 배척 등이 그 중심 골자인 듯하고…… 일언으로 걷어치우며 그것은 일개의 국수주의의 변형이요, 보수주의 정신이요, 반대주의요, 그 이상의 아무것도 아니다."

절충주의 문학론

양주동 주재의 『문예공론』을 중심으로 전개된 문학이론을 지칭하는데, 당시 『개벽』을 중심으로 한 계급주의적 경향과 『조선문단』을 중심으로 한 민족주의적 경향을 다같이 비판하면서 중도적 입장을 내걸었다. 양주동이 대표적 이론가였고 여기에 염상섭, 정노풍 등이 가담한 이 절충주의는 〈신간회〉가 현실적으로 존재함에 따라 계급주의를 안으로 끌어들일 수밖에 없는 상태에서 내건 '민족문학이 곧 무산문학'이라는 절충적 이론이다. 이를테면 양주동은 "현 단계의 우리는 조선 민족인 동시에 무산계급이요 무산계급인 동시에 조선 민족이 아니냐"며 현 단계의 문학운동 역시 민족문학의 건설과 무산문예의 진출 두 가지가 병행 또는 제휴하는 것이라 주장하였다. 염상섭 역시 민족문학과 프로문학의 통합을 다음과 같이 주장한다.

"정신문화상으로 보면 민족주의는 자민족의 개성에 중심을 둔 문화——국민문학의 수립을 기도하는 반면에 사회운동 측면에서는 보편적으로 프롤레타리아문학——계급문학의 고조로서 전통적 관념의 파기 및 개조에 분망하게 된 것도 필연한 현상일 것이다. ……그러한 이 두 경향이…… 피압박 민족의 실제 행동에서 양자가 합동 일치함이 각자의 운동을 일층 권위있게 함이라 생각한다."(「반전통 문학의 관계」, 『조선일보』 1927.1.15)

또한 양주동은 앞서 살핀 바 있는 김기진과 박영희 간의 내용·형식논쟁에도 끼어들어 절충주의의 면모를 유감없이 보여준다. 요는 문학의 기술과 형식을 무시했던 프로문학의 약점을 파고 들어가 자신의 이론을 적극적으로 개진해 들어간 예이다. 즉 김기진이 소설건축론을 통해 형식에 긍정적 태도를 보이자 이를 절충주의로 추켜 올린다. 그리고 문단을 크게 순수문학파(정통파), 순수사회파(반동파), 중간파로 크게 3분하고 중간파를 다시 문학적 중간파(문과 7, 사회 3)와 사회적 중간파(사회 7, 문학 3)로 나누어 자신을 우익 중간파, 김기진을 좌익 중간파로 규정한 것이다. 물론 이에 대해 김기진이 즉각 반박하고 나섰지만 이런 예에서도 잘 보이듯이 철저히 절충적 입장에서 모든 것을 바라보고 있음을 알 수 있다.

(2) 민족주의 문학의 창작상의 성과

시조(時調)의 부흥

시조부흥 운동이 활발히 전개된 결과 많은 시조들이 쏟아져 나왔다. 최남선이 『백팔번뇌』라는 시조집을 1926년에 발간한 외에도 이은상, 이병기, 안확, 정인보, 주요한, 김억 등이 활발히 시조를 산출해 냈다. 최남선의 『백팔번뇌』는 총 108수의 시조를 담고 있는데 크게 3부로 구성되어 국토와 문화재를 주로 노래하여 조국애를 상기코자 하였다. 특기할 만한 것은 시조의 파격을 부정하고 철저히 정형화한 시조를 만들어 냄으로써 신체시 때의 정형시를 시조로 옮긴 듯하다. 그 결과 고정된 자수에 맞추다 보니 어법이나 표현에 무리가 많이 있다. 이러한 특징은 과거 봉건 지배층의 지배적 양식인 평시조에 집중하고 오히려 그로부터 자유분방하게 이탈되어 나온 사설 시조를 주목하지 않는 것과 대비해서 복고주의라는 비판을 받기도 한다.

이은상은 1933년에 『노산시조집』을 간행할 만큼 이 시기에 많은 시조를 만들어 냈다. 이은상의 작품 역시 국토의 유적지나 경치가 빼어난 곳을 찾아다니면서 옛 정취를 되새기거나 풍경을 묘사한 것이 대부분이다. 이은상은 파격을 어느 정도 인정하였으며 언어구사에 뛰어남을 보여주고 있다. 이병기 역시 박연폭포, 난초, 매화 등 고풍적인 대상을 자주 그려 최남선이나 이은

상과 비슷한 경향을 보여주지만 젖, 풀벌레 등 근대시에서나 등장함직한 것을 시조화한 것도 많다.

그외에 시조 연구에서도 탁월한 진경을 보여준 안확은 될 수 있는 대로 고시조의 전통을 그대로 보존하려 했던 시조작가라 할 수 있으며, 반대로 김억 등 근대시를 주로 썼던 작가들은 다소간 파격적인 형태로 시조를 만들어 냈다.

장편 역사소설의 등장

1910년대 근대적 지식인을 등장시켜 현실에 새로운 바람을 불러 일으켰던 계몽소설『무정』으로 우리 근대문학사의 한 획을 그었던 이광수는 1920년대 중반을 넘어서부터는 역사소설을 주로 쓰기 시작한다. 물론 여기에는『동아일보』에 전속된 작가로 연재소설을 맡으면서 소위 대중들의 통속적 읽을거리로써 역사소설을 쓴 경우도 많았다. 그러나 그런 점을 제외하더라도 이 역사소설로의 전환은 다름 아닌 당시 민족주의 문학운동의 한 형태였다. 그 대표적인 것이 신라 망국의 울분을 되씹는『마의태자』(1927)인데 이는 자연스레 한일합방의 비운을 연상시켜 민족정신의 밀수입의 포장으로 썼다는 작가의 말을 수긍케 해주었다. 그러나 구체적 내용을 보면 도피자가 되어 패배하는 지극히 수동적인 인물로 마의태자가 그려져 있으며 또한 갖가지 치정관계에 중점을 두는 야사적 역사소설의 형태에 불과하였다.『단종애사』(1929) 역시 비극적인 인물 단종을 중심으로 하여『마의태자』와 흡사한 성격을 보여주나 이번엔 치정 대신 궁중의 음모와 갈등을 중심으로 인륜도덕을 핵심원리로 하여 역사를 중세적 충신관, 윤리관에 기대어 해석했다. 이러한 것은 『이순신』(1932)에도 적용되어 한 사람의 영웅 대 나머지 사람에 대한 전면적 매도라는 극히 도식적인 틀로 역사를 해석함으로써 그 자신의 특유한 민족정신이 개조되지 않고는 희망이 없다는 '민족개조론'에 근거한 작품들이었다.

이광수에 비견할 만한 또 한사람의 작가가 이 시기에 나타나는데 윤백남이 바로 그이다. 통속적 역사소설 작가로 당시 각광을 받았던 그의 대표적 작품으로는 『대도전』(1931)을 들 수 있다. 이 작품은 철저히 고소설에서 볼 수 있는 형태를 그대로 살려 부모의 비명횡사와 원수갚음을 기본틀로 삼아 도승을 만나 비법을 전수받아 의적으로서 종횡무진 활동을 하는 것이 그 내용이다. 또한 이광수에 대한 반감이 누구보다 크고 신문 연재소설을 통속소설이라 비난했던 김동인도 이 시기 들어 마찬가지로 역사소설을 쓰기 시작한다. 과거 영웅소설의 기본틀로 대원군을 그린 『젊은 그들』(1931)과 『운현궁의 봄』(1934) 등이 그 대표작이다.

 이러한 역사소설의 부흥은 사실 민족주의 문학운동이 본격적으로 개시된 20년대 중반 이후 30년대 초반까지만 해당하는 것은 아니다. 이는 신문연재소설의 전형적 형태로 자리잡아 일제 말기까지 지속되었다. 그 대표적 작가로는 박종화, 현진건 등을 들 수 있다.

제5부 근대문학의 성숙과 현대문학의 태동:30년대 후반기 문학

1. 30년대 후반의 문단조감

1930년대 후반의 문단의 흐름을 체계적으로 정리하기란 사실상 대단히 어려운 일이다. 왜냐하면 20년대나 30년대는 현실을 마주보고 작가 자신의 신념대로 분명한 자기의 입장을 취할 수 없는 시대적 상황이었다. 전세계적 흐름이기도 하지만 이 시기 들어와 만주사변(1931)과 중일전쟁(1937)을 거쳐 태평양전쟁(1941)으로 확산된 일제의 군국주의화에 의해 우리 국토와 민족은 노동과 각종 자원을 약탈당하고 병참기지와 상품시장으로 제공되는 가장 가혹한 희생을 강요당했다. 그래서 1930년대는 형식적으로나마 일부 주어졌던 제한된 자유와 활동마저 유린당하고 모든 것이 일본의 제국주의의 침략전쟁을 위한 무자비한 전쟁체제에 동원되어 가야만 했다. 그렇기 때문에 당시 문인들은 대개가 현실로부터 비켜서서 자기 자리들을 잡을 수밖에 없었기 때문에 당시 그 자신들의 규정처럼 '무규정의 시대' '혼란·혼돈의 시대' '무주류의 시대'라는 특징으로 나타나고 만다.

사실 1920년대 초에 『창조』, 『백조』 등을 중심으로 낭만주의와 자연주의가 풍미했고, 20년대 중반 이후에는 프로문학이 태풍처럼 몰아닥쳐 전 문단을 휩쓸고 그에 대항하여 국민문학이 분명한 형태로 존재한 데 비해 일제의 군국주의 정책이 노골화되면서 또한 카프가 해산되고 난 후에는 문단을 주도하는 어떠한 흐름도 없었다는 것이 특성이라면 특성으로 간주하는 것이 가장 타당하다고 할 것이다.

그러나 조직적인 측면에서 카프가 해산되고 나서 강력한 조직운동은 종지부를 찍게 되고 대신 20년대 초반처럼 동인지나 동인 형식의 소규모 모임이 활발히 모색되고 있었다. 그에 따라 문예활동에 종사하는 문인들의 숫자가 대단히 많아졌다는 점도 이 시기의 특징이기도 하다. 과거 이광수, 김억 등 신문학 초창기 문인들로부터 시작해서 30년대에 등장한 오장환, 김동리에 이르기까지 백여명이 넘는 문인들이 활동하였다. 이 시기의 대표적 단체로는 1933년에 결성된 〈구인회〉를 들 수 있는데 이 단체의 특징은 어떤 강령을 내걸고 조직적인 활동을 수행한 단체가 아니라 색채와 경향이 그다지 분명치 않는 일종의 친목단체 성격이 강한 데 있다. 그 외에 다수의 동인지들이 속출되는데 이들 대부분이 순문학계열에 속한 것이어서 20년대 초반 예술지상주의적 경향의 동인지 시대를 방불케 한다. 말하자면 민족의식을 내걸고 계몽문학을 적극적으로 실행해나간 이광수 문학 뒤에 예술지상주의문학이 솟구쳐 나왔듯이 적극적 사회참여문학이었던 프로문학이 카프 해산과 함께 일제의 탄압에 따라 위축되자 이에 대항해 전반적으로 새로이 순문학이 만개한 형상이었다.

실제로 이 시기에 이르러 예술의 미적·형식적 측면이 다각도로 모색되고 심화되면서 현대적 양식이 어느 정도 정립되기에 이른다. 특히 소설과 관련해서 몇가지 주요한 특징을 보여주는데 그것은 전반적으로 세태소설과 심리소설의 두 경향에 집중되고 있다. 이른바 20년대 초반 자연주의 경향이 강하게 온존되어 있는 이 두 경향은 30년대의 시대적 한계가 고스란히 반영되어 있다 해도 과언이 아니다. 즉 현대 작가들의 정신적 능력인 자기 무력의 증명이나 제가 사는 환경에 대한 경멸과 악의의 한계를 넘기가 어려웠던 것이다. 바로 30년대 문학은 이러한 시대적 조건을 솔직히 드러내 놓은 데 그 특징이 있었던 것이다. 임화는 이를 두고 작가 내부에 있어서의 '말하려는 것과 그리려는 것'의 분열, 작가에 있어선 창작심리의 분열, 작품에 있어선 예술적 조화의 상실, 이상과 현실의 현격에 따른 현실 자체의 분열상의 반영, 성격과 환경과의 조화의 단념이 낳은 결과라 하였다. 그외에 자연을 작품의 제재로 삼아 향토적 서정성 혹은 그속에서 인간적 원초성을 추구하는 경향이 있고, 반면 리얼리즘에 입각하여 당대 사회현실을 비판적으로 풍자한 풍자적 경향도 있었으며, 다른 한편으로 30년대 전반부터 민족주의문학계열의 주요 창작 형태였던 역사소설로의 경향과 신문의 상업화에 따른 대중통속소설의 경향 등이 주요한 흐름을 형성하였다.

그리고 전반적으로 볼 때 이 시기에 들어서 묘사의 기술을 완성한 문학적 단계였다는 사실도 주목할 필요가 있다. 이는 물론 서구의 현대적 문예사조의 활발한 수입과 모색과도 깊은 관련을 갖지만, 현상의 정밀이나 자기 내면심리의 솔직한 표백에 주안점을 두면서 문장과 기교의 숙련을 통한 묘사의 발전으로 나타난 것이라 할 수 있다. 결국 모더니즘 작가들은 리얼리즘 작가들의 '내용의 사회성'을 '형태(기술)의 사회성'으로 대체시키면서 새로운 문학의 가능성을 추구하였으나 그 실제 작품들은 소외, 퇴폐성, 도피의 징후를 드러내고 있다. 이런 현상은 그들이 집단에서 분리된 채 이성이 아닌 지성과 감각으로써 근대문명에 직면하고자 했던 만큼 어느 정도 예견될 수 있는 것이기도 하다. 이로써 새로운 문학형식의 발견과 창작 기술이 확대되고(심경, 세태소설, 알레고리 방법, 의식의 흐름 수법, 이효석의 순수한 설화체의 소설), 문학에 대한 공리 효용 우선의 흐름에서 일탈 경향이 확고히 정초되었으며, 기교를 강조한 도시문학의 형성의 계기가 되었다.

다른 한편으로 과거 카프계열의 작가들은 해산과 함께 극도로 위축되어 현실성이 내외적으로 거세당하면서 이러한 상황과 겹쳐서 작가 자신, 즉 소시민의 일상적 삶에 대한 자기폭로나 소박한 사실주의 작품을 쓰다가 차츰 이론진의 새로운 모색과 함께 한설야의 『황혼』과 같은 과거와 같은 노동자문제를 다룬 프로작품을 부분적으로 산출하거나 아니면 가족사, 연대기 혹은 풍속사를 다룬 김남천의 『대하』, 이기영의 『신개지』 혹은 풍자소설인 『인간수업』등을 발표하였다.

시부문에 있어서 1930년대 후반은 각별한 의미를 가진다. 해방 이후 최근까지 시단의 흐름은 어떤 점에선 바로 1930년대 후반의 시단의 영향권에서 자라났다고 해도 과언이 아닐 정도로 중요한 의미를 가지고 있다. 이것을 보다 엄밀히 말하면 소위 순수시 경향의 현대적 경향이 바로 이 시대에서 본격화되었다는 점이다. 유달리 많은 시인들이 배출되었고 순수시 영역에 포함되는 제 시적 흐름들이 조직적인 형태로서가 아니라 동인적인 형식을 취하면서 보다 개성적인 모습으로 다양하게 산출되었다. 그 대표적인 예로『시문학』파의 박용철·김영랑·신석정 등, 그리고〈구인회〉계의 김기림·정지용·이상 등, 또한『시인부락』출신의 서정주·유치환·오장환 등이 그 대표적인 인물이고 개별적인 활동을 통해 신석초·이용악 그리고 과거 카프계열에 속했던 박세영 등이 주목을 받았다. 또한 40년대에 접어들면서 박목월·박두진·조지훈 등〈청록파〉도 시단에서 고유한 위치를 점하게 된다

한편 비평과 관련해서는 임화와 김기림의 기교주의 논쟁,「날개」『천변풍경』을 둘러 싼 최재서 대 임화의 논쟁을 통해 모더니즘 문학이 내용과 형식, 지성과 감각의 분열, 문학적 실천과 사회적 실천의 분리라는 문제가 제기되어 주목된다.

2. 전형기 비평의 양상

(1) 모더니즘 계열의 비평양상

구인회(九人會) 중심의 모더니즘론

김기림은 기술자본주의 시대인데도 시인들은 이에 대한 인식이 결여되어 있다고 비판하면서 과학문명의 발달, 그에 따른 인간의 생활 감정의 변화, 신비적 사고의 종언, 기존 문학전통의 붕괴, 현대 문명의 병적 징후 등이 자기 시대의 정신적, 현실적 변화의 실상이라고 규정하면서 이에 대응하는 모더니즘 이론을 적극적으로 표명하면서〈구인회〉의 대표적 논자가 되었다. 그는「오전의 시론」(『조선일보』1935. 4. 20~4. 28, 9. 17~10. 6),「포에지와 모더니티」(『신동아』제3권 7호),「시작에 있어서의 주지적 태도」(『신동아』제3권 4호) 등의

글에서 시분야에 주안점을 두고 자신의 모더니즘 시론을 정립해 간다. 김기림의 입장을 전체적으로 정리하기는 어려운 일이지만 언어의 예술, 의식적인 제작, 현대문명의 형상화를 그의 문학관의 요체라 할 수 있으며 "실로 말해질 수 있는 모든 사상과 논의의 의견이 거의 선인들에 의하여 말해졌다. ── 우리에게 남아있는 가능한 최대의 일은 선인이 말한 내용을 다만 다른 방법으로 논설하는 것"이라는 데서 볼 수 있듯이 표현방법과 기교문제를 중시하고 있음을 볼 수 있다.

말하자면 역사의 변화와 문학형식의 변화를 대응관계에서 파악하면서도 구 카프측 논자들이 이전까지의 세계관의 혁명에 집중함으로써 양식 문제를 소홀히 한 데 비해, 모더니즘 작가들은 세계관 자체를 도외시하고 양식 문제의 변혁에 집중해야한다고 강조하였다. 이는 그 배경에 파시즘이 놓여 있고 이에 대응한 자율적 '지성'의 문제로 세계관 문제를 격하시키면서 문명비판을 새로운 형식으로 시도해야 하는 것으로 요약된다.

김기림은 또한 현대소설의 중요한 특성을 대상과의 '미적 거리두기'(공간적, 시간적)로 인식하여 현대소설의 몇가지 유형을 제시하는데 그것은 수법에 따라 기억을 통하여 의식이나 심리를 묘사하는 방법(프루스트, 조이스의 소설 및 국내에서는 박태원이 실험한 것), 영원의 고투의 기록(도스토예프스키와 지드의 문학), 사회나 인생을 풍자를 통해 제시하는 방법(헉슬리 등의 풍자소설들), 사회와 인생을 충실히 묘사하는 방법(발자크의 방법, 국내에서는 프로문학 진영에서 시도했으나 충분히 성공하지 못한 것) 등이다. 이중에서 그는 앞의 세가지 방법에다 현대소설의 방향을 설정하고 있어 주목된다.

반면 박태원은 실제 창작경험을 토대로 자신의 소설형식을 심경소설(사소설, 신변소설)이라고 명명한다. 심경소설은 작가 자신의 생활과 그 심리적인 세계를 주로 탐구하는 소설로서 화자와 작가가 동일인으로 설정된 1인칭 형식이거나 그렇게 되어 있지 않아도 대체로 동일인으로 인식될 수 있는 형식으로 심경소설은 본격소설에 비하여 다루는 세계가 좁으나 '깊이'가 있고, 작가에게 친숙한 세계를 담을 수 있고, '심리 해부'와 그 '수련'에 적합한 양식이라는 것이 그의 주장이다.

김기림은 또한 「모더니즘의 역사적 위치」(『인문평론』 1939년 10월)란 글에서 자체 평가를 내리고 있는데, 여기서 그는 모더니즘을 '문명의 아들', '도회의 아들의 탄생'이라고 규정하면서 시를 중심으로 모더니즘 시는 20년대 전반의 낭만주의, 상징주의의 감정의 과잉이나 20년대 후반의 신경향파의 내용 편중을 배격하여 30년대 시의 주류를 이루게 되었다고 했다.

"모더니즘은 두개의 부정을 준비했다. 하나는 로맨티시즘과 세기말 문학의 말류인 센티멘털 로맨티시즘을 위해서이고, 다른 하나는 당시의 편내용주의의 경향을 위해서였다. 모더니즘은 시가 우선 언어의 예술이라는 자각과 시는 문명에 대한 일정한 감수를 기초로 한 다음 일정한 가치를 의식하고 씌어져야 된다는 주장 위에 섰다."

주지주의 문학론의 정착—최재서(崔載瑞)

앞서 우리는 구인회 중심의 모더니즘 비평을 살펴보았으나 이들은 비평보다는 실제 창작에 주안점을 두었다. 구인회에 직접 가입은 하지 않았지만 주지주의 문학론을 확고히 정착시킨 최재서는 그런 점에서 구인회를 포함한 30년 후반 모더니즘 계열의 대표적 이론가라 할 수 있다. 말하자면 모더니즘의 이론적 성과는 최재서에 의해 이루어졌다고 해도 과언이 아니다. 이를테면 최재서가 대외에 내세울 수 있는 한국적 작가로 정지용과 이태준을 꼽았던 것도 이러한 이유 때문이다. 그는 주로 흄, 엘리어트, 리드, 리차즈 등의 이론을 집중적으로 소개하면서 과학적인 태도에 근거를 둔 비평의 필요성을 역설하였던 것이다.

최재서는 무엇보다도 지성을 중시한다. 최재서가 파악하는 지성은 한마디로 예술가가 자기 내부에 가치의식을 가지고 그 가치감을 실현하기 위해 외부의 소재, 즉 언어와 이미지를 한 의도 밑에 조직하고 통제하는 데서 표시되는 것이라고 말하고 있다. 최재서는 바로 이 지성을 핵심에 두고 현재에 요구되는 지성이 무엇이며, 그것이 문학론으로 어떻게 발전하는가를 문제삼기 시작했다. 풍자문학론은 그런 점에서 현재적 지성의 표현인 '풍자'라는 문학정신과 그 문학적 수법인 풍자수법을 아울러 결합한 그 나름의 종합적 문학론이라 할 수 있다.

즉 현재의 문단이 정치적 위기에 직면함으로써 이전의 정치적 가치 중시의 문학이 진퇴양난에 빠졌다고 진단한다. 그리고 이제 이 위기에서 탈출하기 위해서는 정치중심적 태도에서 벗어나 '외부정세에 대해 어떤 태도를 취할 것인가'하는 본질적인 자세 문제를 생각해야 할 때라고 강조한다. 그리고 이 외부에 대한 태도를 크게 수용적 태도, 거부적 태도, 비판적 태도로 구분하여 이 중 과도기에 있어서는 비판적 태도가 가장 합리적이라는 인식에 도달한다. 풍자문학론의 발생 근거가 여기에서 비롯된다. 즉 당면의 사회적 위기를 극복하고 적극적으로 현실을 통일시켜 나아갈 수 없는 이상 소극적으로나마 비판적 태도를 취해서 '정서의 완쩐주사' 역할을 하는 풍자문학을 산출해야 한다는 것이다. 또한 문학수법에 있어서도 자신을 해부하고 비평하고 조소하고 질타하는 자기풍자의 예술형식에 주목한다. 자기풍자란 간단히 말해서 자기의식의 작용, 즉 현대문명의 발달에 따른 자기분열에 다름 아니다. "두 자아가 대부분의 현대인 속에 동거하면서 소위 '동굴의 내란'을 일으키고 있다. W.루이는 그것을 차아와 비자아라고 일컫고 비자아는 늘 자아의 적이며——비자아는 다시 말하면 비판적 자아다."

최재서는 이렇게 풍자문학등을 내세우면서 주지적 경향의 대표적 예로 당시 창작계에서 큰 관심을 끌었던 김기림의 「기상도」와 이상의 「날개」를 들고 있다. 말하자면 이들 작품은 현대인의 비애를 비애 그 자체에 머무르게 하지 않고 풍자, 위트, 과장, 패러독스, 자조 등의 지적 수법을 통해 '아무 막(膜)도 없는 맑은 눈'을 통해 리얼리티를 확보하고 있다는 것이다. 최재서는 이러한 관점에서 독특하게 리얼리즘론을 펴는데, 여기서 주목되는 것은 객관적 태도를 가지고 대상에 접근하여 진실되게 있는 그대로를 보여주는 방법으로 보고 있다는 점이다. 즉 외부세계 혹은 내부세계가 문제가 되는 것이 아니라 객관적 태도가 관건이란 견지에서 흔히 심리주의 소설이라 칭하는 「날개」와 세태소설이라 칭하는 박태원의 『천변풍경』을 리얼리즘의 심화와 확대로 보게 된다.

결국 최재서의 문학론의 핵심은 풍자, 센티멘털리티, 취미, 리얼리즘, 지성 등에 기반한 객관적 태도임이 확연해진다. 비평 역시 그렇기 때문에 '지성의 영위(營爲)라는 신념'이 중심이 될 수밖에 없고, 이것이 다루고자 하는 재료에 따라 다양한 수법으로 전개될 수 있다고 본다.

김환태(金煥泰)・김문집(金文輯)의 인상주의 비평론

그런데 최재서가 지성이라는 객관적 태도를 중심으로 창작법과 비평을 통일시켜 이해하려 했다면 이와 정반대로 김환태는 이를 엄격하게 분리하여 작품을 객관적 존재물로 상정해 두고 이 작품이 주는 인상을 비평의 기준으로 내세움으로써 문단에 개인주의적 인상주의 비평론을 내건다. 즉 문예비평이란 정치도, 사상도, 사회도 그 대상이 될 수 없고 오직 문학 그 자체만이 대상이라는 견지에서 문예작품의 예술적 의의와 심미적 효과를 획득하기 위하여 '대상을 있는 그대로 보라'는 인간정신의 노력이므로 문예비평가는 작품의 예술적 의의와 딴 성질의 혼동에서 기인하는 모든 편견을 버리고 순수히 작품 그것에서 얻은 인상과 감동을 충실히 표출해야 한다는 것이다.

「문예평론가의 태도에 대하여」(『조선일보』1934.4), 「나의 비평태도」(『조선일보』1934.11), 「비평문학의 확립을 위하여」(『중앙일보』1936.4) 등이 김환태의 대표적 평론이라 할 수 있는데 이 글들은 주로 비평태도와 비평의 성격에 초점이 맞추어져 있다. 그의 비평관은 한마디로 작품에 의하여 부여된 정서와 인상을 암시된 방향에 따라 가장 유효하게 통일하고 종합하는 재구성적 체험이라 할 수 있다. 그러나 이처럼 작품이 주는 객관적 모습을 비평가가 주관적으로 가치평가하는 방식으로 나감에 따라 '작품을 통한 자기 표현'으로서 창조작업으로까지 격상되지만, 다른 한편으로 이는 비평무용론으로 귀결되기도 한다. 왜냐하면 비평은 감상과 동일시됨으로써 순수한 주관이 객관이라는 논지가 성립되기 때문이다. 그렇기 때문에 비평론의 객관성, 그리고 그 자체의 발전은 여기서 문제가 되지 않고 비평은 작품평으로 귀착된다.

이러한 김환태의 인상주의 비평은 김문집에 와서 보다 완벽한 형태의 이론으로 제시된다. 그 역시 김환태와 마찬가지로 인상주의 비평론자에 포함되지만 그는 거기에다 탐미성을 가미시킨다.

"예술은 물론 과학과는 대립하는 하나의 재주다. 개성의식인 이 재주를 그렇지 않은 과학의 척도로써 평가할 때, 그때의 그 비평은 예술 또는 문학과는 별개의 사물인 한편의 과학적 재료에 지나지 않는다. 오직 대상(작품)의 그것보다 더 높은 미적 가치를 추구하는 다른 어떤 재주의 소산일 적에 한해서 그 비평은 대상과는 별개의 가치체로서의 제2의 창작이 되는 것이다. 이 경우의 비평은 창작의 부산물이 아니고 창작을 원료로 하는 정제품(精製品)이다."

——「비평예술론」에서

따라서 김문집에서 최재서와 같은 비평의 과학성을 요구할 수 없다. 왜냐하면 비평은 과학과 적대되는 문학 그 자체이기 때문이다. "만약 비평체계란 말을 용납한다면 그리고 또 금후 내가 비평예술을 제작한다면, 나의 비평체계의 수효는 내 작품비평(수효)과 똑같을 것이다." 그렇기 때문에 김문집의 비평방법론은 문학의 표현수법으로 집약된다. 그리고 그것은 비유와 문체론으로 대표된다.

이렇듯 비평 자체를 문학 자체로 놓음으로써 비평의 과학성을 어느 정도 중시하는 최재서와 정면 대립하는 양상을 보여주고 있다. 그리고 그 대립이 1930년대 말기 문단의 최대 쟁점이 되기도 했으며, 오히려 대중적 인기면에서 김문집이 앞서기도 했다. 왜냐하면 당시 정치적 폭압 속에서 대중문예지가 속출하고 신문학예면이 오락쪽에 쏠리면서 이러한 시류에 김문집의 탐미적 인상주의가 자연스럽게 이입될 수 있었기 때문이다.

(2) 구(舊) 카프 계열의 비평적 동향

카프 해산을 계기로 하여 일부 성원이 전향적 자세를 취하면서 프로문학으로 부터 이탈되어 나옴은 이미 살펴본 바 있다. 그렇다면 나머지 작가들의 동향은 어떠했을까. 전체적으로 말하자면 정치적 압력으로 인해 과거와 같은 실천적인 행동이 거세되고 위축됨으로써 문단 외곽으로 밀려났다고 말할 수 있다. 특히 창작부면에 있어서는 비평계보다 더욱 위축되어 그다지 주목받을 만한 작품이 나오지 않아 그들 스스로에 의해서도 다른 부류와 동일한 상태로 매몰되었다고 비판하고 있다. 이들의 비평은 대부분 이러한 현실적 압력과 침체의 늪에서 어떻게 새 활로를 찾을 것인가에 대한 이론적 모색이었다.

그러나 이미 조직의 해체에 따른 개별적 행동은 이 모색 또한 각양각색으로 만들어냈다. 주로 임화, 안함광, 한효, 김남천이 중심이 되어 활발한 비평작업을 전개해 나가는데 이들의 비평조류를 일관된 어떤 명칭 하에 이름붙이기는 무리이다.

그러나 적어도 해산 직후부터 36년까지, 그리고 더 나아가 38년까지의 비평의 성과를 보면 양적으로 이전보다 크게 뒤떨어진 것은 아니다. 특히 해산 무렵 쟁점으로 부각되었던 사회주의 리얼리즘을 둘러싼 창작방법 논쟁이 그대로 지속되어 어느 정도 진전을 보이기도 한다. 당시 이들이 다루었던 주요한 비평영역을 보면 창작방법론에 가장 중심이 가 있고, 여타 경향에 대한 비판(특히 백철 등 전향자의 이론에 대한 비판)과 함께 임화의 경우는 문학사 연구에 상당한 관심을 기울이고 있음을 볼 수 있다. 또한 당시 서구에서 이루어진 문화옹호 국제회의 토론에 대한 소개와 이에 대한 입장표명이 부분적으로 행해졌고 많은 부분은 실제 작품과 관련된 작품평가에 두어져 있다.

이런 점에서 카프가 해산되었다고 해서 프로문학 자체가 소멸되었다고 속단하는 것은 잘못이며 이론적인 면에서 훨씬 유연한 태도로 창작방법론과 문학사 연구 등에서는 새로운 면모를 보여주기도 한다. 또한 임화나 안함광, 김두용, 한효같은 경우는 여전히 프로문학의 정당성을 강조하면서 논리를 펴고 있어 주목된다. 그리고 리얼리즘의 현실적 적용을 구체적으로 모색하여 김남천의 경우 고발문학론, 관찰문학론 등의 이론을 모색하고 있으며 임화, 김남천 등에 의해 장편소설론이 본격적으로 논의되는 등 관심을 기울여야 할 많은 부분이 있다.

그러나 전체적으로 볼 때 이러한 논의들이 이전처럼 문단의 주류를 형성하지는 못했고 상당수가 구인회 계열이나 최재서 김환태 등의 논의에 개인적 반박의 형태를 띠면서 전개되고 있어 프로문학에 대한 방어적 자세의 경향이 주요 양상이라고 보아도 무관할 듯하다.

백철(白鐵)의 전향과 인간묘사 · 휴머니즘론

백철이 1933년에 들어서면서 최초로 사회주의 리얼리즘을 소개했다는 사실은 이미 지적한 바 있다. 그러나 그는 사회주의 리얼리즘을 소개하면서 동시에 이 창작방법에 의해 현재의 인간은 완전한 타입으로 창조되어 묘사되고 있으며 또한 되려하고 있다고 하면서 이른바 이를 인간묘사론으로 정리한다. 말하자면 사회주의 리얼리즘을 둘러싸고 그것을 전향의 논리로 하여 새로운 출발을 모색했던 것이다. 즉 그는 형상론의 문제를 중시함으로써 세계관의 문제를 폐기하였던 것이다. 더욱이 카프 2차 검거사건에 연루되어 나온 후 발표한 「비애의 성사」(『동아일보』 1935. 12. 22~12. 27)에서 문학인이 과거와 같은 의미에서 정치주의를 버리고 마르크스주의의 태도를 포기하는 것은 비난할 것이 아니라 문학을 위하여 도리어 크게 찬양할 현상이라고 하여 자신의 변화된 태도를 명백히 하였다. 이러한 점에서 그가 이후 인간묘사론에서 휴머니즘론으로 나가는 것은 지극히 당연한 행로라 할 수 있다.

1937년에 발표된 「웰컴! 휴머니즘」(『조광』 3권 1호)에서 백철은 휴머니즘론을 본격적으로 제기하는데, 여기서 그는 현재와 같은 무주류의 시대에서는 오히려 무성격적인 휴머니즘이 부합한다는 사실과 현재와 같은 파시즘적 상황에서는 휴머니즘에 입각한 모럴리티와 행동성의 정열이 요청된다고 주장하고 있다. 또한 백철은 과거 르네상스의 의의를 충분히 인정한 위에 미래의 새로운 인간형성을 탐구하는 네오 휴머니즘을 강조하고 있다. 이와 비슷한 입장에서 김오성이 휴머니즘을 수용하고, 다른 한편으로 송강, 윤규섭이 다른 각도에서 휴머니즘을 주창하고 있어 휴머니즘론은 문단의 상당한 각광을 받았다.

여기에 대해 임화, 한효, 안함광 등 구 카프계열 비평가들이 가장 공격적인 자세로 비판하고 있다. 이는 백철이 자신들과 같은 입장에 있다 전향한 데 대한 보복적 태도의 결과라 할 수 있을 것이다. 임화는 특히 백철의 개인적 체질론까지 등장시켜 백철이 비평가로서의 정치적 무관심자이며 멘셰비키이며 우익적 일탈자이며 투항주의자이며 부르주아 철학의 아류들과 조금도 다를 바 없다고 공격한다. 그리고 백철의 인간묘사론에 대해 거기서 다루어지는 인간은 예술지상주의적 상업부르주아의 인간만을 의미한다며 주관주의의 변형이라고 비판한다. 또한 안함광은 백철을 인상주의적 비평가, 관념론의 사생아로, 그리고 백철과 비슷한 입장에서 휴머니즘을 논했던 김오성을 철학의 서생이라고 야유하기도 했다.

김남천(金南天)의 고발문학론과 관찰문학론

김남천은 이 시기 키프계열 비평가중에서 가장 주목할 만한 비평활동을 벌인다. 그는 현재 우리의 상황과 작품의 창작과정에 대한 체험을 기반으로 '리얼리즘을 구체화하는 길'로써 독자적인 창작방법론을 제시한 것이다.

> "일체를 잔인하고 무자비하게 고발하는 정신, 모든 것을 끝까지 추급하고 그곳에서 영위되는 가지각색의 생활을 뿌리채 파서 펼쳐 보이려는 정열――이것에 의하여 정체되고 퇴영한 프로문학은 한개의 유파로써가 아니라 시민문학의 뒤를 잇는 역사적 존재로써 자신을 옹진(擁進)시킬 수 있을 것이다. 이 길을 예술적으로 실천하는 곳에서 문학의 사회적 기능도 다할 수 있을 것이다. 물론 이것은 리얼리스트의 고유의 정신의 발전에 불과하다."(「고발의 정신과 작가」, 『조선일보』 1937.6.1~6.5)

이른바 변증법의 '부정의 정신'에 입각하여 논리를 펴고 있는 고발문학론은 '소시얼리스틱 리얼리즘이 가지는 원리 위에 입각하여 지금의 이 땅의 특수성, 사유에 있어서는 아시아적 퇴영성 위에 서서 창조적 태도를 시대적 운무의 충실한 왜곡없는 모사·반영으로 관철시키려는 문학정신'이라고 규정한다. 그러나 고발문학론은 어의대로 '고발'이란 말이 '풍자'와 '비판'과 크게 구분이 되지 않음으로써 보다 정확히 말하면 '현실에 대한 왜곡없는 묘사'에 그치게 되므로 부정적 리얼리즘 혹은 관조적 리얼리즘에 불과하다는 비판을 받는다.

이러한 비판은 사실 이후 그가 모색하는 리얼리즘의 길, 이를테면 '모럴의 확립', '세태 풍속묘사'에서도 그대로 반복되고 드디어 「발자크 연구노트」(『인문평론』 1939.10~1940 .5)를 통해 '관찰문학론'으로 정립됨으로써 입증된다 할 것이다. 즉 발자크의 방법이 자기를 잊어버리고 시대의 가운데 몰입하는 '관찰'을 요체로 하고 있으며 리얼리즘은 결국 몰아성과 객관성의 확보 여부에 의해 좌우된다는 것이다. 여기서 그는 체험문학과 관찰문학으로 크게 구분하고 있는데 전자가 '시대정신의 단순한 전성기로 전화해버리는 실러적 방법'에 의한 문학이고, 후자는 '역사의 진행과 그의 행정(行程)이 내적 모순체로 노정되는 객관적, 사실적 묘사방법에 의한 문학'이라고 규정한다.

장편소설론

임화, 김남천 등에 의한 장편소설론은 기본적으로 서구 소설사를 주요한 준거 틀로 생각하고 그 발달선상의 한단계를 한국 소설의 지향점으로 내세우려 하였다. 즉 기본적으로 역사의 변천과 문학의 양식과의 관계 문제에서 파악된 장편소설론은 우리나라 비평이론이 이 시기 들어와 어느 정도 심화되었다는 측면을 보여준다 하겠다. 특히 김남천은 루카치의 이론을 수용하여 장편소설의 이론을 정당히 확립해야 한다고 주장한다. 그에 따르면 발자크에 의해 근대적 의미의 장편소설이 확립되고 이후 졸라, 플로베르에 이르러 장편소설양식이 붕괴되기 시작하며 고리키에 의해 사회주의적 장편소설양식이 대두되었다는 것이다. 그런데 우리의 경우는 조선적 현실의 현단계에서 고리키와 같은 소설양식이 발생할 수 없고, 또한 현재 졸라, 플로베르에서 볼 수 있는 장편소설 붕괴의 조짐이 나타나고 있다는 견지에서 발자크적 장편소설양식을 전범으로 내세운다. 또한 그는 저널리즘과 장편소설의 관계를 중시하는데 저널리즘이 현재 장편소설의 형성에 유효한 공간을 마련해주고 있으며 상업주의화되어 가고 있는 저널리즘을 극복해 원래의 의미의 건전한 저널리즘을 확립해야 할 것이라고 강조하고 있다.

반면 임화는 김남천이 관찰의 태도와 묘사수법만을 강조하고 있다고 비판하며 기술적 입장과 작품 속에 형상화된 현실인식 내용의 가치성을 포괄해야 한다는 입장을 취하고 있다. 그리고 그러한 입장에서 그는 최재서와 『천변풍경』, 「날개」 평가에 대한 논쟁 등을 벌이면서 '본격소설론'을 주창한다. 말하자면 최재서는 현대 자체가 자기분열의 시대이기 때문에 이를 극복하려는 지성에 입각하여 그러한 객관적 태도로 그려내면 리얼리즘이라는 입장을 편 데 비해, 임화는 이러한 분열은 지성이 그 파악의 능력을 상실한 데서 온 것이라 하여 그 분열을 극복할 사상성의 통일을 주장하면서 이들 소설은 리얼리즘의 심화와 확대가 아닌 파편화라고 주장한다(「사실의 재인식」). 그리고 우리의 경우는 조선소설의 낡은 전통에 관계하기보다는 차라리 20세기 서구문학과 가까이하고 있다는 견지에서 서구 소설양식을 전범으로 제시한다.

그 외에도 비평의 객관성을 거부한 김환태에 대한 김남천, 임화, 안함광 등의 비판이 있었고, 카톨릭문학 및 김기림 등의 기교주의 시론에 대한 비판도 행해지고 있다.

이러한 점에서 구 카프계열 비평가들은 자신들과 명백히 대립되는 입장에 대해서는 나름대로 방어적 공격자세를 취했지만 정작 현실과의 관련 속에서 운동적 문학을 전개했던 그들 자신의 방향에 대해서는 방향성을 상실하여 체계화하지 못하는 모순된 현상을 보이고 있다.

3. 순문학의 융성과 리얼리즘 문학의 퇴조

(1) 『시문학』파와 순수시

사실상 30년대 후반의 흐름에서 큰 윤곽으로 보아 가장 큰 줄기를 형성했던 순문학의 흐름의 선두는 『시문학』을 중심으로 한 박용철, 정지용, 김영랑, 신석정, 이하윤 등의 시문학파이다. 이 파는 그러나 이미 1930년대 초반에 태동되었다. 즉 1930년 3월에 창간된 시전문지 『시문학』에서 유래한다. 물론 앞서 거론한 인물 중 소위 시문학파의 특징을 가장 대표적으로 보여주는 시인은 박용철, 김영랑, 신석정이고 정지용이나 이하윤 등은 전체 시세계를 고려해볼 때 오히려 〈구인회〉나 〈해외문학파〉에 속하는 작가로 범주화할 수 있다. 이 시문학파의 특징은 한마디로 반이데올로기적 순수서정의 추구이다. 그에 따라 당연히 표현매체인 언어에 대한 관심과 기법에 대한 노력에 집중한다. 다음과 같은 창간호의 편집후기는 이를 잘 대변해준다.

"한 민족의 언어가 발달의 어느 정도에 이르면 구어(口語)로서의 존재에 만족하지 아니하고 문학의 형태를 요구한다. 그리고 그 문학의 성립은 그 민족의 언어를 완성시키는 것이다."

이처럼 시문학파의 작가들은 당시 문단을 좌지우지하고 있던 카프계열의 이데올로기 편향주의에 맞서 성급하게 직설적으로 토해지던 선동시 혹은 이념시를 거부하고 예술적 양식화의 중요성을 부각한 점에서 역사적 의의를 갖는다. 이와 관련해서 카프에 대항한 세력으로 흔히 국민문학파를 들고 있으나 엄밀히 말해서 국민문학파는 의식면에서 민족주의 내지 민족개량주의로 맞선 반면, 시문학파는 문예관에서 예술지상주의로 맞선 편이다. 하나의 예로 다음과 같은 김영랑의 시를 보자.

> 내 마음의 어딘 듯 한편에 끝없는
> 강물이 흐르네
> 도처오르는 아침 날빛이 빤질한
> 은결을 도도네
> 가슴엔듯 눈엔듯 또 핏줄엔듯
> 마음이 도른도른 숨어있는 곳
> 내 마음의 어딘 듯 한편에 끝없는
> 강물이 흐르네
> ――「동백잎에 빛나는 마음」

위의 시에서 우리는 말하고자 하는 의미 내용을 찾을 수 없다. 다만 정련된 언어, 그리고 그 언어의 형식미를 통한 율격만이 고도화되어 하나의 꽃을 보고 아름답다고 느껴지듯이 내면의 한 영상만을 형상화해놓고 있다. 이러한 형식미의 추구는 이전의 시단에서 결코 찾아볼 수 없는 아름다운 국면이다. 여기에 시문학파의 최대의 장점이 있고 또한 단점이 있다. 즉 현실, 내용이 빠진 아름다운 형식적 형상화에 철저히 규정당하고 있다.

한편 『시문학』지는 그 뒤에 『문예월간』 『문학』 『시원』 등으로 이어져 시단에서 뚜렷한 하나의 조류를 형성한다. 특히 이 과정에서 해외문학파 계열의 작가와 손을 잡아 순수문학의 세계적 보편성을 획득하고자 했으며 또한 번역문학에도 관심을 기울였음을 엿볼 수 있다. 이러한 사실은 『문예월간』지의 창간사에 잘 나타나 있다.

"이제 모든 문예운동은 세계를 무대로 하여 향상하고 진전해 나간다. 일개인 일 유파의 문학은 그것이 일국민문학이 되기도 하는 동시에 또한 세계문학의 권내로 포괄되어야만 하는 것이다.

그러면 우리의 문학도 이미 세계적으로 진출하였다고 볼 수가 있는가. 또 이것을 가지고 세계문단에 나설만 하는가. 말하는 것만이 오히려 파렴치한 일이다. 우리들의 입으로 신문예를 운위한 지 10여년에 무엇을 꿈꾸고 있었던가. 우리는 이제 흐뜨러진 문단을 감히 정리해 보려는 부질없는 야심이 있다. 동시에 아직껏 침묵을 지켜오던 동인들을 끌어내야 할 의무를 절실히 느낀다. 그리하여 어서 바삐 어깨를 세계수준에 겨우어 보지 않으련가.

남부끄럽지 않은 우리의 우리다운 문학을 가지기에 노력하자. 그리하여 세계문학의 조류 속에 들어서자. 우리는 이 사실의 일조가 되기 위하여 이 잡지의 전부를 바쳐나가기로 한다."

김영랑(金永郎)

김영랑은 한마디로 음성상징의 어감 배열, 율격의 선택과 변이에 가장 탁월한 역량을 보인 시인이라 할 수 있다. 말하자면 꼬집어 말할 수 없는 어떤 감정을 언어의 나열을 통해 음악화하여 전달하는 방식에 최대의 장점을 가지고 있다. 그래서 그의 언어는 내용을 전달하는 의미부호로서의 기능보다는 음악부호로서의 기능이 훨씬 압도적이다. 그래서 산문으로 옮기면 그의 시는 시적 기능을 완전히 상실하고 무의미한 말의 나열에 그치게 될 만큼 철저히 시적이다. 말하자면 뭔가 북받아오르지만 불확실한 감정을 그는 결코 모나지 않고 결코 일상어가 아닌 골동품같은 언어의 어감의 조립을 통해 이를 음악화시키는 것이다. 당대 상황의 어둠을 배경으로 시를 통해 주관적인 감정을 해소시킨 그는 주로 슬픔, 그리움의 감정을 전통적인 리듬에 의해 탁월하게 형상화한 것이다.

모란이 피기까지는
나는 아직 나의 봄을 기둘리고 있을테요
모란이 뚝뚝 떨어져 버린 날

> 나는 비로소 봄을 여흰 설움에 잠길테요.
> 오월 어느날 그 하로 무덥든 날
> 떠러져 누운 꽃닢마저 시드러버리고는
> 천지에 모란은 자최도 없어지고
> 뻐쳐 오르든 내 보람 서운케 문허졌느니
> 모란이 지고 말면 그뿐 내 한해는 다 가고말아
> 3백예순날 한양 섭섭해 우옵내다
> 모란이 피기까지는
> 나는 아즉 기둘리고 있을테요. 찬란한 슬픔의 봄을
> ——「모란이 피기까지는」 전문

너무 잘 알려져 있는 시「모란이 피기까지는」는 김영랑의 대부분 시에 비해서 분명히 '봄에의 기다림'이라는 시적 메시지를 잘 드러내 주고 있다.
「모란이 피기까지는」은 크게 네부분으로 나뉘어져 있다. 첫 두행에서 작가는 봄을 기다리는 마음을 이야기한다. 그리고 다음 두행에서 모란꽃이 떨어질 때를 봄의 상실로 보면서 시인은 모란을 통해 봄을 보고 있음을 알게 해준다. 그렇기 때문에 시든 모란꽃잎마저 사라지게 될 때 시인은 "모란이 지고 말면 그뿐 내 한해는 다가고 말아/삼백예순날 한양 섭섭해 우옵네다"고 말하는 것이다. 그리고 마지막으로 앞에서 표명된 설움의 감정은 다시 모란이 피기를 기대하는 마음으로 되돌려진다. 이렇게 볼 때 영랑은 '모란'을 봄의 상징으로 보면서 꽃의 개화와 시듦의 구조로 삶을 구성하려고 했던 것이다. 말하자면 짧은 순간의 기쁨과 긴 설움의 시간, 그리고 다시 그것의 반복 구조 속에서 '찬란한 슬픔의 봄', 즉 순간을 생의 정점으로 여기고 있는 것이다, 이는 시 전체의 분량에서도 조응하고 있다. 즉 첫 두행과 마지막 두행을 빼고 나머지 시구는 설움의 긴 시간대인 것이다.
그러나 이 작품이 불러일으키는 감명도 '귀를 열고 있어야 영랑 시의 제멋을 안다'는 말처럼 절대적으로 리듬에 원천을 두고 있다. 이처럼 그의 시는 시가 말하고자 하는 주제를 음악과 분리시켜 파악할 수 없다. 기다림과 상실이라는 반복적인 시적 전개 자체가 음악적일 뿐 아니라 언어 하나하나가 음악이다. 그리고 그는 많은 4행시를 지었는데 이것이 한국시가의 원시적 형태라는 점에서 한국시가의 원초적 리듬을 가장 잘 체득한 시인이라 할 수 있다.

박용철(朴龍喆)

실제로 『시문학』의 편집자로서 이론적으로 시문학파를 이끌어 나갔던 박용철이지만 실제 시에 있어서는 김영랑과 비교해볼 때 김영랑이 호젓한 마음으로 자연경관을 바라보는 지점에서 시를 그려냈다면, 박용철의 시에는 음울한 분위기가 전반적으로 깔려 있는 상태에서 언어들이 조응해간다.

> 나 두 야 간다
> 나의 이 젊은 나이를 눈물로야 보낼거냐
> 나 두 야 간다
> 　　　　　——「떠나가는 배」에서

그의 대표작이라 일컬어지는 이 시에서 보듯이 박용철은 형용사가 별반 중요성을 갖지 않고 움직임을 보여주는 동사를 주로 통해 일정한 감정을 전달한다. 말하자면 김영랑이 의미 없이 순수한 감정을 보여주었다면, 박용철은 의미는 있지만 감정이 압도화되는 상태에서 의미가 아주 왜소화되는 시적 양식을 보여주고 있다. 위의 시에서도 '간다' 하면 목표가 분명해야 하는데 '간다'라는 행위가 행위 자체로서 기능하기보다는 쓸쓸한 분위기를 벗어나가자 하는 감정 속에서 전달된다. 이렇듯 오히려 의미내용을 중시하면서도 이것이 제대로 형상화되지 않은 채 형식미가 강조되기 때문에 오히려 박용철은 김영랑보다는 덜 주목받는 작가가 되고 말았다.

신석정(辛夕汀)

김영랑을 정점에 두고 그와 대등한 경지에 선 시인으로는 박용철보다는 신석정을 들어야만 할 것이다. 신석정은 그러나 김영랑과는 다르게 일정한 대상을 상징화하는 방식을 취한다. 그런데 신석정은 이 상징화 작업을 통해 대상 자체의 시적 규명으로 나가지 않고 내면의 동경으로 고양시킨다.

>   나와
>   하늘과
>   하늘 아래 푸른 산뿐이로다
>
>   꽃 한 송이 피워낼 지구도 없고
>   새 한 마리 울어줄 지구도 없고
>   노루새끼 한 마리 뛰어다닐 지구도 없다
>
>   나와
>   밤과
>   무수한 별뿐이로다
>
>   밀리고 흐르는 게 밤뿐이요
>   흘러도 흘러도 검은 밤뿐이로다
>   내 마음 둘 곳은 어느 밤하늘 별이드뇨
>   ——「슬픈 구도」에서

 이 시에서 보듯이 신석정은 주로 자연물에 빗대어 동경의 내면의식을 언어를 통해 감정화하여 그려내고 있다. 특히 촛불, 양, 호수, 삼림, 어머니, 새 등 현대문명과는 거리가 먼 전원과 향토의 이미지를 주로 하여 목가적인 시세계를 구축하였다.

(2) 구인회(九人會)와 모더니즘 문학

 〈구인회〉는 우리 근대문학사에서 모더니즘문학의 대변자로 흔히 일컬어진다. 〈구인회〉는 "순연한 연구적 입장에서 상호의 작품을 비판하며 다독다작(多讀多作)을 목적으로" 1933년 8월 15일 이태준, 조용만, 김기림, 이무영, 정지용, 김유영, 이효석, 이종명, 유치진 등 9명으로 창립되었다. 창립목적에서도 드러나듯이 창작에 주안점을 둔 비슷한 경향을 갖는 문학가들의 친목단체의 성격을 갖고 있다. 초기 멤버였던 조용만은 「구인회의 기억」(『현대문

학』1957년 1월)에서 이렇게 회고하고 있다.

"그때로 말하면 일본에서 나프라고 하는 좌익문예단체가 활발히 활동할 때이었고, 우리나라에서도 이의 영향을 받아서 카프란 단체가 생겨 팔봉, 회월 등을 중심으로 활발한 활동을 하고 있었다. 그래서 그쪽에 가담한다든지 그런 색채를 띠지 않고서는 문사 행세를 못할 지경이었다. 그러나 이것에 대항해서 일본에서는 십삼인구락부라는 단체가 생겨 순수예술을 지켜 왔었다. 이럴 무렵이었다. ─── 카프에 대항한다는 것이 아니라 어쨌든 카프는 너무 정치성을 띠었으니 ─── 역시 모두들 무슨 강령이라든지 회규를 만들지 말고, 그저 한달에 한 두 번 회비를 가지고 모여서 서로들의 작품을 평한다든지 그밖에 문학 이야기를 하고 서로 격려하여서 많이 읽고 많이 쓰자는 것이었다. 색채나 경향은 뚜렷하지 않지만 은연히 카프에 반대하여 순수예술을 옹호하자는 것이 회원들의 똑같은 생각이었음은 물론이다."

그리고 기존회원의 탈퇴와 신입회원의 가입 등 몇번의 교체 과정에서 이태준, 박태원, 이상이 중심회원이 되면서 모더니즘 문학의 기수 역할을 수행한다. 이런 과정에서 이들 구성원들의 개인적 창작활동이 30년대 후반을 주도해 나갔기 때문에 〈구인회〉의 가치를 문학사적으로 중시하게 된 것이다. 〈구인회〉 단체의 대표적 활동으로는 1934년, 1935년 각각 개최한 '시와 소설의 밤'과 '조선신문예강좌'라는 문학강연회이다. 이 문학강연회는 〈구인회〉의 면모를 잘 보여주는 것으로, 문예창작과 그중에서도 문학의 기교와 형태, 언어와 문장을 중시하고 있음을 보여준다.

이들 성원들은 상호간에 약간의 차이는 있지만 한마디로 서구적 의미에서의 현대문학의 양식을 가장 잘 소화해낸 도시세대의 집합체라 할 수 있다. 그래서 이들 작가들에게서는 도시풍의 문명화된 언어가 주종을 이루고, 집단에서 분리된 채 개인성을 중시하여 이성이 아닌 지성과 감각을 중시함으로써 주지주의, 지성주의라든가 초현실주의라는 정신적 틀 속에서 각기 자유를 구가하였다. 이러한 점을 주목하여 보면 모더니즘 계열 내에서 영미계쪽에 그 원천을 둔 이미지즘(주지주의)적 경향과 전위예술에 가까운 초현실주의계의 모더니즘으로 대별할 수 있다. 전자를 대표하는 작가로는 김광균, 김기림,

박태원 등을 들 수 있고, 후자를 대표하는 작가로는 이상을 들 수 있다.

이렇게 볼 때 실제 작품을 통해서 주지주의, 이미지즘, 초현실주의, 심리주의, 신감각파 등 잡다한 경향을 보여주는 모더니즘 문학은 전반적으로 언어의 세련성과 기교를 통한 문학양식의 근대성을 최고도로 높인 데 그 의의를 갖게 된다. 그리고 김기림, 정지용, 이상, 박태원, 이효석 등 구인회 작가들과 함께 그 뒤를 이은 김광균, 오장환, 최명익 그리고 『삼사문학』 및 『단층』계 작가들도 이 범주에 든다고 볼 수 있다. 그리고 이들은 일제 식민지 지배체제의 확립기, 즉 식민지 정착기에 서울을 중심으로 한 도시세대들에 의해 추진된 문학경향으로 문학 양식과 실험정신면에서 문학의 현대성을 모색하고자 했다.

박태원(朴泰遠)

구보 박태원(仇甫 朴泰遠)은 소위 〈구인회〉의 경향을 가장 대표할만한 소설가이다. 순수 서울 태생인 그는 1930년 소설 「수염」으로 등단하여 『천변풍경』 「소설가 구보씨의 일일」 「성탄제」 등의 작품을 썼다. 일반적으로 서울 서민층의 삶의 단면을 그처럼 탁월하게 묘사한 작가는 없다 해도 과언이 아니라는 평가를 받고있다. 주로 실직 인텔리를 통해서 식민지 치하에서의 지적 파탄을, 이발소, 당구장, 카페 등을 근거지로 해서 살아가는 사람들을 통해서 서민층 몰락을 보여주고 있다. 전자가 심경·심리소설로 불려진다면, 후자는 세태소설이라 불려질 수 있는데 그 대표적 작품으로 각각 「구보씨의 일일」과 『천변풍경』을 들 수 있다. 「구보씨의 일일」은 작가 자신을 주인공으로 하여 무료와 권태 속에서 서울의 이곳 저곳을 기웃거리고 다니는 한 작가의 하루를 서술한 것으로 지저분한 현실 가운데서 시체가 되어가는 자기의 하루생활이 내성적으로 술회되었고, 『천변풍경』은 자기를 산 송장으로 만든 지저분한 현실의 단면 단면들이 풍속화처럼 정밀하게 묘사되었다.

박태원은 초기에 심경·심리소설을 실험하다 이후 세태소설에 중점을 두면서 자기 작품세계를 확고히 세우는데, 그러나 이들 작품은 비록 주관의 개입은 극도로 억제되고 세부묘사는 훌륭하게 되었다 할지라도 성격의 결여와 그 결과로서 플롯이 미약하다는 한계를 보여주고 있다.

이태준(李泰俊)

상허 이태준(尙虛 李泰俊)은 한마디로 봉건적 풍속 속에서 급격히 식민지 자본주의적 풍토로 변모해가는 사회변화 추세 속에서 그에 적극적으로 대응하거나 혹은 그것을 극복하려는 아무런 의지도 내보이지 않는 수동적 인물을 즐겨 그린 작가라 할 수 있다. 그래서 상허를 두고 딜레탕티즘의 작가라고도 일컫는다. 말하자면 그의 대표작이라 칭해지는 「가마귀」「불우(不遇)선생」「복덕방」「우암노인」 등은 거의 전부 일상적인 사소한 것들에 복수당하는 패배적 인간들이 그려지고 있다. 변화해가는 현실에 적절하게 대응하지 못하고 과거에 대한 추억에만 매달려 있는 회의주의적이며 감상주의적이며 패배주의적인 인물들이 그의 인물들이다. 결국 역사의 발전을 믿지 않기 때문에 사회에 대해서는 냉소로, 그리고 인생에 대해서는 아이러니로, 사람과의 관계에서는 페이소스로 그는 응답한다. 이를테면 「복덕방」(1937)은 시대변화에 따라 양반으로서의 위신을 잃은 노인들이 복덕방에서 소일하는데 그중 안초시라는 노인이 딱하게 세상을 떠났다는 내용이다. 이 안초시는 무용을 하는 딸이 용돈을 잘 주지 않아 항상 불만을 가지고 있는데 서해안에 항구가 생기니 땅을 사두라고 딸에게 권했다가 낭패를 보게 되어 결국 자살을 하고 노인들이 장례식에 참여하여 장지까지 따라가려 했으나 거기 모인 딸을 비롯한 젊은이들의 행태에 반감을 가지면서 가지 않는다는 내용이다. 이처럼 죽은 노인에게 동정을 보내면서 세태변화를 거부하는 모습을 보여주고 있다.

물론 이태준은 하층민의 고난을 형상화한 작품도 썼는데 「꽃나무는 심어놓고」(1933) 「농군」(1939) 등이 그런 작품이다. 이들 작품을 통해 이태준은 분위기 묘사에 탁월한 능력을 발휘하여 이러한 어두운 현실문제를 다루면서도 서정적 색채의 소설을 잘 만들어내었다. 이러한 특징은 그의 모든 소설에 해당되는데 문장이 유려하고 구성이 치밀하면서도 자연스러워 지금까지 우리 소설이 갖지 못한 치밀한 형식미를 구비하고 있는 작가였다.

이상(李箱)

건축기사 출신의 이상은 우리 근대문학사에서 가장 대표적인 파격적인 작가라 할 수 있다. 그의 본명은 김해경(金海卿)으로, 이상이란 이름은 건축기사 시절 인부들이 그를 가리켜 '리상'이라 부른 데서 연유한다고 알려져 있다. 소위 심리주의 경향을 가장 극명하게 보여주는 그는 1934년부터 작품활동을 시작하여 시, 소설 양 장르에서 독자적인 영역을 구축했다. 대표작 「날개」(1936)를 비롯해서 「봉별기」(1936)・「종생기」(1937)・「동해(童骸)」(1938) 등 그의 소설 전부는 평면적 구성보다는 입체적 구성을 통하여 인간의 심리적 내부를 분석하고 해부함으로써 심층심리학 혹은 정신분석학을 문학에 적용한 작가였다. 따라서 외부적인 디테일은 거의 무시하고 자의식의 세계만을 철저히 추구했다. 그러나 다른 한편으로 이상은 이러한 수법을 사용하여 부정적인 자기폐쇄를 통해 정당하게 사회와의 통로를 차단당한 인간의 파산을 적나라하게 보여준다. 그가 말하고자 하는 바는 작품 내에서 보여지는 것의 역설로서 규정할 수 있는데, 이를테면 극단적 자기폐쇄는 그렇게 만들어버린 사회의 비건강성으로 독자에게 다가온다.

이상의 소설은 한마디로 도착적 성희의 세계라 할 만큼 소설에 등장하는 남녀는 정상적인 애정을 바탕으로 한 결합이 아니다. 등장인물은 가학 또는 피학대에서 쾌감을 느끼는 병적인 심리를 보여주고 있다. 그의 대표작인 「날개」의 여주인공 아내는 남편을 두고도 윤락행위를 집안에서 서슴없이 하는 인물로 남편 '나'가 자신의 행위를 목격했다 하여 물고 때리는 광태를 보여 새디스트의 모습을 보이고 있고, 남편 '나' 역시 이에 희열을 느끼는 매저키스트의 면모를 보여주고 있다. 「봉별기」에서는 그가 실제로 동거한 일이 있는 금홍이란 여성을 실명으로 등장시켜 비정상적인 남녀관계를 유희적인 어조로 묘사해 내고 있다. 아내가 무슨 짓을 하고 돌아오건 질투와 분노를 느끼지 않고 때론 아내의 간음을 주선하기까지 한다.

한편 시에서도 이상은 독자적인 초현실주의 시를 창작하는데 「오감도」 「꽃나무」 등이 그 대표작이라 할 수 있다. 이상은 우리 근대사에서 처음이라 할 수 있는 자동기술법을 도입하여 이성이나 이지, 기성관념의 굴레를 완전히 벗어던지고 잠꼬대와 같은 넋두리나 숫자와 기하학적 낱말 등을 도입하여 이른바 난해시를 처음으로 선보였다. "벌판한복판에꽃나무하나가있오, 근처에는꽃나무가하나도없어꽃나무는제가생각하는꽃나무를열심으로생각하는것처럼열심으로꽃을피워가지고섰오."에서 보듯이 정상적인 차원에서는 무슨 말인지 모를 정도의 초현실성을 부여하고 있다. 이러한 이상의 시적 실험은 당시 많은 비난도 받았지만 한편으로 영향도 끼쳐 1934년에 발행한 『삼사문학』의 시적 성향은 이상으로부터 수혈받은 초현실주의였다. 이시우, 조풍연, 한천, 신백수 등이 그들이다.

김기림(金起林)

모더니즘 시 이론을 전개하며 모더니즘문학을 이끌어나갔던 김기림은 실제로 전형적인 모더니즘 시를 창출해낸 시인이다. 시집 『기상도』는 이 시기 모더니즘 시양식의 표본이 되는 시집이라 할 수 있다. 이 시집에서 김기림은 무엇보다도 다양한 기법을 구사하여 시적 형상의 감각적 표현에 주력하였다.

> 비눌
> 돋힌
> 해협은
> 아롱진 아라비아의 의상을 둘른
> 젊은 산맥들
> 바람은 바닷가 사라센의 비단 폭처럼 미끄러웁고
> 오만한 풍경은 바로 오전 7시의 절정에 가로 누었다.
>
> 헐덕이는 들 우에
> 늙은 향수를 뿌리는
> 교당의 녹쓰른 종소리
> 송아지들은 들로 가려므나
> 아가씨는 바다에 밀려가는 輪船을 오늘도 바래 보냈다
> ──『기상도』 1부 「세계의 아침」에서

위의 시에서 보듯이 해협과 뱀의 잔등이라는 이질적인 두 사물을 연결시키는 수법은 신선한 감각을 느끼기에 충분한 것이었다. 이처럼 김기림은 시적 대상을 명료한 현대적 감각의 시각적 심상으로 포착하는 데 탁월한 재능을 발휘했다. 신조어, 외래어, 시사용어, 고유명사 등의 연결을 통해 말하자면 새로운 시대감각을 시화한 것이다. 실제로 그는 충격적인 뉴스의 효과라는 재료를 즐겨 사용하였다. 그는 이런 재료를 가지고 때로는 기지, 때로는 말장난 같은 감이 들 정도로 재기발랄하게 시를 화장하였던 것이다. 그러나 그의 이론수준에 비해서 시는 저급한 수준에 머물렀다는 것이 일반적 평가이다. 말하자면 몇편의 시에서는 시적 성공을 거두고 있지만 시 대부분이 방법의 도식화와 기교적인 형태주의에 사로잡혀 비유로 짜여진 설명적인 풍경화에 지나지 않는다.

그러나 이러한 김기림의 모더니즘 시이론과 창작은 과거 시문학파에 속했던 정지용, 신석정 등과 그리고 새로이 김광균, 장만영 등에도 영향을 끼쳐 30년대 후반 시단에 모더니즘 시는 가장 도드라진 시계열을 이루게 되었다.

정지용(鄭芝溶)

정지용은 본래 시문학파에서 활동했으나 이미 그전부터 독자적인 시영역을 가진 중견시인이었다. 사실 시문학파에서도 그는 시문학파 특성에 맞는 시인이라기보다는 큰 의미에서 순수시를 지지하는 후원자로서의 역할이 컸다. 그러다 〈구인회〉에 가입하면서 그는 그 자신의 특성을 유감없이 보여준다.

초기시는 「고향」「향수」 등에서 볼 수 있는 짙은 향토색의 서정시들이었고, 제 2기에 해당하는 〈구인회〉 시절에는 「아침」「유랑자」에서 볼 수 있듯이 도시문명에 소재를 둔 모더니즘풍 시들을 창작하였다.

   유리에 차고 슬픈 것이 어린거린다
   열없이 붙어서서 입김을 흐리우니
   길들은양 언 날개를 파닥거린다
       ——「유리창 1」 중에서

>소증기선처럼 흔들리는 창
>유리에 부빈다, 차디찬 입맞춤을 마신다
>쓰라린, 알연히, 그싯는 음향——
>머언 꽃!
>도회에는 고흔 화재(火災)가 오른다
>
>　　　　　　　——「유리창 2」 중에서

　이처럼 문명과 관련된 언어의 음감을 통해 도시적 감각의 정서를 표출한 정지용은 김기림과 더불어 대표적 모더니즘 시인으로 각광을 받았다. 재래의 관념어 대신 현실의 구상, 이를테면 넥타이, 페스탈로치, 오르간 소리 등과 같이 서구적 감수성에 바탕을 둔 새로운 언어를 발굴하여 시각, 청각, 촉각, 공감각 등의 비유를 통해 형상화하였던 것이다. 특히 다른 시인들에게서 자주 보이는 감정의 과잉이 정지용에게서는 철저한 감정의 절제 혹은 객관화로 정제되어 있음을 주목해야 할 것이다.

>바다는 뿔뿔이
>달어 날랴고 했다
>
>푸른 도마뱀떼 같이
>재재발렀다.
>
>꼬리가 이루 잡히지 않았다.
>
>힌 발톱에 찢긴
>산호보다 붉고 슬픈 생채기!
>　　　　　　　——「바다 2」 전문

　바다가 주는 인상을 실로 선명하게 전달해주고 있다. 그리고 '뿔뿔이' '재재발렀다' 등 언어 하나 하나가 싯귀 전체를 살아있게 하는 원동력으로 작용하고 있다. 바다의 물결과 도마뱀의 움직임을 연결시켜 자연스럽게 시상이 전개되고 있다. 그리하여 그는 김기림에 의해 '한국 현대시에 현대적 호흡과 맥박을 불어넣은 최초의 시인'이란 평가를 받았으며 시가 언어로 씌어진다는 사실을 인식하고 언어에 주의를 기울인 최초의 시인이라고 일컬어진다.

그리고 후기에 들어와서는 동양적인 자연에의 몰입과 「은혜」「별」「임종」 등에서 볼 수 있는 카톨릭시즘에 입각한 신앙시를 써 한국시의 내면 형성에도 중요한 일익을 담당하였다.

이효석(李孝石)

이효석은 1928년에 「도시와 유령」을 발표하고 또한 「마작철학」 등을 발표함으로써 이른바 대표적 동반자작가로 간주되었으나 1930년대에 접어들어 서울 시절을 청산하고 구인회에 가입하고 「돈」「수탉」 등 일련의 향토를 무대로 한 본격적인 순수문학 작품을 창작하기 시작했다. 이후 특이한 성적 모럴을 제시한 「분녀」(1936)를 발표하고 대표작 「메밀꽃 필 무렵」을 발표하였다.

「메밀꽃 필 무렵」은 한국적인 자연의 아름다움을 배경으로 자연 속에 포함된 순박한 인간상을 주제로 그들의 순수한 본능적 애정문제를 그린 작품으로 식민지 시대가 낳은 한국단편소설의 백미로 꼽히는 작품이다. 장돌뱅이를 작품의 주인공으로 삼아 자연과 더불어 살아가는 인간의 원초성을 애정과 핏줄의 해후로 회귀시켜 과거로부터 우리 전설이나 민담에서 흔히 볼 수 있는 원형적 모티브를 전통화시킨 작품이다. 이 작품의 줄거리는 장돌뱅이로 한 평생을 산 허생원이 조선달을 따라 충주집으로 가서 거기서 충주댁과 농지거리를 하는 애숭이 장돌뱅이 동이라는 젊은이를 만나 그를 혼내주지만 그와 그 날밤 메밀꽃 하얗게 핀 길을 걸으며 자기의 옛 연애담을 들려주고 동이도 자기 어머니의 이야기를 하며 결국 혈육일지 모른다는 마음에 함께 동이 어머니가 있다는 제천으로 떠난다는 것이다. 그런데 이 작품의 줄거리는 지극히 평범하고 간단하게 보이지만 그 속에는 인간의 애정을 나귀의 동물적 교접과 대비시켜 형상화하는 것처럼 인위적인 것을 떠나 야성의 건강미, 인간 본연의 것, 나아가서는 생명의 신비성을 구명하려는 시의 경지를 지향한 서정적 소설이라 할 수 있다. 또한 결말부분에서 아들과 처를 발견하는 허생원의 로

맨틱한 사건이 나귀이야기로 간접 제시되고, 처자와의 감동적 해후의 해피엔 딩이 허생원의 몇마디 말에 의해 미래 예시정도로 그친 점에서 단편다운 절제의 매력과 시적 여운을 남기는 것 등은 우리의 전통적 미학을 소설에서 획득한 예라 할 수 있다. 특히 이효석은 단편에서 언어미를 최대한으로 살려 시적 분위기를 탁월하게 성취하고 있다.「메밀꽃 필 무렵」에서 보면 궁싯거리다, 칩칩스럽다. 농탕치다, 깍다구, 얼금뱅이, 드팀전 등 다채로운 언어들이 쏟아져 나와 장면묘사를 정교하게 만들고 있고 또한「들」같은 작품에서는 꽃다지, 질경이, 딸장이, 민들레, 솔구쟁이, 쇠민장이, 길오장이, 달래, 무릇, 시금초, 씀바귀, 돌나물, 비름, 능쟁이 등 야초명들이 실체 들판처럼 질펀하게 널려져 있다.

이처럼 이효석은 대부분의 〈구인회〉작가와는 달리 도시적, 서구적 분위기를 그린 것이 아니라 농촌적이며 토착적 정서에 기댄 작품을 창작했으나, 그 외에도「개살구」「낙엽기」(1937),「장미 병들다」(1937) 등을 발표하였는데 이는 향토성 짙은 소설에서 벗어나 서구적인 분위기를 풍기는 작품세계를 보여주어 구인회의 일반적 경향과 깊은 관련이 있는 것으로 보인다.

오장환(吳章煥)

오장환은 직접 구인회에 가담하지는 않았지만 『성벽』(1937)『헌사』(1939) 등의 시집을 발표함으로써 구인회의 모더니즘 시풍을 가장 올바로 계승한 후기 모더니즘시의 대표적 젊은 시인으로 각광을 받았다. 모더니즘 운동의 기수인 김기림이 오장환을 두고 다음과 같이 말한 점은 이러한 사실을 입증해 준다.

"씨는 새 타입의 서정시를 세웠다. 거기 담겨있는 감정은 틀림없이 현대 지식인의 그것이다. 현실에 대한 극단의 불신임, 행동에 대한 열렬한 지향, 그러면서도 이지와 본능의 모순 때문에 갈등하는 심리, 악과 유혹에 대한 깊은 성찰, 수렁 속에서도 어떠한 질서를 추구해 마지않는 비극적인 노력. 무릇 그러한 연옥을 통감하는 현대의 지식인의 특이한 감정에 표현을 주었다.

우리 시는 분명히 자랐다. 지용에게서 아름다운 말떼를 보았고, 이상에게서 이미지와 메타포의 탄력성을, 백석에게서 어두운 신화를 찾았다. 『성벽』에서 이러한 여음을 듣는 것은 우리 시가 한걸음 앞으로 나아갔음을 의미한다."(『성벽』을 읽고, 『조선일보』 1937.9.18)

『낭만』『자오선』『시인부락』 등의 동인으로 활동했지만 오장환은 이런 의미에서 구인회의 모더니즘 시운동과 분리해서 이해할 수 없는 시인이다. 그 역시 구인회의 작가들과 마찬가지로 본격화된 일본제국주의의 식민지 공업화정책에 따라 근대화된 도시로서의 1930년 중반 서울의 현실로부터 태생한 시인이다. 그는 「수부」라는 시에서 거대도시화된 서울을 '번성하는 화장터' '거대한 위장'으로 비유하면서 공장과 고층건물의 난립, 독점자본의 유입, 부패와 향락의 사회 등 근대화된 사회상을 물신적으로 바라봄으로써 문명비판을 시화하고 있다.

(3) 「시인부락(詩人部落)」 등의 동인지와 신진작가들

『시인부락』은 1936년 11월 서정주가 발행 및 편집인이 되어 창간한 소책자의 시전문 동인지로 2호밖에 지속되지 못하였다. 그에 따라 발간 당시 이 동인지는 문단의 주목을 전연 받지 못하였다고 해도 과언이 아니다. 그러나 이후 여기에 속한 서정주, 김동리, 오장환 등이 신진 작가로서 시단의 주요 작가로 등장함으로써 문학사적으로 중시되기 시작했다. 그렇다고 해서 이들이 뚜렷한 문학적 이념과 방향을 표방한 것도 아니었고, 단지 문학 동호인적 집단의 성질을 가졌다고 할 수 있다. 그런데 서정주, 김동리 등이 이후 활발한 작품활동을 전개하면서 그 위치가 높아지고 독자적인 경향성을 보이자 이들의 경향이 태생한 시발점에 『시인부락』이 있음을 주목하기 시작했던 것이다.

실제로 창간호 편집후기를 보면 "여기다가 꼭 무슨 빛깔있는 기치를 달아야만 멋인가" "우리는 우리 부락에 되도록이면 여러가지의 과실과 꽃과 이를 즐기는 여러 식구들이 모여서 살기를 희망한다"고 하여 뚜렷한 기치를 내거는 데 반대하고 오히려 여러가지 경향이 함께 하기를 희망하고 있다. 이러한 무규정 혹은 무입장을 표명하는 것은 사실 30년대 후반기의 전형적 특징이기도 하다. 오히려 이런 점에서 30년대 후반의 상황을 가장 잘 반영한 동인지였다고 할 수 있을 것이다. 그것은 곧 이들이 그 전시대의 모든 활동을 비판하면서 이 시대의 상황과 결부되어 비로소 등장한 신진 작가들이란 점이며, 아울러 이들에 의해 소위 세대논쟁이 촉발되고 있음을 주목할 필요가 있다.

이들의 작품 경향을 간단히 지적하기란 어려운 점이지만 이 점과 관련해서 서정주 자신이 회고한 바가 이를 잘 보여준다 하겠다. "우리들의 중심과제는 늘 생명의 탐구와 이것의 집중적 표현에 있었다. 인간성! 그것은 늘 우리들의 뇌리와 심중에서 떠날 수는 없는 것이었다. 오장환의 저 모든 육성의 통곡이나 부족한 대로 필자의 고열한 생명상태의 표백 등은 모두 상실되어가는 인간원형을 돌이키려는 의욕에서였던 것이다. 회고컨대 이것은 정지용씨 류의 감각적 기교나 경향파의 이데올로기의 어느 쪽에도 안착할 수 없는 심정의 필연한 발현이었던 듯이 기억된다. 하여간 우리가 잠복한 세계는 자연도 아니요, 언어기교도 아니요, 다만 '사람', 그것 속이었다."(『현대조선시약사』)

그리고 『시인부락』이 창간된 1936년을 전후하여 다수의 동인지가 등장함을 주목할 필요가 있다. 물론 『시인부락』 이전에도 『문예월간』 『문학』 『시원』이나 『조선문학』 『풍림』 등이 간행되었으나 시문학파 계열의 시인들이 제호를 바꿔 낸 것이 아니면 범문단적 성격을 띤 것들이었다. 이에 비해 『시인부락』을 전후하여 등장한 『단층』 『삼사문학』 『창작』 『탐구』 『자오선』 등은 신진 작가들에 의한 동인지였다는 점이다. 『단층』은 지역(평양)을 중심으로 김이석, 양운한, 김조규 등에 의해 이루어진 것으로 주로 인텔리의 회의와 고민을 심리분석적으로 그리려는 공통된 경향을 가지고 있어 최재서는 '문단의 심리주의적 경향'의 대표적 동인지로 규정했다. 또한 『삼사문학』은 발간 연도를 제호로 하여 6호까지 간행하였는데 신백수와 이시우를 대표적 작가로 꼽을 수 있고 이상이 실험한 초현실주의적 경향의 시를 써서 주목을 받았다. 『창작』과 『탐구』 역시 신백수, 한천을 중심으로 『삼사문학』의 뒤를 이은 동인지였다.

『자오선』은 뚜렷한 경향을 가지지 않았지만 당시의 유망한 신진들이 대거 동원되고 거기에 순문예 작가로 일컬어지는 중견작가들까지 포함하여 이른바 신진 작가들의 새로운 순수문학운동을 확산시키는 데 일익을 담당했다.

(4) 구 카프 계열의 작가와 작품—김남천(金南天), 채만식(蔡萬植) 등

우리는 앞서 1930년대 후반에 들어 일제의 노골적인 탄압에 의해 당시 현실이 직면한 엄청난 고통에도 불구하고 현실의 여러 쟁점을 정면으로 다룰 수 없는 상황에 처하게 되었음을 지적한 바 있다. 이러한 사회적 이유 때문에 과거 가장 첨예하게 일제와 맞섰던 구 카프계열의 작가들도 현실로부터 거리를 두지 않을 수 없었다. 대신 그들은 개별 작가 나름의 새로운 출구를 모색하기도 하는데 그 대표적인 것이 세태소설, 풍자소설, 가족사·연대기 소설들이다. 이들 가족사 연대기 소설들은 시대변화의 다양한 모습을 주관을 개입하지 않고 묘사하는 것이 기본 원칙으로 여러 인물을 등장시켜 그 관계를 중시하고 있지만 대부분 풍속을 소개하는 방식이어서 당시 일제의 가혹한 검열과 탄압을 피해 적극적인 대결을 상실한 상태에서의 소설화 방식이라 할 수 있다.

그중 김남천은 30년대 후반에 있어 매우 특징적인 면모를 보여주고 있다. 고발 문학론—모럴론—풍속론—로만개조론—관찰문학론으로 이어지는 리얼리즘론의 모색을 창작과 결부시킨 작가였다. 초기에는 위기에 처한 주체의 윤리적 결단을 중심으로 하여 현실에서 '자기' 문제가 중심이 되고 있다. 그러나 차츰 루카치의 발자크적 리얼리즘론의 성과에 힘입어 이론 영역에서는 큰 진전을 보이지만, 다른 한편으로 발자크적 리얼리즘이 지향한 지점에 간힘으로써 후퇴된 면모를 보이기도 한다. 카프 해산 직후의 작품인「처를 때리고」는 왕년의 사회주의자로 한 집단의 거두였지만 6년 간의 감옥살이 후 출감한 지 3년이 지냈건만 직장을 얻지 못해 변호사에게 빌붙어 사는 인물을 주인공으로 한 소설이다. 출판사 설립을 추진하던 어느 날 부부싸움을 대판 벌이는데 여기서 주인공 차남수의 치부가 여지없이 폭로된다. 말하자면 생활고에 시달려 옛날의 신념을 잃어버리고 속물화된 아내와 비열한 김준호에 대한 경멸과 증오를 결국은 생활과 타협한 자신에게로 돌리는 것이 주요 내용으로 자기고발의 정신을 문학화한 것으로 보인다.

김남천의 『대하』는 1939년 인문사에서 기획한 전작 장편소설 총서의 제1권으로 출간된 작품이다. 미완으로 끝나긴 했지만 실제 비평작업과 결합시켜 자신의 소설을 창출해 나간 그 자신의 가족사・연대기 소설론에 의한 작품이라 할 수 있다. 『대하』는 평안남도 성천시의 신흥지주 박성권 일가가 개화기에 어떻게 적응하고 변화해 가는가 하는 것을 추적했다. 따라서 이 작품에는 뚜렷한 주인공이 없고 대신 박성권 일가의 가족들 모두, 즉 박참봉으로 통하는 박성권, 그의 본처 최씨, 작은 마누라 윤씨, 그리고 아들 형준, 형선, 형걸, 형식 등 오남매와 형선의 아내 정보주 모두에 골고루 중점이 두어져 있다. 말하자면 한 가족사를 통해 당대 시대의 변화를 좇았다. 박성권의 집안은 조선 후기 아전 출신의 집안이었지만 쌀을 투기하고 고리대금업을 하여 지주가 된 집안으로 특히 박성권은 갑오농민전쟁을 틈타 장사를 하고 여기서 번 돈으로 토지를 사 대지주가 되었다. 그리고 제4대째로 나오는 박성권의 오남매의 삶의 양태가 전면에 떠오르고 가장 중심적으로 부각되면서 이들을 통해 개화기의 풍속과 삶의 다양한 면모를 보여주고 있다. 이들 인물에 대해서 안함광은 다음과 같이 말한다.

> "형준이는 사업욕과 실리주의의 일면을 계승하여 실업적인 방향에로 발전할 소지가 보이고, 형선이는 착실한 보수성의 일면을 계승하여 선량한 소시민의 경지에 주저할 소성이 보이고 형걸이는 과단성의 피를 받아 시대의 전선을 걷는 사회적인 활동을 하게 될 것 같다."(「문학의 주장과 실험의 세계」)

  그외에도 이들 가족과 연결된 몇몇 사람을 등장시켜 개신교인, 양반에서 장사꾼으로 전락해 가는 인물 등을 형상화하여 개화기 근대화의 사회적 변화에 따른 다양한 인물군을 이 작품은 형상화해놓았던 것이다.
  한편 한설야(韓雪野)의 『황혼』은 과거 노동소설의 전통을 이은 작품이다. 가난한 집안에서 태어난 여순은 학업을 계속하기 위해 서울로 와서 부유한 김재당의 집에서 가정 교사를 하며 생활과 학업을 유지한다. 여기서 여순은 이 집 장남인 경재와 좋아하는 사이가 되나 자신이 그와는 계급적 조건이 다르다는 사실을 잊지 않으려 애쓴다. 세상과 타협할 수도 있었지만 사랑 역시 생활이고 경재의 세계와 자기가 나아가야 할 세계는 다르다는 것을 깨닫고 어릴적 고향 친구들이자 방직공장 노동자들인 준식 등과 합류한다. 이들과의 공장생활 속에서 그녀는 좌절하지 않고 이들과 함께 밝은 미래를 향해 자기를 에워싼 불합리한 환경과 싸운다는 내용이다. 여기서 여순은 여러 인물과의 관계(이를테면 몰락하는 경재와 신흥하는 준식) 속에서 중도적 주인공으로 배치되어 인물들의 성격을 한층 더 잘 보여줄 수 있는 인물로 편성되어 있다. 이에 따라 여순의 성격발전 과정이 중심적으로 드러나지 않는 측면이 있다. 실제로 여순은 노동자가 되면서 급속히 변모하지만 그 이전까지는 어떤 이념의도에 의해서가 아니라 자본가 계급의 타락한 삶에서 벗어나야 한다는 윤리적 판단과 자신의 삶을 스스로 개척하겠다는 소박한 주관적 소망에 더 근거를 가지고 있다. 준식이란 인물은 지식인 출신의 선진적 노동자 상으로 그려져 있는데 산업합리화라는 자본가 계급의 정책에 맞서 투쟁하는 소설 내적으로 가장 중심적인 역할을 하는 인물이다. 다음으로 경재는 소시민적 한계에 갇혀 결국 역사 진행에 기회주의적 태도를 취해, 몰락하는 자본가 계급과 더불어 역사발전에 참여하지 못하는 소시민적 지식인으로 대변되고 있다 할 것이다. 이 작품은 이처럼 전반적으로 지식인 출신의 사람들이 전개하는 삶의 제 양상에 치중되어 있다. 즉 그러한 지식인들이 각각의 현실에 어떻게 고민하고 있는가에 작가의 관심이 가 있다.

　이기영은 『고향』 이후 몇편의 단편을 발표하지만 거의 주목을 받지 못하고 자연주의 작품으로 퇴화했다는 거센 비판을 받는다. 이를테면 「추도회」(1937)는 사회운동을 하다가 감옥에 드나들고 자기 몫의 토지를 다 팔아다 쓰고서 하숙의 외상밥을 먹는 주인공이 고향의 가족들은 전혀 돌보지 않고 친구 부인이 훌륭하다며 매일 문병을 가고 추도회에서 추도사를 하면서 애통해 하는 비정상적인 모습을 그린 작품일 뿐이다. 그러다가 1936년에 발표한 『인간수업』은 풍자적 작품으로 주목을 받았다. 은행가인 아버지와 기독교인인 어머니, 그리고 음악을 하는 신여성인 아내 속에서 느껴지는 안정감과 행복이 지겨워 자기부정을 감행한 지식인이 유복한 가정을 버리고 가출해 인간수업을 한다며 사모관대 차림으로 길거리를 누비거나 설교를 일삼고 짐꾼 노릇도 하는 등 기이한 짓을 하다 결국 노동판으로 나서 두번째 인간수업을 받고 노동의 진실성을 체득했다는 줄거리를 갖고 있다.

『인간문제』를 써서 주목을 받은 강경애는 후반기에 들어서 몇편의 단편을 쓰는데「모자」(1935)는 주인공인 승호의 어머니가 남편이 객지에서 죽은 뒤 이웃과 친척에게 배척을 받고서 병든 승호를 업고 남편이 간 산으로 가려 한다는 내용이다. 그러나 산으로 가는 행위가 결국 주관적 열망일 뿐 무작정 오르다 모자(母子)는 눈 속에서 죽고 만다는 것으로 막을 내리고 있다.「어둠」(1937) 역시 항일운동가의 남은 가족이 처한 비참하고 곤궁한 상황을 절망적인 태도로 그려낸 작품이다. 또한「지하촌」(1936)은 어릴 때 병으로 팔다리 병신이 된 칠성이네와 그 이웃인 장님 큰년이네의 궁핍상을 그린 작품으로 궁핍한 삶에 대한 극도로 세밀하고 차가운 묘사는 보여주고 있지만 그 이상은 더 나아가지 못하고 있다.

채만식(蔡萬植)은 1934년「레디메이드 인생」을 발표하기 전까지는 이른바 대표적인 동반자적 작가로 알려졌다.「사라지는 그림자」,「화물자동차」(1931),「부촌」등의 작품에서 그는 카프 작가와 마찬가지로 사회 현실에서 노동자들과 무산자들이 겪는 삶과 투쟁을 그렸다.

그러나「레디메이드 인생」「인텔리와 빈대떡」등의 작품을 발표하면서 풍자성이 강한 사회문학을 창출하면서 한국 문단의 가장 대표적인 풍자작가로 자리잡는다.「레디메이드 인생」은 30년대 세계 대공황의 여파로 극심한 경제난에 빠진 일본이 그 활로를 개척하고자 침략전쟁을 도발하고 식민지 수탈이 더욱 가혹해지는 현실에서 늘어나는 지식층 실업자를 주인공으로 하여 그가 겪는 사회적 갈등과 반응을 풍자적으로 형상화한 작품이다. 즉 채만식은 이들을 '개밥의 도토리' '초상집의 주인없는 개' '레디메이드 인생'으로 비유하여 비판하고 있다. 그러나 이처럼 유진오, 이효석 등 다른 동반자 작가와는 달리 여전히 비판정신을 기반으로 한 사실주의 소설을 씀으로써 구 카프계열과 가까운 경향을 보여준 작가라 할 수 있다.

특히 1935년부터 집필한『탁류』와 37년의『태평천하』는 이 시기를 대표하는 장편 사회소설로 평가를 받고 있다. 군산 항구를 무대로 한『탁류』는 초봉이란 여주인공을 통해 이미 자본의 힘이 지배되기 시작한 사회 부조리 속에서 은행원, 사기꾼 등 여러 남자를 거치면서 자기 육체의 파멸과 함께 비극적 결말을 맞게 된다는 내용이다. 말하자면 일제하의 식민지적 상황과 서구 문물이 폐쇄된 이 땅에 거침없이 들어와 '근대화는 돈'이라는 타락한 정신의 혼란기에 우리 사회의 뿌리뽑힌 사람들이 겪는 삶과 풍속을 보여주었다. 한편 이들 작품에는 채만식을 아이러니 작가라 칭할 만큼 문장 하나하나, 심지어 문장 사이의 행간이나 인물들에서 아이러니가 중추적 기능을 한다.『태평천하』역시 일제의 침략에 의해 근대화가 수행되면서 우리의 토착적 삶이 뿌리채 흔들리면서 변화되는 양상을 세대간의 갈등 양상에 초점을 맞추어 형상화한 작품이다. 이 작품은 한말 세대와 개화기 세대, 그리고 당대 식민지 세대로서 윤직원과 창식, 종학이를 대표적 인물로 내세워 이들 세대들이 겪는 정신적 경제적 갈등 양상을 추적하고 있다. 말하자면 채만식은 이 작품을 통해 이 사회가 전통적인 사회의 몰락과정이면서 동시에 새로운 사회 형성과정의 혼란임을 여러 세태적인 측면에서 포착하고 있다.

「치숙」(1938) 역시 일본인 상점에서 점원 노릇을 하며 일본인 사이에서 출세를 꿈꾸는 한 아이의 입을 통해 대학을 나온 지식인이 사회주의 운동을 하다가 징역을 살고 나와 폐인이 되다시피 하고 아내의 품팔이로 연명하는 신세를 풍자하고 있다.

한편 시분야에서는 1935년 카프가 해산되면서 그때까지 조직이 요구하는 과제에 따라 즉각적으로 이에 대응하면서 정치시를 활발히 창작했던 카프 시인들이 이 시기에 들어와 사상이나 이념을 제대로 표현할 수 없는 현실적인 압력 앞에 변모되는 양상을 보여준다. 그러나 그동안 철저히 내용 위주의 서사시적 경향성을 지향했던 모습들이 그 나름의 노력을 기울여 서정시 영역으로 복귀하고 있어 주목된다. 특히 임화는 권환, 이병갑 등에게서 보여지는 풍자적 경향의 시경향과 임화, 윤곤강 등에서 보여지는 낭만적 경향의 시를 주목하였다. 이러한 점은 박세영이 자신의 시집『산제비』서문에서 말하고 있는 진술에서도 충분히 엿볼 수 있다.

> "그러나 객관적 정세의 여하로 시의 창작 방법과 내용 문제도 달라지려니와 그렇다고 이것이 시의 발전상 전적 장애물은 아닌 것이다. 밀물이 터지는 것같아 이제 시의 동향이 빛나는 미래를 또한 예기하는 것이다.(중략) 어떠한 내용, 어떠한 형식을 취한다 하더라도 중추적 정신이 철저하고 양심이 북돋아 나오면 시의 명일을 비관할 바 아니다."

실제로 많은 시인들의 시에서 과거에 비해 표면의 약체화는 이루어졌지만 서정성에 기반해서 내일을 위한 꿈이 대신 자리잡는, 서정시의 깊은 면모를 보여주기도 하였다. 그러한 대표적 시인으로 우선 박세영을 들 수 있다.

    남국에서 왔나
    북국에서 왔나
    산상도 상상봉
    더 오를 수 없는 곳에 깃들인 제비

    너희야말로 자유의 화신같구나
    너희 몸을 붙들자 누구냐
    너희 몸에 알은 체할 자 누구냐
    너희야말로 하늘이 네것이요 대지가 네것 같구나

    녹두만한 눈알로 천하를 내려다 보고
    주먹만한 네몸으로 화살같이 하늘을 쬐여
    마술사의 채찍같이 가로세로 휘도는 산꼭대기 제비야
    너희는 장하구나
                   ――「산제비」중에서

  이처럼 시인은 높은 산에 올라가 일제하의 질식할 듯한 현실을 초월하는 자유로운 기분을 마음껏 느낀 다음 그 상상봉에서 하늘을 자유롭게 날아다니는 산제비를 착취와 억압으로부터 벗어난 자유로운 화신으로 느껴 그것을 통해 희망을 말하고 있다. 또한 박세영은 「오후의 마천령」 등에서 승리에의 강한 확신과 희망을 표현하였다.
  한편 카프의 대표적 시인으로 카프시의 독자적 영역을 개척하였다는 평가를 받았던 임화도 이 시기 들어 다시 낭만주의적 경향의 작품을 보여주는데 그 대표적 작품이 「다시 네 거리에서」(1935)이다. 말하자면 1929년 찬 눈보라가 휘몰아치는 겨울날 꺼질 줄 모르는 청춘을 정열과 투쟁을 노래했던 임화는 그것이 좌절되었지만 결코 유언장 위에는 적지 않으리라고 말한다.

원컨대 거리여! 그들 모두에게 전하여다오!
잘 있거라! 고향의 거리여!
그리고 그들 청년들에게 은혜로우라.
지금 돌아가 내다시 일어나지를 못한 채 죽어가도
불쌍한 도시! 종로 네거리여! 사랑하는 내 순이야!
나는 뉘우침도 부탁도 아무것도 유언장 위에 적지 않으리라.

——「다시 네거리에서」 중에서

이 시기 들어 『대망』(1937)과 『분향』(1938) 『망양』(1940) 세권의 시집을 발간한 이찬 역시 활발한 창작활동을 벌인다. 『별나라』지 사건으로 3년의 수형생활을 한 체험을 「만가」 등에서 시화하기도 하고 고향에 돌아와서 당시 민중들의 삶을 「대망」「어화」「북만주로 간 월이」 등에서 노래하였다. 또한 『오랑캐꽃』으로 잘 알려진 이용악은 이 시기 『분수령』이란 시집을 통해 역시 깊은 서정성에 기반하여 투박한 생활의 시들을 만들어 내었다. 특히 그 자신과 가족이 겪은 러시아 유민으로서의 삶이 특이하게 형상화되어 있어 주목된다. 이외에도 백석 등이 농촌의 공동체적 이상적 삶에 기반하여 현재의 황폐해진 삶과 무기력한 일상성을 반성적으로 형상화하고 있다.

(5) 30년대 후반의 농촌소설과 역사소설

다양한 농촌소설

이미 살펴본 대로 농촌소설은 주로 농민소설이란 개념으로 카프작가들에 의해 많은 작품이 산출되었다. 그러나 이와는 다른 각도로 순수문학 계열의 작가에 의해서도 많은 작품이 만들어졌다. 이들은 직접적인 목적의식보다는 농촌이란 지역적 삶과 연관된 전원소설의 성격이 강하기 때문에 농촌소설이란 이름이 더욱 타당할 것 같다. 이러한 경향의 대표적 작품으로 이광수의 『흙』과 심훈의 『상록수』, 그리고 김유정과 이무영의 여러 단편들을 들 수 있겠다.

이광수의 『흙』(1933)은 동아일보사에서 제창한 '브 나로드 운동'에 호응하여 만든 작품으로 허숭이란 지식인 인물(전문학교 출신의 변호사)을 주인공으로 하여 양반집인 윤참판의 딸 윤정선과 결혼하여 스승의 감화를 받아 고향으로 돌아가 계몽활동을 벌이다 거기서 유순이라는 처녀와 사랑하지만 결국 불륜을 저지른 아내에게 돌아가는 줄거리를 가지고 있어 연애소설을 농촌 소설과 결합시킨 형태이다. 당시 치안유지법으로 신의주 형무소에 복역 중이던 채수반을 모델로 하여 쓴 소설로 알려졌는데, 새봄에 싹트는 조선의 흙, 그 위에 새로 깨는 조선의 아들 딸들의 갈고 뿌리는 땀과 슬픔과 기쁨과 소망, 동지의 사랑을 그리려 했다는 『흙』은 그러나 농촌적이기보다는 다분히 도시적이었다. 거기에는 지식인의 한계성과 지식인의 허영이 너무 많이 나타나 있었다. 심훈의 상록수(1935) 역시 『흙』과 마찬가지로 농촌 계몽소설인데 이 작품은 특히 『동아일보』 현상모집의 당선작이었다. 따라서 이 작품 역시 브 나르도 운동의 선구자인 동혁과 영신을 주인공으로 하여 이들의 농촌에서의 계몽 활동과 이들의 고귀한 영적 사랑을 주요 테마로 하고 있다. 특히 기독교적 휴머니즘을 기반해서 농촌 계몽활동과 사랑을 모두 그리스도적 정신의 실천으로 형상화하였다. 흔히 기독교적 휴머니즘이라고 하면 개량주의적 자세라고 비판하지만 채영신은 "아는 것은 힘, 배워야 산다"며 문맹퇴치를 주장하면서 동시에 "일하기 싫어하는 사람은 먹지말라" "우리를 살릴 사람은 결국 우리뿐이다"에서 보듯이 무엇보다도 자신의 힘으로 난관을 극복하려는 자립적이며 적극적인 자세를 내보이고 이를 실천화하였다. 또한 박동혁 역시 영신 못지 않게 투철한 계몽주의자로서 남녀의 애정보다는 농촌계몽사업을 더욱 중시하였다. 거의 금욕까지 해가면서 영신과의 마지막 순결을 유지한 인물이다. 또한 그 역시 강한 이념과 의지의 소유자이면서도 그 밑바닥에는 남다른 뜨거운 눈물을 간직한 인물이었다.

결국 『상록수』는 문맹퇴치, 미신타파 같은 소극적 계몽운동의 중요성을 부각한 작품이 아니라 적극적인 경제운동을 벌여야 함을 강조한 작품이다. 그리고 이러한 것을 탁상공론이나 이론만의 것이 아닌 대지에 뿌리박은 꿋꿋한 상록수처럼 실제적인 현실과의 결합을 주장하고 있다. 이러한 점에서 당시 연애지상주의에 빠져 일제의 증대된 탄압에 현실도피적인 분위기를 보여주고 있던 청년층에 연애소설의 형태를 취하면서 오히려 사랑의 지고성을 인간의 삶의 실천을 통해 용해하고자 했던 심훈의 작가적 자세는 참으로 소중하였다.

1933년「총각과 맹꽁이」를 최초로 발표한 뒤 1937년 폐결핵으로 요절할 때까지 생의 마지막 3~4년을 오직 소설 창작에 온 열정을 쏟아 30여편의 단편을 창작해 내고 불꽃처럼 사라진 김유정은 특이한 문학세계를 이룬 대표적 작가이다. 그는 주로 농촌, 산촌 등 시골을 배경으로 하여 가난하고 배우지 못한 하층민들의 삶을 해학적인 필치로 그려내고 있다. 그는 특히 소작농의 문제를 중시하여 이것이 농민을 소외시키고 농촌에 위기의식을 풍미시켰음을 보여주고 있다.「동백꽃」에서 애정을 타락시키고,「봄, 봄」에서 생명을 위축시키며,「산골」에서 주종관계의 디테일을 억압하고,「총각과 맹꽁이」에서 착취의 형태로,「만무방」에서 수탈의 상징으로,「소나기」에서 인신매매의 멍에를,「금따는 콩밭」에서 일확천금의 꿈으로 뿌리없는 농민을 소외시킨다. 김유정 자신이 살던 '실레' 마을을 주요 무대로 하여 어수룩하고 순박한 전형적 농민, 산골 사람들의 삶을 형상화하였는데, 암울한 상황의 늪에 빠지기도 하지만 그들을 따뜻한 해학으로 감싸는 작가였다.

이무영은 농촌에 파묻혀 농촌문학의 광맥을 찾는 광부처럼 농촌소설에 전념한 작가라 할 수 있다. 남달리 농토에 애착을 갖고 농촌을 사랑했던 그는 군포 농장에 살면서 그곳에서「궁촌기」「흙의 노예」등을 집필하기도 하였다. 소설가 김수택이 주인공인「제일과 제일장」은 그의 대표작으로서 기자생활이 작가생활을 망쳐 놓았다며 "흙냄새 싫어하는 것이 사람이냐? 그깐놈 눈만 다락같이 높았지?"하며 그를 질타했던 아버지의 품, 고향으로 낙향한다는 내용이다. 이는 그 자신의 이력을 말하는 것에 다름 아니었다.「흙을 그리는 마음」(1932)에서도 도회로 올라온 아버지가 결국 흙이 있어야 산다며 시골로 떠나자 뒤따라 낙향하는 아들을 그리고 있다.「흙의 노예」(1940) 역시 땅과 함께 사는 아버지가 평생 수난을 당하면서 지낸 것은 어쩔 수 없다며 흙의 노예처럼 살아온 아버지의 삶을 불만보다는 친근감으로 대하고 있다.

박종화(朴鍾和)의 역사소설

30년대 후반의 대표적인 역사소설로서 우리는 박종화의 『금삼의 피』(1936). 『다정불심』(1940)과 현진건의 『무영탑』과 『흑치상치』(1939), 김동인의 『대수양』, 그리과 이와는 이념적으로 구분되는 홍명희의 「임꺽정」(1939) 등을 들 수 있다. 이들 역사소설은 대개 앞서 살핀 바 있는 20년대 후반의 민족주의 문학운동의 연장선상에 있었다.

박종화는 이미 1920년대 초반부터 〈백조〉파의 일원으로 본격적인 문학활동을 시작하여 초기에는 주로 시를 썼으나 30년도 후반부터 본격 역사소설을 집필하여 이후 대표적인 역사소설 작가로 평가를 받아왔다. 그러나 박종화의 역사소설은 이미 1923년에 발표한 처녀 단편 「목 매이는 여자」에서 비롯되었다. 그후 1925년에 발표한 「삼절부」를 제외하고 한동안 「여명」(1925) 「부세」(1925) 등 신변잡사 소설을 쓰다가 1936년에 『금삼의 피』를 발표함으로써 본격 역사소설 작가로 나서기 시작했다.

『금삼의 피』는 폭군 '연산군'을 소재로 연산군이 자기의 생모인 윤씨를 복위시키고자 일으킨 갑자사화를 작품화한 장편 역사물이다. 이 작품에서 작자는 연산군을 하나의 광인으로 처리하지 않고 연산의 광포한 폭력은 비명에 죽은 어머니의 비참한 최후를 알게 된 데서 비롯되었다는 것을 밝혀 놓고 있다. 말하자면 역사적 이면에 비친 인간상을 리얼하게 추구해 본 것이다. 비록 정사는 폭군 연산의 행적이 씻을 수 없는 오욕으로 기록되었지만 인간 연산의 인간상을 낭만적 문장과 풍부한 상상력으로 승화시켰다.

『다정불심』은 고려 공민왕을 주인공으로 하여 원나라에 끌려 갔다가 거기서 원나라 노국공주와 열렬한 사랑에 빠져 결국 결혼을 하고 원나라로부터 고려 국왕으로 봉한다는 칙명을 받고 고려로 돌아왔으나 돌연한 노국공주의 죽음 앞에 큰 충격을 받은 공민왕이 왕비를 잊지 못해 여러 가지 악정을 저지르게 되고 끝내 신하들에게 살해당한다는 비극적 사실을 형상화한 작품이다. 무엇보다 이 작품은 왕을 하나의 인간으로 환원해서 한 여성을 그토록 병적으로 사랑하여 비극적 운명을 맞는다는 사실을 강조하고 있다는 점이다. 그리고 이 작품은 그 제명이 풍겨주듯이 지극히 낭만적인 수법으로 그려져 있다.

현진건의 『흑치상치』(1939)는 매우 현실성이 있는 역사소설로 백제가 망한 뒤에 백제 유민들이 무자비한 횡포를 자행하는 당나라 군대에 맞서 벌이는 부흥운동을 다룬 소설로 결국 일제의 검열에 의해 완성하지 못한 작품이다.

제 6 부 일제말 암흑기의 문학

1. 일제말 암흑기 문단의 동향

　30년대가 저물고 40년대가 오면서 시대적 상황은 더욱 악화일로를 치닫기 시작했다. 이미 일제는 문인보국회 등을 만들어 작가들을 침략전쟁의 앞잡이로 만들기에 광분하는 등 문학이 설 자리는 차츰 없어져 갔다. 모든 작품 내용은 국책문학 쪽으로 내몰려갔고 끝내는 일본말로 작품을 쓰게까지 하였다.
　일제에 의해 강제적으로 추진된 주요 친일단체의 결성과 문화 탄압책을 시기별로 살펴보면 대략 다음과 같다.

1) 1939년 10월 조선문인협회 결성
2) 1940년 2월 창씨제도 시행
　　(대표적으로 이광수가 향산광랑(香山光郎)으로 창씨개명)
3) 1940년 3월 사상범 예비구속령
4) 1940년 8월 『조선일보』, 『동아일보』 폐간
5) 1940년 10월 국민총력연맹 결성
6) 1941년 4월 『문장』, 『인문평론』 폐간
7) 1941년 12월 일제의 태평양전쟁 도발

8) 1942년 9월 조선어학회사건 조작
9) 1943년 8월 징병제 시행
10) 1943년 9월 진단학회 해산
11) 1944년 1월 학병제 시행

이처럼 일제의 극악무도한 탄압에 당시 문단에 적을 두고 있던 많은 문인들이 자의든 타의든 친일 행각을 벌이게 되었으며, 일부는 아예 은둔하거나 전업한 경우도 있었다. 그리고 이러한 암흑기에 우리는 이상화(41년), 강경애(43년), 한용운과 이육사(44년), 윤동주(45년) 등 근대문학사를 빛낸 문인들을 옥사 혹은 신병으로 잃기도 하였다.

암흑기 문단을 지킨 『문장(文章)』과 『인문평론(人文評論)』

1939년에 창간되었다가 1941년에 『동아일보』, 『조선일보』 등 일간신문과 함께 일본의 압력에 의해 자진폐간의 형태로 폐간된 『문장』과 『인문평론』은 비록 2년여의 짧은 기간이었지만 암흑기 문단을 그나마 유지시킨 최후의 보루였다고 할 수 있다. 그리고 이 두 잡지는 단순히 일제 말기의 암흑기의 문학활동을 유지시킨 공적뿐만 아니라 실제로 그 내용에 있어서도 일제하 전기간 동안 어떤 문학잡지보다 높은 권위를 확보한 대표적 잡지이기도 하였다. 특히 『문장』지는 지금까지도 시행되고 있는 신인추천제도를 실시하여 최고권위작가들로 구성된 심사위원의 심사를 통해 역량있는 다수의 신인을 배출함으로써 암흑기 문단에도 불구하고 문학의 명맥을 잇게 하였다. 이 제도를 통해 등단한 대표적 신인으로는 김종한, 이한직, 박남수, 조지훈, 박두진 등이다.

그런데 이 두 잡지의 성격은 실제적으로 상당히 대조적이었다. 동양화를 그 표지로 삼았던 『문장』지는 이병기, 정지용, 이태준을 중심으로 소위 조선주의에 입각하여 주로 창작물 게재에 주력하였다면, 『인문평론』은 최재서의 주도로 서구지향주의에 평론이 강세를 보였다. 그러나 1941년 양지의 폐간 이후 『인문평론』은 『국민문학』으로 탈바꿈하여 일본어까지 병행하면서 대표적 친일잡지가 되는 비극을 자초하기도 하였다.

세대·순수논쟁

이 논쟁은 보다 엄밀히 말하면 '세대론'에서 비롯되어 '순수논쟁'으로 그 성격이 이월되어 간 논쟁이다. 먼저 세대논쟁은 임화, 유진오, 이원조 등 30대의 중견비평가들과 김동리, 오장환, 정비석 등 20대 신진작가들 사이에 벌어진 세대간의 대립이었다. 논쟁은 신인다운 신인이 없다고 개탄한 임화의 「신인론」(『비판』10권1호, 1939)에서 비롯되었다.

"조선의 문학은 엄격한 의미에서 결코 한 사람 이상의 춘원을 필요로 하지 않는 것이며, 두 사람의 민촌을 요구하고 있는 것도 아니며, 세 사람의 지용, 네 사람의 태준을 탐내고 있는 것이 아니다. 어떤 의미에서 열 사람의 춘원, 스무 사람의 민촌, 서른 사람의 지용, 마흔 사람의 태준이 있어도 좋지만, 그렇게 되면 조선의 문단이란 실로 기성복 시장같이 싱겁고 심심하고 너절한 것이 되고 만다."

즉 임화는 새로 등장한 젊은 세대가 창조적 의욕과 정열을 상실하고 기성 문단의 낡은 습속을 답습하는데 그치고 있다는 것이다. 여기에 동조하여 과거 동반자작가였던 유진오가 「순수에의 지향」(『문장』1권5호)이란 글에서 20대의 신진작가들이 구세대의 문인들, 그중에서도 특히 30대 프로비평가들이 겪은 정신적 고뇌를 이해하지 못하고 오히려 그것을 희롱하고 있다고 비판했다. 또한 유진오는 '순수'란 개념을 모든 비문학적 야심과 정치와 책모를 떠나 오로지 빛나는 문학정신만을 옹호하려는 의연한 태도라고 하여 이를 새로이 정의하였다.

이러한 30대의 20대 신진작가에 대한 공격적 발언에 20대 신진작가로서 두각을 나타내고 있던 김동리가 앞장을 서서 이들을 공박한다. 물론 이 글은 직접적으로 유진오의 글을 문제삼으며 자신들이 추구하는 순수문학을 적극 옹호하였다.

"이 순수야말로 이미 진실한 신인 작가들이 획연히 획득한 자기들의 세계요, 30

대 작가들의 '모든 비문학적인 야심과 정치' 주의에 분연히 대립하는 정신이며, 그에 도전하는 정신이다. 씨에게 묻노니 작품(창작)을 주로 한 문단 현실로 보아 이 '순수에의 지향'이란 말은 신인 작가들이 씨 등에게 외치고 있는 말인가, 씨 등이 일테면 신인 작가들에게 충고하는 말인가."

말하자면 김동리는 중견비평가들이 신인들의 문학세계를 제대로 이해하지 못하고 있고, 또한 오히려 순수한 것은 신인이고 비순수한 것은 기성문인들이라고 비판했다. 이처럼 그는 자신의 순수문학적 태도를 적극적으로 옹호하고 나섰다. 그의 대표적 평론이라 할 수 있는 「신세대의 정신」은 1930년대 문단의 주류로 부상한 순수문학의 문학사적 의의를 밝힌 것에 다름 아니다.

고전론과 신체제론

30년대 말기 일제의 전면적 탄압이 노골화됨에 따라 비평계는 사실상 활기를 잃은 상태였다. 이미 앞서 순수논쟁에서도 보이듯이 외부로의 출구가 닫힌 상태에서 자신의 문학적 입장을 활발하게 펼치던 이전과는 다르게 사실상 입장 차이가 크게 나지 않는 가운데 세대라는 외형적 형태의 것으로 논쟁이 벌어진 모양이었다. 그외에 이 시기 비평계의 주요한 쟁점으로 떠오른 것은 30년대 말기에 제기되어 40년대 초반에까지 이르는 고전론과 신체제론을 들 수 있다. 그런데 이 쟁점은 소위 40년대 초반 문단 전영역으로 확산되는 소위 친일문학의 이론적 면모를 살펴볼 수 있는 것이기도 하다.

고전론은 1935년경부터 거론되기 시작하였는데 이른바 문단 각 영역에서 동시에 제기되는 특징을 지니고 있다. 고대문학과 연관되어 김태준, 양주동, 이병기, 이은상이 소설과 시분야에서 이러한 논의를 제기하기 시작하였고, 박종홍, 이청원, 신남철, 서인식 등은 한국사상의 철학적 모색을 이와 관련시켜 논의를 전개하였으며, 비평 쪽에서는 백철이 활발하게 참여하였다. 물론 이 내부의 논의를 보면 상호 논전적인 형태를 취하는 것도 있지만 기본적으로 현실의 압력으로부터 후퇴하여 전통과 고전과 토속적 세계로 조용히 은둔해 들어가는 문단정세를 반영한 것들이었다. 주로 논쟁은 백철이 이청원, 김태준의 단군론을 비판하고, 동양적인 정적인 인간상으로 풍류성을 제시하며 등장한 풍류문학론에 맞서 이것이 반과학적이며 반문화적이라며 공박하는 형태로 전개되었다.

고전론은 1940년대에 이르러 『문장』지를 중심으로 한 전통적 조선주의 경향으로 나타나 역사소설이나 토속적인 전통을 추구하는 방향을 취하기 시작하였다. 그러나 이 고전론은 다른 한편으로 급기야 동양문화사론으로 발전하여 친일문학의 이론적 토대가 되는 신체제론으로 귀착되고 만다. 즉 대동아공영권이라는 일제의 논리와 결합하여 대동아문학대회를 여는 등 내선일체론의 근거 역할을 하면서 친일문학으로 빠져들고 마는 것이다. 그리하여 급기야 이광수는 「심적 신체제와 조선문화의 진로」(『매일신보』 1940. 9. 4)에서 "나는 지금에 와서는 신념을 가진다. 즉 조선인은 전연 조선인인 것을 잊어야 한다고, 아주 피와 살과 뼈가 일본인이 되어버려야 한다고"라고 까지 말하고 있다.

2. 일제말 암흑기의 문학계

순수문학의 자기심화

전반적으로 이 시기 문학은 사상 표현의 자유가 완전히 박탈된 상황이었기 때문에 우리 문학은 일체의 정치성·사회성을 배제하고 심미적 순수문학의 방향을 취하지 않을 수 없었다. 그러나 이미 이러한 경향은 30년대 후반부터 태생되어 발전되어 왔기 때문에 실제로 그 내용을 보면 순수문학의 자기심화 과정이었다고 해도 과언이 아닐 만큼 문학적 성과에 있어서는 주목할 만한 가치를 보여주고 있다. 이 점은 특히 30년대 후반과 비교해 보면 그 성격이 보다 확실히 드러난다. 즉 1930년대 후반의 중심은 해외문학파와 모더니즘 문학운동을 기반으로 한 서구문학의 수용이란 측면이 강했던 반면 이 시기에 들어와서는 우리의 문화적 전통을 자발적으로 계승하려는 측면이 우세해지기 시작했다.

이러한 순수문학의 지향은 앞서도 이야기했듯이 『문장』지를 통해 본격화되었다. 우리의 문학적 고전에 대한 활발한 소개(『한중록』『도강록』「호질」『인현왕후전』『고시조선』『서대주전』「토별가」『봉산가면극 각본』『무격의 신가』『춘향전』등)와 국학자들의 학술논문의 다수 게재, 그리고 신인추천제도에 시조부문의 개설 등이 그것이다. 그런데 이러한 『문장』지의 전통·고전주의는 『문장』지에 관계한 주요 인물들인 이병기, 정지용, 이태준의 활동과 결코 분리해서 생각할 수 없다. 말하자면 과거 모더니즘의 대표주자였던 정지용과 이태준이 가람 이병기와 손을 잡고 고전에 귀의하여 각각 시조, 시, 소설부문의 선고위원을 맡아 신인을 발굴하고, 또한 잡지원고의 기획 및 집필을 하는 등 중추역할을 하였던 것이다. 이병기는 자신의 고전적 시조를 한데 모아 『가람시조집』(문장, 1939년)을 펴냈고, 정지용은 동양적인 은일의 정신과 산수시의 전통을 계승한 시집 『백록담』의 작품들을 활발하게 써냈다. 또한 이태준은 과거 우리의 문화재인 고문, 한시, 서화, 골동품에 대한 애착을 토로한 일련의 작품들을 발표함으로써 복고적 향수와 고전에 대한 집착을 모두다 드러냈다. 실제로 이들의 경향은 당시 일제말기 문학계의 가장 큰 줄기를 형성한다. 즉 정지용의 추천을 받아 등장한 조지훈, 박목월, 박두진 등 〈청록파〉를 필두로 하여 가장 토속적인 작품을 써냈다고 하는 김동리 등이 바로 그들이다.

그런데 다른 한편으로 극도의 탄압이 행해지면서 탈출구를 찾지 못한 당대 사회상황의 반영인지는 몰라도 작품 속에 투영된 심리 및 의식의 세계는 허무적이고 절망적인 색채가 농후하였다. 이른바 신진작가들인 허준, 최명익, 정인택 등의 작품에서는 인텔리의 무력감과 소외감이 극도로 표출되어 30년대 후반 작품세계가 그대로 지속되어 젊은 세대에까지 이어지고 있음을 보여주고 있다.

〈청록파〉는 그들을 추천한 정지용의 영향 아래 자연을 공통된 시적 공간으로 설정하여 우리의 뿌리깊은 시적 흐름인 자연시의 최고수준을 보여준다. 말하자면 민족의식과 그 정서나 감정을 집약 승화시켜 밝고 정제되고 청아한 율조와 청신한 자연의 이미저리로 서정시의 푯대를 세웠던 것이다. 불교적 선의 경지를 추구한 조지훈은 전아한 언어와 유장한 가락으로 자연과 민속, 고전에서 민족적 소재를 취하고 이를 고풍적인 시적 세계로 끌어올림으로써 고답적인 관조세계를 노래하였다. 「고풍의상」「승무」「봉황수」 등에서 민족적 소재가 주는 매력을 탁월한 언어로 형상화하고 있음을 볼 수 있다.

    벌레먹은 두리기둥 빛 낡은 단청 풍경소리 날러간 추녀끝에는 산새도 비들기도 둥우리를 마구쳤다. 큰나라 섬기다 거미줄 친 옥좌 위엔 여의주 희롱하는 쌍룡 대신에 두마리 봉황새를 틀어올렸다. 어느 땐들 봉황이 울었으랴만 푸르른 하늘 및 추석을 밟고 가는 나의 그림자, 패옥소리도 없었다. 품석(品石) 옆에선 정일품 종구품 어느 줄에도 나의 몸둘 곳은 바이 없었다. 눈물이 속된 줄을 모르량이면 봉황새야 구천에 호곡하리라.

──「봉황새」

  처음에 동시를 주로 지었던 박목월은 한국의 소박한 자연과 향토적 소재를 그 특유의 애조서린 민요조 가락에 실어 우리의 소박미를 현대화시키는데 성공하였다. 한국의 대표적 애송시로 손꼽히는「나그네」에서 보듯 생략이 많은 간결한 표현을 민요조에 실어 독특한 자기세계를 구축하였다. 또한 박두진은 자연 속에서 순결한 생명력, 원초적 힘을 발견하고 감격스럽게 노래한 시인이었다.「묘지송」「향현(香峴)」등에서 알 수 있듯이 반복법과 감탄법을 효과적으로 사용하여 생명의 약동력을 시화하는데 탁월한 능력을 발휘하였다. 이러한 점에서〈청록파〉는 30년대 순수시를 계승하면서도 오히려 30년대 후반에 맹렬한 기세로 솟아오른 모더니즘 시에 대한 반발의 성격이 강하다. 즉 자연으로써 퇴색한 문명과 도시에 반발한 것이다.

  이외에「문장」지를 통해 함께 등단한 김종한, 이한직, 박남수도 이들과 유사한 특징을 보여준다. 김종한은 민요풍의 시작품을 통해 향토적 정서를 보여주었고, 시집「초롱불」을 40년에 낸 박남수 역시 농촌 풍경을 서정화하였다. 그러나 이들은〈청록파〉가 지용의 고전파적 면모를 받아들였다면 이와는 다르게 지용의 모더니스트적 면모를 이어받았다고 할 수 있다. 일례로 이한직의「낙타」를 보자.

  눈을 감으면

  어린 때 선생님이 걸어오신다.

회초리를 드시고

선생님은 낙타처럼 늙으셨다.

늦은 봄 햇살을 등에 지고
낙타는 항시 추억한다
——옛날에 옛날에——

낙타는 어린 때 선생님처럼 늙었다.
　　　　　　　——「낙타」중에서

　한편 김동리는 이 시기를 대표하는 소설가로 일컬을 수 있다.「황토기」「무녀도」「완미설」「검여설」등의 작품을 통해 그는 가장 민속적이며 토속적인 작품세계를 독자적으로 구축함으로써 문단의 주목을 끌었던 것이다. 특히 이러한 특성은 그의 작품세계의 밑바탕을 형성하는 허무의식과 결합함으로써 당시의 시대적 분위기와 다각도로 연결되어 암흑기 문단에 그 매력을 마음껏 발산하였다. 특히 이러한 허무의식은 「황토기」에 잘 나타나 있는데 그 줄거리는 초인적인 힘을 타고난 두 장사가 그 생명력을 발산할 환경을 얻지 못해 서로 무모하게 보상없는 싸움을 계속하다가 자멸하고 만다는 것이다. 이러한 삶의 의미에 대한 부정을 삶의 숙명적인 비극으로 승화시키고 더 나아가 원시적인 무속의 세계로 이끌었던 김동리의 작품세계는 매우 독특하다 할 것이다. 이외에도 유진오는 「창랑정기」에서, 그리고 최인욱은 「월하취적도」에서 회고적 정서를 기반으로 과거의 유산이 사라짐을 안타깝게 그리거나 그것을 그리워함으로 보여주고 있다. 그리고 황순원은 이와는 다소간 차이를 갖지만 「별」등에서 서정적 취향을 짙게 보여주면서 소설에서의 순수영역을 확보하고 있다.
　반면에 같은 허무의식을 진하게 내뿜는 또다른 신진작가 최명익(「비오는 길」「역설」「무성격자」「심문」등), 허준(「탁류」「야한기」등), 정인택(「촉루」「미로」「준동」등)은 당대에 살아가는 인텔리들의 삶의 허무성을 이야기하고 있다. 즉 현실에 대한 좌절감과 회의에 사로잡힌 생활의 무능력자, 또 삶의 의미를 상실하고 부유하는 병리적인 인간을 주요 대상으로 삼았다. 따라서 허무의식을 김동리가 무속적인 세계에 귀의하면서 이를 인간의 근원적인 존재적 차원으로 받아들였다면, 이들 세 작가는 현실적 삶에 대한 인텔리의 무력감과 소외감을 표출시켰다고 할 수 있다. 최명익은 「역설」에서 제목대로 삶의 의미를 상실한 인텔리가 일상생활의 단조로움 속에서 겪는 정상에서 벗어난 의식의 상충들을 보여주고 있다. 또한 「심문」에서는 왕년의 이름난 사회주의자가 아편중독자로까지 타락하는 과정을 그리고 있다. 정인택의 「준동」도 밀린 하숙비 때문에 한끼 밥도 눈치밥을 먹으며 일자리를 찾지만 갈 곳 없는 실직 인텔리의 허무를 그린 소설이다.

암흑기의 별, 이육사(李陸史)와 윤동주(尹東柱)

지금까지 우리는 암흑기의 문학적 특징으로 문화적 전통에 대한 관심과 자연에의 귀의, 그리고 삶에 대한 허무와 절망 등 일련의 현실도피적 은둔적 세계가 주류를 이루어왔음을 보아왔다. 그러나 이러한 소극적이고 다소간 절망적 분위기 속에서도 암흑기에 좌절하지 않고 꿋꿋하게 뚫고 나가려는 두 별을 만나게 된다. 바로 이육사와 윤동주가 그들이다. 물론 이들은 당시 문단에 적을 두고 세칭 문단적인 삶을 살지 않았던 작가이다. 그들의 시는 8·15 이후에 비로소 유고집으로 발간되면서(46년에 『육사시집』이, 그리고 48년에 윤동주의 유고시집 『하늘과 바람과 별과 시』) 알려지기 시작한 시인들이다. 따라서 그들의 시는 그 당시 문단에서는 전혀 주목을 받지 못했으나 식민지 상황을 극복하기 위한 민족적 자산으로서 그 의의는 매우 크다 할 것이다.

이육사는 실제로 자기 스스로 운동가적 삶을 살다가 1944년에 옥사한 투사로서 이러한 면모가 그의 시풍에 고스란히 배어 있다. 중국대륙을 왕래하면서 항일운동을 전개하다 끝내 일경에 체포되어 북경에서 옥사해야만 했던 그는 자신의 시에서 민족해방의 염원을 한시에서 다져진 우국의 기풍으로 승화시킨 것이다. 이른바 그의 시정신을 두고 선비정신으로 말하는데 이는 그의 시가 독립운동가의 활동에서 직접 발현되는 이념이나 정치적 논변의 시가 아니라, 자기 자신에 대한 끊임없는 성찰과 그러한 성찰에서 나온 굽히지 않는 신념이 견실한 삶의 자세로부터 나온 것이기 때문이다.

> 매운 계절의 채찍에 갈겨
> 마침내 북방으로 휩쓸려오다.
> 하늘도 그만 지쳐 끝난 고원
> 서릿발 칼날진 그 위에 서다
>
> 어데다 무릎을 꿇어야 하나
> 한발 재겨 디딜 곳조차 없다
>
> 이러매 눈감아 생각해볼 밖에
> 겨울은 강철로 된 무지갠가 보다
> ──「절정」전문

 위의「절정」에서처럼 그의 시는 어떠한 고통 앞에서도 꿋꿋한 자세를 굽히지 않는 대쪽같은 신념이 한줌의 감정적 반응도 허용치 않는 첨예한 대결의식 속에서 현실화되고 있다. 극한에 다다른 상황임에도 불구하고 오히려 그 극단 위에 자신을 강직하게 세우면서 버티는 강철같은 인간을 우리는 보게 된다. 당시 극단적 위기 상황에서 모두가 소극적이었던 현실에 비교해 보면 이 강철같은 인간이 하도 도드라지게 돋보이게 되기 때문에 우리는 '암흑기의 별'이라는 명예를 바치는 것이다.「청포도」「광야」에서처럼 이육사는 우리 민족의 자긍을 기반으로 하여 애조띤 애상적 분위기를 걷어치우고 강건성을 시적 분위기로 탁월하게 형상화하면서 미래에의 꿈을 확신시킨다.
 반면 윤동주는 옥사한 시인이긴 하지만 보다 종교적이며 개인에 대한 진지한 실존적 성찰에 집중되어 있다. 이것은 윤동주가 이육사처럼 실제 운동가로서 살았던 것이 아니라 무명시인으로서 고통스러운 현실에서 자신의 진실한 삶을 꿈꾸며 진지하게 자기성찰의 길을 걸어왔던 결과이기도 할 것이다. 실제로 그의 옥사는 아직 미스테리이다. 자신의 삶의 결과로서가 아니라 일본 유학중 우연찮은 것으로 일제에 연행, 독립운동의 죄목으로 투옥되어 옥사한 그 자신의 기구한 삶의 이력과 기묘하게 일치한다. 그래서 정지용은 이를 두고 "무시무시한 고독에서 죽었구나! 29세가 되도록 시도 발표하여 본 적도 없이!"라고 탄식했던 것이다. 따라서 그의 시는 철저히 '나'를 중심으로 하여 이야기되고 있다. 「자화상」에서 그는 우물에 비친 자신의 모습을 통해 구도적 자기성찰을 하고 있으며, 이러한 자기성찰을 통해 "십자가가 허락된다면/ 목아지를 드리우고/ 꽃처럼 피어나는 피를/ 어두워가는 하늘 밑에/ 조용히 흘리겠습니다"(「십자가」중에서)며 예수의 죽음과 같은 비장한 결단에 도달하기까지 한 것이다. 이러한 자기성찰의 진지함, 경건함은 김소월의「진달래꽃」과 함께 우리의 대표적 애송시로 손꼽히는「서시」에 잘 나타나 있다.

죽는 날까지 하늘을 우러러
한점 부끄럼이 없기를,
잎새에 이는 바람에도
나는 괴로워했다.
별을 노래하는 마음으로
모든 죽어가는 것을 사랑해야지
그리고 나한테 주어진 길을
걸어가야겠다.

오늘밤에도 별이 바람에 스치운다.
———윤동주,「서시」전문

기타 경향과 주요 작품들

이른바 30년대 후반 소설계의 주요한 흐름 중의 하나가 장편소설로서 가족사 세태소설임을 이미 말한 바 있다. 이러한 경향은 이 시기에 들어와서도 여전히 계속된다. 그 대표적 소설로 이기영의『봄』과 한설야의『탑』, 이태준의『사상의 월야』등을 꼽을 수 있다. 이기영의『봄』은『동아일보』와『인문평론』에 연재되었다. 이들 매체가 폐간됨에 따라 마무리를 못짓고 1942에 단행본으로 발간된 장편소설이다. 과거 이기영의 작품과는 다르게 양반 출신의 마름 유춘화를 주인공으로 하여 농민계몽과 함께 학교사업을 하다 파산하고 그

아들이 아버지를 계승할 인물로 성장해간다는 내용을 담고 있다. 1940년부터 41년까지 『매일신보』에 연재되었던 한설야의 『탑』 역시 양반출신 박진사를 주인공으로 하여 친일자산가로 성장하는 과정을 둘째아들 우길이의 눈을 통해 그려나가고 있고 아울러 이러한 소년 자신의 진술을 통해 아버지대와는 다른 삶을 살려는 조짐을 보여주고 있는 소설이다. 역사와 사회를 풍물지로 바꾸어놓고 함경도의 지방색을 물씬 풍기는 등 세태소설의 전형적인 모습을 보여주고 있다. 이태준의 『사상과 월야』 역시 매국노로 몰려 러시아로 망명했다가 결국은 죽게된 아버지를 둔 아들 이송빈을 주인공으로 하여 일본유학을 갔다와 개화운동을 벌여 아버지의 진정한 의식을 잇게 하겠다는 성장과정을 다룬 소설이었다.

이밖에 소설 쪽에서는 안수길, 김정한, 현덕, 이근영과 여류작가 최정희, 이선희 등이 이 시기에 주목을 받을 만한 신진작가들인데 이들은 당대 사회적 삶의 궁핍상을 진솔하게 그리려는 사실주의적 경향을 보여주고 있다. 만주 간도에서 살았던 안수길은 그곳을 무대로 「새벽」「원각촌」 등을 발표하여 간도이민생활상을 매우 사실적으로 보여주었다. 「새벽」은 만주로 이주한 농민 일가족의 삶을 그린 소설인데, 소년의 눈을 통해 같은 동족을 고발하는 비열한 세태, 빚값에 누나를 빼앗겨야만 하는 궁핍상을 리얼하게 형상화하였다. 1936년에 「사하촌」을 발표하여 문단의 주목을 받은 김정한은 이 시기에도 「낙일홍」 「추산당과 곁사람들」을 발표하여 이 시기 소설에서 보이는 단순한 세태의 반영을 넘어서 이를 비판하는 적극적 태도를 얼마간 보여주고 있어 주목된다. 또한 현덕은 「잣을 까는 집」에서 석수인 남편이 일자리가 없어 놀자 아내가 잣을 까 연명하는 한 가족의 궁핍을 그리고 있고, 이근영은 「최고집선생」에서 세태가 각박해도 이에 굴하지 않으려는 서당 접장의 신념과 그 자식이 만주에서 남의 기생첩과 사통하다 비명횡사하게 되는 과정을 대조적으로 그려내고 있다.

최정희는 주로 의식이 깨인 선진여성이 경제적 조건과 사회적 관습 때문에 파멸하는 과정을 그렸는데, 그 대표적 작품으로 「지맥」「인맥」「천맥」을 들 수 있다. '맥'시리즈의 첫 주자이자 대표격인 「지맥」은 동경에서 유학하며 문학을 꿈꾸던 지식인 여성 은영이 사회운동을 하는 홍민규를 알게 되고 그가 결혼했음에도 불구하고 동지적 삶을 염원하며 학교까지 중퇴하고 동거하게 되지만 민규의 감옥행, 그리고 본부인과의 마찰, 민규의 죽음, 남겨진 두 아이와 가난의 굴레 속에서 겪게 되는 그녀의 삶의 역정을 1인칭 고백소설의 형태로 탁월하게 묘사하고 있다. 당시 지식인 여성이 겪는 고통을 1인칭 관점에서 가장 솔직하게 보여줌으로써 이른바 작가의 진짜 사(私)소설이 아니냐고 느끼게 할 정도로 진실성을 획득하여 이 작품을 두고 다음과 같은 일화가 문단에 전해오고 있다. 어느날 중년신사가 그녀의 집으로 찾아와 다짜고짜로 남의 셋방에서 죽도록 고생만 하지 말고 아이들은 자기가 책임질테니 좋은 작품이나 쓰라고 하더란 것이다. 그녀가 소설 속의 이야기는 자기와 상관없는 이야기라고 아무리 말해도 그 신사는 믿으려 들지 않더란 것이다. 그만큼 이 작품을 통해 그녀는 1인칭 고백소설류의 탁월한 전법을 우리 문학사에 남겨두었다. 뒤이어 발표된 「인맥」 「천맥」 역시 이러한 형식으로 지식인 여성이 자유연애를 갈구하다 끝내 어머니때의 도덕을 다시 받아들이는 과정과 과부 여성이 개가한 다음 불행하게 되어 보육원에 가서 원아들과 함께 어울리면서 고독을 해소하는 과정을 그려냄으로써 당대 여성문제의 일단을 작품화하였다.

이선희도 「매소부」에서 매음을 통해 일가족을 부양하는 한 여성의 삶을 사실적으로 그려놓고 있다.

3. 일제말 친일문학(親日文學)의 양상

친일문학이 본격적으로 우리 문단에 주목된 것은 잘 알려진 대로 1966년에 임종국이 발표한 『친일문학론』(평화출판사)에 의해서 였다. 여기서 임종국은 대표적 친일문학가로 이광수, 최남선, 주요한, 김팔봉, 박영희, 유진오, 백철, 최재서, 김동인, 모윤숙, 김동환, 노천명, 장혁주, 유치진 등을 꼽고 있다.

사실상 이렇게 많은 문인들이 친일적 행동을 수행함으로써 일제 말기 친일문학 양상은 어느 한두 개인의 문제가 아니라 전문단적 양상이었다는 것이

솔직한 표현일 것이다. 그러나 그럼에도 불구하고 이렇게 친일문학으로 전문단이 끌려가기 까지에는 1930년 말부터 이를 노골적으로 주도한 몇몇 대표적 문인들의 민족배반적인 행동에 기인한 바 크다고 보아야 할 것이다. 과거 프로문학 초창기의 대표적 논객으로 활동했던 박영희는 이미 1939년 『인문평론』 창간호 「전쟁과 조선문학」이란 글에서 대동아전쟁을 성전(聖戰)이라 칭송하고 일본정신을 세계정신의 종국적인 목표를 구현하는 의의가 있다고까지 하였다. 그외에 이광수, 최재서, 김기진, 김용제 등이 〈문인보국회〉 등을 주도하면서 일본에 동화하여 학도병 참전을 권유하고 창씨개명을 선도하는 등 그 중추적인 역할을 하였다.

이렇게 되면서 일제는 전 문인에게 친일적 행동을 강압하고 그 결과 일제말기에는 친일문학이 하나의 흐름처럼 되어 대다수 작가들의 작품에 일본말 문학으로까지 등장하게 되었다. 그 대표적 비평가로는 박영희, 최재서, 김기진, 안함광 등이 친일문학의 대열에 들어섰고, 이광수, 유진오, 이효석, 이석훈, 정인택들이 소설에서, 그리고 김동환, 김종한, 김용제 등이 시에서, 또한 유치진, 송영, 함세덕이 희곡으로 친일문학의 흔적을 보여주고 있다.

제 7부   8·15 직후 좌·우 갈등과 문학계의 재편

    1945년 8월 15일은 일제로부터 해방된 날인 동시에 남북분단의 시작이었다. 제 2차 세계대전의 패배로 일본이 우리나라로부터 물러났으나 대신 전승국인 미국과 소련이 각각 삼팔선을 기점으로 진주함으로써 분단이 시작되었던 것이다. 이러한 분단은 이후 1953년 6·25의 종전과 동시에 휴전협정이 체결됨으로써 고착화되었던 것이다. 이로 인해 현재 우리는 반쪽문학사를 가질 수밖에 없는 상황이 되었다. 분단으로 인한 체제대립이 상대편의 접근을 허용치 않는다는 사실 외에도 이미 8·15 이후 남과 북이 독자적으로 자기 체제를 구축하게 됨으로써 사실상 정치, 사회, 문화 모든 부분이 이원화되어졌기 때문이다.
    따라서 문학사 역시 8·15를 기점으로 남쪽만의 독자적인 문학활동이 전개되기 시작했다. 그리고 이 시기는 잘 알려진 대로 정치적으로 격동의 시기였다. 단순히 격동이라는 표현보다는 첨예한 대립의 시기였다. 따라서 문학도 이러한 정치적 상황으로부터 자유로울 수 없었고 그 풍향계에 따라 움직여나갈 수밖에 없었다. 따라서 이 시기 문학은 주체의 정치적 입장에 따라 판가름 났다. 그리고 그러한 정치적 입장을 어떻게 수용하느냐에 의해 문학은 규정지어졌다. 좌·우익 모두 '민족문학'을 내걸었으면서도 그 성격이 판이하게 달랐던 것도 이 때문이다.

그런데 실제로 창작계를 들여다보면 이러한 첨예한 대립과 이론적 활동에 비해 그 성과는 소루한 감이 없지 않다. 물론 여기에는 시기적으로 1945년 8월 15일부터 1948년 7월 대한민국 수립까지 불과 3년이란 짧은 기간에 불과했고, 또한 짧은 기간에도 불구하고 정치적 격동이 시시각각으로 이루어져 이를 차분히 작품화할 여유가 없었던 때문이기도 하다. 그만큼 이 시기는 창작으로 문학을 이끌어나가기보다는 행동으로, 운동으로 문학을 해야만 했던 정치적 격동기였다.

아울러 시기구분 문제와 관련하여 한가지 지적해두자면 8·15 직후 문학운동의 기간을 대략 48년까지를 잡고 있지만 6·25 전쟁까지를 잡는 경우도 있다. 그러나 실제로 48년 대한민국 수립 후 공산당이 불법화됨에 따라 좌익작가도, 좌익적 성향의 문학도 사라지게 된다는 점을 감안하면 1차적으로 48년까지를 잡는 것이 타당하다고 생각된다. 그리고 실제로 곧바로 6·25 전쟁이 발발함으로써 문학 역시 공백기를 갖게 되고 그러한 상황 자체가 8·15 이후의 연장선상에서 이루어지고 있다는 점에서 이 시기까지를 포괄적으로 잡아도 무방하다고 생각된다. 말하자면 45년부터 48년까지 첨예한 좌·우익 대립기를 거치고 나서 6·25를 기점으로 분단이 완전히 고착화됨에 따라 문단이 재편성된다는 사실이다.

1. 대립과 갈등의 문학계

해방 직후 언론과 출판과 집회, 종교 등 모든 자유가 허용된 해방감 속에서 가장 두드러진 것은 단체활동이었다. 이것은 문학이라고 예외일 수 없었다. 그리고 그 중에서도 가장 정치적이었던 과거 카프계열이 가장 앞서 조직을 형성한 것은 당연한 일이라고 보여진다. 그러나 이 계열은 〈조선문학건설본부〉(약칭 〈문건〉)와 〈조선프롤레타리아문학동맹〉(약칭 〈프로문맹〉) 둘로 나누어져 단체를 조직함으로써 해방 직후 문학계에 파란을 불러일으켰다. 해방 이틀 후인 1945년 8월 17일에 구 카프의 시인이자 비평가인 임화를 중심으로 〈조선문학건설본부〉가 결성되는데, 과거 카프에 대립적이었던 구인회 계열의 이태준, 박태원, 김기림 등도 가담하여 범문단적인 조직이 형성되었다. 그러나 임화, 김남천을 제외한 대부분의 구 카프 동맹원을 중심으로 그로부터 한 달 뒤인 9월에 〈조선프롤레타리아문학동맹〉이 결성되어 상호간 치열한 공방전이 벌어졌다. 이들은 45년 12월 합동회의를 열어 〈조선문학동맹〉을 결성하고 46년 2월 제1회 전국문학자대회를 〈조선문학가동맹〉(약칭 〈문맹〉)으로 정식 출범하여 이후 좌익적 시각에서 문학운동을 거세게 전개해 나간다.

반면 박종화, 이헌구, 김광섭 등 과거 해외문학파와 민족주의 문학진영의 문인들도 조직화를 시작하여 1945년 9월 18일 〈중앙문화협회〉를 결성한다. 그리고 이들은 뒤이어 46년 3월 좌익진영의 전국문학자대회와 유사한 형태의 결성대회를 거쳐 〈전국문필가협의회〉(약칭 〈전문협〉)로 확대 개편한다. 그런데 한편 1946년 4월 4일에는 김동리, 서정주, 박두진, 박목월, 유치환 등 30년대 말에 등단하여 순수문학의 기치를 치켜들은 순수문학계열의 청년문인들이 별도로 〈청년문학가협회〉(약칭 〈청문협〉)를 결성하기도 한다. 그리고 이들은 1947년 2월 좌익진영의 〈조선문화단체총연맹〉(약칭 〈문련〉)에 맞서 〈조선문화단체총연합회〉(약칭 〈문총〉)를 만든다.

이처럼 이 시기는 과거에 볼 수 없는 각종 단체들이 우후죽순처럼 나왔다가 당대 정치상황처럼 문학계에서도 좌익 대 우익의 첨예한 대결양상을 보이기 시작했다.

〈문건(文建)〉과 〈프로문맹〉의 대립

〈문건〉과 〈프로문맹〉의 대립은 한마디로 프로문학 진영의 헤게모니 쟁탈전의 양상이었다. 임화, 김남천 등이 8·15 다음날인 8월 16일 과거 문인보국회가 사용했던 건물에 〈조선문학건설본부〉라는 간판을 내걸자, 그 다음달인 9월에 임화, 김남천을 제외한 과거 대부분의 카프 문인들이 독자적으로 〈조선프롤레타리아문학동맹〉을 결성하기에 이른 것이다. 더구나 애초에 〈문건〉에 자의든 타의든 이름이 올랐던 과거 카프문인들의 이러한 조직 결성은 명백히 〈프로문맹〉이 〈문건〉에 반기를 든 형태였고 실제로 이들은 〈문건〉에 가장 적대적인 태도를 취했다.

어쨌든 초기 〈문건〉의 맹원을 살펴보면 그 주요 임원이 과거 카프맹원이었던 임화, 김남천, 이기영, 한설야 등을 필두로 하여 1930년대 후반 구인회 동인들로서 모더니즘문학을 전개했던 이태준, 박태원, 김기림, 정지용 등을 포함하고 있고 그외에 김광섭, 이양하, 김진섭 등 해외문학파까지 포괄하고 있어 범문단적 진용을 가지려 했었다. 〈문건〉 결성시의 주요 임원을 보면 다음과 같다.

  중앙위원장 : 이태준
  소설부 : 이기영, 박태원, 안회남, 이태준, 한설야, 김남천
  시　부 : 김기림, 김광균, 오장환, 임화, 정지용
  평론부 : 이원조, 박치우, 서인식, 조윤제
  외국문학부 : 김진섭, 김삼규, 김광섭, 이양하, 최정우

한편 이러한 조직체는 당시 문학에만 국한되지 않고 연극, 미술, 영화, 음악 등에도 건설되어 이것들이 협의체 형태로 한데 묶여 〈조선문화건설중앙협의회〉를 결성한다.

그런데 〈문건〉의 문학활동의 이념적 노선은 특히 임화에 의해 주도되는 것으로 보이는데 그는 「현하의 정세와 문화운동의 당면임무」「문화의 인민적 기초」 등에서 민족문학의 건설과 '문학의 인민적 기초의 완성', 그리고 이를 위한 문학통일전선의 결성을 당면과제와 목표로 제기하고 있다. 이러한 〈문건〉의 입장은 45년 8월 31일 서기국 명의로 발표된 「문화활동의 기본적 일반방책」에 다음과 같이 집약되어 있다.

  1. 일본제국주의에 의한 일체의 야만적이고도 기만적인 문화정책의 잔재를 소탕하고 이에 침윤된 문화반동에 대하여 가차없는 투쟁을 전개한다.
  2. 문화에 있어서 철저적인 인민적 기초를 완성하기 위하여 일체의
     ① 봉건적 문화의 요소와 잔재
     ② 특권계급적 문화의 요소와 잔재
     ③ 반민주적 지방주의적 문화의 요소와 잔재
     의 청산을 위하여 활발한 투쟁을 전개한다.
  3. 세계문화의 일환으로서의 민족문화의 계발과 앙양을 위하여 필요한 모든 건설

사업을 전개한다.
4. 문화전선에 있어서의 인민적 협동의 완성을 기하여 강렬한 문화의 통일전선을 조직한다.
5. 이상의 일반적 방책에 준한 각부 내의 구체적 활동을 위하여 활발한 우의적 논의를 전개한다.

말하자면 이러한 목표를 위해 당연히 민족국가 건설의 대의에 찬동하는 일체의 진보적 작가를 포괄하는 문학통일전선으로서 조직체가 결성되어야 한다고 주장한 것이다. 그리고 실제로 앞서 보아온 대로 〈문건〉은 이러한 통일전선체로서 자기 위치를 잡고 있다.

그러나 실제로 이후의 진행과정을 보면 이러한 〈문건〉의 노선은 좌우로 공격을 받아 이하윤, 김광섭, 김진섭, 이헌구 등 해외문학파가 〈문건〉에 참여하지 않았던 과거 민족문학파(박종화, 오상순, 변영로 등)와 손을 잡고 1945년 9월 18일 〈중앙문화협회〉를 결성해 이탈해 나가고, 또 동시에 보다 강경한 입장을 표방한 과거 카프계 문인들 역시 과거 카프의 복원을 내걸고 〈프로문맹〉으로 이탈해 나오는 등 일시 범문단조직체였던 〈문건〉은 조직적 분화작용을 겪게 된다.

〈조선프롤레타리아문학동맹〉은 상대적으로 〈문건〉의 이념적 모호성을 이유로 이탈해 나온 결과 이념적 선명성을 표방하며 〈문건〉에 공격적 태도를 취한다. 주로 과거 카프에 속해 있었던 동맹원을 주대상으로 하여 중앙집행위원장에 이기영, 서기장에 박석정, 중앙집행위원에 이기영, 한설야, 조중곤, 박승극, 권환, 김두용, 이북만, 한효, 박아지, 홍구, 박세영, 이동규, 박석정, 송완순, 엄흥섭, 안동수, 조벽암, 윤곤강, 송영, 신고송, 이주홍, 정청산, 김승구, 박팔양, 윤기정 등이 카프의 재건임을 분명히 밝히며 다음과 같은 3대 강령을 내건다.

① 프롤레타리아문학 건설을 기함
② 파시즘문학, 부르주아문학, 사회개량주의문학 등 일체의 반동적 문학을 배격함
③ 국제 프롤레타리아문학동맹의 촉진을 기함

〈프로문맹〉은 무엇보다도 이데올로기에 가식과 절충이 있을 수 없다며 계급문학의 기치를 내걸고 〈문건〉을 절충주의로 공격하였다. 이러한 사실은 특히 기관지 『예술운동』 창간호의 모든 글에서 나타나고 있다. 그중에서도 특히 한효의 「조선문학운동의 현단계」, 윤기정의 「예술운동의 신전개」, 권환의 「현정세와 예술운동」 등이 〈문건〉에 대한 공격적인 글이었다.

또한 이들 역시 〈문건〉이 예술 전영역을 포괄한 〈조선문화건설중앙협의회〉를 건설하였듯이 음악, 미술, 연극 방면에 각기 단체를 결성하여 이들의 결집체로 〈조선프롤레타리아예술동맹〉을 결성한다. 그리고 그 취지를 다음과 같이 밝히고 있다.

> 극히 혼돈된 정세하에도 이데올로기 구획선만은 확연히 그어 있다. 이데올로기의 중간적 존재는 벌써 허용되지 못할 만치 발전되었다. 그것은 예술전선에 있어서도 예외로 남아 있지 못하였다.
> 그러므로 우리들 앞에는 의연히 노동자 농민의 해방을 위한 치열한 투쟁이 남아있는 것을 알아야 할 것이며 단 예술전선을 담당한 우리는 진정한 프롤레타리아예술의 확립과 일체 반동적 예술의 철저한 배격을 위하여 용감히 투쟁해야 할 임무를 가졌다.
> 이에 우리는 1935년 일본 제국주의의 야만적 탄압으로 유린, 해체된 조선프롤레타리아예술동맹을 재건, 결성한 것이다.
> 예술행동도 결국 계급적 진리의 인식과 실천뿐이다. 이데올로기에 가식과 절충이 있을 수 없다. 우리들의 길은 오직 하나뿐으로 이 길의 속성을 위해 투쟁하면서 광휘의 앞날을 바라보며 매진할 뿐이다.

이러한 취지에서도 알 수 있듯이 〈문건〉을 겨냥하여 이데올로기의 중간적 존재를 허용하지 않는다고 하여 명백히 이념적 선명성을 무기로 하고 있음을 볼 수 있다.

문학가동맹의 결성과 활동

이처럼 문학운동의 이념과 방법의 차이로 인하여 상호 반목과 대립이 노골화되자 남로당이 직접 이 문제에 개입하여 통합을 요구하게 된다. 보다 자세히 말하자면 당시 남로당의 문화부장이었던 김태준의 적극적인 중재하에 문건측과 동맹측이 상호 양보와 협력으로 통합노력을 펼친 것이다. 이리하여 1945년 12월 3일 임화, 이태준, 이원조, 김기림, 김남천, 안회남 등 〈문건〉측과 윤기정, 권환, 한효, 박세영, 송완순 등 〈프로문맹〉측의 11인 합동위원회가 열려 두 조직의 통합을 결의하고 12월 13일 〈조선문학동맹〉을 발족시킨다. 그러나 통합조직의 구체적 출발은 다음해 2월에 개최된 제1차 전국문학자대회를 통해서였다. 즉 이 대회를 통해 전국적으로 120여명의 맹원을 확보하게 되고, 그 조직의 명칭도 다수결로 〈조선문학가동맹〉으로 개칭하게 된다. 또한 이 대회의 각종 보고를 통해 강령을 결정하는 바, 그 내용은 ① 일본제국주의 잔재 소탕 ② 봉건주의 잔재 소탕 ③ 국수주의 배격 ④ 진보적 민족문학 건설 ⑤ 조선문학과 국제문학과의 제휴이다. 또한 이날 조직체계와 임원도 선출되는데 주요 임원은 다음과 같다.

조선문학가동맹 중앙집행위원회 위원장 : 홍명희
부위원장 : 이태준, 이기영, 한설야
위　　원 : 권환, 이원조, 임화, 김태준, 김남천, 안회남, 한효, 김기림, 윤기정, 정지용, 이병기, 김오성, 안함광, 박세영, 조벽암, 이동규, 홍구
서 기 장 : 이원조

그런데 강령과 대회 주요발표문을 보면 대략 민족문학의 슬로건을 정식으로 채택하고 또한 통일전선조직체를 겨냥함으로써 과거 〈문건〉측의 입장이 관철되고 있음을 엿볼 수 있다. 그런데 이와 관련하여 이러한 통합이 두 조직의 자체 반성으로 인한 자발적 통합이기보다는 당의 적극적 주선임을 주목할 필요가 있다. 이러한 사실을 잘 보여주는 것이 소위 제1차 문학자대회 개최 전인 46년 1월에 발표된 당의 「조선민족문화 건설의 노선」(잠정안)이다. 이것의 주요한 내용을 보면 우선 현단계가 부르주아 민주주의 혁명단계라는 인식하에 이를 반영하는 반제국주의적 반봉건적 민주주의적 민족문화가 당면 문화건설의 목표이며 이를 위해 문화상의 통일전선운동을 광범하게 펼쳐야 한다고 주장하고 있다. 여기서 주목할 것은 민족문화는 계급적 문화가 되어서

는 안된다는 점이다. 즉 사회주의를 내용으로 하고 형식에 있어서 민족적인 문화는 사회주의적 정치경제를 반영한 문화형태이므로 이러한 정치경제의 토대가 서있지 않는 한 사회주의적 민족문화는 있을 수 없다고 함으로써 과거 〈프로문맹〉의 노선을 정면으로 부정하고 있다는 점이다. 그런 점에서 과거 〈프로문맹〉의 논자였던 안막이 극좌적 극우적 편향이나 이론의 빈곤 및 혼란을 극복, 청산하고 민족문화 건설의 노선에 의거하여 힘차게 전진해야 할 것이라고 하여 일단 기존의 대립은 종지부를 찍고 새로운 단계로 진입하였음을 알 수 있다. 그리고 그러한 새 출발의 단합의 표현이 제1차 전국문학자대회라고 생각된다. 또한 뒤이어 〈문학가동맹〉을 포함한 25개 문화관련 단체가 1946년 2월 24일 〈조선문화단체총연맹〉(약칭 〈문연〉)을 결성하기도 한다.

　이 이후 〈문학가동맹〉은 기관지 『문학』을 발간하며 본격적인 활동에 들어가기 시작한다. 특히 46년 7월을 즈음하여 남로당이 '신전술'을 채택한 시점을 기점으로 직접 대중을 상대로 한 대중화작업을 본격적으로 펼쳐나간다. 46년 8월에 〈문학가동맹〉은 서울시 지부를 결성하고 각종 문학강연회, 시낭송회 등을 활발히 전개한다. 또한 46년 11월 임원을 개편하여 서기장에 김남천, 부위원장에 이병기, 중앙위원에 양주동, 조운, 염상섭, 채만식, 박아지, 박태원, 박노갑 등을 선출하고, 본격적 활동을 위해 「문학운동의 대중화와 창조적 활동의 전개에 대한 결정서」를 채택한다. 그리고 문학대중화위원회와 농민문학위원회라는 특별 위원회를 결성, 대중화작업을 본격화하기 시작한다. 이는 소위 정판사위조지폐사건, 그리고 신전술 채택, 9월 총파업과 10월 이후의 각종 사건으로 미군정에 의해 불법화된 남로당의 외곽조직으로서, 활동이 곤란해진 남로당 대신 문화단체가 적극적인 정치투쟁의 전선으로 나섬을 의미하는 것이기도 하다. 이들은 특히 47년 들어 '문화공작대'를 결성하여 애초에 내걸었던 '문화를 인민에게'라는 슬로건을 직접 실행해 나간다. 경남, 부산, 강원, 충청, 경북 등 각 지역별로 4개대의 문화공작대를 구성하여 현지에 내려가 연극공연, 시낭송, 강연회 등 종합예술제를 개최하고 현지의 문화운동을 활성화시켜 나가려 했다. 이 시기의 내용을 잘 보여주는 대표적인 글들로는 임화의 「민족문학의 이념과 문학운동의 사상적 통일을 위하여」(『문학』 3호, 1947년 4월), 김남천의 「신단계에 처한 문화운동」(『자유신문』

1947년 1.4~1.16), 김오성의 「보고·통신문학 제문제」(『문학비평』 1947년 6월) 등을 들 수 있다. 김남천의 윗글에서 구호에 그치기 쉬운 대중화운동을 반성하고 구체적인 대중화 방도를 상세히 제시한다. 그는 먼저 사업의 단초로서 각 조직에 문화관련 조직적 거점을 확보해야 하며 그리고 지방에 지부를 설치하고 이동적 문화부대를 조직할 것 등 대중화방도와 문화공작자 양성방안을 제시하고 있다.

그리고 이들은 47년 8월 이후 공산당에 대한 미군정의 탄압에 지하로 숨어들고 한동안 침묵하다 1948년 2월에 들어 대한민국정부 수립에 대한 유엔 결의에 맞서 최후로 구국문학운동을 벌이지만 이미 불법화되고 활동공간을 잃은 이들로서는 초기와 같은 활동을 하지 못한 채 대부분이 월북하거나 마지막으로 야산투쟁이라는 빨치산활동으로 최후를 마치게 된다.

〈전문협(全文協)〉과 〈청문협(靑文協)〉

좌익의 활발한 조직화에 맞서 우익측도 1945년 9월 18일 박종화, 김광섭, 이헌구, 이하윤, 오종식, 오시영 등이 주축이 되어 약 30여명의 회원으로 〈중앙문화협회〉를 결성한다. 그러나 이 단체는 사실상 김동리의 회고처럼 과거 해외문학파 일부 회원을 중심으로 한 극소수의 문화인 단체에 불과하였다. 오히려 우익측의 조직은 좌익측의 〈문학가동맹〉이 개최한 1946년 2월 제1회 문학자대회를 계기로 하여 촉진된다. 물론 여기에는 1946년 2월 이승만 주도의 비상국민회의를 계승한 대한국민대표 민주의원의 결성이라는 우익측의 정치적 진출과도 연관되어 있다. 이에 따라 46년 3월 13일 〈조선문필가협회〉를 결성하게 된다. 〈전문협〉 결성의 취지는 다음과 같다.

"이에 문필을 가진 우리들은 붓을 반드시 정당의 칼로 삼음이 아니라 민중의 여론에 지표가 서지 못한 이 혼란된 사태에 처하여 이미 각성되었고, 또 각성하려는 문화인의 현대적 정치의 정세를 다시금 순화하여 태극기 깃발 아래에 삼천만의 정열을 집중시키고 공의를 형성하여 한결같이 인권이 존중되고 자유가 옹호되고 계급이 타파되고 빈부가 없는 가장 진정하고 가장 민주적인 국가관, 세계관을 밝혀 세계와 인류에 공통된 민족국가이념 위에 역사가 중단되었던 조국을 재건하려 함이니, 세계에 빛나는 한 민족, 한 국가를 자처한 이 민족문화 형성은 소파벌의 독재도 용납되지 않을 것이요, 전체에의 반동도 묵인되지 못할 뿐더러 논리에 있어서 모순이 없고 이 성격에 있어서 준철하며 감정에 있어서 발달하여 스스로 민주, 자율하는 고귀한 도덕심이 요청되어야 할 것이다. 이에 전조선문필가협회가 한번은 반드시 통일된 민족국가를 건설하려는 민족적 숙명 아래서 역사적, 현실적 필연성을 띠고 탄생하는 바이니 우리는 어디까지든지 민주주의의 공식적 정당 강령화를 넘어서 생명과 부딪치고 다시 생활의 이념이 되어 정치로 향하여 가는 진정한 민주주의의 문화를 건설하려 한다."

그리고 아울러 다음과 같은 강령을 채택한다.

1. 진정한 민주주의국가 건설에 공헌하자.
1. 민족자결과 국제공약에 준거하여 즉시 완전자주독립을 촉성하자.
1. 세계문화와 인류평야의 이념을 구명하여 이의 일환으로 조선문화를 발전시키자.
1. 인류의 복지와 국제평화를 빙자하여 세계제패를 꾀하는 모든 비인도적 경향을 분쇄하자.

사실상 여기에서도 알 수 있듯이 〈전문협〉은 전문적인 문학단체가 아니라 문필가단체였다. 총회원 139명중 문학인은 49명에 지나지 않았고 나머지는 언론, 출판, 교육 등 각 분야를 총망라하고 있어 다분히 정치권의 주도권 싸움이 반영된 형태였다. 회장에 정인보, 부회장에 설의식, 박종화, 채동선이 선출되고 안호상, 이선근, 안석주, 이종우, 김진섭, 이홍렬, 현정주 등이 학술, 언론, 연예, 미술, 문학, 음악, 체육분과 위원장으로 선출되었다.

그런 점에서 전문적인 우익 문학단체는 그로부터 한달 뒤인 46년 4월에 결성된 〈조선청년문학가협회〉라 할 수 있다. 〈전문협〉과 이념 목적에 있어서는 큰 차이가 없었고 기본적으로 소장문인 중심의 단체라는 특징을 가지고 있다. 회장에 김동리, 부회장에 유치환, 김달진, 그리고 시, 소설, 희곡, 평론, 고전, 희곡분과를 두고 각 위원장에 서정주, 최태응, 이광래, 조연현, 조지훈, 김갑순이 선출되었다. 강령은 다음과 같다.

1. 자주, 독립 촉성에 문화적 헌신을 기함.
1. 민족문학의 세계사적 사명의 완수를 기함.
1. 일체의 공식적 예속적 경향을 배격하고 진정한 문학정신을 옹호함.

전국문화단체총연합회의 결성과 활동

우익측은 1947년 2월에 다시 〈전국문화단체총연합회〉를 결성하는데 여기에는 전문협, 청문협을 포함한 29개 단체가 참여하였다. 이 역시 다분히 좌익측의 〈조선문화단체총연맹〉(약칭 〈문련〉)을 의식한 형태임을 곧바로 인지할 수 있다. 따라서 그 목적과 기능에서 전문협은 청문협과 큰 차이가 없음을 강령에서 볼 수 있다.

1. 광복도상의 모든 장벽을 철폐하고 완전자주독립을 촉성하자.
2. 세계문화의 이념에서 민족문화를 창조하여 전세계 약소민족의 자존을 고양하자.
3. 문화의 유산의 권위와 문화민의 독자성을 옹호하자.

임원으로는 위원장에 고희동, 부위원장에 박종화, 채동선, 그리고 이헌구, 김광섭, 오종식, 정대성, 양현진 등이 임원을 맡았다. 그러나 이 단체는 좌익측의 〈문학가동맹〉의 활발한 활동에 비해서는 거의 활동은 없었던 편이었다. 간간이 좌익측의 활동에 대한 비판을 성명서 형태로 발표한 것 외에는 별다른 활동은 없었다. 이것은 기본적으로 우익측의 활동이 정치적 활동이기보다는 개인적인 창작 및 연구발표를 자유롭게 하는 데 기본적인 목표가 있기 때문일 것이다.

다만 문학적 부면에서 좌익측에 적극적인 대응을 하고 공격적인 자세를 취한 예로 우리는 김동리, 김동석으로부터 비롯되는 순수문학논쟁과 당시 북한에서 발생한 시집『응향』사건에 대한 반박이 주목된다. 아울러 이들의 조직적 활동은 '여순반란사건'에 대한 문총 주최의 '민족정신 앙양 전국문화인총궐기대회'(1948년 12월 28~29일)이다.

2. 좌우의 문학대결─순수문학논쟁과 『응향(凝香)』사건

순수문학 논쟁

 청년문학가협회가 본격적인 활동을 벌이고 있을 때, 전문단의 주목을 끈 충격적인 사건이 발생하였다. 그 당시 조선문학가동맹의 유력한 평론가로서 이름을 날렸던 김동석이「순수문학의 정체」란 글을 발표하여 우익진영을 정면으로 공격해 들어오자 여기에 맞부딪쳐 과거 30년대 말에 세대논쟁과 순수문학논쟁의 기수로 활약했던 김동리가「독과문학(毒瓜文學)의 본질」이란 반론을 편 데서 발단이 된 '순수문학' 논쟁이 바로 그것이다.
 1947년부터 1948년에 걸쳐 벌어진 이 논쟁은 다같이 자기측의 청년문인들이 참여한 논쟁이었다. 김병규와 김동석이 한패가 되어 프로문학의 기수가 되고, 김동리는 순수문학의 방패가 되어 서로 공박을 벌이기 시작했다. 그 발단은 먼저 김병규가 『신천지』와 『신문예』 등의 잡지를 통해 순수문학을 비판하고, 거기에 김동석 역시 동조하여「순수의 정체」를 발표하여 순수문학을 적극적으로 비판함으로써 논쟁의 불을 붙였다. 김병규는 이들 글에서 순수문학이 휴머니즘을 운위하는 것에 대해 "현대의 휴머니즘은 유물사관이다. 이것을 거부한 제3휴머니즘이란 하나의 환상일 뿐"이라 하여 순수문학을 공격했다. 아울러 김동석 역시 "좌도 우도 아닌 제3노선? 희랍정신의 아킬레스가 영원히 거북의 느린 걸음을 따라가지 못하는 그 노선을 김동리는 걸어가려 하고 있다"며 직접 김동리를 공격함으로써 논쟁은 불이 붙기 시작한 것이다.
 이에 김동리는「본격문학과 제3세계의 전망─특히 김병규씨의 항의에 관하여」라는 비평을 통해 이전의「순수문학의 진의─민족문학의 당면과제로서」를 재확인하고 구체화시키는 것에 머무르지 않고 두 도전자에 대한 논리적 모순을 비판하려 했다.

"유물사관은 주지하는 바와 같이 사회성을 몰각하고 제도와 환경을 중시함으로써 인간성을 억압하는 데에서 구성되어 있으므로 휴머니즘의 본질과는 근본적으로 배치되는 것이다.

씨가 유물사관을 가리켜 현대 휴머니즘이거니 한 것은 분명히 유물사관이나 휴머니즘 그 어느 것에 대한 인식착오가 아니면 안될 것이다."

또 한편으로 김동석이 「순수문학의 정체」에서 김동리를 탐미주의자 내지 순수주의자로 규정하며 그 문학을 "오스카 와일드의 탐미파가 술과 담배를 먹으며 더 없는 행복을 깨닫던" 까페에 불과한 것이라고 인신공격을 했다. 그리고 그는 "순수문학이란 생활을 떠난 현실도피적인 문학으로서 정신이라는 추상적인 관념 속에서 물질적 조건을 망각한 비생산적인 것"이라고 공박하자 김동리는 '생활'과 '문학'이란 용어를 놓고 재반박을 시도했다.

"첫째, 빵을 구하기 위해 싸우는 것은 생활이 아니다.
둘째, 문학은 생활을 위해 하는 것이 아니다.
세째, 김군이 문학이라고 믿는 군의 독과(毒瓜)는 문학이 아니다.
이상의 세가지 중, 첫째 조항을 인정하는 것은 군이 지금까지 신주단지같이 위해 온 유물론을 배반하는 결과가 된다. 둘째 조항을 인정한다면 그가 얽어 놓은 생활과 문학에 대한 일체의 논리를 포기해야 한다. 셋째 조항을 인정하려면 그의 독과가 남의 낯을 할퀴기보다 자기 자신을 할퀴는 데에서만 군의 인생과 문학에 기여할 수 있다는, 군에게는 너무나 인연이 먼 새로운 진리를 배워야 한다. 그리고 이것은 군에게 있어 가장 어렵고 또 가장 중대한 일이기도 할 것이다."

김동리는 이상과 같은 논리를 앞세우면서 "군의 생활의 핵심이 '빵'에 있고, 군의 그 독 묻은 손톱이 '빵'을 구하기 위해서——극복하기 위해서가 아니고——만 있는 군은 '문학'과 '생활'이란 어휘의 참된 뜻을 체득할 수 없을 것이다"란 신랄한 반론을 폈다.

이어 조연현(「순수의 본질」「본격소설론」), 곽종원(「창작개성의 옹호」), 김광섭, 박종화 등이 가세하여 좌익측의 논리를 공격했다. 조연현은 좌·우익 문학론의 상치점에 대해 나름대로 종합적으로 평가하고 있는데 그 내용을 요약하면 다음과 같다.

첫째, 좌익측이 민족이라고 했을 때 그것은 두가지 의미를 가졌다. 하나는 우리 민족의 8할이 노동자 농민이니까 우리의 민족문학은 그러한 계급을 위한 문학이라야 한다는 것이고, 다른 하나는 문학의 내용에 있어서는 보편적이지만 형식에 있어서는 민족적이어야 한다는 것이다. 이에 대해서 우익측의 견해는 민족은 계급을 초월하는 것이며, 그보다 우위에 있으므로 8할이 노동자 농민이라고 해서 우리의 민족문학이 계급문학이 될 수는 없고, 또한 민족적인 것은 그 형식적 조건은 물론이지만 내용적인 조건까지 파급된다는 것이다.

둘째, 좌익측은 늘 문학에 있어서의 생활의 중요성을 강조했고, 그 생활의 기초나 개념은 주로 물질적 경제적인 것을 의미했다. 이에 대해서 우익측은 문학에 있어서 생활이 중요한 것은 말할 필요조차 없는 문제이며, 다만 인간의 생활은 물질적 경제적인 조건만이 그 전부가 아니라 그보다도 근본적으로 중요한 것은 인간의 정신적 조건임을 강조했다.

셋째, 좌익측은 늘 사회성을 강조한 데 비해서 우익측은 인간성을 강조했다. 그 당시 우익측에서 내세운 순수문학을 '인간성 옹호 문학'이라고 한 데 비해서 좌익문학을 '당의 문학'이라고 한 이유가 여기에 있다.

넷째, 리얼리즘에 대한 견해의 차이였다. 좌익측에서는 사회주의적 리얼리즘을 많이 주장했다. 그들의 사회주의적 리얼리즘이란 인생이나 사회적 구조를 지배자는 부정적으로, 피지배자는 긍정적으로 표현하는 것을 의미했다. 이에 대해서 우익측에서는 그것이 공식주의이지 진정한 리얼리즘은 아니라는 것이었다. 인생이나 사회적 구조는 그와 같은 기계적인 구조이기보다는 훨씬 더 복잡하고 다양한 양상을 지니고 있는데, 이것을 그대로 표현하는 것이 리얼리즘이라고 했다.

다섯째, 좌익측에서는 역사가 공산주의 방향으로 발전된다는 것이고 우익측에서는 그보다는 민주주의적 방향으로 전개된다는 것이었다.

위와 같은 조연현의 견해는 사실상 해방직후부터 정부수립까지 전개된 좌우익 문학론의 핵심적인 대립지점을 말해준 것으로 보인다. 물론 개별 문인들 각각은 각자 독특한 문학론을 가지고 있는 경우도 많았지만 당대 정치상황의 첨예한 대립이 문학계에 파급한 대립양상의 주요 틀을 말해준 것으로 보인다. 따라서 사실 당시의 논쟁은 각기 확고한 이론논쟁의 성격을 갖는 것이 아니라 주로 감정의 언변에 의탁한 상호 비방의 성격이 강했다. 심지어 김동리는 김동석에 대해서 "군의 손톱이 영원히 윤리를 가지지 못하는 한 군의 손톱은 영원히 딱다구리의 주둥이, 수탉의 발톱에서 머무르리라. 손톱의 문학이냐 심장의 문학이냐가 아니라 사람이 되느냐 금수에 그치느냐가 문제다"라고까지 하였다.

시집 『응향(凝香)』사건

1947년 북에서 결성되었던 문학예술총동맹중앙상임위원회는 원산문학동맹 편으로 발행된 시집 『응향』에 대하여 다음과 같은 결정서를 발표하였다.

> "1. 시집 『응향』은 북조선 현실에 대한 회의적, 공상적, 퇴폐적, 도피적, 절망적, 반동적 경향을 가졌다. (중략)
> 2. 원산문학동맹은 이단적인 유파를 조직으로 형성하면서 있다. 실로 북조선 예술운동을 좀먹는 것이며 아직 약체인 인민대중에게 악기류를 유포시켰다.
> 3. 북조선 문예총은 즉시 『응향』의 판매를 금지시킬 것.
> 4. 북조선 문예총은 이 문제의 비판과 시정을 위하여 검열원을 파견하는 동시에 북조선 문학동맹에 다음과 같은 과업을 위임한다.
>   (가) 현지에 검열원을 파견하여 시집 『응향』이 편집, 발행되기까지의 경위를 상세히 조사할 것.
>   (나) 시집 『응향』의 편집자와 작가들과의 연합회의를 개최하고 작품의 검토 비판과 작자의 자기 비판을 가지게 할 것.
>   (다) 원산 문학가동맹의 사상 검토와 비판을 행한 후 책임자 또는 간부의 경질과 그 동맹은 바른 궤도에 세울 적당한 방법을 강구할 것.
>   (라) 시집 『응향』의 원고 검열 전말을 조사할 것."

이러한 결정서를 남쪽의 〈문학가동맹〉이 그들의 기관지인 『문학』 제 3 호에 게재하여 이 결정을 지지한다. 그러자 우익진영에서 맹렬한 비난이 쏟아져 나오게 된다. 김동리는 「문학과 자유의 옹호」(『백민』 1947년 6·7월 합병호)에서 이 결정을 "나치스 사회나 황도 전성시대의 일제사회에서보다도 몇갑절이나 더 작가의 자유를 박탈하고 인간성을 봉쇄하는 사태"라고 비판하였고, 조연현은 북조선 문예총의 노선에 입각한 원산문학동맹의 시집이 그 노선에 위배되었다는 것은 유물사관의 논리가 인간의 생리에 적용될 수 없는 사례라며 이를 꼬집었다. 우익진영의 이에 대한 입장을 전체적으로 정리해보자면 다음과 같다. 우선 각자의 개인 감정의 표현을 국가 권력이 개입할 수 없다는 입장에서, 설사 작품이 현실적 문제를 제재로 했다 하더라도 권력이 이에 개입하는 것은 문학에 대한 모독이라는 것이다. 또한 『응향』에 담긴 시들을 회의적·공상적·퇴폐적·도피적·반동적이라고 평가하는 것은 인간의 감정이나 정신에 대한 모독이며 또한 이것들은 정치적으로 결부시킬 성질의 것은 아니라는 것이다. 아울러 이러한 행위를 한 북예총은 예술에 대한 최악의 통제행위로서 문학과 예술을 특정된 목적하에 복종시키려는 가장 독재적, 독선적인 야만행위라는 것이다.

3. 8·15 직후의 창작계의 상황

문학가동맹 진영의 소설계

문학가동맹 진영의 소설계는 그들 자신의 첨예한 활동과 목소리에 비해서는 그 성과가 매우 적다 할 것이다. 물론 여기에는 8·15와 함께 사실상 남북이 분단된 결과 과거 카프 맹원이었던 다수의 작가가 이미 북한에서 활동했던 때문이기도 하고, 또한 정치적 회오리에 휩싸여 차분히 창작할 시간을 갖지 못한 채 월북하거나 정치적 활동에만 매달려야 했던 그들 자신의 선택의 결과이기도 하다. 그러나 그러한 조건을 고려한다 해도 일제시대 때보다 오히려 작품 창작면에서는 후퇴했다고 볼 수 있다. 이 시기에 그나마 활발히 창작활동을 전개했다고 생각되는 작가로는 이태준, 안회남, 김영석, 이근영, 엄흥섭, 허준, 김영수 등을 들 수 있다. 이렇게 볼 때 과거 카프에 속해 있던 중견작가들보다는 오히려 구인회에 속해 있거나 모더니즘적 소설 경향을 보였던 이태준이나 안회남, 그리고 30년대 말 40년대 초에 등단한 이근영, 허준

등 사실주의적 경향의 신진작가들이 창작활동을 주도한 것으로 볼 수 있다.

과거 〈구인회〉 멤버였고 『문장』지 주도의 한 사람이었던 이태준은 「해방 전후」를 써서 제 1 회 문학가동맹 소설부문의 수상작가가 된다. 이 소설은 현이라는 소설가가 겪는 8·15 직후의 삶의 역정을 그린 소설이다. 과거 일제 말기 문인보국회에 어쩔 수 없이 가입하였으나 실제로 붓을 꺾고 낙향하여 살다가 해방이 되자 서울로 올라와 좌익문학단체에 가입한다. 그러나 낙향시 거기서 알게 되었던 선비 윤직원이 서울로 찾아와 좌익 문학단체에서 활동하지 말 것을 간곡히 충고함에도 불구하고 소설가 현은 일제때의 소극적인 자세를 버리고 적극적인 삶을 살기로 했다며 윤직원과 끝내 결별하게 되는 이야기이다. 또한 이태준은 47년에 장편 『농토』를 발표하여 문학가동맹으로부터 주목을 받았다. 개성 근처 가재울이라는 농촌마을을 중심무대로 일제치하 중엽으로부터 해방직후까지를 다룬 이 소설은 종의 아들로 태어나 궁핍한 소작인 생활을 거쳐서 각성한 농민이 되기까지의 억쇠를 주인공으로 하여 8·15 직후 토지개혁 문제를 본격적으로 다루었다.

이 이태준의 『농토』와 함께 기억될 만한 농민소설로는 안회남의 「농민의 비애」와 장편 「폭풍의 역사」, 그리고 이근영의 「고구마」, 이선희의 「창」이 있다. 일제시대 때 작가적 이력을 볼 때 놀라운 변신을 한 강제징용자 출신의 안회남은 이 시기에 농민문제를 다룬 일련의 소설을 발표함으로써 가장 주목받는 작가가 된다. 「농민의 비애」는 농촌 외진 마을에서 살고 있는 서대응이라는 노인의 이야기로 일제의 징용에 자식을 잃고 며느리는 개가하고 손녀와 함께 외롭게 사는데, 개가한 며느리가 손녀까지 데리고 가버리자 끝내 목매어 죽어버린다는 줄거리이다. 그러나 실제 소설의 내용은 당시 정세에 대한 설명과 농민을 수탈하는 현실에 대한 비판이 그 토대를 이루고 있는 것이 그 특징이다. 그리고 이선희는 「창」에서 이태준의 『농토』에서처럼 북쪽에서의 토지혁명을 소재로 다루었다. 토지문제에 대한 두 형제의 상이한 생각을 골격으로 하여 갈등을 겪다가 끝내 토지소유욕을 가지고 있던 형이 끝내 자신이 낙후되었다는 것을 느끼고 자살하게 된다는 내용이다.

또한 김영수의 「혈맥」은 해방 직후 첨예한 좌우익의 대립 속에서 부자(父子)가 겪는 세대간의 갈등을 그린 단편소설이다. 정치상황의 혼란과 그것을 둘러싸고 벌어지는 상충은 급기야 한 가족내에서도 각기 다른 단체에 부자지 간이 속하면서 이들은 과거의 윤리로서는 도저히 상상할 수 없는 갈등관계를 가질 수밖에 없게 된다. 아버지인 의학박사 이필호는 우익 정당의 요직에 있는 인물이고, 그 아들 기호는 의전 학생대표로서 좌익세력의 선봉장이 되어 '신탁통치 절대반대' '삼상회의 절대지지'라는 당시 사회의 첨예한 갈등이 가족간에까지 미치게 되는 8·15 직후의 상황을 보여주고 있다.

이처럼 일제시대부터 창작활동을 나름대로 전개해온 중견작가들 대다수는 낡은 것과 새로운 것의 대립과 교체를 주로 그렸다. 특히 그들은 낡은 것에 대한 비판에 주안점을 두었는데 이는 그 자신들을 얽매었던 낡은 것에 대한 비판이자 일제시대때 검열이라는 덫때문에 과거 그들 자신 속에 알게 모르게 앙금으로 남아 있던 문학적 대상이었기 때문일 것이다.

한편 이 시기에 새로이 등장한 신진작가들은 보다 적극적으로 현재적 문제에 눈을 돌려 자신들이 만들어내고자 하는 미래의 삶을 그리려 하였다. 이 시기 비평가로도 활발히 활동한 김영석은 「전차운전수」「폭풍」 등에서 노동자 문제를 그려 이 시기 노동문학을 대표한다. 「전차운전수」는 전차운전을 하는 이유식을 주인공으로 하여 '전차의 태엽장치의 하나'라는 기계 부품적 생활로부터 벗어나 '시민의 발'로서 노동을 자긍하는 인물로 성장하면서 결국 노동자 단결을 주장하는 적극적 노동자로까지의 의식성장을 다루고 있다. 또한 「폭풍」에서도 여성노동자를 주인공으로 하여 한 평범한 여공이 나중에는 의식적인 여성노동자로 성장하는 과정을 공장생활을 통하여 그려내고 있다. 전홍준은 「새벽」에서 출판사 편집부에 근무하는 지식인 현호가 공장 분회에 소속된 노동자의 지지파업으로 자신들의 요구를 관철시키는 것을 보고 노동자의 참된 모습을 각성하게 되는 과정을 보여주고 있다. 지하련의 「도정」 역시 전홍준의 「새벽」과 비슷한 주제를 다룬 것으로 해방이 되자 재빨리 시류에 편승하여 당재건에 앞장서서 활동하는 친구에 맞서 자신의 소시민성을 비판하고 공장에 들어간다는 내용이다. 이들 세 작가와는 달리 김학철은 그 자신의 특이한 경력, 즉 조선독립동맹 일원인 의용군으로 참전하여 겪은 전투경험을 소재로 「구열」「밤에 잡은 부로」 등을 썼다.

문학가동맹 진영의 시분야

소설분야에 비해서 시분야는 양식적 특성 때문인지는 몰라도 그래도 이 시기에 활발한 작품활동이 이루어진 편이다. 이 기간 동안에 발표된 주요한 시집으로는 46년에 조선문학가동맹 시부에서 발간한 『3·1기념시집』, 김기림의 『바다와 나비』, 오장환의 『병든 서울』, 박아지의 『심화(心火)』, 정지용의 『지용시선』, 박세영의 『햇불』, 그리고 47년에 오장환의 『성벽』『나사는 곳』, 임화의 『찬가』『회상시집』, 설정식의 『종』, 이용악의 『오랑캐꽃』, 여상현의 『칠면조』, 그리고 조운의 『조운시조집』이 있었으며, 48년에는 설정식의 『도포』 『제신의 분노』, 임학수의 『필부의 노래』『초생달』, 김기림의 『기상도』, 김상민의 『옥문이 열리던 날』 등이다. 이 시기에 왕성하게 활동한 주요 시인들은 임화, 김기림, 오장환, 정지용, 설정식, 임학수, 박세영 등을 꼽을 수 있다.

이들 시의 특징으로는 그간 막혔던 언어의 봇물이 터지듯 정치적 용어들이 마구 시에 등장하였다. 특히 정치적 현실과 긴밀하게 결부되면서 이른바 선전·선동시가 활발하게 창작되어 각종 집회에서 직접 낭송되기도 하였다. 임화의 경우 이 점은 두드러지는데, 그의 많은 시에는 행사나 누구를 추모한다는 등의 부제가 붙어 있다. 이를테면 '지금은 없는 전사 김치정 동무에게'란 부제가 붙은 「길」, '조선청년단체총동맹 결성대회에'란 부제가 붙은 「헌시」, '메이데이를 위하여'라는 부제가 붙은 「나의 눈은 핏발이 서서 감을 수가 없다」 등이 그것이다. 이런 예는 박세영, 권환 등 다른 시인의 시에서도 흔히 볼 수 있다. 그리고 이들 시의 대부분은 이데올로기적 내용과 투쟁성을 시의 전면에 내세움으로써 다분히 관념화되는 경향을 나타내기도 하였다. 그래서 김기림이나 김광균 등은 이들 시를 시인의 직접 체험이 결여된 관념적 이데올로기의 공식주의적 편향이라고 비판하기도 했다.

그러한 중에도 "8월 15일 밤에 나는 병원에서 울었다/너희들은 다같은 기쁨에/내가 운 줄 알지만 그것은 새빨간 거짓말이다"로 시작되는 오장환의 『병든 서울』은 제1회 문학가동맹 시부문 수상작으로 꼽혀 주목된다. 일찌기 모더니즘문학의 한 첨병 역할을 하였던 오장환의 현실비판이 '병든 서울'이란 상징어를 통해 통렬하게 나타나고 있다.

    병든 서울아, 나는 보았다
    언제나 눈물 없이 지날 수 없는 너의 거리마다
    오늘은 더욱 짐승보다 더러운 심사에
    눈깔에 불을 켜들고 날뛰는 장사치와,
    나다니는 사람에게
    호기 있어 먼지를 씨워주는 무슨 본부, 무슨 본부
    무슨 당, 무슨 당의 자동차

이처럼 오장환은 우리 모두의 공통된 행복을 위한 8·15의 감격이 정상배에 혼탁해지는 것을 비판하고 있는 것이다. 김기림, 정지용 등 과거 모더니즘적 경향을 가졌던 작가들의 시에서는 구체적인 사회현실에 대한 비판적 형상화가 주를 이루고 있는 것이 특징이다.

    그런데 이 시기 문학가동맹 진영의 시에서 결코 빼놓을 수 없는 일단의 신인군이 있다. 1946년에 『전위시인집』을 합동으로 발간하여 이른바 '전위시인'으로 일컬어지는 유진오, 이병철, 박산운, 김상훈, 김광현 등이 그들이다. 이들은 이 시기에 전위적 실천을 몸소 실천하여 유진오 같은 경우는 빨치산에 참여했다 결국 죽게 되기까지 하였다. 그러나 그들의 시는 기존의 시인과는 다르게 서정성을 짙게 깔면서 치열한 현실인식을 하고 있는 점이 그 특징이어서 새로운 면모를 보여주고 있다 하겠다.

    바른 길로만 끝없이 달리고 싶은 말아
    네 발이 푸른 대처럼 싱싱하구나

    전진(戰塵)에 피비린내나는 천리 길을
    한숨에 뛰어가 조국의 슬픔을 구하고

    독재자의 채찍 아래 쓰러진
    무수한 젊은 넋이 억울해서
    황야에 바람을 거슬러 울었다지

돌아와 이제 헐벗은 주인의 담 밑에서
진종일 낡은 지푸라기만 너흘어도
자물쇠 굳이 닫힌 곳집을 지키는
치사스런 번견(番犬)은 아니라는 자만에
말은 갈기털 날리며 발을 구르고 섰다.

김상훈의 「말」이란 시다. 먼 만주벌판에서 조국을 잃고 싸워온 투사를 말로 상징하여 이제 봉건적 구질서를 넘어서 새 세계를 열어야 한다는 의지를 자연물에 빗대어 작품화하였다. 이처럼 이들 시에서는 서정성이 짙게 배어 있어 기존 시인들의 시보다 오히려 훨씬 감동적이라는 것이 일반적인 평가이다. 특히 이들은 서사시도 활발히 창작하여 과거 카프 시기와는 또다른 시적 흐름을 독자적으로 형성하기도 하였다.

민족진영의 소설계

일반적으로 이 시기 문학을 보는 데 있어서 우리는 좌익, 우익이라는 이분법적 구도로 파악하지만 실제 작가들의 작품에 들어가보면 이러한 이분법이 상당히 도식적이라는 생각을 가질 수가 있다. 이것은 작가가 어느 단체에 속해 있다고 해서 곧바로 그 단체의 이념과 일치시킬 수 없는 개인적 특징에서 연유하기도 하고 실제로 두 단체에 속하지 않고 독자적인 창작세계를 구축한 경우도 있다. 이러한 작가들은 특히 이제 선배격에 해당되는 중진작가들에게서 특히 그 면모를 엿볼 수가 있다. 이를테면 염상섭과 채만식, 김동인 등이 그들이다. 이들은 주로 8·15 이후 변화된 사회상황을 정치적 색채 없이 작가 자신의 엄밀한 시선으로 담담하게 그려내고 있다.

『만선일보』주필로 있다가 해방과 함께 서울로 돌아온 염상섭은 「그 초기」「이합」「재회」「삼팔선」등에서 자신이 서울에 오기까지의 과정에서 보았던 이북의 현실을 자연주의적 필치로 세밀하게 소설화하였다. 또한 「양과자갑」에서는 영어만 잘하면 출세한다는 세상에서 이를 거부하는 대학강사 가장과 아내와의 갈등을 통해 당대 세태의 일단을 보여주고 있다.

우리 근대문학의 가장 대표적인 풍자작가라 할 수 있는 채만식은 이 시기에도 그 면모를 유감없이 발휘하며 왕성한 활동력을 보이는데 이 시기 대표작으로는 「맹순사」 「논 이야기」를 들 수 있다. 「맹순사」는 일제시대때 순사질을 하다 그만둔 평범한 소시민이 해방 직후 다시 순경이 되면서 겪게 되는 상황을 희극적으로 그려낸 소설이다. 아내의 등살에 그만둔 순사질을 다시 시작했는데 과거 학교도 중도에서 그만두고 동네에서 놈팽이처럼 살아가는 천덕꾸러기도 순사가 되어 있을 뿐만 아니라 더 나아가 살인강도 무기징역수까지 순사가 되어 있는 상황을 희화적으로 그렸던 것이다. 「논 이야기」는 일본인 등살에 못이겨 빚을 갚기 위해 일인에게 논을 팔았던 한생원이 해방이 되자 다시 자기 논이 될 줄 알고 찾으려 했는데 혼란한 틈을 타서 잇속 밝은 무리들이 일본인 농장이나 회사 관리자와 짜고 그것을 처분해버려 망연자실하게 되었다는 이야기이다.

김동인은 「반역자」에서 일제시대 때 지식인으로 살아왔던 한 지식인의 몰락을 그려냄으로써 친일파 문제를 다루었다. 또한 「망국인기」에서는 직접 자기 자신이 일제치하에서 살아온 이야기를 부끄러운 사실까지도 솔직하게 보여주고 있다.

한편 이 시기 순수문학론의 기수로 자처한 김동리는 「혈거부족」에서 만주에서 귀국한 여인 '순이'가 겪는 비참한 생활상을 그리고 있다. 병든 남편을 이끌고 해방과 함께 천신만고 끝에 고국에 돌아오지만 고향에도 가지 못하고 방공호에서 거지를 방불하는 생활이 그려져 있다. 그러나 귀환동포의 비참한 생활을 그리면서도 고향의 의미에 초점을 맞춤으로써 그 자신의 순수문학관의 편린을 엿볼 수 있다. 그리고 김동리는 실제로 사회변화에 관계없이 문학의 보편성과 영원성에 기반한 순수문학론을 투영한 많은 작품을 이 시기에 내놓는다. 「역마」 「윤회설」 「달」 「개를 위하여」가 그러한 계열에 속한 작품이라고 할 수 있다. 「역마」는 주막집 아들인 성기가 역마살이 끼었다는 당사주의 점괘가 가리킨 운명대로 떠돌아다니며 살 수밖에 없다는 이야기이다. 이리 저리 떠돌아다니며 가끔 집에 들르던 성기는 어느 날 체장수가 주막집에 맡기고 간 계연과 사랑하게 되지만 알고보니 배다른 이모여서 끝내 큰 상처를 입고 다시 엿목판을 메고 집을 떠난다는 것이다.

이러한 순수문학적 소설은 황순원, 최태응에게서도 엿볼 수 있다. 황순원은 「목넘이 마을의 개」에서 우연히 흘러들어온 개를 마을 사람들이 미친 개로 알고 죽이려하지만 개는 끝내 목숨을 부지하고 오히려 새끼까지 낳아 동네에 퍼뜨린다는 이야기이다.

민족진영의 시분야

이 시기에 순수시를 주로 쓴 시인들은 크게 보아 과거 민족주의 계열의 시인들과 1930년대 후반에 등단한 신진시인들이었다. 중견시인들로는 김현승, 서정주, 유치환, 김광균 등이 계속해서 활동했고, 특히 조지훈, 박목월, 박두진 등 〈청록파〉 세 시인이 가장 활발히 창작하였다. 이 시기에 산출된 순수시 영역의 주요한 시집을 보면 46년에 조지훈, 박목월, 박두진의 『청록집』, 신응식의 『석초시집』, 그리고 47년에 유치환의 『생명의 서』, 신석정의 『슬픈 목가』, 김광균의 『기항지』, 한하운의 『한하운시초』가, 또한 48년에 유치환의 『울릉도』, 김춘수의 『구름과 장미』 서정주의 『귀촉도』 등이 출간되었다.

박두진의 「해」는 일제로부터 해방된 조국의 현실에 대한 기쁨을 탁월하게 정서화하여, 조연현은 이 작품을 두고 한국서정시가 이룰 수 있는 한 절정을 노래했다고 하였다.

> 해야 솟아라, 해야 솟아라, 말갛게 씻은 얼굴 고운 해야 솟아라, 산 너머 산 너머서 어둠을 살라먹고, 산 너머서 밤새도록 어둠을 살라먹고, 이글이글 애띤 얼굴 고운 해야 솟아라.
> ──「해」의 제1연

이처럼 박두진은 그의 장기인 반복법을 박진감 있는 내재율에 맞춰 그려냄으로써 태양이 상징하는 격정과 감격을 효과적으로 전달해주고 있다. 박목월도 「나그네」「윤사월」「봄비」 등 그 자신의 대표작을 이 시기에 산출한다. 조지훈 역시 「완화삼」「낙화」 등의 작품으로 그 자신의 독자적 경지를 더욱 공고화 한다.

꽃이 지기로소니
바람을 탓하랴

주렴 밖에 성긴 별이
하나 둘 스러지고
귀촉도 울음 뒤에
머언 산이 다가서다

촛불을 꺼야하리
꽃이 지는데

꽃지는 그림자
뜰에 어리어

하이얀 미닫이가
우련 붉어라

묻혀서 사는 이의
고운 마음을

아는 이 있을까
저허 하노니

꽃이 지는 아침은
울고 싶어라
———「낙화」전문

일제 말기보다 더욱 정제된 시적 언어로 서정시의 득의의 영역을 개척하고 있음을 엿볼 수가 있다.
한편 이 시기에 등단하여 이후 시단의 중추적 역할을 하는 일련의 신진시인들이 있다. 정한모, 김춘수와 50년대 들어서 후기모더니즘의 기수가 되는 김수영, 김경린, 박인환, 그리고 구상과 김규동, 조병화, 전봉건 등이 이 시기에 배출되었다.

4. 문단의 재편성

월북작가와 월남작가

 시기별로 월북한 작가를 살펴보면, 1946년에 홍명희가, 1947년에 이태준, 임화, 지하련이, 그리고 그 이후부터 6·25 이전까지 김남천, 이원조, 안회남, 허준, 김동석, 오장환, 임학수, 김영석, 박찬모, 조영출, 조남령, 김오성, 주영섭, 윤규섭, 황민, 이서향, 한효, 이동규, 박세영, 박팔양, 송영, 윤기정, 신고송, 이갑기, 조벽암, 함세덕, 이근영, 지봉문, 박산운, 엄흥섭, 조운, 황하일 등이 월북하였고 6·25가 끝난 후에 설정식, 이용악, 박태원, 현덕, 양운한 등이 각각 월북하였다. 그리고 김태준, 유진오, 이흡 등은 빨치산으로 활동하다 사살되는 비극적 운명을 겪었다.
 또한 8·15 이전부터 북한에 남아있던 문인으로는 최명익, 김조규, 유항림, 안용만, 이원우, 김우철, 김북원, 이북명, 한설야, 최인준, 이찬 등이 있었고 45년에 이미 북한에 정착한 문인으로는 이기영, 안막, 송영, 박세영, 윤기정 등을 들 수 있다.
 반면 북쪽에서 이 기간 동안 월남한 문인으로는 김동명, 안수길, 진진수, 임옥인, 황순원, 구상, 최태응, 오영진, 유정이 6·25 이전에, 김이석, 박남수, 장수철, 박경종, 김영삼, 이인석, 양명문 등이 6·25 이후에 각각 월남하였다.

문단 재편

 이러한 좌우기의 첨예한 갈등이 1948년을 전후로 하여 남북으로 완전히 이원화 되자 남한에서도 단일한 문예조직으로 재정비된다. 그리하여 1949년 12월 9일 남한 문단의 모든 문인을 포괄하는 유일한 조직으로 〈한국문학가협회)(이하 '문협')가 결성된다. 여기엔 좌익활동이 완전히 불법화되고 금지됨에 따라 과거 문학가동맹에서 활동했던 문인들까지 전향작업을 통해 포용하고 있다. 이러한 문인으로 정지용, 엄홍섭, 임서하, 이봉구 등을 들 수 있다. 〈문협〉의 강령은 다음과 같다.

1. 우리는 민족문학 수립의 역사적 사명을 성취하기 위하여 단결 매진함.
1. 우리는 문화운동을 통하여 한국의 국제적 지위 향상을 도모함.
1. 우리는 모든 비민족적 반국가적 공식주의를 배격하고 진정한 세계평화와 인류 공존에의 공헌을 기함.

한편 〈문협〉의 주요 임원으로는 회장에 박종화, 부회장에 김진섭, 그리고 김동리, 서정주, 유치진, 백철, 윤석중, 김광섭, 양주동 등이 각분과위원장을 맡았다. 이러한 〈문협〉의 결성은 이후 우리 문단의 근간으로서 지금까지 존속되고 있다는 데서 새로운 출발점이 되었다고 해도 과언이 아니었다. 한편 〈문협〉은 기관지의 성격을 갖는 『문예』를 발간하기도 하였다.

제 8 부 한국전쟁의 충격과 전후문학의 전개

1. 1950년대 문단의 동향

　8.15 광복의 환희도 잠시뿐 민족의 현실은 좌익과 우익의 극단적 대립・갈등의 구도 속에서 혼돈의 시기를 겪더니, 급기야 1950년 6월 25일에 발발한 한국전쟁이란 미증유의 시련기를 맞이하게 된다. 한국전쟁이 우리 문단에 끼친 영향력은 막대한 것으로써 1950년대 문학의 특징을 결정짓는다 해도 과언이 아니다. 전쟁이 갖는 불모성과 비극성은 말할 것도 없지만, 특히 한반도 내에서 같은 민족끼리 총부리를 겨누며 피를 흘린 가운데 남긴 전쟁의 상흔은 이후 우리 문학사에서 지속적인 창작과 비평의 과제로 대두된다.

　사실 1950년대 이후의 문학사는 이른바 분단시대로 불리우는 민족사의 질곡 속에서 제기된 삶의 양상들을 다양한 관점으로 조망해왔다. 오늘날까지 분단의 아픔은 민족의 문제적 현실의 심층에 자리잡은 근원적인 것이기 때문이다. 따라서 한국전쟁과 밀접한 상관성을 맺는 1950년대의 문학을 살펴보는 것은, 단순히 문학사를 정리하는 차원이기보다 오늘날의 문학을 태동시킨 요인에 대한 탐구의 일환이라는 점에서 주목을 요한다 하겠다.

한국전쟁기의 전시문단

1950년 공산군의 남침으로 인한 전면적 전쟁은 한국 문학에 다시 한번 큰 타격을 주었다. 그로부터 휴전까지의 문단상황은 대개 다음과 같다.

첫째, 한국전쟁은 많은 작가와 시인들, 그리고 문학을 지망해 나가던 젊은 학도와 독자들을 잃게 했다. 해방 후 한국전쟁 이전까지 자국의 문화 연구활동에 정진해오던 많은 유능한 신진 작가와 시인들을 잃었다. 뿐만 아니라 한국 문단 최고령(最高齡)의 고참병(古參兵)인 이광수가 7월에 납치되고 그 다음의 원로급인 김동인이 1·4 후퇴 당시 병석에 누워 가족들을 남하시키고 작고했다. 그리고 박영희, 김억, 김진섭, 김동환, 김기림 등도 납북되고 김영랑은 포탄에 맞아 작고했다. 그리고 문학 성장의 절대적 배경이 되는 독자층들이 한꺼번에 파멸하였다.

둘째, 이런 분위기 속에서 일부 문인들이 일시적으로 좌경화되는가 하면, 부득이 부역을 하기도 하였다. 또한 북에서 내려온 문인과 함께 우익 문인을 체포하는 현상도 벌어지면서 또다시 종전 후 우익 세력이 등장함으로써 한국 문단은 많은 정치적 비극을 자아내게 된다. 이것은 훗날 남한에 남은 문인들 사이의 분파와 반목의 원인으로 작용되며 한국 문단의 아름다운 풍토를 조성하는데 방해가 되기도 했다.

셋째, 휴전이 성립된 1953년까지 이들의 창작활동은 매우 부진했다. 남하한 대부분의 문인들은 정훈국에서 또는 종군작가로서 후방 반공전선의 역할을 맡았다. 그것이 1951년 대구에서 결성된 〈육군 종군작가단〉, 같은 해 육군보다 먼저 같은 지구에서 결성된 공군 소속의 〈종군문인단〉, 그리고 해군 정훈감실에서 만든 〈종군작가단〉 등이 있다. 여기에는 정비석, 박영준, 최태응, 장덕조, 방기환, 김이석, 김송, 성기원, 김팔봉, 양명문, 염상섭, 이무영, 박계주, 박연희, 안수길, 마해송, 조지훈, 최인욱, 황순원, 김동리 등 상당수의 기성 문인들이 거의 모두 참가했다. 그런데 이렇게 대부분의 문인들이 종군작가단에 가입했음에도 불구하고 한국전쟁의 민족적 비극에 대한 진실한 증언과 고발의 문학, 그 리얼리즘의 문학 면에서는 높은 성과를 거두지 못한 셈이다. 오히려 그러한 문학은 전쟁을 최전선의 현장에서 체험하고 돌아온 그들의 후배가 훗날 문단에 출현하면서 비로소 나타난다. 그리고 안수길의 「쾌청(快晴)」, 김동리의 「귀환장정(歸還壯丁)」, 황순원의 「곡예사(曲藝師)」, 오영수의 「머루」, 조병화의 「패각(貝殼)의 침실(寢室)」(시집) 등이 남아 있으며, 이것은 대개가 후방 전선이 소재로 되어있고, 객수(客愁)의 센티멘털리즘이 깔려 있었기 때문에 이들로부터 6·25의 참된 전쟁문학을 기대할 수는 없었다.

전후문학의 창작계

전후의 문학은 1953년 7월 휴전과 함께 시발되고 재건됨으로써 본격화했다. 정확히는 환도를 계기로 활기를 띤 문단생활에 관련된 것이지만 1955년을 지나서 1959년간의 50년대 후반기에서 뚜렷한 모습을 볼 수 있다. 많은 신인들이 『현대문학』, 『문학예술』, 『자유문학』 등을 통해서 등장함으로써 그 양상은 뚜렷해졌다할 것이다. 실상 50년대 후반기에 와서 많은 재능있는 신인들이 활발한 작품활동을 벌였다.

신세대작가라고 통칭되는 이들 작가군은 20대에서 30대에 걸친 신인들이지만 한결같이 그 작가 세계에 있어서 거의 같은 상태의 작가 의식을 견지했다는 것이다. 즉 전쟁에 대한 상처를 뼈저리게 통감하는 휴머니티를 강렬히 추구했다 할 것이다.

전후문학, 즉 50년대 문학을 회고하고 평가한다는 것은 오늘의 한 국문학을 타진해 보는데 중요한 구실이 된다. 50년대야말로 6.25로 시발되는 민족사에서 가장 비극적 표본이 되고 그로부터 재출발된 현대문학사의 탄탄한 터전이 되었다는 데서 각별한 의미를 지니기 때문이다.

훗날의 문학사가들이 이 시대의 사조적 비판과 서술을 어떻게 전개해 가겠는가 하는 충분한 소지를 고려한다면 그 본격적인 탐색작업은 신중히 다루어져야 할 것이다. 흔히 통념되는 50년대 문학은 전후문학에서 재건기의 문학으로 간주되겠지만 넓은 의미에서 그것은 전시문학, 혹은 6.25의 문학까지 포괄될 수 있을 것이다. 이와 같은 전제에서 광의의 50년대보다도 실제로 전후문학이 본격화된 50년대 후반의 문학에서부터임을 상기하게 된다.

피난시의 객고에 신음하던 대부분의 중앙문인들은 서울 수복과 함께 상경하기 시작했다. 폐허가 되어버린 수도에 찾아들어 자기 정착지를 찾고 1953년에 휴전을 맞이했다. 이들은 우선 대열을 정비하기 시작했다. 그리하여 순문예지로『현대문학』,『문학예술』,『자유문학』등이 창간됨으로써 한국문단은 신인추천제도에 의해서 많은 신인들을 배출하게 되었다. 그리고 또 1954년 7월에 예술원이 발족됨으로써 일부 문인들의 활동을 뒷받침하게 되었으며, 각종 문학상 제도가 설정되어 문학발전의 촉진제가 되었다. 이로 말미암아 한국문단은 전쟁의 상처가 아물어 지는 가운데 점차 활기를 띠기 시작했다.

우선 50년대 문학의 특징으로 요약되는 것은 다음과 같다. 시, 소설, 평론 등 모든 문학분야의 기술적 역량이 현저히 향상됐다. 이들은 비록 당시 선배들의 심사, 추천과정을 거쳐서 등단했지만 그 뒤로 선배의 수준을 능가하는 점이 많았다. 선배들에 비해서 좀 더 좋은 조건하에서 모국어의 문학을 시작했으며, 문예학의 기초를 닦고 그 토대 위에서 문학을 시작했으며, 많은 문학 지망생들 속에서 어려운 관문을 뚫고 선택되었기 때문에 그같은 엄격한 과정을 밟지 않고 쉽게 등장한 선배보다는 우수한 인재가 많았던 것이다. 그 대표적인 예로써 창작계의 경우 한국전쟁 후의 현실을 소재의 차원에서 예리하게 포착해내었다. 가령, 손창섭은 그가 체험한 전후의 현실에 기반하여 천재적 소질을 발휘한 작가의 전형인데, 이 사회의 병든 응달에 대한 투시력과 그 표현의 정확성과 작가 자신의 특이한 개성적 표현은 전후 50년대 작단에 가장 우수한 업적을 남겨 놓았다.

이처럼 전후문학의 창작계는 손창섭뿐만 아니라 선우휘, 강신재, 이범선, 이호철, 오상원, 최상규, 박경리, 오영수, 서기원, 송병수, 하근찬, 박경수, 강용준, 최인훈 등의 역량 있는 작가의 문제작이 발표되었다. 이들은 전쟁시기의 전후반을 진지하게 파고 들어 좋은 전쟁문학을 남겼던 것이다. 그 중에서 선우휘의「불꽃」, 손창섭의「포말의 의지」,「후일담」등은 그 형상화에 있어 국가보안법상으로 약간의 물의를 일으키기도 하였다.

그런가 하면, 시단에서는 김규동, 박인환, 김경린 등이 등장하여 쉬르 리얼리즘이나 이미지즘의 경향을 추구하며 종전의〈청록파〉에 반발을 시도했다. 그러면서 이들은 김구용, 송 욱, 박남수, 김춘수, 이종학 등과 함께 한국 시단에 새로운 현대시의 지평을 개척해 나갔다.

한편 박두진, 박봉우, 김수영, 이설주, 신동문 등이 현실에 대한 진지한 양심적 비판의식과 함께 독자와의 간격을 좁혀 나갔으며, 박성룡, 박재삼, 이성교 등은 전통적 리리시즘을 추구해 나갔다.

이처럼 50년대 문학이 양적으로나 질적으로 괄목할 발전을 기록했다는 것은 자명한 일이지만 여기에는 몇 가지 문제점을 지적할 수 있겠다. 우선, 전후문학의 후방성이다. 일찍이 이 점에 대해 구중서는 다음과 같이 언급한 바 있다.

> 전선의 10부 능선에 올라가서 총검으로 접선하는 현장이 작품적으로 성공한 것이 거의 없다. 작품의 무대는 대체로 전선 아래에 있는 병영이거나 전쟁이 휩쓸고 지나간 마을 또는 먼 후방의 도시다.

그 본보기로 제시된 것이 조지훈의 「시풍류병영(詩風流兵營)」, 황순원의 「학」, 안수길의 「제삼인간형」, 김동리의 「밀다원시대」 등이다. 구중서의 냉정한 지적이 의미하는 것은 다름 아니라 한국전쟁에 대한 리얼리즘적 형상화가 미흡하다는 점이다. 즉 전쟁의 한복판에서 전쟁을 야기시킨 원인과 그 속에서 발견되는 인간에 대한 진실한 측면에 대한 창작 작업이 치열하게 모색되지 않은 것이다. 그 대신 전쟁과 거리를 둔 후방에서의 이야기를 통해 전쟁에 대한 관념적이고 추상적인 인식에 머무른 문제점을 낳는다. 이것은 50년대에 풍미하던 실존주의의 영향 속에서 두드러지는데, 그는 그 예로써 서기원의 「암사지도」, 손소희의 「태양의 계곡」, 김동리의 「실존무」, 한말숙의 「신화의 단애」 등을 들고 있다. 사실 실존주의 문학이 50년대 문학에 와서 왕성히 표방되기는 했지만, 그것이 다만 시류적인 유행성을 외면하지 못한 채 사이비문학을 남발하는데 그쳤다는 반성을 남기지 않을 수 없다. 그럼에도 불구하고 50년대 문학에서 알찬 수확으로 지적되는 것은 전후파나 실존주의와 상관없는 인간과 사회의 내부에서 문제의식을 추구하여 형상적으로 표현하는 정직한 문학이 현저하게 생산되었다는 점이다. 그 좋은 본보기로는 김광식의 「213호주택」(56), 이범선의 「오발탄」(1959), 박경리의 「불신시대」(1957), 송병수의 「쑈리 킴」(1957), 이호철의 「파열구」(1959), 하근찬의 「수난이대」(1957) 등이 거론될 수 있는 역작들이다.

이처럼 1950년대는 전후문학의 재건기에 해당되는 획기적 전환시대이다. 이 한세대, 특히 후반의 문학상황은 현대문학의 재출발과 도약을 위한 괄목할 전진을 보여주었다 할 것이다. 최악의 문학상황이었던 50년대 초반의 전쟁의 공백기에서 재활되고 소생되어 그 어느 시대 보다도 왕성한 의욕과 열기를 뿜었고, 50년대 후반의 문학상황은 앞서 논의한 바와 같이 다양한 모습으로 재현되었음을 보여주었다.

사실 그들이 생존하고 체험했던 시대는 암담한 극한상황이다. 전시를 뼈저리게 감내하고 극복했던 세대이기도 하다. 50년대 후반의 작가군에게는 동세대의 전반의 작가군들과는 몹시 다른 모습을 지닌 작가들이며 그 문학적 특징도 퍽 이질적임을 과도적인 문학세대로 지칭될 수 있고, 그들 전반의 작가들이 전쟁 체험을 전후파적인 기질로 연소시킨 데 비해서 이들 세대는 극히 비판적인 안목으로 문학행동을 펼쳐간 사실이 주목된다. 따라서 이들의 문학세계는 전기의 성급한 불안 문학과는 대조적으로 그들이 직면했던 역사적 현실과 사회적 조건을 보다 진지하게 천착하면서 자기 나름대로의 개성 있는 문학세계를 확대해 갔음을 확인하게 된다.

전후문학의 비평계

그런데 이 시기의 한국문학이 보다 더 본격적인 궤도에 올랐다는 것은 신진비평가들의 눈부신 활동으로 입증된다고 보아야 하겠다. 한국 문학사에 비평문학이 성립된 것은 이 때가 처음이라해도 지나치지 않다. 물론 과거 프로문학시대 이후 비평 활동에 나선 사람들이 많이 있기는 했지만 전문적인 비평가는 매우 적었으며 그 활동이 전체 문단에 끼친 영향은 50년대의 그것에 비할만한 것이 못되었다. 이들은 날카로운 비평으로써 모든 창작 활동을 진작시켜 나간 것이 사실이다. 한국문학의 방향 설정에도 직간접적으로 큰 영향을 끼쳤다.

그런데 이들의 경향을 크게 나누면 신·구 세대 비평으로 양분되었다는 사실이다. 더욱이 50년대 후반에 와서 신·구세대의 교체가 현저히 드러났고 신인들의 문학세계에 큰 비중이 주어지게 되었다는 것은 문학전통의 이변을 낳는 일로 간주 된다. 따라서 50년대문학의 특징을 추구하는 것은 오늘의 한국문학을 옳게 타진하고 이해하는 데 첩경인 것이다.

무엇보다 50년대에 등단한 신진 비평가들은 대개가 제대로 우수한 학벌을 갖추고 있었다. 그 점에 있어서 이들은 과거의 대부분의 비평가들 그리고 다른 장르의 대부분의 문인들의 성장 과정이 다른 것이 사실이다. 이어령, 윤병로, 김우종 등이 국문학을 전공했으며, 홍사중, 정창범 등이 사학을 전공하였고, 유종호, 이철범 등이 영문학을 전공하는 등 이같은 기초 위에서 비평의 역량을 기르고 등단하여 눈부신 활동을 전개했다. 이들은 이 시대의 시단 및 작단에 대한 날카로운 시평(時評)으로써 모든 창작 활동들을 진작시켜 나간 것이 사실이다. 한국 문학의 방향 설정에도 직간접적으로 큰 영향을 끼쳤다. 그런데 이들의 경향을 크게 나누면 이른바 전통의 단절을 선언하며 외국 사조에 영합해 나간 쪽과 그와 반대로 그 동안 단절되고 망각되어 온 과거의 한국 문화 속에서 전통의 명맥을 되찾고 한국 문학의 주체성을 살리려 한 쪽으로 나눌 수 있다.

2. 한국전쟁에 대한 소설적 형상화

한국전쟁은 민족사의 엄청난 비극 그 자체이다. 동족상쟁의 피비린내 나는 참화를 보게 되었고 공산집단의 비인간적 잔학상을 뼈저리게 체험케 한 시련기로 기록된다. 일찍이 유례없는 전쟁 사상자, 국토의 폐허화, 북한 동포의 대거 월남, 남한 인사들의 납북, 이산가족의 속출로 집약되는 새로운 남북분단을 보게 되었다.

이와 같은 전대미문의 전란을 겪었던 작가들에게 전쟁은 절박한 생활현실이 아닐 수 없었다. 즉, 극한상황은 바로 그들의 행동과 창작의 동기가 될 수밖에 없었다는 것이다. 이른바 도강파(渡江派)나 잔류파(殘留派), 그리고 6. 25로 월남한 작가들도 모두가 인간적, 민족적 고뇌에서 창작 활동을 하였다.

 이렇듯이 한국전쟁을 계기로 그 전쟁을 소재로 취한 소설들이 많이 생산된 것은 당연하다. 따라서 그 문학은 자연히 공산주의에 대한 혐오와 분노로 일관될 수밖에 없었고, 인간성의 옹호를 강조한 것이 특징이었다. 따라서 〈반공문학〉이 란 이름으로 명명되는 이 시기의 문학은 다분히 정치적인 반발의 감정과 사상적인 대립으로 빚어졌을 뿐 구체적인 문학운동의 쟁점을 갖추지 못한 것은 사실이다. 따라서 〈반공문학〉에 대한 재평가는 오늘의 시점에서도 지속적인 논란거리가 되고 있다. 그 본질적인 내용규명과 개념 규정이 선명하게 정립되어야 한다는 주장이 분분하기 때문이다.

 한국 현대소설사에서 전쟁을 수용한 작품들의 성격은 다각도로 추구될 수 있지만 흔히 다음의 두 가지로 구분할 수 있다. 하나는 작가가 총탄이 퍼붓는 최전선에서 취재한 것이 아니라 먼 후방에서 전쟁의 모습을 관념적으로 그려간 후방성의 경향이고, 다른 하나는 적군에 대한 관용과 동포애로 그려진 작품의 경향이 그것이다. 이 두 경향의 대표적인 작품으로는 김동리의 「밀다원시대」, 「귀환장정」, 황순원의 「학」, 안수길의 「제삼인간형」, 김말봉의 「합장」, 최태응의 「봄비」, 김광주의 「표정」, 박영준의 「부산」, 손소희의 「바다 위에서」, 한무숙의 「첩자」, 이호철의 「부유하는 군상」 등이 있다.

구세대 작가군에 의한 전쟁의 형상화

 구세대 작가들에 의한 한국전쟁에 대한 소설적 형상화의 작업은 전후 신세대 작가들의 그것과 구별된다. 그것은 구세대 작가들이 이미 한국전쟁 이전에 문단에 등단하여 나름대로의 작품세계를 구축해놓았기 때문이다. 따라서 그들에게 한국전쟁을 거치면서 그 어떤 새롭고도 충격적인 문학적 형상화를 기대하기는 어려운 것이다. 구세대 작가의 작품 세계를 살펴볼 수 있는 것으로는 다음의 경우를 들 수 있겠다.

 안수길의 대표작으로 평가받는 「제삼인간형」에서는 한국전쟁을 통해 본 지식인의 세 유형을 그린 것이다. 작자 자신도 이 작품에 대하여 이렇게 설명한 바 있다.

사상을 통한 지식인의 세 개의 형을 그려보았다. 세번째의 인물은 작자가 모델로 되었으나 그것은 개인적인 〈나〉가 아니고 사회적인 〈나〉, 전형적으로서의 〈나〉라는 점을 말하려고 한다……

여기서 언급하였듯이 세 개의 인간형, 즉 근본적으로 인생의 방향을 바꾸어버린 작가 〈조운〉과, 경박한 생활에서 건실한 인간으로 더욱 강해진 문학소녀 〈미미〉, 그리고 과거의 집념을 버리지 못하고 충실하지도 못하는 교사 〈석〉을 그려, 한국전쟁이 영향을 미친 인간의 변모를 파악해 놓은 것이다. 그러면서 작가는 주인공 〈석〉을 통하여 일제 이후 계속되는 민족의 수난과 결부되어 항상 패배의식에 사로잡힌 소시민의식을 여실히 보여준다.

황순원의 「학」에서는 〈성남이〉란 청년이 어릴 때부터의 단짝 친구인 〈덕재〉를 호송하는 장면을 보여준다. 〈덕재〉는 농민동맹 부위원장을 지냈다는 죄명으로 처벌을 받기로 되어 있었는데, 〈성남이〉는 학 사냥을 핑계로 〈덕재〉를 슬그머니 놓아준다는 얘기다.

한편 김동리의 「밀다원시대」에서는 부산 피난시절의 작가 스스로의 생활주변에서 얻어진 체험기를 서술함으로써 6.25의 후방에서 겪었던 지성인의 한 고뇌를 보여준다.

이밖에도 50년대 전반기 구세대 작가군의 소설로 화제가 된 것은 김동리의 「흥남철수」와 박영준의 「빨치산」 등이다. 이 「빨치산」에서도 한국전쟁에서 흔히 볼 수 있었던 포로들의 생활과 그 심리적 갈등을 리얼하게 그리고 있다. 그리고 가장 사실성을 높인 것으로는 오유권의 「방앗골 혁명」을 들 수 있다. 여기에서는 해방직후의 좌우익투쟁이 심했던 농촌에 공산군과 국군이 번갈아가며 들어와 일으킨 피해와 그 복구 등, 우리 민족 수난의 현실을 추구한 것이다.

이와같이 전쟁소설들의 제재가 후방성을 띠고 있는 것이나 적군에 대한 애정과 관용으로 표현된 것은 어디까지나 동족상쟁의 비극을 극복하려는 작가정신의 산물이다. 그러나 이 시기의 작품들은 거의가 종군작가들에 의해서 씌어진 것임을 잊을 수 없다. 따라서 그들은 하나의 직업의식으로 해서 선전적이고 도식적이고 공식주의 등의 획일성을 크게 벗어나지 못한 흠이 있다.

이러한 구세대 작가에 의한 전쟁의 형상화에 따른 문제점은 1955년을 전후하여 등단한 신세대 작가군에 의해 극복의 실마리를 갖게 된다. 하지만 신세대 작가들 역시 분단된 조국이란 역사적 조건에서 자유롭지 못하기 때문에 한국전쟁에 대한 객관적인 현실 인식에 토대를 둔 문학적 형상화는 한계를 지니게 된다.

전후 신세대 작가군의 출현

전후의 신세대 작가군은 일반적으로 『사상계』, 『문학예술』, 『현대문학』 및 신춘문예를 통해 등단한 이호철, 김광식, 오상원, 서기원, 최상규, 하근찬, 박경리, 송병수, 선우휘, 이범선, 전광용, 추식, 강용준, 한말숙, 곽학송 등을 가리킨다. 전쟁이 종결된 후 그들은 『현대문학』, 『문학예술』, 『자유문학』 등의 문예지를 통해 본격적인 작품활동을 펼친다.

(1) 선우휘의 「불꽃」

「불꽃」은 전편이 전쟁에 관련된 작품은 아니지만 그 후반에 전쟁을 제재로 취함으로써 진실된 휴머니티를 볼 수 있다. 여기서는 주인공 〈현〉을 중심으로 한 3대의 이야기가 펼쳐진다. 〈현〉의 할아버지는 전형적인 전근대인으로서 모든 화근은 선친의 묘자리가 나쁜 탓이라고 생각한다. 그런데 〈현〉은 어려서부터 아버지에게서 물려받은 저항정신(그의 아버지는 항일운동에서 죽었다)과 할아버지로부터 영향을 받은 도피사상 사이에서 방황해야만 했다. 어느 일요일, 할아버지의 혹을 보고 조롱하는 애들에게 맹렬히 대들어 할아버지의 명예를 위해 싸웠으나 도리어 할아버지의 꾸중만 받고 난 〈현〉은 실망과 좌절감에 몸부림친다. 그 뒤 중학교 때 M선생을 비롯한 몇몇 학생이 행방을 감춘 사건이 일어났다. 불온한 독서회 사건으로 M선생이 고등계 형사에게 끌려간 것이다. 한때 〈현〉도 독서회에의 권유를 받았으나 거절했던 그는 졸업 후 친구들이 전문학교니 청년다운 야망이니 하고 떠들 때도 국외자였다. 될 대로 되란 식의 도피사상에 빠져있던 〈현〉은 점차 철이 들고 성장해가면서 서서히 반항과 체념의 갈등 속에서 고민한다. 그러나 최초의 반항적 행동이 할아버지에게 꾸중을 받은 뒤로는 주위야 어떻게 되든, 자기 할 일만 하면 된다는 소극적인 생각에 사로잡혀 있었던 것이다. 그러던 어느 날, 동료 여교사의 죄없는 부친이 인민재판에 끌려 나오는 것을 보고 그는 지금까지 자기의 생활을 지배하고 있던 할아버지 생활방식에서 탈피하여 아버 지식(참여와 반항) 생활방식으로 급전환한다. 이때 〈현〉은 비로소 자기를 발견하고, 가슴에 혁명의 불꽃이 일어난 것이다. 이렇듯이 이 작품은 두 개의 인간형을 제시해 놓고 그 갈등 속에서 반항하는 과도기의 인간을 그려간 것이다. 즉 「불꽃」에서는 휴머니티에 대한 적극적인 옹호를 볼 수 있다.

(2) 오상원의 「유예(猶豫)」

「유예」는 오상원의 등단작(1955년 한국일보 신춘문예)으로서 전후 신세대 작가가 창작한 전쟁소설의 대표작이라 할 만하다. 「유예」의 핵심적 줄거리는 다음과 같다.

북으로 북으로 진격되던 전쟁상황. 수차에 걸쳐 전투가 있었고, 선임하사가 인솔한 수색대는 적의 배후 깊숙이 들어갔다. 본대와의 연락이 끊어지면서 결국은 적에게 포위를 당한다. 대원들은 하나 둘 쓰러져갔고, 눈과 추위 때문에 사병들은 해산되고 만다. 그들은 휘몰아치는 눈보라 속에서 자연과 싸울 뿐이다. 나머지는 그를 포함하여 여섯 명뿐이다. 그들이 X지점에까지 왔을 때, 어디에선가 총알이 날아왔다. 패잔병은 쓰러져갔다. 선임하사는 제2차 대전 때 일본군에 소집되어 북지(北支)에 종군하다가 팔로군에도 입대한 적이 있는 녀석이었다. 그러한 그가 적의 사격으로 죽어간 것이다. 소대장은 눈보라 치는 산 속을 헤매다가 마침내 적에게 생포된다. 그리하여 그는 심문을 받게 된다. 그는 이렇게 답변한다. "나는 기쁘오. 내가 한 기계나 도구가 아니었다는 것. 하나의 생명체인 인간으로 살아있다는 것"이 한없이 기쁘다는 것이었다. 소대장은 석방이 된다. 그러나 소대장의 "걸음걸이는 그의 의지처럼 또한 정확했다." 흰 눈이 회색 빛으로 점점 어두워가고 있었다. 모든 것이 끝 난 것이다.

이처럼 「유예」는 초인적인 인간의 의지를 그린 행동주의적 작품으로 평가된다.

(3) 하근찬의 「수난이대」

하근찬의 「수난이대」는 전쟁피해의 비극을 휴머니즘으로써 승화시킨 작품이다. 일제식민지 치하와 한국전쟁이라는 두 가지 민족적 비극을 겪은 두 세대인 아버지와 아들의 삶의 단면을 통해 민족의 실상을 단적으로 보여준다.

박만도는 일제식민지 치하에서 징용으로 끌려갔다가 팔 하나를 잃은 사람이며, 한국전쟁이 발발되자 하나밖에 없는 아들 진수를 전장에 내보냈는데, 이 아들이 돌아온다는 통지를 받은 것이다. 그의 기쁨은 이루 헤아릴 수가 없었고, 전쟁에서도 죽지 않고 살아 돌아오는 아들을 만난다는 부푼 기대를 안고 역으로 나갔으나, 아들은 다리 하나를 잃은 채 목발을 짚고 기차에서 내린다. 팔을 잃은 아버지와 다리를 잃은 아들은 우리 민족사의 씻을 수 없는 상처를 상징한다.

박만도는 어떤 분노를 접은 채 걸어간다. 주막에 이르러서야 아들에게 비로소 말을 건넨다. 어찌할 수 없는 부정인 것이다. 이제 주막을 나와 개울에 걸려 있는 외나무다리를 건널 때 팔이 없는 아버지가, 다리가 없는 아들을 들쳐 업는다. 일제하의 2차대전과 한국전쟁의 두 비참한 현실을 이 두 전쟁에 각각 참전하여 불구가 된 아버지와 아들에 의하여 상징적으로 밝혀주는 작품이다.

3. 한국전쟁의 충격에 따른 시적 대응

1950년대의 시 지평 역시 한국전쟁의 충격에서 벗어날 수 없었다. 특히 소설과 달리 시는 그 장르적 속성상 급변하는 현실에 첨예하게 반응하는 만큼 한국전쟁으로 인해 불모화된 상황을 즉각적으로 형상화하였다. 우선, 전쟁터에서의 전장체험을 소재로 취하거나 적군(공산군)에 대한 적개심을 갖게 하는, 즉 반공이념을 고취시키는 시편들이 대량으로 발표되었다. 그 대부분은 전시에 국방부 정훈국의 지시에 의해 결성된 〈문총구국대〉와 〈육군 종군작가단〉에 소속된 시인들이 쓴 격전시와 선전시인데, 그들은 전선에 직접 종군하여 전쟁의 현장을 확인하며, 시국강연, 문학의 밤, 시화전 등을 통해 정훈 및 전시 문학활동에 적극적으로 참여하였다. 그리하여 종군작가단을 중심으로『전선문학』이라는 문예지도 간행되었다.

이렇듯이 그 당시에 전쟁의욕과 반공이념을 고취시키기 위한 목적으로 발표된 시편으로는 김순기의『용사의 무덤』,『이등병』이나, 장호강의『총검부』, 이영순의『연희고지』등과 같은 시집들이 있다. 이 시집에서 형상화되고 있는 것은 전쟁 상황의 절박함은 물론, 어떻게 해서든지 전쟁에서 승리를 일궈내야 한다는 강박관념을 심어놓은 것이다. 예컨대 모윤숙의「국군은 죽어서 말한다」는 그 대표적인 예로써, 적군에 대한 적개심을 고취시키며 전쟁의 승리를 염원하고 있다.

그런데 이러한 시편들은 한국전쟁의 상황을 직접적으로 맞대면하고 있다는 데서 시문학사적 의의가 획득될 뿐이지, 전쟁이라는 보편적 상황에 처한 인간의 극한적 실존에 대한 탐색뿐만 아니라 한반도에서 벌어진 전쟁의 특수성에 대한 본질을 몰각했다는 한계를 지닌다. 즉 전쟁 자체에 대한 시인의 시적 탐구가 깊이 있게 진행되지 못했다는 말이다. 이것은 이러한 시편들이 맹목적 반공이념에 기반한 피상적 현실 인식의 산물이라는 점을 반증해준다.

그렇다고 1950년대의 시 지평이 이처럼 부정적인 현상들로만 점철된 것은 결코 아니다. 시인들은 작가들과 마찬가지로 한국전쟁 이후의 전후현실에 대해 치열한 시적 대응을 펼치고 있는 것이다.

전통적 서정시 계열

일제강점기 아래에서도 서정시의 전통이 면면히 계승되어온 것은 주지의 사실이다. 민족의 현실이 억압받고 고통스러우면 고통스러울수록 서정시를 쓰는 시인들의 시적 열정은 더욱 긴장된 시편으로 승화되었던 것이다. 1950년대의 시 지평에서도 예외가 아니다. 서정주, 최재형, 함윤수, 박양균, 이형기, 백국희, 김윤성, 공중인, 정한모, 장수철, 신동집, 김남조, 이원섭, 이동주, 서정태, 최인희 등이 이 시기에 서정시를 쓴 대표적인 시인들이다. 물론 이 시기의 서정시는 한국전쟁 이후의 폐허가 돼버린 상황에 직면한 시인들의 참담함과 허무감을 노래한 게 대부분이다.

어쩔 수 없는 수갑을 차고
묵묵히 끌리어가다

어느날 서러운 황혼녘에
새삼 느끼는 정(情)으로 하여
비로소 원수의 손목을 잡으니

여기는 너도 나도 이미 돌아갈 수 없는
먼 이방(異邦)이라

어느 낯선 들창 안에
서로 남은 인정을 밝혀놓고 마주앉아

아, 신(神)은 어디 가고 우리만 남아
더불어 눈물지우는가
　　　　　　―최재형, 「향수」 전문

　시인의 현실 인식은 암담하다. 시인은 자신이 발딛고 있는 곳을 "이방"으로 받아들이면서 시적 화자로 하여금 "어쩔 수 없는 수갑을 차고/묵묵히 끌리어가"도록 하고 있다. 시인에게 이제 더 이상 그러한 시적 화자를 구원해줄 그 어떤 신은 존재하지 않는다. 한국전쟁이란 불가항력적 파괴의 힘은 이 땅의 모든 것을 순식간에 송두리채 앗아갔기 때문이다. 시인에게 남겨진 것은 초토화된 불모지 그 자체뿐이다.
　이렇듯이 한국전쟁은 서정시를 쓰는 시인들에게 고향을 상실한 채 이방으로 쫓겨난 것과 같은 비극적 "눈물"을 쏟게 한다. 그리고 그곳에 찾아온 것은 극도의 궁핍한 현상이다. 모든 생존적 조건이 전멸한 상태에서 시인들은 비극적 상황에 압도당하고 만 것이다. 그리하여 일부의 시인들은 이러한 현실에서 도피하는 성향의 시를 통해 현실의 고통을 위무(慰撫)하기도 하였다.

저기 산비탈 마을엔
꽃가마 타고 시집간 누님의 집.

가슴 아프게 석류꽃
뒤안길에 피어 있네.

저기 강 건너 벌판
제각기 사랑을 홀로 지닌
춘향가라도 부르며 땅파는 사람들.
　　　　　　—서정태, 「언덕 위에서」 일부

　물론 이러한 시 경향이 문제점이 없는 것은 아니다. 일찍이 염무웅이 신랄히 지적한 바와 같이 "이런 종류의 재래적 서정시란 많은 현대적 세련에도 불구하고 근본적으로 봉건주의 시대에 있어서의 양반・선비들의 음풍영월(吟風咏月)을 계승한 복고주의의 문학적 재생산"(「50년대시의 비판적 개관」, 『민중시대의 문학』, 창작과비평사, 1979)에 불과한 것이다. 다시 말해 전후의 현실이 탈각되어 있다.
　하지만 그렇다고 모든 서정시 계열이 형상화와 시적 인식에 있어 문제점을 노정한 것은 아니다. 미당 서정주의 경우 일제강점기 이래 줄곧 전통적 서정시를 추구한 시인으로서 모국어의 아름다움을 시적으로 승화시켜왔다. 특히 그의 『서정주 시선』(1956)에서 추구되고 있는 서정시의 전통은 이 시기에 간행된 시집 중에서 주목할 만하다. 이 시집에서 서정주는 한국전쟁의 파고(波高)를 거치면서 삶과 죽음의 경계를 넘나들며, 초토화되고 불모화된 세계 속에서 명멸해가고 있는 대상에 시인으로서의 무한한 사랑을 내뿜는다.

가난이야 한낱 襤褸에 지내지 않는다
저 눈부신 햇빛속에 갈매빛 등성이를 드러내고 서있는
여름 山같은
우리들의 타고난 살결 타고난 마음씨까지야 다 가릴 수 있으랴

靑山이 그 무릎아래 芝蘭을 기르듯*
우리는 우리 새끼들을 기를수밖엔 없다
목숨이 가다 가다 농울쳐 휘여드는

午後의 때가 오거든
內外들이여 그대들도
더러는 앉고
더러는 차라리 그 곁에 누어라
―「無等을 보며」 일부

　무등산을 보며 노래하는 시인의 심정은 여유롭다. 이 시가 1955년에 발표된 것임을 감안해 볼 때 한국전쟁 이후 가난이 일상을 지배하고 있는 현실 속에서 시인의 이 여유로운 시심은 어디에서 발원하는 것일까. 문제는 시인의 여유로움이 내포하는 시적 의미이다. 궁핍한 시대로부터 빗겨나 있으면서 가난과 전혀 이질적인 세계를 살면서 누리는 여유로움이 아니라, 그리고 그 가난에 매몰될 게 아니라 다시 새로운 삶을 살아야 된다는 시인의 의지가 깃들여 있는 여유로움이다. 때문에 시인에게 가난은 한낱 누더기에 불과할 뿐 "우리들의 타고난 살결 타고난 마음씨"는 가난도 어쩔 수 없다며, 무등산이 "지란을 기르듯/우리는 우리 새끼들을 기를수밖엔 없다"고 노래한다.
　이처럼 전통적 서정시 계열을 추구하는 시인들은 한국전쟁으로 불모화된 현실 속에서 전통적인 언어감각과 정서를 바탕으로 한 시편들을 생산해 내었다.

<후반기>동인을 비롯한 모더니즘적 계열

　어느 시대에도 그렇지만 전쟁이란 극한 상황을 거친 곳에서 새로운 문학의 기운은 움트기 마련이다. 전쟁은 종래의 모든 것을 전복시켜버린 만큼 황무지가 돼버린 시 지평도 예외가 아니다. 따라서 일군의 시인들에게 시급한 과제는 새로운 시문학의 지평을 개척하는 것이다.
　이러한 과제가 제기된 가운데 이봉래, 조향, 김경린, 박인환, 김규동, 김차영 등의 신인들에 의해 『후반기(後半期)』(1951)동인이 결성되었다. 동인의 명칭에서 단적으로 알 수 있듯이 이들은 기성의 문학(전통적 서정시 계열)에 대한 부정의 정신으로써 자신들의 문학 입장을 선명히 한다.

1951년은 무슨 의미로나 우리 시단을 위하여 뜻깊은 해였다. 6.25의 역사적 혼란을 넘어 시단이 어슴푸레 하나마 다시 자신의 질서를 회복했다는 사실 자체도 중요하거니와 시단에는 오래간만에 보는 새 '시정신운동'이 일어나면서 있었다는 사실을 우리는 결코 쉽사리 망각할 수가 없을 것이다.

즉 이해 가을에 시단에는 전연 이채로운 시형의 출현이 집단적인 시인들의 손에 의하여 이루어지게 되었던 것인데 이는 곧 『후반기』동인들의 희망에 찬 특이한 출발이었다.

시인 조향, 김경린, 박인환 그리고 일본 동경에서 『신영토』 등의 시지에 관계를 맺으면서 꾸준한 시작을 해온바 있는 이봉래와 김차영 등 제시인 이외에 필자가 가담하게 되어 여섯명으로 이루어진 현대시연구회 『후반기』는 어디까지나 새로운 시의 '이념'의 합치와 시작상의 '방법'에 있어서의 피차간의 공감으로써 이루어진 시인 '크롶'이었다.

김규동은 그의 『새로운 시론』(산호장, 1959)에서 『후반기』동인의 결성 동기와 배경에 대해 언급하고 있다. 이러한 김규동의 발언은 당시 시단 분위기의 핵심을 짚어낸 것이었다. 그리하여 박인환, 김경린, 김수영 등은 『새로운 도시와 시민들의 합창』이란 시집을 발간하면서 1950년대의 모더니즘 시운동의 선도 역할을 하게 된다.

이처럼 『후반기』동인에 의해 창작된 모더니즘 시 계열은 박인환, 조향, 김경린에게서 확연히 읽을 수 있다. 박인환은 이미 영미 주지주의 시인들의 영향을 받고 있었으며, 조향은 다다이즘이나 초현실주의적 경향의 기법을 실험하고 있었고, 김경린은 동인 결성 이전에 일본의 'VOU' 모더니즘 그룹에 가입해 활동한 바 있다.

 한 잔의 술을 마시고
 우리는 버지니아 울프의 生涯와
 木馬를 타고 떠난 淑女의 옷자락을 이야기한다
 木馬는 主人을 버리고 거저 방울소리만 울리며
 가을 속으로 떠났다 술병에서 별이 떨어진다
 (중략)
 木馬는 하늘에 있고

방울소리는 귓전에 철렁거리는데
가을바람 소리는
쓰러진 술병 속에서 목메어 우는데
  —박인환, 「목마와 숙녀」 일부

  박인환은 그의 『박인환 선시집』 후기에서 우리가 걸어온 길과 갈 길, 그리고 우리들 자신의 분열한 정신을 우리가 사는 현실사회에서 어떻게 나타내 보이며, 순수한 본능과 체험을 통해 본 불안과 희망의 두 세계에서 어떠한 것을 써야 하는 가를 항상 생각하면서 시를 발표했다고 한다. 『후반기』 동인의 시 중에서 감상적 경향이 농후하지만 모더니즘에 기반한 그의 시 경향은 전통적 서정시 계열에서 발견되는 서정성과 거리가 멀다. 그의 서정성은 어디까지나 모더니즘에 기반한 도회적 서정성이기 때문이다.

이 分水嶺에서 추억처럼 고갤 돌려보면
거기 시왕가르는 소리 속에
바람에 흔들리는 팽매기 소리 속에
녹슬어 가는 한폭 風俗圖의 傾斜面
낡은 필름에서처럼 해쓱해진 祖先들의 群像.
휘영거리는 靈柩車의 行列
輓歌는 처량한 비오롱이다.
느닷없이 앞으로만 자빠져 있는 길이 보인다.
後半期의 황홀한 版畵 위에 바람처럼 호탕히 쓰러지는 나의 그림자
  —조향, 「1950년대의 斜面」 일부

  조향의 위 시는 1950년대 삶의 풍속도를 퇴폐적으로 바라보고 있다. 일찍이 고은은 1950년대의 현실을 "파괴된 상황 또는 파괴·파멸을 체험한 상황을 받아들이는 작가의 태도는 그 자신의 파멸을 초래하는 가장 가까운 함정 앞에서 이루어졌던 것이다. 50년대 작가는 거의 전적으로 그러한 상황의 강제력에 굴복하는 현상으로써 도취·방임·해체된 것이다. 이른바 그것이 데카당스문학이었다."(『1950년대』, 청하, 1989)라며 회고한 바 있다. 조향의

시에서도 읽을 수 있는 바처럼 1950년대가 경사면에 놓여 있다라는 시적 인식은 바로 이러한 고은의 발언과 동일한 맥락을 이룬다.

이렇듯이 『후반기』 동인은 한국전쟁으로 황폐화된 시 지평을 새롭게 개척하고자 모더니즘에 기반한 시를 발표하였다. 새로운 시쓰기를 통해 돌파구를 마련하고자 한 움직임은 분명 값진 것임에 틀림없다. 하지만 이들 시에서 보이는 전후 현실에 대한 관념적 인식과 퇴폐적 감상성은 1930년대의 모더니즘의 성과를 창조적으로 계승하지 못한 문제점을 낳았다. 무엇보다 구체적인 삶이 드러나지 않았다는 사실이 『후반기』 동인이 표방한 모더니즘 시 계열의 결정적 한계이다. 이들의 시적 인식이 갖는 추상성과 관념성으로써는 한국전쟁의 충격에 따른 현실에 적절한 시적 대응이 될 수 없었던 것이다.

한편 『후반기』 동인과 달리 현실 자체를 역설적으로 의식화함으로써 전후의 현실을 비판적으로 수용하려는 주지적 경향도 나타났는데, 송욱과 김구용, 민재식 등이 그들이다.

　　고독이 매독처럼
　　꼬여 박힌 8차(字)면
　　청계천변 작부(酌婦)를
　　한아름 안아보듯
　　치정(癡情)같은 정치가
　　상식인 병인양 하여
　　포주(抱主)나 아내나
　　빛과 살붙이와
　　현금이 실현하는 현실 앞에서
　　다달은 낭떠러지
　　　　　　—송욱, 「하여지향 5」

송욱은 전후의 모순과 부정으로 점철된 현실을 냉철하게 풍자한다. 가령, 위 시에서 보이는 "치정같은 정치", "현금이 실현하는 현실"과 같은 말놀이(pun)의 기법은 부도덕한 전후의 현실을 비판하는 데 적절한 시적 장치이다. 이것은 전후의 파행적 현실을 부정하는 주지적 정신의 산물인 것이다.

물론 그의 시에는 비판과 풍자의 정신이 과도한 노출과 편내용성(偏內容性)에 따른 구조의 부조화가 드러나지만 그의 시는 전후시의 정신과 방법에 대한 지적 반성과 비판을 제기했다는 점에서 중요성이 인정될 수 있다.

그런가 하면 김구용은 한국전쟁이 끝날 무렵『문예』(1953. 2)에 산문시「탈출」을 발표하면서 본격적인 활동을 재개했는데, 특이한 문체와 내용의 산문시로 주목을 받았다. "李箱 이후 산문시에 손을 대어 몇 편의 성공한 작품을 남긴 최초의 시인"(김춘수,『김춘수 전집』, 문장, 1986)이란 평가를 받는가 하면, "현대인의 자의식의 到底를 구명하려는 강인한 노력을 엿볼 수 있거니와 이러한 강인성이 아슬아슬한 선에서 시를 지탱해 주고 있는 것 같다"(정한모,『현대시론』, 민중서관, 1973)라는 평가를 받기도 하였다. 물론 김구용의 산문시가 지나친 관념성으로 인해 현실의 맥락과 괴리되었다는 지적을 받기도 한다. 하지만「탈출」에서 보이는 신랄한 풍자의 정신은 송욱과 함께 1950년대 주지적 경향의 시로 평가해도 손색이 없는 것이다. 그는「탈출」에서 물질이 지배하는 전후의 현실 속에서 살아가는 비극적인 인간의 군상을 냉소의 어조로써 풍자하고 있는 것이다.

이러한 풍자의 정신은 민재식의 다음과 같은「속죄양」연작시에서도 여실히 나타난다. 여기에서 시인은 주지적 비판과 자학적 성향의 풍자를 보이고 있는데, 그것은 다름 아니라 한국전쟁 이후 외세의존적인 성격이 강한 민족사의 치부에 대한 강렬한 비판과 문제의식이 반영된 것이다.

> 자랑많은 나라에 태어났어도
> 우리가 이룩한 자랑은 무엇이냐.
> 가슴은 熱帶인데 結論이 없고
>
> 아아 화제가 다해버린 날의 슬픈 청년들.
> 祖國은 개평꺼리냐
> 우리는 贖罪羊이냐
>   —민재식,「속죄양 1」일부

4. 전후 신세대 비평가의 출현

해방공간의 혼돈 속에서 민족국가의 수립이란 대명제 아래 각기 다른 문학적 이념의 대립·갈등의 통과의례를 거쳐야만 했던 비평계는 한국전쟁의 불가항력적 폭위(暴威)에 의하여 또다시 문학적 좌표를 상실하게 된다. 그리하여 1950년대의 비평을 "영도의 좌표"(김윤식)로 인식하는가 하면, "자기 영혼의 반쪽을 잃은 충격적인 휴지기에 들어섰던 것"(정현기)으로 조망하기도 한다. 그러나 우리가 결코 간과해서 안될 것은 한국전쟁으로 인해 폐허가 돼버린 현실 속에서도 새로운 문학적 이념과 비평적 실천을 위한 움직임이 활발히 대두되기 시작했다는 사실이다. 1955년을 전후하여 문단에 등단한 이른바 신세대 비평가들은 한국전쟁으로 불모지화된 민족의 현실과 척박한 비평의 풍토에 직면하면서 자신들 세대의 비평적 사명을 천명하였다. 최일수, 정창범, 김양수, 유종호, 홍사중, 윤병로, 김우종, 신동한, 이어령, 이철범 등이 그들이다. 이들 전후 신세대 비평가들의 비평적 실천은 1950년대 비평의 지형도를 파악해내는 데 중요한 가늠자로 작용한다.

이들 중 이어령의 「화전민 지대」(『경향신문』, 1957. 1. 11)는 신세대 비평가의 정체성을 명확히 언급한 문제적 평문이다. 그는 전후의 암담한 현실을 '황요한 지평'과 '황야'로 비유한다. 그러면서 그에게 정작 중요한 문제는 "우리가 이대로 패배하기엔 너무나 많은 내일이 있다"라는 선언에서 드러나듯이, 전후의 폐허를 박차고 일어나 미래에의 전망을 향한 의지를 북돋우는 일이다. 황야를 옥토로 만드는 일이다. 그리하여 그는 "이 황야 위에 불을 지르고 기름지게 밭과 밭을 갈아야 하는 야생의 작업"이 요구된다고 다짐한다. 즉 화전(火田) 경작이 요구되는 것이다.

이어령의 문제의식은 여기에서부터 시작된다. 「화전민 지대」의 부제가 '신세대의 문학을 위한 각서'인데서 알 수 있듯이, 이러한 전후의 현실 인식에 기반하여, 그는 '화전민'으로서 새로운 비평적 실천을 기획하고 있는 것이다. 사실 이어령에게서 보이는 전세대에 대한 부정의 정신은 이미 다른 글에서도 개진된 바 있다. 「우상의 파괴」(『한국일보』, 1956. 5. 6)가 그 대표적인 글이다. 그는 이 글에서 김동리를 비롯한 선배 세대를 우상으로 규정내리고는, 이 우상을 파괴하는 게 자신들 세대의 문학적 책무임을 역설한다. 이어령은 이 글에서 "혈혈 단신 물려받은 유산도 없이 우리는 우리의 새로운 작업을 개시해야 된다"에서도 말하고 있는 것처럼 '화전민 의식'의 일단을 보여주는데, 이처럼 전세대의 문학과 비평에 대한 부정의 정신은 이어령의 비평 담론을 지탱시켜주고 있는 골격인 셈이다.

그의 비평적 실천이 안고 있는 한계와 문제점은 여기에 있다. 그가 그토록 전세대의 비평을 부정하며, 비판한 결과 얻어낸 전망은 구체적이지 못하다. 그 전망은 그가 그토록 극복하고자 했던 전세대의 문학과 전후의식이 한국의 특수성에 토대를 둔, 다시 말해 한국전쟁 이후 1950년대 우리 민족의 역사적 현실에 대한 극복을 염두에 두어야 한다. 여기에는 미국과 옛 소련으로부터 강제화된 분단시대 민족사의 왜곡과 1950년대 자유당 정권에 의해 자행되어온 반민족적 실상에 대한 역사적 자의식이 뒤따라야 할 것이다. 그러나 이러한 역사적 자의식은 그의 비평담론에서 구체화되고 있지 않다. "역사에의 관심이며 그것에 대한 책임을 자각하려는 정신"이 구체적으로 무엇을 가리키고 있는지 드러나 있지 않은 채 시대 현실에 대한 고발과 폭로로써 저항에 수렴되는 수사적 담론만을 확장·재생산할 뿐이다. 비단 이 같은 문제점은 그에게만 국한된 것은 아니다. 전후 신세대 비평가들은 역사의 진보적 발전방향을 확신하기보다 자신들이 속해 있는 시대의 특질을 자각하고 있는가에 논의의 중심을 두고 있기 때문이다. 이때 시대의 특질이란 전후 한국의 특수한 그것이 아니라 서양의 전쟁체험과 상동성을 갖는 시대의 특질로서, 즉 전쟁체험으로 빚어진 보편적 현상을 뜻한다.

하지만 전후 신세대 비평가의 현실 인식이 이어령으로 대별되는 것처럼 한국의 특수한 역사 현실을 전적으로 망각하고 있는 것은 아니다. 최일수는 당대의 어느 비평가보다 투철한 역사 인식을 갖고 있었는데, 그것은 분단시대에 대한 현실 인식이다. 이러한 그의 비평적 인식은 「민족문학의 현대적 방향」(『자유문학』, 1956. 12)에 여실히 나타나 있다.

최일수에게 시급한 비평의 과제는 "분단된 민족의 통일의식" 아래 "통일된 인간을 민족적인 현실 생활 속에서 창현"해내는 데 있다. 한국전쟁으로 분단시대의 질곡을 짊어질 민족의 상흔을 근원적으로 치유하고자 하는 그의 비평적 열망은 현실적이다. 이 점은 앞서 살펴본 이어령의 비평적 실천과 비교해볼 때 변별되는 최일수 비평만의 특장(特長)이다. 그는 "현실주의적 시각과 역사의 진보를 믿는 전망적 역사의식에 기반"한 비평적 실천을 보이고 있기 때문이다. 이 같은 비평적 실천에서 그가 지향하고자 하는 바는 '민족문학의 현대성'을 실현하는 것이다.

최일수가 지향하는 민족문학이란, "풍속성이나 향토성에서 머물고 있"는, 즉 '문화주의'의 미명 아래 파악되는 민족주의 문학이 결코 아니다. 이러한 문학은 편협한 국수주의로 치달아 자국의 민족성을 선양시킨다는 맹목적 목적의식을 갖고 타민족의 풍부한 문학적 성과를 배척하고, 심지어 타민족의 문화를 지배하며, 타민족의 문학을 압살하려는 성향을 띤다. 더욱이 심각한 문제는 이러한 민족문학이 자칫 제국주의와 결탁하여 식민지 국가의 귀중한 모든 문학적 토대를 붕괴시키는 파행적 양상을 보일 수 있다. 우리는 이미 일제식민지 현실에서 이러한 위기를 겪은 바 있다. 그는 바로 이러한 민족문학과 '차질(差質)'을 갖고 지양한 민족문학을 염원한다. 그리하여 그는 "세계문학과의 유기성을 인식하"며, 세계문학과 연대할 수 있는 계기를 모색하는데, 그것은 1950년대 세계문학의 주류적 경향이었던 '행동적 휴머니티'를 우리 문학의 토양으로 비판적으로 섭취하는 데 있다. 그에게 "민족문학의 현대적 방향에 요구되는 문제는 서구의 현대문학의 비판적인 섭취와 전통의 올바른 계승을 통한 주체성 확립이라는 이 두 개의 커다란 문제가 서로 밀착되고 통일되는 데 있"기 때문이다.

그런데 이러한 최일수의 비평적 실천이 나름대로의 투철한 역사관과 현실인식을 바탕으로 한 것이지만, 여기에도 문제점이 노정된다. 그의 비평적 실천이 자칫하면 맹목적 당위성으로 일관되기 십상이다. 분단시대를 극복하며 통일시대 민족의 현실을 선취(先取)하려는 비평적 욕망이, 그의 비평 담론에서는 열정의 과잉으로 인해 비평 담론의 생명이랄 수 있는 논리적 설득력이 미약하다. 과잉된 비평의 열정은 비평가의 논리적 설득보다 비평가의 감성의 표백으로 인해 비평 정신의 냉철성을 망각할 수 있기 때문이다. 이것은 어찌 보면, 이어령의 비평 담론과 유사한 문제점을 낳는데, 그것은 당대 현실의 구체성이 반영되지 않은 채 당위성과 정당성의 논리적 효과를 위한 '수사'로써 일관될 수 있다.

　이처럼 이어령과 최일수의 비평에서 알 수 있듯이 1950년대에 대두된 전후 신세대 비평가의 비평적 입장은, 한국전쟁으로 인한 비평의 이념과 방향성이 상실된 상황에서 새로운 문학적 좌표를 설정하는 데 매진하였던 것이다.

제 9 부 4.19의 문학적 전환과 전후문학의 극복

1. 4.19로 촉발된 문학적 파장

　1960년대는 한국전쟁의 상흔과 그로부터 빚어진 1950년대 민족사의 모순을 부정·갱신하여 민족의 주체적 역량으로써 국가와 민족의 융성을 위한 새로운 시대의 지평을 열어나가려는 도약기이다. 8·15광복 이후 해방기의 혼돈과 한국전쟁이라는 민족사 비극의 체험을 겪으면서 맞이한 1960년대는, 이념적·실천적 차원에서 성숙한 민족의 주체적 역량을 축적시켜온 시기인 것이다. 그런데 이 시기에는 미완성으로 끝난 4·19의 열린 공간을 지향하는 '광장' 의식과 5·16의 폐쇄적이고 반역사적인 '밀실' 의식이 사회 전반에 혼재된 양상을 보였다. 사실 이 '광장'과 '밀실' 의식은 1960년대를 지배하는 상징적인 것으로서 1960년대의 문학을 이해하는 데 중요한 기능을 맡는다.

　최인훈의「광장」—분단문학의 새로운 지평 모색

　"정치사적인 측면에서 보자면 1960년은 학생들의 해이었지만, 소설사적인 측면에서 보자면 그것은「광장」의 해이었다고 할 수 있다"(김현)라는 데서 알 수 있듯이 최인훈의「광장」(『새벽』, 1960. 10)은 1960년대의 문학사적 사건이었다. 최인훈 자신도 "빛나는 4월이 가져온 새 공화국에 사는 작가의 보람을 느낍니다"고 했듯이, 「광장」은 4.19가 가져다준 기념비적 작품이다. 다시 말해 4.19의 환희가 없었다면, 「광장」은 세상의 빛을 보지 못했을 것이다.

무엇보다 「광장」은 남한과 북한을 넘나들며, 서로 다른 정치체제와 이념을 객관적으로 조명하고 있다. 이것은 그 당시까지로는 전혀 생각할 수 없는 소설적 형상화이다. 한국전쟁으로 남과 북으로 나뉘어 대치 상태에 있는 현실 속에서 그것도 적성국인 북한에 대한 이야기를 한다는 것 자체가 용납이 안 되었던 것임을 감안해 본다면, 「광장」은 분명 4.19의 혜택을 직간접으로 받았음에 틀림없다. 그리하여 최인훈은 「광장」의 주인공 명준으로 하여금 남한과 북한 사회의 실상을 체험하게 함으로써 분단시대의 문제적 현실을 강렬하게 환기시킨다. 최인훈이 이처럼 남과 북을 넘나들 수 있는 데에는 그 자신이 함경도 출생으로서 한국전쟁 이전에는 북한에서의 생활을 직접 체험했기 때문이다. 이처럼 월남한 지식인으로서 작가는 양 쪽 체제에서 살며 그 체제에서 야기된 온갖 문제점을 예리하게 비판하고 있는 것이다.

"정치는 어때?"
"정치? 오늘날 한국의 정치란 미군 부대 식당에서 나오는 쓰레기를 받아서, 그 중에서 깡통을 골라내어 양철을 만들구, 목재를 가려내어 소위 문화 주택 마루를 깔구, 나머지 찌꺼기를 가지고 목축을 하자는 거나 뭐가 달라요? 그런 걸 가지고 산뜻한 지붕, 슈트라우스 왈츠에 맞추어 구두 끝을 비비는 마루며, 덴마크가 무색한 목장을 가지자는 말인가요?
저 브로커의 무리들, 정치 시장에서 밀수입과 암거래에 갱들과 결탁한 어두운 보스들, 인간은 그 자신의 밀실에서만은 살 수 없어요. 그는 광장과 이어져 있어요. 정치는 인간의 광장 가운데서두 제일 거친 곳이 아닌가요? (중략) 한국 정치의 광장에는 똥오줌에 쓰레기만 더미로 쌓였어요. (중략) 한국의 정치가들이 정치의 광장에 나올 땐 자루와 도끼와 삽을 들고, 눈에는 마스크를 가리고 도둑질하려 나오는 것이지요. 그러다가 착한 길 가던 사람이 그걸 말릴라치면 멀리서 망을 보던 갱이 광장에서 빠지는 골목에서 불쑥 튀어나오면서 한칼에 그를 해치우는 거예요. 추악한 밤의 광장. 탐욕과 배신과 살인의 광장, 이게 한국 정치의 광장이 아닙니까? 선량한 시민은 오히려 문에 자물쇠를 잠그고 창을 닫고 있어요. (생략)"

우선, 명준에게 비친 남한은 한국전쟁 이후 폐허가 된 현실에서 미국의 무상경제원조를 비롯한 미국의 문화에 기생하는가 하면, 친일파들이 여전히 득세하며 난립하고, 부패한 정치가들의 온갖 부정비리로 점철되어 있는 곳이다. 이곳에서는 개인의 자유를 허락하는 '광장'이 존재하지만, 그 실체는 '텅 빈 광장', '죽어 있는 광장', '처참한 광장'인 것이다.

이러한 문제점을 안은 채 월북한 북한은 명준에게 그가 사회주의 이론서에서 습득한 것과 전혀 다른 양상을 보여준다. 개인의 자유와 창의력이 말살되고, 오직 당을 위해 존재하는 생활을 강요하는 것이다. 즉 그곳에서는 참다운 광장이 존재하지 않는다. 또한 개인의 밀실마저 존재하지 않는 것이다.

따라서 이제 명준에게 돌아갈 곳은 한반도에서 존재하지 않는다. 남과 북 모두 명준에게는 허위와 가식으로 가득 찬 모순과 부정의 실체이다. 어디 하나 참다운 '광장'과 '밀실'이 공존하는 곳은 없었던 셈이다. 그리하여 명준이 선택한 것은 제3국행이다. 하지만 명준은 제3국행으로도 가지 못한 채 바다에 몸을 던진다.

「광장」이 문제적인 것은 바로 여기에 있다. 제3국행의 좌절은 한국전쟁으로 인해 분단된 민족의 비극에서 명준은 벗어날 수 없다는 것을 말해준다. 물론 명준에게서 현실도피적 성향을 읽을 수 있겠다. 분단시대의 모순과 부정에서 잉태된 문제점을 해결하려는 구체적인 노력을 보이지 않고, 제3국으로 간다는 것 자체가 현실도피적이기 때문이다. 하지만 명준의 이러한 제3국행의 결심이야말로 비록 관념적일지언정 분단의 질곡을 안고 살아가야 하는 지식인의 시대적 고민이 반영된 형상화일 것이다.

사실 「광장」에서 보인 명준의 행동은 최인훈의 여타의 작품뿐만 아니라 다른 작가의 분단문학에서 다양하게 탐구되고 있는 주제라 할 수 있다. 남과 북의 현실을 아우르는 분단문학의 새로운 지평을 열었다는 데서 최인훈의 「광장」은 문학사적 의의를 갖는다.

김수영과 신동엽─민족현실에 대한 참여문학

최인훈의 「광장」이 1960년대 소설의 지평을 열었다면, 시에서는 김수영과 신동엽을 대표적으로 꼽을 수 있다. 1960년대 시 지평에서 김수영과 신동엽은 4.19로 쟁취한 시민적 자유를 토대로 민족의 현실에 대한 적극적 관심을 보였다.

두루 알 듯이 김수영은 「묘정의 노래」를 1945년에 『예술부락』에 발표하면서 1950년대에는 모더니즘 계열의 시를 창작하였다. 그러던 그는 4.19를 계기로 민족 현실에 대한 참여를 표방하는 시를 창작하기 시작한다. 이와 같은 그의 시 창작 방향에 대해서는 다음의 시론에서 나타난다.

> 시인의 스승은 현실이다. 나는 우리의 현실이 시대에 뒤떨어진 것을 부끄럽고 안타깝게 생각하지만, 그보다도 더 안타깝고 부끄러운 것은 이 뒤떨어진 현실을 직시하지 못하는 시인의 태도이다. 오늘날의 우리의 현대시의 양심과 작업은 이 뒤떨어진 현실에 대한 자각의 모체가 되어야 할 것 같다.
>
> 시는 온몸으로, 바로 온몸을 밀고 나가는 것이다. 그것은 그림자를 의식하지 않는다. 그림자에조차도 의지하지 않는다. 시의 형식은 내용에 의지하지 않고 그 내용은 형식에 의지하지 않는다. 시는 그림자에조차도 의지하지 않는다. 시는 문화를 염두에 두지 않고, 민족을 염두에 두지 않고, 인류를 염두에 두지 않는다. 그러면서도 그것은 문화와 민족과 인류에 공헌하고 평화에 공헌한다. 바로 그처럼 형식은 내용이 되고, 내용이 형식이 된다. 시는 온몸으로, 바로 온몸을 밀고 나가는 것이다.

김수영은 "시인의 스승은 현실이다"라고 단언한다. 여기에는 당대의 현실을 직시하지 못하는 시인의 태도를 문제삼고 있다. 4.19와 5.16이란 정치사적 대격변을 맞이한 이 땅의 시인들이 변화된 현실에 밀착하지 못한 채 여전히 1950년대 전후의 현실에서 벗어나지 못하는 문제점을 신랄하게 지적하고 있는 것이다. 김수영의 이러한 문제의식은 「시여, 침을 뱉어라」라는 산문에 집약돼 있다. 이 산문에서 들려주는 시인의 메시지는 이렇다. "시작(詩

作)은 〈머리〉로 하는 것이 아니고, 〈심장〉으로 하는 것도 아니고, 〈몸〉으로 하는 것이다. 정확히 말하자면, 온몸으로 동시에 밀고 나가는 것이다."

여기서 김수영의 시 혹은 시인에 대한 견해가 잘 나타나 있다. 그는 〈머리〉로 하는 시—추상적·관념적·사변적 심상만으로 구축된 시도 아니고, 그렇다고 〈심장〉으로 하는 시—감정의 과잉으로 점철된 영탄적 어조가 주를 이룬 시도 아니라, 이성과 감성이 통일체인 '몸'으로 밀고나가는 시쓰기를 강조하는 것이다. 그러면서 그는 내용과 형식이 하나되며, 편협한 민족주의와 알팍한 세계주의와 두루뭉실한 문화주의에서 벗어나는 시 지평을 개척하고자 한다. 이러한 김수영의 시쓰기와 문학에 대한 참여의 입장은 이어령과의 이른바 '불온성 논쟁' 속에서 구체화된다.

한편, 신동엽은 〈조선일보 신춘문예〉에 「이야기하는 쟁기꾼의 대지」(1959)가 입선하여 시단에 발을 들여놓았으니, 그는 1960년대라는 한정된 시공간 속에서만 시작활동을 펼친 시인이다. 그래서 곧잘 신동엽을 김수영과 함께 1960년대의 대표적 시인으로서 자리매김하고 있다. 왜냐하면 그들의 시적 인식과 시적 형상화는 4.19를 분수령으로 하여 분출된 민족의 주체적 역량을 토대로 한 자생적 근대화에의 의지에 초점을 맞추고 있기 때문이다. 그리하여 많은 평자들이 신동엽의 시 세계를 민족문학적 입장으로 조명하고 있다.

신동엽은 그의 짧은 생애가 웅변해주듯이 1960년대에 한정된 시작 활동을 펼친 시인인데, 「아사녀」(1960), 「껍데기는 가라」(1967), 「금강」(1967), 「누가 하늘을 보았다 하는가」(1969) 등으로 널리 알려졌다. 무엇보다 동학혁명의 민중, 3.1운동의 민중, 4.19의거 민중의 입체적 구성을 통해 노동자 농민의 진정한 민주사회 건설에서 남북통일에의 염원으로 연결되는 민족혼의 응결이란 시사적 평가에서도 단적으로 알 수 있는바(문병란), 신동엽은 민족사에서 주체적 역량이 발휘되는 역사에 대한 투철한 인식을 바탕으로 하여 1960년대의 현실에 적극적으로 참여한 시인이다. 무엇보다 그의 시 지평에 관류하는 '자주민족국가 건설'과 '민족국가 통일'에 대한 시적 인식은, 민족국가의 맥락과 긴밀히 조응되는 근대성의 담론을 기획·실천하는 것과 일치한 것이다. 특히 한반도의 경우 지구상에서 유일한 분단국가의 모순된 현실에 놓여 있음을 상기해본다면, 이 두 가지 시적 인식은 별 개의 문제가 아니다. 말할 필요 없이 이러한 시적 인식은 4.19로 촉발된 것이다.

> 四月十九日, 그것은 우리들의 祖上이 우랄高原에서 풀을 뜯으며 陽달진 東南亞 하늘 고흔 半島에 移住오던 그날부터 三韓으로 百濟로 高麗로 흐르던 江물, 아름다운 치마자락 매듭 고흔 흰 허리들의 줄기가 三·一의 하늘로 솟았다가 또 다시 오늘 우리들의 눈앞에 솟구쳐 오른 阿斯達 阿斯女의 몸부림, 빛나는 앙가슴과 물구비의 燦爛한 反抗이었다.
> ―「아사녀」일부

신동엽에게 4.19는 "1960년대의 의지"(「싱싱한 瞳子를 위하여」)를 실천하는 서막이었다. 고조선시대에까지 역사적 근원을 둔 저 도도한 민족의 주체적 역량이 자생적 근대화에의 욕망으로 꽃 피운 혁명적 사건이 바로 4.19였던 것이다. 이렇듯이 신동엽에게서 발견되는 4.19의 연원에 대한 시적 상상력은 그의 투철한 역사 의식에 기인한다. 이것은 그의 장시 「금강」에 여실히 나타나 있다. 그런데 「금강」에서 주목할 점은 시인이 신라에 대해 반감을 갖고 있다는 사실이다. 「금강」의 제6장에서 노골적으로 드러나 있는데, 백제와 고구려의 친연성을 두고서는, "앞마을 뒷마을은 / 한 식구, / 두레로 노동을 교환하고 / 쌀과 떡, 무명과 꽃밭 / 아침 저녁 나누었다"라며, 생활공동체로서의 긍정적 인식을 보여주고 있다. 그러나 신라에 대해서는 외세를 끌어들여 배달겨레를 침략한 반민족 세력으로서 폄하하고 있다. 이것은 신동엽이 자주민족국가 건설이라는 시적 과제를 실천하기 위한 시적 대응의 일환인 셈이다.

2. 1950년대 문학의 극복과 4.19 이후 문단

새 세대의 충격과 60년대 소설

1960년대에 들어서면서 가장 중요한 변모는 1950년대의 전후문학에 대한 극복이다. 이를 위해 전대(前代)의 문학을 반성하며 4.19로 촉발된 민주주의의 열망에 대한 새로운 인식이 싹트기 시작한다. 이러한 문학적 변모는 한마디로 문학인들 자신이 발을 딛고 있는 현실의 변화로 풀이된다. 즉 6·25의 상흔으로부터 어느 정도 시간적 거리를 갖게 되고 또한 자유당 정권의 부패에 따른 저항의식 등이 휴머니즘을 기저로 하여 싹터 나오는 등 그 동안 1950년대 문학이 견지해온 문학의 독자성·순수성을 유지하면서 좌·우 대립으로 경색되고 상실되었던 사회적 공리성이 되살아나는 형태였다. 물론 이외에도 서구문학에의 관심과 신인들의 기존 문단에 대한 비판도 거기에 한몫을 한 셈이다.

그런데 여기서 하나 지적해 두어야 할 점은 이러한 전반적인 특징이 모든 작가에게 전체적으로 균형있게 형성되어 있다는 것을 의미하지 않는다는 점이다. 말하자면 각기 작가들에게는 이러한 제특징들의 특징 측면들이 부분적으로 강조되면서 여러 특징들이 복합적으로 나타나고 있다. 그리고 1960년 이후 10년간의 창작계는 1950년대의 문학과 불가분의 관계를 맺고 계승 발전해왔다는 사실을 변화속에서도 간과해서는 안 될 것이다. 다시 말하면 그 이전부터 우수한 작품을 써 온 작가들이 지속적으로 작품 활동을 해왔고, 또한 1960년대에 등단한 신인들도 1950년대 경향의 흔적(특히 손창섭, 장용학의 경향)으로부터 자유로울 수는 없기 때문이다. 그러면서도 1960년대 문학은 1950년대 문학과 질적으로 구별되고 그러한 비교는 특히 1960년대 중반부터 두드러지게 나타난다. 이는 4.19와 5.16이라는 사회 변혁적 소용돌이가 비교적 잠잠해지면서 그에 대한 문학인의 고민과 대응이 본격적으로 행해지는 데 있다 할 것이다. 그 하나의 예로 이른바 중반 이후 등장하는 신인들의 작품 세계는 크게 다음의 두 가지로 분류해 볼 수 있다. 하나는 김승옥, 이청준, 최인호 등 내성적·실험적 창작기법을 과감하게 도입한 모더니즘적 경향에 서있는 부류와 다른 하나는 신상웅, 이문구, 방영웅, 정을병 등 정통적인 사실적 수법을 지향하지만 전대와는 다른 새로운 시대의식을 보이고 있는 부류가 그것이다. 그런 점에서 1960년대 문학이 리얼리즘의 문학이라 할 수 있고, 그 이전부터 창작 활동을 해온 작가들의 경향까지 포함하면 전통적 서정주의 문학(흑은 민족주의적 경향)을 또 하나의 부류로 추가

할 수 있을 것이다.

60년대에서 특기할 것은 현실적인 문제들에 대한 접근에서 도시 소시민의 삶과의 관련성은 거의 모든 작품에서 나타나는 주요한 특징으로 지적된다. 대부분 작가 자신의 삶이자 동시에 4·19와 직접 연관되는 사회집단으로서 성장한 소시민의 형성과 그 의식의 좌절, 변모는 6. 25라는 비극적 사태와 자유당정권의 권력 밑에서 많은 정신적 갈등으로 표출될 수밖에 없었다. 그 대표적 작가로 이호철은 「판문점」, 「서울은 만원이다」, 「소시민」 등에서 전쟁으로 인한 남북이산 그리고 서구문명의 충격이 준 소외문제와 역사적 격동기에서 뚜렷한 목표없이 생존문제에 시달리면서 소시민화되어가는 삶을 그리고 있다.

한편, 이호철이 대사회적인 관점에서 사회를 문제삼았던 반면 그것을 개인의 내면 문제로 돌려 분석해 들어간 작가로 이미 50년대부터 독특한 경지를 보인 손창섭을 들 수 있다. 1960년대에 〈동아일보〉에 연재한 「부부」는 무엇이 옳고 그른지 전혀 분간할 수도 없는 퇴폐 적이고도 복잡한 현대사회의 남녀관계를 독특한 시니시즘으로 묘사해놓고 있다. 전광용은 「충매화」에서 현대 여성의 미묘한 심리를 전통적인 관념과 연결시켜 그려내고 있다. 나이든 연상의 남편과는 임신이 불가능한 여성 환자가 의사에게 인공수정을 요구하고 나중에는 의사를 유혹하기까지 한다. 이러한 여성상의 변화 속에서 후자에 대한 전통적 관습의 견고함을 포착할 수 있고, 동시에 유혹의 장면에서 현대여성의 미묘한 애정심리를 반추해 볼 수 있다. 한편 그의 대표작이라 할 수 있는 「꺼삐딴 리」에서 근대사의 수난기에 오히려 거기에 편승하여 개인의 안일을 도모하는 인물을 통해 민족사의 비극을 역으로 풍자하고 있다. 말하자면 일제치하로부터 해방·국토 분단·군정시대 그리고 6·25의 격동기를 거치면서 의사 이인곽의 시세의 변동에 따른 처세술을 풍자함으로써 우리 역사의 수난과 지식인의 비애를 선명하게 보여주고 있다. 신상웅은 중편 「히포크라테스의 흉상」에서 한 병사가 야전병원으로부터 후송되면서 조직 속에서 어떻게 죽어가게 되는가, 즉 현대사회 메카니즘의 폭력 속에서 어떻게 인간이 유린되고 압살되는가를 농축시키고 있다. 또한 정을병 역시 「개쌔끼들」, 「유의촌」, 「선민의 거리」 등에서 사회부조리, 즉 5·16의 부산물인 국토건설대와 의료계 등을 통해 당시 사회의 모순들을 풍자적으로 비판하고 있고, 유현종 역시 「거인」 등에서 사회부조리를 건강한 시선으로 비판하고 있다.

이 시기 주요한 사회집단의 문제 중의 하나가 농민의 문제였다. 특히 경제개발계획이 시작되면서 이 농민의 문제가 사회적 문제로 대두되고, 또한 산업화로 인한 인간성의 말살에 대한 대응책의 일환으로 농민들의 세계가 작가의 관심을 끌었다. 1960년대에 등장 하여 1970년대 이후 왕성한 활동을 전개하고 있는 이문구는 「장한몽」에서 하층민의 삶을 따스한 애정으로 감싸면서 이들의 삶은 비인간 화를 촉진하는 산업화에도 찌들지 않는 싱싱한 삶이라는 것을 강조 하고 있다. 그런 관점에서 방영웅의 「분례기」 또한 제외될 수 없는 작품이다. 독자의 큰 관심을 끌었던 이 작품은 방영웅의 데뷔작이자 대표작으로도 간주되는데, 여기서 작가는 토착어와 속담·민요 등을 활용하여 우리 민족의 끈질긴 삶을 농민들의 세계를 통하여 반추하고 있다. 말하자면 이 작품에 등장하는 인물들은 우리의 농촌 어디에서나 손쉽게 마주칠 수 있는 인물들이며 거기에 형성되어 있는 환경 역시 어디에서나 만날 수 있는 곳이다. 그 외에도 박경수의 「동토」 역시 농민 소설로서 주목해야 할 작품이다. 그러나 1960년대 농민소설은 전반적으로 당시 변모해 가는 농촌의 파괴를 도외시하고 순박한 인간성에 대한 애정에 집착함으로써 일정한 한계를 노정한 문제점을 낳는다. 이러한 모습은 1970년대에 들어서서 이문구, 송기숙, 김춘복 등에 의해 현실적인 문제를 다룬 소설로 전환하게 된다. 이밖에도 현실적인 문제를 다룬 소설로 박연희의 「침묵」, 선우휘의 「아버지」, 유주현의 「6인 공화국」, 유현종의 「불만의 도시」 등이 혼란한 사회와 그에 기생하는 부당한 인간들의 모상이나 피해받은 인간들의 초상화를 그린 작품들이다.

이상의 작품이 현실을 보다 중시하면서 그로부터 파생된 문제를 추구해 들어간 것이라면, 내성적 기교주의라 칭해지는 새로운 세대의 작품들은 보다 형식적인 면에 우위를 두면서 그 형식에 대한 실험 자체가 전후 세대의 새로운 의식과 결합되어 나타나고 있다는 점에서 주목된다. 물론 많은 작가들이 소재나 주제 설정에 있어 각기 다른 취향을 보여주고 있지만 1950년대 작품과는 다른 새로운 문학 형식과 감성의 세계가 나타났다.

신세대의 선두 주자로 칭해지는 김승옥은 그의 작품에서 새로운 모습을 보여주는데, 대상을 바라보는 예민한 감성의 반응과 이국적이며 애상적인 문체가 돋보인다. 「생명연습」, 「무진기행」, 「서울, 1964년 겨울」, 「60년대식」 등에서 작가는 새로운 세대의 감성을 유감없이 토로하고 있다. 이들 작품의 인물들은 불안하고 답답한 분위기 속에서도 무책임하고 다른 한편으로 비굴한 행동을 제멋대로 행하고 있다. 이를테면 「생명연습」의 경우는 전쟁의 악몽, 도덕·사회·현실이니 하는 모든 개념으로부터 벗어나 개인의 삶은 철저히 개인의 것이라는 강한 주관주의적 인식을 보여주고 있다. 「무진기행」의 경우에서도 축축한 바람과 자욱한 소음에 내려온 도시청년이 여선생과 무책임한 정사를 벌이는 데까지의 과정을 통해 새세대의 의식과 감성, 즉 무질서, 몽롱한 추억, 센티멘털리즘이 날카로운 감각으로 채색되어 있다. 고향에 돌아와서 내뱉는 "안개를, 외롭게 미쳐가는 것을, 유행가를, 술집 여자의 자살을, 배반을, 무책임을 긍정하기로 하자"는 독백은 바로 그러한 면을 단적으로 보여준다.

박태순 역시 감각을 기초로 하여 도시의 풍속을 채색하고 있다. 가령 「연애」에서 작가는 아주 현실적으로 포착되는 미세한 단면들, 즉 유행가 가수의 이름, 거리의 간판 등을 사용하여 소시민적 쾌락주의의 면모를 부각하고 있다. 그 반면 지성을 강조하는 이청준은 「퇴원」, 「병신과 머저리」 등에서 방향감각을 상실한 젊은이의 소외된 의식과 그 모랄을 서구적 지성으로 포용하고 있다. 그리하여 장문의 난해한 논설체의 문장도 과감하게 사용하면서 심리주의적 기법 혹은 정신분석학적 기법을 사용하여 한 개인의 삶을 억압하는 요인들, 가령 소년시절의 질환, 병적 공포심리, 과도한 죄의식, 증오심의 요인을 분석하여 현대인의 정신세계를 진단하고 있다. 이청준의 작품에서 곧잘 나타나는 관념적 꼭두각시의 조형과 그것의 무기력함의 제시는 바로 이 시기 모더니즘적 경향의 작가들이 그러하듯이 소시민의식의 표현이기도 하다. 말하자면 김승옥이 본능적 차원에서 성문제를 긍정적으로 수용하고 일체의 엄숙주의를 뿌리째 흔들어버린 점이나, 박태순이 일상적 생활인이 지닌 속물성에 대해 아무런 주저 없이 수락하는 것이나, 서정인이 무지와 편견으로 충만되어 있는 사회에서 상상을 꿈꾸는 현대인의 파멸과 착종을 그리고 있는 것은 모두 같은 시대 의식의 편린을 보여주는 예라 할 수 있다.

이처럼 이들 신세대 모더니즘적 경향의 작가들은 한 개인의 의식이 개입되지 않은 세계와 사물에 대한 고정관념을 거부하고 있다. 그런 점에서 이들의 문학적 태도는 감성을 출발점으로 하여 그것을 철저하게 구현함으로써 이성적 인식에 도달하는 것이라 할 수 있다. 이러한 내성적 기교주의 혹은 모더니즘적 경향의 작품으로는 그밖에 최인호의 「견습환자」, 홍성원의 「종합병동」, 서정인의 「후송」 등을 들 수 있다.

다양하게 분화된 시 지평

1960년대의 시 지평은 다양하게 분화된다. 우선, 4.19로 촉발된 역사에의 참여를 표방하는 시들이 주요한 흐름으로 자리잡는다. 김수영과 신동엽을 비롯하여 신경림, 이성부, 최하림, 조태일 등의 참여시가 대표적이다.

특히 1964년 경향신문 신춘문예에 「아침선박」이 당선되면서 시작 활동을 펼친 조태일은 1960년대의 현실에 적극적으로 참여한 시를 발표하였다.

> 한반도의 내 땅을 두루두루 날아서는
> 대창 앞에서 먼저 가신 아버님의 무덤 속 빛도 만나뵙고
> 반장집 바로 옆집에서 홀로 계신 남도의 어머님 빛과도 만나뵙고
> 흩어진 엄청난 빛을 다 만나뵙고 모시고 와서
> 심지어 내 男根 속의 미지의 아들딸의 빛도 만나뵙고
> 더욱 뚜렷해진 無敵의 빛인데도, 지혜의 빛인데도
> 눈이 멀어서, 동물원의 누룩돼지는 눈이 멀어서
> 흉물스럽게 엉뎅이에 뿔돋친 황소는 눈이 멀어서
> 동물원의 짐승은 다 눈이 멀어서 이 칼빛을 못 보냐.
>
> 생각 같아서는 먼눈 썩은 가슴을 도려파 버리겠다마는,
> 당장에 우리나라 국어대사전 속의 '改憲'이란
> 글자까지도 도려파 버리겠다마는
>   —조태일, 「식칼론 3」 일부

이 시는 1969년 동인지『신춘시』에 발표된 것으로써 시의 부제는 '헌법을 위하여'이다. 시인이 염두에 둔 현실은 같은해 군사정권에 의해 강행된 삼선개헌의 파행성이다. 여기서 시적 화자는 서슬퍼런 식칼이 되어 이 땅의 모순된 현실을 "도려파 버리"려고 한다. 1960년대 참여시의 전형이다. 이렇듯이 조태일은 연작시「나의 처녀막」을 통해서도 4.19적 순결성이 손상된 1960년대의 비극적 현실을 신랄하게 풍자한다. 뿐만 아니라「국토」에서는 이러한 부정으로 점철된 조국에 대한 분노와 함께 그것에 대한 아낌없는 사랑과 극복의지를 형상화한다.

사실 조태일과 같은 참여시는 이미 김수영의「풀」과 신동엽의「껍데기는 가라」등에서 여실히 드러나 있다. 그들은 참여시를 통해 반민주주의적·반인간적·반민족적 현실에 대한 비판을 시적 형상화로 실천하고 있는 셈이다.

한편 전통적 서정성에 토대를 둔 시가 쓰여지기도 하였다. 이 서정시를 추구한 시인들은 사회적 참여보다 인간의 내면에 자리하고 있는 서정의 아름다움을 형상화하는데 매진하였던 것이다. 여기에는 4.19 이후 급격하게 대두된 사회적 참여시가 맹목적으로 추구되는 데 대한 반성에서 비롯되었다. 정한모, 조병화, 김남조, 이동주, 이원섭, 박재삼, 박이도, 정진규, 성춘복, 이가림, 강우식, 박제천, 이탄 등이 여기에 속한다. 물론 이들 서정시 계열은 다시 세분된다. 가령, 도시적 서정파, 전원적 서정파, 생명적 서정파, 종교적 서정파, 고전적 서정파 등으로 세분되는 것이다. 하지만 전체적으로 이들 서정시 계열은 정치적 사회적 현실로부터 거리를 둔 채 삶의 본연에 충실하며, 그곳으로부터 서정적 진실의 아름다움을 형상화하였다.

그런가 하면, 동인지『현대시』를 중심으로 모더니즘 시 계열이 확립되기도 하였다. 이미 1950년대『후반기』동인에서부터 그 연원을 추적해볼 수 있겠으나,『현대시』는 1950년대의 모더니즘과 차별성을 띤다. 비록 1971년에 26집을 끝으로 서로 분화되어 다양한 길을 모색했지만, 1960년대 내내 벌인 활동은 이 땅의 현대시가 문학의 문학성, 즉 시의 자율성과 예술성을 확보하는 데 대한 치열한 모색과 성찰을 보여 주었다는 데서 의미를 지닐 수 있을 것이다.(김재홍,『한국현대시의 사적 탐구』, 일지사, 1998)『현대시』동인으로 참여한 시인으로는 이승훈, 오세영, 이건청, 박의상, 이수익 등이다. 이승훈의 경우『사물 A』,『환상의 다리』,『당신의 초상』등에서 부단한 언어의 실험을 통해 모더니즘 시의 지평을 개척해나갔다.

『현대시』동인 외에 이 시기 모더니즘의 대표적 시인으로는 황동규, 마종기, 이유경 등을 들 수 있겠다. 이들은 모두 언어와 기법에 대한 새로운 모색을 통해 전대(前代)의 모더니즘에서 제기되었던 문제들을 해결하는데 진력하였다. 비록 참여시처럼 역사적 현실에 대한 적극적 참여의지를 표방하지는 않았으나, 그들 역시 1960년대의 현실에서 벗어난 것은 결코 아니다. 다만 그들의 시가 참여시와 달리 시저 형상화 측면에서 시의 기법과 세련된 언어 감각에 충실했다는 게 변별되는 점일 뿐이다.

한편,『현대시』동인과 달리 자신의 개성적인 시 세계에 정진한 시인으로는 정현종, 오규원, 김형영, 강은교 등을 꼽을 수 있다. 그리고 김후란, 박정희, 한순홍, 허영자, 김윤희, 김송희, 김숙자, 유안진, 김초혜, 강계순, 천양희, 김여정, 임성숙 등 여류시인이 1960년대에 활발하게 활동한 점도 주목할 만하다. 특히 김선영, 김숙자, 김혜숙, 박영숙, 이경희, 추영수, 허영자, 김후란 등이 결성한『청미(靑眉)』와 박명성, 김윤희, 김지향, 강계순, 이향아, 유안진 등이 결성한『여류시』는 1960년대의 여류시단의 활성화를 가져오는 데 촉매역할을 하였다.

이처럼 1960년대의 시단은 다양하게 분화의 길을 모색하였다. 여기에는 쉽게 지나칠 수 없는 점이 있는데, 그것은 4.19 이후 분출된 무순한 동인지와 문예지를 비롯한 종합지가 1960년대의 시단 형성에 밑거름이 되었다는 사실이다.『60년대 사화집』,『현대시』,『시단』,『신춘시』,『돌과 사랑』,『신년대』,『여류시』,『청미』, 등을 비롯하여『사계』,『시학』,『영도』,『산문시대』,『시와 시론』 그리고『현대문학』,『창작과 비평』,『월간문학』등이 시인들의 활동에 중추적 역할을 맡았던 것이다.

4.19세대 비평가의 새로운 비평적 인식

4.19야말로 비평계의 가장 풍성한 밑거름이 되기에 충분했다. 4.19를 경험한 이후의 문학적 변모 현상으로는 새로운 비평적 기류의 형성과 문단적

세대교체로 비롯된 이전 세대와는 다른 비평정신을 찾아보려는 갱신적 노력과 현실 인식에 대한 문학적 의지의 심화 현상 등을 들 수 있다. 그 일환으로서 무엇보다 자신의 언어인 모국어로 자신들의 생각을 거침없이 드러내려는 한글 세대의 언어 의식과 개성적 문체 및 문학적 인식의 주체에 대한 자기 확신, 그리고 문학의 자율성과 사회 변혁의 촉매로서 문화적 기능에 대한 자각 등의 비평적 과제가 대두된다.

이러한 측면에서 1965년은 비평계에서 중요한 의미를 지닌다. 새로운 세대 문인의 등장과 함께 창작에 대한 새로운 인식의 전환이 작품과 비평에 내재되기 시작했다. 이것은 4.19세대 비평가 중 하나인 김현이 "65년에 들어서서야 기성 세대에 속하지 않는 새로운 연대의 문인들이 있다는 사실이 밝혀졌다"고 지적하는 것처럼 4.19세대가 사실상 문단의 전면에 대두된 것은 1965년을 전후한 1960년대 중반에 이르러서이다.

> 이 세대(4.19세대-인용자)는 우리가 아는 한 역사상 가장 진보적인 세대이다. 적어도 5.16이 일어나기 전까지는 거의 완전한 리베랄리즘이 팽배해 있었고, 무엇이든지 하면 된다는 식의 이상주의적인 시대였기 때문이다. 55년대에 이어 무더기로 등장한 65년대의 작가, 평론가들을 지배한 것은 이러한 리베랄리즘이다. 이 리베랄리즘은 점차 현실에 의해 수정받기 시작하지만, 65년대를 계속 지배한 이런 유의 정신은 그래도 어느 정도 65년대 작가들의 밑거름을 이룬다. 65년대 작가들을 지배하고 있다고 알려져 온 허무감은 이런 리베랄리즘과 이상주의의 패배에 기인한 것이다. 그러나 이와 동 시대에 태어난 비평가들에게 주어진 과제는 이런 배반의 과정을 파헤치는 것이었고 사실상 몇몇의 비평가들은 55년대의 비평가들의 글을 이해하고 휴수(攜手)하는 과정에서 그러한 태도를 유지할 수 있는 바탕을 발견한다.

김현은 1965년에 들어 본격적으로 등장해 이전 세대와는 다른 경향의 문학을 추구한 4.19세대 비평가로 염무웅, 백낙청, 김주연, 김치수 등을 언급하고 있다. 김현은 이들 세대의 특징을 '리버럴리즘-자유의지'로 규정한다. 그러면서 그는 한국 비평의 가능성을 순수참여 논쟁식의 이분법을 탈피해야 한다라고 주장한다. 여기서 김현이 설정한 리버럴리즘이란 1950년대의 신세대 비평가에 대한 4.19세대 비평가의 비평적 인식과 구별짓고자 하는 것이다. 그리하여 "이어령의 앙가주망은 본질적으로 '인간성 옹호'에 있었는데 그 인간성이 어떤 편차를 가지고 나타나는가에 대한 탐구의 흔적을 보여 주지 못하며, 이철범은 역사적 실존이라는 거창한 문제를 쥐고 있었으면서도 작품을 통해 그 문제를 검증하고 비판하고 확대시켜 나가려 하지 않았으며, 유종호는 언어미학의 구극(究極)으로 가는 것을 포기하고 '조심스러운 급진주의자'가 되었다"고 이전 세대의 비평을 비판한다.

4.19세대의 비평가들은 그들이 추구한 비평 이념과 참여한 동인에 따라 다음과 같이 양분될 수 있다.

우선, 문학의 미학성 탐구에 관심을 보이는 『68문학』 계열의 김현, 김주연, 김병익, 김치수 등을 들 수 있고, 다음으로 문학의 현실적 역사적 맥락을 중요시하며 시민문학론 및 민족문학론 수립에 관심을 기울인 『창작과 비평』 계열의 백낙청, 염무웅, 구중서, 김병걸, 임중빈, 임헌영 등을 들 수 있다. 이들의 분화된 비평적 입장은 이후 문학사에서 계간지 시대를 열어가는 중요한 요인으로 작용한다.

이제 이들 4.19세대 비평가의 특질을 몇 가지로 살펴보면 다음과 같다.

첫째, 4.19세대 비평가는 한국어인 모국어에 토대를 둔 문학이론은 물론, 대학에서 외국문학의 정규과정 교육을 통해 한글세대로의 특유한 문화적 자부심을 갖는다.

둘째, 4.19에 참여한 세대라는 자부심을 가짐으로써 한국전쟁의 상흔으로 점철된 1950년대의 문학을 극복할 수 있다는 비평의 활기를 고양시킨다.

셋째, 4.19의 문학적 파장인 개인의식의 발견을 자신들 세대의 비평적 입장으로 내면화시킨다. 이를 김주연은 이전 세대와 구별되는 변별적 요소로써 "인식의 싹틈"이란 비평적 언사로 특징짓는다.

3. 1960년대 순수 · 참여문학 논쟁

(1) 1960년대 전반기—순수와 참여의 대립

해방 후 김동석 등의 좌익문학이 사라진 후 한국문학의 주류는 순수문학으로 나타났다. 남은 것은 순수문학이었기 때문에 그것은 어쩔 수 없는 결론이었을 것이다. 그러나 문학이 과연 순수기능 이외의 다른 어떠한 기능도 지닐 수 없는 것일까? 프로문학이 지니고 있던 비평적 입장에 반대하는 것은 이해할 수 있는 일이지만 문학은 역시 순수기능만으로 좌우하기 어려운 것이며, 또 그것만 가지고는 다양한 힘을 발휘하는 위대한 문학이 될 수 없는 것이다.

이 같은 순수문학에 대한 비판의 소리는 1960년대 초기에 들어와서 다시 한번 대두된다. 그리하여 순수참여 논쟁이 문단의 첨예한 쟁점으로 부각된다.

이 논쟁은 해방직후의 좌우익의 적대적 소산에서가 아니라 순수문학 자체의 반성에서 빚어진 논쟁으로 풀이된다. 말하자면 전후의 신세대 비평가들이 새로운 측면에서 순수문학을 비판하고 나선 것이다. 그 출발은 1963년에 김우종의 「파산의 순수문학」(『동아일보』, 1963. 8. 7)에서부터 비롯된다. 이것은 '한국문단에 보내는 백서(白書)'란 부제가 붙은 것으로써 한국문학이 지나온 전통에 대한 비판이었다. 그는 그보다 앞서 「문학기능론」(『현대문학』 1960. 9)에서 문학의 순수기능과 사회적 기능을 거론한 일이 있다. 그의 「파산의 순수문학」에서 제기한 중요 대목은 다음과 같은 것이었다.

> 작가는……기아와 혹사와 불면과 모멸과 그리고 6. 25의 슬픔 등 고통 속에서 嗚咽하는 민중들에게, 이 현실문제의 상담을 거부할 수 없는 것이다.

이와 같이 그는 엄연한 현실을 외면하고 있는 순수작가들에 대해서 신랄한 비판을 하고 있다. 작가가 생생한 현실 속에 뛰어들지 않고 고고한 창작만을 할 수 없다는 데에서 김병걸의 「순수와의 결별(『현대문학』, 1963. 10)

은 김우종의 「파산의 순수문학」에 동조하면서 순수문학의 허점을 찌르고 한국문학의 새로운 방향을 주장한 것이었다.

이와 같은 김병걸의 순수문학에 대한 신랄한 비판과 함께 다시 김우종의 「유적지의 인간과 그 문학(『현대문학』, 1963. 11)도 순수문학의 맹점을 지적한 비평이 있다.

> 물론 오늘의 우리 문학이 이것을 전적으로 답습하고 있는 것은 아니지만 문제시에만 그치는 문학, 양심과 지성에의 호소로 그리치는 문학, 그리고 작가 자신이 현실 속에 뛰어들어 도표를 세우고 현실문제 해결의 방편으로서 그러한 목표의식 하에서 하는 문학을 도피해온 것은 모두 그 인습적인 〈순수〉관에 매었던 탓이라고 볼 수밖에 없다. 그러므로 이제 우리는 그러한 방법론엔 아낌 없이 결별을 고하고 새로운 방법론 위에 문학을 확립해 나가야 하는 것이다.

이와 같은 순수문학에 대한 신랄한 비판이 있은 뒤 이형기의 「문학의 기능에 관한 반성」(『현대문학』, 1964. 2)이 발표되었다. 이것은 김우종과 김병걸로 대변되는 참여문학에 응수하는 것으로서 순수문학을 끝까지 옹호하고 변호하는 것이었다.

> 〈黨의 문학〉에 항거하여 외쳐진 인간성 옹호의 문학은 소용돌이치는 좌우투쟁의 물결 속에 적극적으로 뛰어드는 참여행위이기도 했던 것이다. 문학이고 예술이고 할 것 없이 모조리 정치적 목적을 위해 도구로서 동원해도 무방하다는 정치가 있는 것과 마찬가지로 그럴 수 없다는 정치도 있다. 순수는 이 두 가지 가운데에서 후자의 정치를 지지한 문학이론이다.

그의 이른바 순수옹호론은 현실을 도외시하는 것이 아니라 현실을 묘파하되 현실의 개혁, 즉 정치적 목적의식을 第二義的으로 생각한다는 것이었다. 따라서 第一義的인 것은 무엇보다도 인간성을 옹호하는 데 있다는 것으로 귀결했다.

이렇듯이 그는 순수문학에 대한 최후의 기수로서 순수문학의 정통을 고수했지만 그에 대한 동조를 쉽게 얻지 못했다. 실상 그의 주장에서 드러나 있듯이 순수문학도 순수를 옹호하기 위해서는 정치에 참여해야 한다는 새로운 이론을 남김으로써 순수문학 스스로가 간직하고 있는 현실 참여의 일면을 시인한 셈이다. 결국 그의 순수문학론은 예술지상주의인 것으로 풀이됨으로써 또다시 김우종의 반격을 받게된다. 「저 땅 위에 도표를 세우라」(『현대문학』, 1964. 5)가 그것이다. 여기서 김우종은 이형기의 순수옹호론을 반박하면서 그의 문학의 기능을 다시 천명했다.

문학의 현실적인 효과성을 그토록 극구부인하던 그가 문학을 불소시개감, 장난감이라고 분명히 지적한 그가 별안간 문학은 이 사회에서 인간성 옹호의 직책을 담당한다고 주장한 것은 어찌된 일인가? 도대체 어느 쪽이 사실이고 어느 쪽이 농담인가? 이 혼미한 이론, 이 모호한 안개, 과연 이형기씨는 이같은 방법으로 무엇을 옹호하고 무엇을 부인하자는 것일까?

이같은 반론을 펴면서 현실문제에 적극적으로 참여하여 "저 땅 위에 도표를 세우라"고 외쳤다. 어쨌든 순수문학의 재논의는 이것으로 일단락되었지만 1960년대 전반기에 큰 쟁점으로 기록된다.

(2) 1960년대 후반기

'앙가주' 논쟁—<작가와 사회> 심포지움 논쟁

한 동안 침묵이 계속되던 순수참여 논쟁이 새롭게 거론된 것은 1967년에 김붕구가 세계문화 자유회의 세미나에서 「작가와 사회」라는 주제 아래 발표된 것이 도화선이 되었다. 그는 싸르트르의 문학적 패배를 강조하면서 "이론화된 앙가쥬망은 필연적으로 프롤레타리아혁명의 이데올로기에 뛰어들어가 자기의 창조적 자아를 자승자박하기보다 '나'를 송두리채 작품 속에 투입시키는 성실성을 가져야 한다"고 역설했다. 여기에 반대론을 편 임중빈은 사회를 의식하지 않는 창작은 "허무의 창조"라고 맞섰다. 그는 또 시대정신과의 함수관계를 떠난 작가의식은 필경 "오락의 밀사"가 아니면 "순간을 위한 레아리떼"로 공전할 우려가 있다고 했다. 그리고 그는 풋내기 참여의식으로써 "작품이전의 성급한 정감 배설 내지는 발성연습에 탕진해온 부작용"을 비판했다.
이 심각한 논쟁 속에 재빨리 개입한 것은 이호철과 김현이었다. 이호철은 「작가의 현장과 세속의 현장」이란 글에서 김붕구와 선우휘의 발언에 대한 의견을 내놓았다.

> 어떤 시대, 어떤 사회를 막론하고 그 시대 그 사회의 도덕적 위기나 사회적인 문제에 가장 민감한 반응을 보이고, 간접적으로든 직접적으로든 제때제때에 경고를 발하는 것은 작가이다.

또 그는 작가가 사회적인 문제나 도덕적인 위기에 관여할 때 그의 발언은 미리 이론화된 것이어서는 안되고 오직 순수한 것이어야 한다고 했다. 그리고 앙가지망 이론이란 작가에 있어서 처음부터 공소한 것이라고 풀이했다.
그와 함께 김현도 「참여와 문화의 고고학」이란 글에서 비슷한 의견을 제출했다. 참여란 공허한 개념이라고 전제하면서 서구가 창조적 자아와 사회적 자아의 구분이 가능한 시민사회인데 비해서 우리 사회는 개인성의 초탈이라고 부를 수 있는 주술적 요소를 중요시했다는 것이었다.

> 언어의 표정이라는 이원론적 구조를 갖지 못하고 거의 주술적인 의미만을 띤 언어 속에 직수입될 때에는 어떻게 되겠는가.

이와 같은 반문과 함께 그는 '사고의 고고학'을 주장함으로써 우리의 발상법과 서구의 그것과의 연관성의 해명으로서만이 모든 것을 해결할 수 있다고 강조했다.
이처럼 실존문학을 중심으로 참여론은 심화 확대되어가는 듯 했다. 이 상황에서 1968년 4월에 정명환의 「문학과 사회참여」(홍사단의 금요강좌)는 상당한 주목을 끌었다.

> 작가가 사회라는 집단을 의식하며 그 집단의 이념에 대립하는 고민을 언어로써 표현하되 그로 인한 스스로에의 위험을 각오하는 것.

그리하여 참여론의 범주를, 다음과 같이 3가지로 분류했다.

① 시민으로서의 상식적인 참여(4·19 당시의 작가의 경우)
② 강제된 상황 하에서의 참여(전쟁 중에 레지스탕스였던 까뮈와 같은 경우)
③ 정신적인 상황하에 자진하여 작품을 통해하는 참여

따라서 그는 공산 침략을 받았던 우리의 입장에서 김붕구의 싸르트르의 참여론이 필연적으로 좌경시된다는 이론은 타당치 않을 뿐만 아니라 "우리나라의 작가는 사회적 모순을 찾고 고발하되 좌경할 수 없는 생리"를 가진 것이라고 했다. 이밖에도 문덕수가 「현실참여의 진의」(『현대문학』, 1968. 5)을 써서 참여론에 대한 그 나름대로의 해석을 내렸다.

'불온성' 논쟁—이어령과 김수영의 논쟁

1960년대 후반 문단을 뜨겁게 달군 김수영과 이어령 사이의 이른바 '불온시(不穩詩) 논쟁'은 1960년대 초반부터 지속되어온 순수참여 논쟁의 일환이다. 김수영의 「지식인의 사회참여」(『사상계』, 1968. 1)가 이어령의 「〈에비〉가 지배하는 문화」(『조선일보』, 1967. 12. 28)에 대한 반론으로 발표되면서 촉발된 이 논쟁은, 『조선일보』와 『사상계』를 통해 3개월에 걸쳐 격렬하게 전개된다. 그러다가 『조선일보』의 「〈자유〉대 〈불온〉의 논쟁」(1968. 3. 26)이란 제하에 김수영의 「불온성에 대한 비과학적 억측」과 이어령의 「논리의 현장검증 똑똑히 해보자」는 글이 동시에 게재되면서 마무리된다. 이후 김수영의 교통사고에 따른 갑작스런 죽음(1968. 6. 16)으로 인해 더 이상 이어령과 이렇다할 만한 논쟁은 진전되지 않았다. 그런데 이 불온시 논쟁이 다양하게 펼쳐진 여타의 순수/참여 논쟁과 변별되는 점은, 현실에 대한 문학의 참여 문제에 논의를 국한시키는 게 아니라 문화 혹은 문학과 정치권력의 역학관계에까지 논의의 범주를 확대시키고 있다는 사실이다.

우선, 이어령이 주장하고 있는 비평적 입장의 핵심을 살펴보면 이렇다. 이어령은 김수영과의 논쟁을 촉발시킨 「〈에비〉가 지배하는 문화」에서 한국사회를 통제하는 문화는 바로 "가상적인 어떤 금제의 힘을 총칭한" 것, 즉 '에비'라고 규정한다. 그러면서 그는 "그 치졸한 유아언어의 〈에비〉라는 상상적 강박관념에서 벗어나 다시 성인의 냉철한 언어로 예언의 소리를 전달해야 할 시대와 대면"해야 한다고 주장한다. 그렇다면 그가 이러한 비평담론에서 대상화하고 있는 '에비'의 본질은 구체적으로 무엇을 뜻하는가. 이에 대한 명쾌한 분석과 해명이 뒤따를 때 말 그대로 '에비가 지배하는 문화'에서 벗어날 수 있다. 그러나 그의 비평담론에서는 이 '에비'에 대한 비평적 성찰과 분석적 시각이 뚜렷하지 않다. 때문에 그의 문제 의식을 극복하기 위해 제기한 '예언의 소리'의 실체가 무엇인지에 대해 모호했다고 할 것이다. 여기에는 비평가로서 당대의 현실을 인식하는 데 결코 지나칠 수 없는 문제를 안고 있다. 일찍이 김현이 촌철살인으로 적확하게 지적한바, 이어령은 도처에서 우리 세대의 현실을 말하고 있지만 그 현실은 지극히 개괄적이고 아무런 내포도 가지고 있지 못하다는 점에서 상당히 추상적이다.(김현, 「한국 비평의 가능성」, 『김현 전집』 2, 문학과 지성사, 1991)

이어령의 이러한 비평적 입장의 표방은 김수영과의 논쟁에서 일관되게 나타난다. 그는 김수영의 논쟁 상대자로서 그의 비평에 관류하는 비평적 입장은 순수문학론이다. 김수영의 「지식인의 사회참여」(『사상계』, 1968. 1)와 「실험적인 문학과 정치적인 자유」(『조선일보』, 1968. 2. 29)에 대한 각각의 반론적 성격인 「누가 그 조종을 울리는가?」(『조선일보』, 1968. 2. 20)와 「문학은 권력이나 정치이념의 시녀가 아니다」(『조선일보』, 1968. 3)라는 글에서 명백히 드러난다. 여기서 우리는 순수문학론에 뿌리를 둔 이어령의 비평적 입장을 도출해낼 수 있다. 뿐만 아니라 1950년대 후반에 제기해왔던 참여문학론에 대한 그의 비평적 입장에 대해서도 정당한 평가를 내릴 수 있겠다.

이어령은 "문화인들이 그 자유의 벌판에 꽂은 깃발은 문화창조가 아니라 정치의 깃발"이라면서 4.19로 얻은 "정치적 자유를 참된 문화적인 창조로 전환시킬 줄 모른다는데 다름아닌 한국문화의 약점과 그 위기가 있"으며, "자유의 영역이 확보될수록 한국문예는 정치적 이데올로기의 도구로 화하여 쇠멸해가는 이상한 역현상이 벌어지고 있다"라고 발언한다. 그러면서 그는 참여문학론을 정치사회의 이데올로기와 동일시하는 가운데 참여문학론의 비평적 입장을 비판하고 있다. 그런데 이와 같은 주장을 피력하면서도 그가 문제삼고 있는 정치적 이데올로기의 실체를 명료하게 가리키고 있지 않다. 지배권력의 헤게모니를 뒷받침해주는 정치적 이데올로기인지, 아니면 그것의 부조리와 모순에 저항하는 대항헤게모니의 정치적 이데올로기인지, 이러한 문제에 대한 비평적 성찰은 결여되어 있는 것이다. 이처럼 이어령의 일련의 주장들은 4.19를 계기로 현실에 대한 문학의 참여 문제의 정당성 확보와 그 실천을 진중하게 모색해온 입장을 도외시하면서, 급기야 참여문학을 정치적 이데올로기의 도구라고 맹렬히 비판한다. 사실 그의 참여에 대한 비판은 명확한 논리적 근거에 기반하기보다 1960년대의 크고 작은 순수참여 논쟁을 통해 점차 문학과 문화의 주류로 자리잡게 된 참여의 입장을 극단적으로 부정하면서 자신의 문학적 입장을 주목받게 하려는 의도가 엿보였다.

그렇다면 이어령과 논쟁을 벌인 김수영의 비평적 입장이 지향하는 바는 무엇인가. 무엇보다 김수영은 문학을 포함한 문화의 문제를 그 당시의 정치권력의 탄압과 결부시켜 인식하고 있다. 이러한 비평정신은 종래 문학의 현실 참여 여부를 단순히 문제삼는 참여문학론으로부터 진전된 논의이다. 특히 그가「지식인의 사회참여」에서 "근대화해가는 자본주의의 고도한 위협의 복잡하고 거대하고 민첩하고 조용한 파괴작업"을 인식하고 있다는 것은, 그가 비판하고 있는 정치권력의 억압기제를 자본주의의 파행성과 동일한 의미로서 파악하고 있는 문제의식의 산물이다.

그런데 그의 이러한 문제의식은 여기에 그치지 않고, 정치권력이 조장하고 있는 문화 혹은 예술에 대한 본질을 적확히 꿰뚫고 있다는 데 비평사적 의의를 둘 수 있다. 그는「실험적인 문학과 정치적 자유」에서 "하나의 정치사회의 이데올로기만을 강요하는", 즉 지배권력의 이데올로기만을 유일한 문화로서, 예술로서 인정하는 문화풍토를 비판한다. 왜냐하면 이러한 문화풍토 속에서 문학과 예술의 전위성은 오로지 정치권력의 이데올로기와 동일시되는데, 이는 결국 지배 이데올로기의 생산과 재생산의 순환에 종속된 것으로 전위문화의 진정성을 왜곡시키고 무화시키기 때문이다. 그리하여 김수영은 이처럼 정치권력에 의한 지배 이데올로기의 생산 및 재생산의 방편으로써

"획일주의가 강요하는 대제도의 유형무형의 문화기관의 〈에이전트〉들의 검열"이 존재하는 한, 문학은 한갓 '정치권력의 시정구호'에 불과할 뿐이라는 인식에 이른다. 그의 이러한 비평정신에서 실험적인 문학의 전위성이 어떠한 역할을 담당해야 하는가에 관한 값진 비평적 성찰을 얻을 수 있다. 그것은 문학 바깥의 억압적 지배 이데올로기로 작용하고 있는 정치권력의 실상을 적확히 꿰뚫어볼 때, 문학 안팎의 현실을 다면적으로 조망할 수 있고, 그리하여 이를 토대로 생산된 실험적 전위문학은, 문학의 기법적 측면에서 그저 새로움을 중시한 가벼운 문학이 아니라, 모순과 부조리의 억압적 정치권력을 부정할 수 있는 기폭제로서 문학의 사명을 다할 수 있다는 논의이다.

이렇듯 김수영은 지배 이데올로기의 헤게모니를 쥐고 있는 정치권력의 입장에서 이러한 전위문학은 당연히 불온할 수밖에 없다고 주장한다. 왜냐하면 "모든 실험적인 문학은 필연적으로 완전한세계의 구현을 목표로 하는 진보의 편에 서지 않을 수 없"는데, 이는 바로 지배 이데올로기의 헤게모니를 장악하고 있는 정치권력의 모순과 부조리를 간파함으로써 진보와 변혁에의 의지를 형상화하며, 결국 이러한 실험적 모든 전위문학은 불온할 수밖에 없기 때문이다. 따라서 변혁과 진보를 갈망하는 "모든 살아 있는 문화는 본질적으로 불온한 것이다."

요컨대 김수영은 실험적 성격을 띠는 전위문학의 불온성을 통해 문학과 정치권력의 관계에 대한 변증법적 인식을 토대로 하여, 이전보다 진전된 참여문학론의 비평적 입장을 보여주고 있는 것이다.

한국 근·현대 문학사

初　版　發　行●1991年　6月 29日
增　補　版　發　行●2000年　3月　2日
增補版 5 刷 發行●2014年　3月　10日

著　者●尹 柄 魯
發行者●金 東 求
發行處●明 文 堂(1923. 10. 1 창립)
　　　서울시 종로구 윤보선길61(안국동)
　　　우체국　010579-01-000682
　　　전화　(영) 733-3039, 734-4798
　　　　　　(편) 733-4748
　　　FAX 734-9209
　　　Homepage www.myungmundang.net
　　　E-mail　mmdbook1@hanmail.net
등록　1977. 11. 19. 제1〜148호

●낙장 및 파본은 교환해 드립니다.
●불허복제

정가 10,000원
ISBN 89-7270-074-6 33800